Räder müssen rollen

Ein Bombentreffer in China 1945 (Foto: U.S. Army)

Ein amerikanischer Lazarettzug, bestehend aus französischen Fahrzeugen, bringt Verwundete von der Rheinfront zu den rückwärtigen Lazaretten. Es ist der 30. November 1944, die Marne führt Hochwasser.

(Foto: U.S. Army)

Räder müssen rollen

Ron Ziel

Mit 539 Abbildungen

Eine Dokumentation in Bildern und Berichten von den Kriegs-schauplätzen in Europa, Afrika und Asien

FRANCKH'SCHE VERLAGSHANDLUNG · STUTTGART

Schutzumschlag gestaltet von Edgar Dambacher

Berechtigte Übersetzung aus dem Amerikanischen von Jens Freese
Titel der Originalausgabe: „Steel Rails to Victory"
(Hawthorn Books, Inc., New York)

Bei der Zusammenstellung der Fotos, der Berichte und der Anekdoten für dieses Buch waren dem Autor Einzelpersonen, Organisationen und Behörden vieler am Zweiten Weltkrieg beteiligter Nationen eine große Hilfe. Von denen, die die meiste Zeit für diese Arbeit opferten, möchte ich besonders nennen: Günter Stetza, Essen; Dr. W. Gley vom Bundesarchiv Koblenz; Oberstleutnant Günther Schlötzer von der Pionierschule München; Oberst Erich Rother von der deutschen Botschaft in Washington; J. R. Leconte vom Königlichen Armeemuseum in Brüssel; K. S. Kulkarni von der Film- und Fotoabteilung des Indischen Verteidigungsministeriums Neu-Delhi; Angehörige der verschiedenen Regionalbüros der Britischen Eisenbahnen; Generalmajor W. Thomas Rice, H. W. Martens und weitere Angestellte der Seaboard Coast Line Railroad; Präsident W. Graham Clayton, William F. Geeslin und C. S. Carbaugh von der Southern Railway; Direktoren und Mitarbeiter der Pressestellen verschiedener Eisenbahngesellschaften, die Daten und Bildmaterial zur Verfügung stellten; Mitarbeiter der Regierungsstellen in Washington, darunter Major a. D. Barbara Smith und Betty Sprigg vom Verteidigungsministerium; Josephine Motylewski und Paul White von den National Archives; Mitarbeiter des Archivs der US-Luftwaffe; Leutnant Chris Dembek vom 714. Eisenbahnbetriebs-Battalion in Fort Eustiis, Virginia; und Debbie Allen von Photoworld in New York. Edith Ziel-Brandewie, Patricia Cartmell und Helen A. Smith wirkten beim Schreiben der vielen Briefe für Anfragen mit. Verschiedene schwierige Übersetzungen wurden von Yves de Kerillis, Carolyn R. Robinson und von Mrs. Brandewie angefertigt. Bei der Nachforschung unterstützten den Autor George H. und Helen Foster, James R. Boerkel, James A. Schultz, Vizepräsident der Presseabteilung der Association of American Railroads, Mike Eagleson und Freeman Hubbard vom Railroad Magazine, und Donald P. Kane. Besonderer Dank gilt der Vereinigung der Veteranen des Military Railway Service, die — verstärkt durch ihre Ehefrauen — die Erinnerung und Tradition ihrer Dienstzeit als Militäreisenbahner im Zweiten Weltkrieg pflegt. Mr. und Mrs. R. E. Godley und das „MRS Journal" trugen viel dazu bei, daß der Autor mit Persönlichkeiten zusammenkommen konnte, wie Colonel Fred. W. Okie, Präsident der Bessemer & Lake Erie Railroad, Charles D. Russel, Earl Weed, William T. Church und vielen anderen. Kein Dank gilt dem Eisenbahnministerium der UdSSR, das trotz der Zusicherungen der Sowjetischen Botschaft in Washington, daß das Eisenbahnministerium „sehr hilfsbereit" sein werde, auf mehrere Anfragen keine Antwort gab.

2. Auflage
6.—11. Tausend

Franckh'sche Verlagshandlung W. Keller & Co., Stuttgart 1974
ISBN 3-440-04043-7/LH 19 hä.
Druck: Johannes Illig, Göppingen

Inhalt

Hitlers Salonwagen

Im Jahre 1940, auf dem Höhepunkt
seiner Karriere, als er der absolute
Herrscher über Westeuropa war,
verläßt Hitler vor Außenminister
Ribbentrop seinen Salonwagen.

(Foto: Black Star)

5

Dem Andenken von zwei Männern, die beide das Evangelium verbreiteten, die das Interesse des Autors an der Eisenbahngeschichte teilten und ihm geistlichen Trost während trübsinniger Stunden gaben, ist dieses Buch gewidmet.

F. Nelson Blount
1918–1967
Eisenbahnschriftsteller, Geschäftsmann, Prediger, Gründer von Steamtown, USA und der christlichen Akademie in Dublin, New Hampshire.

Reverend Foster B. Perry
1906–1968
Chaplain, Lieutenant Colonel a. D. der US Air Force, Historiker, Fotograf, Pfarrer der Methodistenkirche von Bridgehampton, Long Island

Major General W. Thomas Rice war ein Offizier des Military Railway Service im US-Army Transportation Corps während des Zweiten Weltkriegs. Die meiste Zeit gehörte er zum Persian Gulf Service Command, wo er Leiter der Zentralverwaltung der von der US-Army betriebenen Iranischen Staatseisenbahnen war. Nach dem Krieg ging er zur Richmond, Fredericksburg & Potomac Railroad und wurde 1955 deren Vizepräsident. Als Präsident der Atlantic Coast Line Railroad seit 1957 wurde er zehn Jahre später zum Präsidenten der Seaboard Coast Line Railroad gewählt, als die ACL mit der Seaboard Air Line Railroad zusammengelegt wurde. Später wurde er Vorsitzender des Aufsichtsrates. Außerdem ist er Direktor verschiedener Firmen und Organisationen auf dem Sektor der Verkehrsbetriebe. Alle Züge, die mit militärischen Gütern für Teheran bestimmt waren (Abb. unten, Foto: U.S. Army), wurden von einer Verwaltung abgefertigt, die unter einem jungen Major namens W. Thomas Rice arbeitete.

W. Thomas Rice, Major General
United States Army Reserve, Chairman of the Board,
Seaboard Coast Line Railroad   *(Foto: SCL RR)*

Zum Geleit

Seit ihrer Entstehung in den zwanziger Jahren des vorigen Jahrhunderts haben Eisenbahnen und Eisenbahner eine immer größere Rolle bei der Unterstützung von strategischen Bewegungen und im Nachschub aller Landkriege der Welt gespielt. Im Umfang hat die militärische Verwendung der Eisenbahnen im Zweiten Weltkrieg alle bisherigen Erfahrungen übertroffen. Die Einzelleistungen und die ganze Bedeutung des Beitrags der Eisenbahnen zum Kriegsgeschehen werden in den Annalen der Geschichte kaum erwähnt. Dieses Buch setzt mit dokumentarischen Bildern den Eisenbahnen und Eisenbahnern des Zweiten Weltkrieges ein Denkmal und lenkt unseren Blick auf die unbestreitbare Fähigkeit beider, das Gleichgewicht der Kräfte im Konfliktfall stark zu beeinflussen. Für diejenigen von uns, die daran teilnahmen, wird die Erinnerung an die Faszination des Eisenbahnbetriebs in Krieg und Frieden wachgerufen.

Möge das Buch bei unseren heutigen Verteidigungsanstrengungen daran erinnern, welche Fähigkeit, Bereitschaft und Hingabe die Eisenbahnen und ihr Personal in der Vergangenheit so deutlich bewiesen haben.
                                                    W. Thomas Rice

Vorwort

Auch nachdem die furchtbaren Ereignisse des Zweiten Weltkrieges ein Vierteljahrhundert in die Archive der Militärgeschichte eingegangen sind, läßt die Ungeheuerlichkeit des größten Konflikts der Menschheit immer noch die Forscher bei ihren Untersuchungen erstarren. Dabei besteht noch immer die Frage, wie es möglich sein konnte, daß die zivilisierten Nationen solche zerstörenden Handlungen ausführen konnten.

Die Rolle der Eisenbahnen während des Zweiten Weltkrieges war auf allen Kriegschauplätzen äußerst wichtig. Von schnell gebauten Feldbahnen an der Front bis zu den ausgedehnten und leistungsfähigen Eisenbahnnetzen im Innern der kriegführenden Länder mußte bei allen Schlachtplänen die Eisenbahnsituation stark berücksichtigt werden. Wo Eisenbahnstrecken unbehindert betrieben werden konnten, wurden riesige Mengen von Kriegsmaterial — Grundstoffe für Hütten und Fabriken sowie Fertigprodukte für die Front — fast immer fahrplanmäßig befördert. War der Eisenbahnbetrieb verzögert und schließlich unterbrochen, kamen die Truppen in Bedrängnis und wurden geschlagen. Alle großen Mächte besaßen Eisenbahntruppen für den Bau, die Wiederherstellung, den Betrieb und die Verteidigung ihrer Eisenbahnen. Für den Rückzug hatten einige Mächte auch ihre für die Zerstörung der Einrichtungen geschulten Einheiten. Diese Elemente des Eisenbahnbetriebs in Kriegszeiten sollen hier noch einmal beleuchtet werden.

Die der Eisenbahn als Transportmittel innewohnenden Eigenschaften Wirtschaftlichkeit und Anpassungsfähigkeit wurden in allen Phasen des Krieges deutlich sichtbar. Als die Bahnen ganzer Erdteile vor die Aufgabe gestellt wurden, das Doppelte ihrer Kapazität zu befördern, war bereits ungefähr ein Drittel des Personals eingezogen. Dazu erlitten dieselben Eisenbahnen mit Ausnahme von Nordamerika, Australien, dem Mittleren Osten und Indien ungeheure Zerstörungen. Im Falle Frankreichs (Mitte 1944) und Deutschlands (Anfang 1945) waren diese Zerstörungen fast vollständig. Trotz dieser unglaublichen Verhältnisse fuhren die Züge weiter, auch wenn sie manchmal Armeen nicht mehr ausreichend versorgen konnten.

Wegen ihrer vielseitigen Einsatzmöglichkeiten waren die Eisenbahnen das Hauptziel in allen militärischen Planungen. Der Zweck vieler großer Landoffensiven war die Sicherstellung eines bestimmten Endbahnhofs oder einer Strecke zwischen wichtigen Anlagen mit der doppelten Absicht, diese Einrichtungen für den eigenen Nachschub selbst zu nutzen, und die Verwendung durch den Gegner zu verhindern. Riesige Artilleriegeschütze fuhren ebenfalls mit der Bahn. Flakgeschütze auf Eisenbahnwagen, zu starken Batterien zusammengestellt, konnten leicht von Ort zu Ort bewegt werden, sowie die Ziele der Luftangriffe wechselten. Eine eigenartige Seite des Eisenbahnbetriebs während dieser Zeit waren die Panzerzüge, die von vielen Nationen im Krieg eingesetzt wurden, besonders an der Ostfront in Europa.

Es ist bezeichnend, daß der erste strategische Luftangriff schwerer amerikanischer Bomber, die schließlich die entscheidende Rolle beim Sieg über die Achsenmächte spielten, sich am 17. August 1942 gegen den Rangierbahnhof von Sotteville im besetzten Frankreich richtete. Die gerade erst aufgestellte 8. US-Luftflotte besaß nur ein Dutzend schwerer Bomber vom Typ B-17 für diesen ersten strategischen Angriff. Ende 1944 konnte diese Einheit mehr als zweitausend Bomber und eintausend Begleitjäger auf jedes Ziel in feindlichem Gebiet ansetzen. Bereits zu Beginn des Krieges wurde von beiden Seiten erkannt, daß die empfindlichen Eisenbahneinrichtungen, besonders Brücken, Bahnhöfe und Bahnbetriebswerke, die wichtigsten Ziele waren: Alle Flugzeuge, Schiffe, Kanonen und Panzer sind nutzlos, wenn sie nicht zu den Truppen an die Front gebracht oder aus Mangel an Treibstoff, Munition oder Ersatzteilen nicht mehr benutzt werden können.

Es wurde versucht, dieses Buch von einem neutralen Standpunkt aus zu schreiben. Churchills Worte, wie „Nazi-Horden", „heroische alliierte Verteidiger" und ähnliche propagandistische Bezeichnungen, die allen, die damals auf beiden Seiten Soldaten waren, noch in den Ohren klingen, sollen hier nicht verwendet werden. Im Gegensatz zu den zivilen und militärischen Führern waren praktisch alle Eisenbahner keine Berufspolitiker oder -soldaten; das ständige Fehlen militärischer Haltung beweist es. Trotzdem vollbrachten sie unglaubliche Taten unter schrecklichen Umständen und bei unzureichender Versorgung. In vielen Fällen gilt der Dank für den Betrieb einer Eisenbahnlinie eigentlich beiden Seiten, da Hunderttausende von Kriegsgefangenen von den jeweiligen Siegern zum Bau und zur Wiederherstellung von Eisenbahnen eingesetzt wurden. Tatsächlich verfluchten einige Eisenbahner ihre eigene Luftwaffe wegen der Gründlichkeit der Zerstörung, die sie beseitigen mußten.

In vielen Beziehungen, aber besonders hinsichtlich des Eisenbahnnachschubs, war der Zweite Weltkrieg in zwei getrennte und oft nicht verwandte Konflikte geteilt. Der europäische Kriegsschauplatz war in jeder Hinsicht ein „Eisenbahnkrieg", wo der Zustand der Gleise und die Zahlen der zur Verfügung stehenden Lokomotiven ebenso wichtig waren wie der Munitionsbestand und die Truppenstärke. Im Pazifik dagegen, mit Ausnahme von Indien, Burma, China, Australien, den japanischen Inseln und Korea, besteht die Erdoberfläche aus einem riesigen Ozean, der die einzelnen Inseln voneinander trennte. Hier konnte sich kein strategischer Eisenbahngedanke entwickeln. Wenn eine örtliche Zuckerrohreisenbahn vorhanden war, wurde sie natürlich benutzt, die „Eisenbahn-Armeen" Europas wurden jedoch im Pazifik nicht gebraucht. Aus den bereits genannten Gründen, und da die USA das einzige Land waren, das auf beiden Kriegsschauplätzen mit seiner Eisenbahn kämpfte, wird in diesem Buch zuerst der europäische Konflikt behandelt, dann kommt der faszinierende und manchmal primitive Ferne Osten an die Reihe, und zum Schluß folgt ein Rückblick auf die Ereignisse bei Kriegsende in Europa.

Am Anfang des Krieges, als sich die Achsenmächte am Sieg berauschten, versorgten sie neutrale Quellen mit vielen Fotos. Als der Krieg fortschritt, ging die Häufigkeit der deutschen Bilder merkbar zurück, bis sie im

Spätsommer 1944 völlig verschwanden. Die Deutschen hatten jetzt andere Sorgen, als Fotos anzufertigen. Ähnlich war ein Ansteigen der Tätigkeiten der alliierten Fotografen zu verzeichnen. Ausführlich wurde während der Zeit des Sieges fotografiert; jede Seite ließ für die Nachwelt einen ausführlichen Bericht über die Zeit zurück, in der sie sich auf der Höhe befand.

Soldaten haben schon immer ein besonderes Gefühl für Geschichte besessen, teilweise, weil sie erkannten, an schicksalhaften Ereignissen teilzunehmen, und teilweise, weil die Geschichte praktisch das einzige Ergebnis ist, das sie für ihre Anstrengungen vorzeigen können. Die Auszeichnungen auf dem Uniformrock eines Soldaten sind das Konto seiner Taten, während er seinem Lande diente. Das Fehlen eines materiellen Nachweises militärischer Unternehmungen, nachdem sie vollbracht sind, mag ein Grund für die großen Fotoarchive der Militärs auf der ganzen Welt sein.

In den vergangenen Jahren zeigten die meisten großen Eisenbahngesellschaften der USA eine unglaubliche Mißachtung ihres Erbes, nämlich der beherrschenden Rolle, die sie bei der Entwicklung der Nation seit Beginn des letzten Jahrhunderts gespielt haben. Durch Geringschätzung der Öffentlichkeitsarbeit und ein Management, das oft ungeschickt auf die Herausforderungen des zwanzigsten Jahrhunderts reagierte, haben die Eisenbahnen ihren Einfluß auf die amerikanische Öffentlichkeit verloren. Ein tragisches Ergebnis liegt darin, daß die amerikanischen Eisenbahnen, die über dreihunderttausend ihrer besten Männer in den Krieg geschickt hatten, von denen über zehntausend nicht zurückkehrten, heute — mit Ausnahme der Gesellschaften, die in diesem Buch erwähnt werden — fast nichts über den großen Konflikt der Nachwelt erhalten haben. Es gibt wenige Berichte über Battaillone, die sie betreuten, oder über die Männer, die gefallen sind. Sogar Fotos von der Heimatfront sind verschwunden. Die Veteranen des Zweiten Weltkriegs müssen sich fragen, ob die Gesellschaften, die sie vertreten haben, ihre Leistungen überhaupt jemals gewürdigt haben.

Die Darstellung der Fotos in diesem Buch ist das Ergebnis einer weltweiten Suche des Autors und vieler hilfreicher Interessenten, die an anderer Stelle genannt werden. Unglücklicherweise hat die Eigenart des Krieges — die Zerstörung — ein großes Loch in die fotografischen Dokumente gerissen. Besonders in Japan sind praktisch alle Negative und Bilder der Kriegszeit durch die Bombenangriffe verbrannt. Ängstliche Beamte, die die Besatzung fürchteten, hatten genügend Zeit, den Rest zu zerstören. In einigen Fällen, besonders bei der Abteilung für erbeutete Feinddokumente der National-Archive der USA und bei den verschiedenen Nachrichtenagenturen, waren nur Negativkopien und Abzüge greifbar, und so mußten bei der Wiedergabe einige Zugeständnisse gemacht werden. Schlechte Kriegsware, Entwicklung der Filme unter Kampfbedingungen und unerfahrene Fotografen haben weiter zur schlechten Bildqualität beigetragen, und trotzdem sind Zeugnisse von historischer Bedeutung entstanden, die vom größten Eisenbahnversorgungsprogramm künden, das je unternommen wurde.

Es wird vermutlich nie wieder erreicht werden, auch wenn sich die Menschheit noch einmal in einen Weltkrieg stürzen sollte.

Ron Ziel

Die Ruhe vor dem Sturm

Die kriegführenden Nationen des Zweiten Weltkriegs besaßen seit mehr als einhundert Jahren Eisenbahnen. Die frische Erinnerung an die Nachschubsorgen in den napoleonischen Kriegen, die 1815 zu Ende gegangen waren, trieb die Entwicklung des Eisenbahnwesens voran, wobei die militärischen Möglichkeiten dieser neuen Beförderungsart immer im Auge behalten wurden. Zehn Jahre nach dem Sieg über Napoleon fuhr in England die erste Dampflokomotive. Dort, wo man vor einer feindlichen Invasion sicher war, machte man sich über die militärische Verwendbarkeit der Eisenbahn wenig Gedanken, obwohl die Engländer selbst im Krimkrieg 1855 die erste Feldeisenbahn der Welt bauten. Die deutschen Strategen erkannten in der Eisenbahn bald ein Transportmittel zur Versorgung ihrer Heere. Bereits im Jahre 1833, zwei Jahre vor dem Bau der ersten deutschen Eisenbahnlinie, wurden Streckennetze ausgearbeitet, die die militärische Notwendigkeit des Eisenbahnbaus unterstrichen. Zur gleichen Zeit warnte in Frankreich der General Lamarque die Abgeordnetenkammer, daß eines Tages die Eisenbahn den Krieg ebenso beeinflussen werde, wie es das Schießpulver getan habe. Während man bald darauf in Deutschland begann, ein strategisches Eisenbahnnetz zu bauen, zögerte man in Frankreich noch. Damit begingen die Franzosen einen schwerwiegenden Fehler, denn sie erkannten den militärischen Wert eines eigenen Eisenbahnnetzes noch nicht. Sie hätten auch aus dem Krieg 1870/71 lernen müssen, doch noch zu Beginn des Zweiten Weltkrieges waren sie nicht in der Lage, ihr Eisenbahnsystem militärisch voll auszunutzen, obwohl auf deutscher Seite Hitler die Eisenbahnen bereits seit Jahren auf einen kommenden Krieg vorbereitet hatte.

Die gleichzeitige Entwicklung der Eisenbahnen in den USA wurde im Bürgerkrieg 1861—65 einer harten Probe unterworfen. An diesem Krieg waren die Eisenbahnen schon so stark beteiligt, daß er von den Militärhistorikern als der erste Eisenbahnkrieg bezeichnet worden ist. Bereits bei Ausbruch der Feindseligkeiten waren fast 50 000 km Eisenbahnlinien in den Nord- und Südstaaten in Betrieb, und nur wenige Feldzüge wurden ohne die Unterstützung durch die Eisenbahn geführt. In Europa verfolgte man den militärischen Einsatz der Eisenbahn mit großem Interesse, und die Erkenntnisse wurden schon fünf Jahre später im deutsch-französischen Krieg mit Erfolg angewendet. Inzwischen schlossen die anderen europäischen Mächte militärische Bündnisse und bauten ausgedehnte Eisenbahnnetze, um in Zukunft einer ähnlichen Katastrophe zu entgehen.

Im Weltkrieg 1914—1918 arbeiteten zum erstenmal europäische und amerikanische Eisenbahner zusammen. Auch damals stand man bereits vor den Problemen der Kriegseinwirkungen, wie Sabotage, Mißbrauch von Roll-

material, Nachschub von den Häfen zur Front und des direkten Fronteinsatzes, die im Zweiten Weltkrieg wieder auftraten. Die meisten Lehren des Ersten Weltkriegs waren aber schon wieder vergessen, und die Alliierten mußten in den Jahren 1939 bis 1942 die meisten Erfahrungen noch einmal machen. Die deutschen Militärs hatten nichts vergessen, und dieser Tatsache verdanken sie einen großen Teil ihrer Erfolge.

Als der amerikanische Kommodore Perry im Jahre 1853 Japan zum Handel mit dem Westen brachte, beeindruckte er die Japaner besonders mit der Vorführung eines Dampfzuges. Die Japaner schlossen schnell die technologische Lücke von dreißig Jahren und begannen, ausgedehnte Eisenbahnnetze nicht nur im eigenen Land, sondern auch in Formosa, Korea und in den Gebieten zu bauen, die sie zu Beginn des Zweiten Weltkrieges besetzten.

Schienen — der Weg zur absoluten Macht

Als Adolf Hitler zu den Höhen der Macht aufstieg, in denen er das Schicksal Deutschlands und schließlich Europas in den Händen hielt, richtete er seine politischen und militärischen Pläne besonders nach den Eisenbahnverhältnissen. Beliebt bei den Eisenbahnern und bei der übrigen deutschen Bevölkerung, erhielt Hitler überall dort wertvolle Unterstützung, wo Züge rollten. Als der damalige Reichspräsident — Generalfeldmarschall von Hindenburg, der Held des Ersten Weltkriegs — starb, wurde Hitler vom Kabinett bis zur nächsten Wahl mit dessen Amt betraut. Vor dieser Wahl, die von Hitler mit einem gewaltigen Sieg gewonnen wurde, fuhren hunderte von Lokomotiven mit Wahlparolen kreuz und quer durch Deutschland. Nur wenige Maschinenmänner mögen gegen solche Parolen, wie hier auf dem Tender der 39 078 (oben links) vor einem Schnellzug nach Berlin, etwas gehabt haben — seien wir ehrlich. Am 7. Dezember 1835 war die erste Eisenbahnstrecke in Deutschland eröffnet worden. Einhundert Jahre und einen Tag später nahm Hitler an den Feierlichkeiten in Nürnberg zur Erinnerung an diesen Jahrestag teil. Es waren eindrucksvolle Bilder, als eine lange Reihe aneinandergekuppelter fabrikneuer Schnellzuglokomotiven der Baureihe 01 mit großer Geschwindigkeit vorbeibrauste (oben), und als ein Zug mit Ausflüglern passierte, die fahnenschwingend Hitler grüßten.

(3 Fotos: Photoworld)

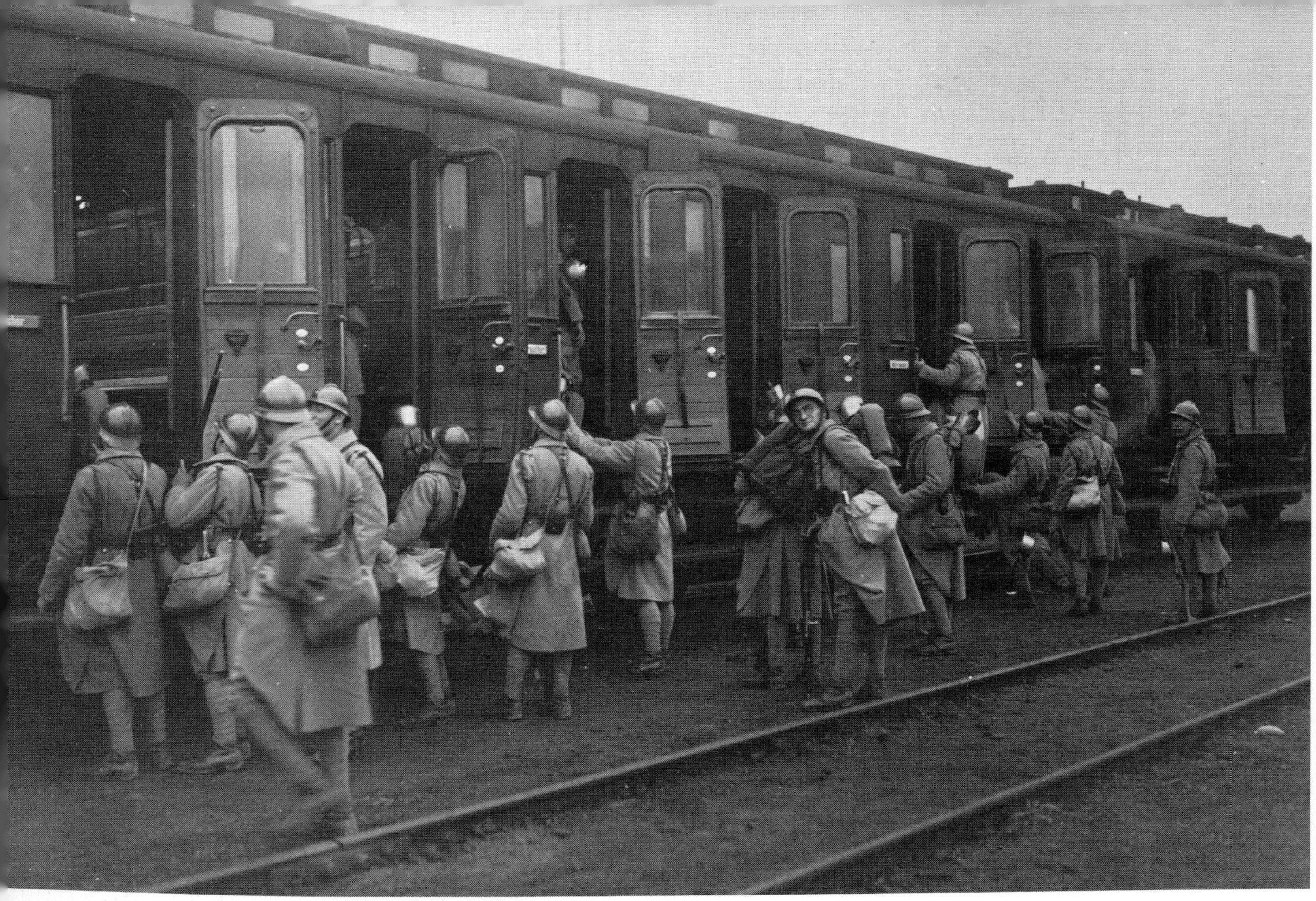

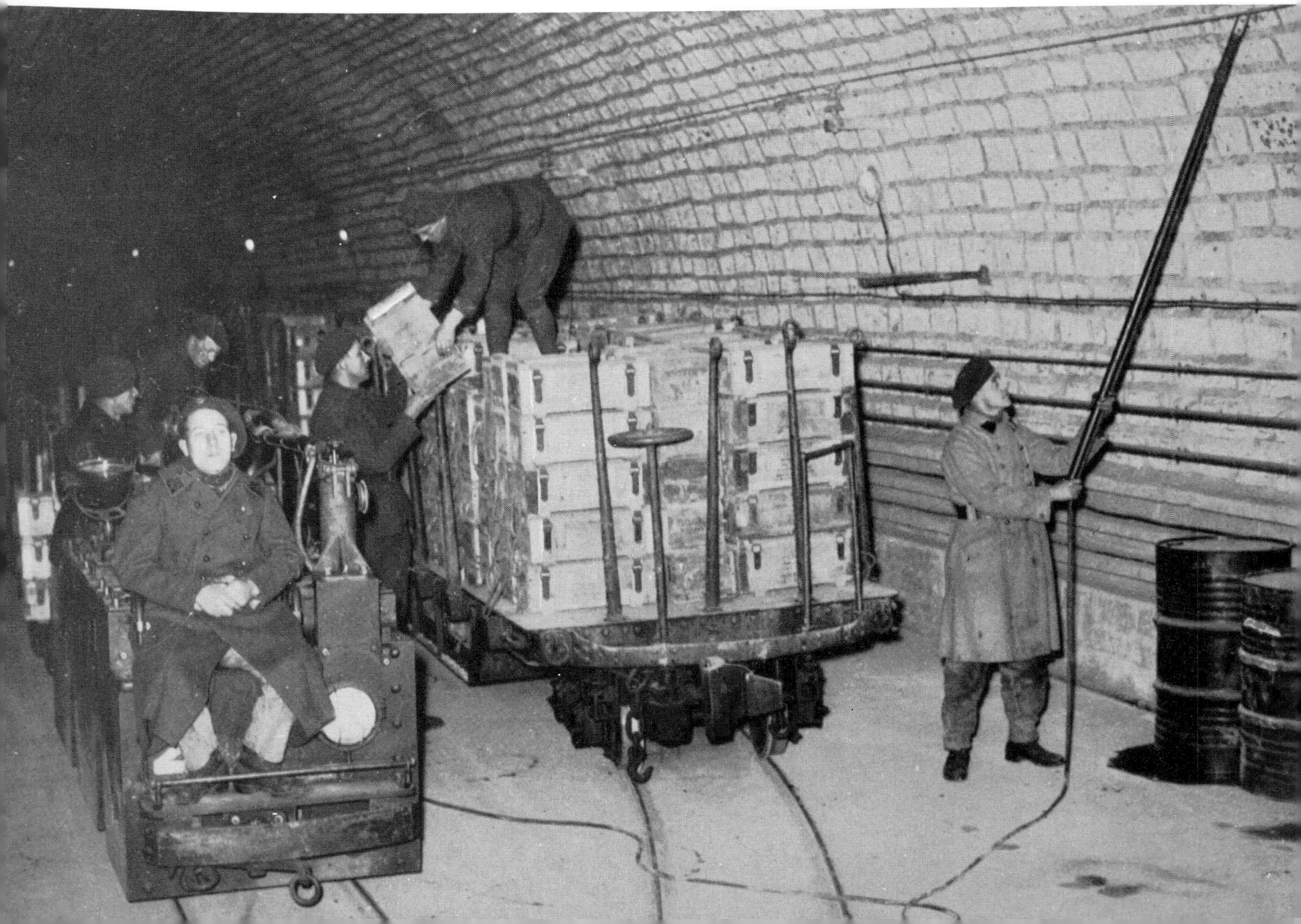

Die Befestigung der Rheingrenze

Hitler unternahm seinen größten Bluff auf dem Weg zur Macht in Europa im Jahre 1936. Am 7. März besetzte er mit einigen schwachen Divisionen das Rheinland — es waren fast die gesamten deutschen Streitkräfte. Die Franzosen und Engländer, die das Land noch kontrollierten, ließen sich von Hitler beeindrucken und hätten doch so leicht seine Glaubwürdigkeit erschüttern können. Sie erkannten die Folgen nicht und zogen sich auf eine Politik des „Friedens um jeden Preis" zurück. Am 30. November 1936 trat eine französische Einheit die Heimreise an, ein Teil der 16 000 Mann, die damals zurückgezogen wurden (oben links). In den nächsten drei Jahren gaben die Franzosen 3 Milliarden Dollar zum Bau der Maginot-Linie aus, die ein riesiger Festungskomplex war, durch elektrische Schmalspur-Untergrundbahnen verbunden und schließlich von einer halben Million Soldaten bemannt (links). Auf der anderen Seite begannen die Deutschen mit dem Bau des Westwalls. Im Oktober 1938 waren unzählige Feldbahnlokomotiven bei den notwendigen Erdbewegungen eingesetzt (oben). Deutsche Soldaten fuhren auf Schmalspur-Diesellokomotiven zu ihren unterirdischen Stellungen (rechts). Die Deutsche Reichsbahn wurde einer harten Probe unterworfen, denn es wurden täglich 200 Güterzüge nur zum Transport des Materials für den Bau des Westwalls benötigt.

(1 Foto: National Archives, links unten; 3 Fotos: Photoworld)

Die Generalprobe

In Abhandlungen über den Zweiten Weltkrieg werden die Auswirkungen der „örtlichen" Konflikte während der dreißiger Jahre oft übersehen, die zur Erprobung neuer Taktiken und Waffen dienten, obwohl große Gebiete verwüstet und Millionen von Soldaten und Zivilisten getötet wurden. Der bedeutendste Krieg war der spanische Bürgerkrieg (1936—1939), durch den Generalissimus Franco an die Macht kam. Beide Seiten benutzten häufig das spanische Eisenbahnnetz, so auch die republikanischen Freischärler (oben), die Stahlplatten und Matratzen zur Panzerung eines Zuges benutzten. Während des italienischen Einfalls in Abessinien sangen und piffen italienische Soldaten, als sie mit der Eisenbahn von Djibouti nach Addis Abeba fuhren (links). Das übelste Vorspiel zum Zweiten Weltkrieg war aber wohl die Teilung der Tschechoslowakei auf der Münchener Konferenz am 30. September 1938. Am Morgen danach wurde Hitler, durch seinen großen Triumph gestärkt, beim Verlassen seines gepanzerten Salonwagens durch Reichsmarschall Hermann Göring und Konrad Henlein auf dem Bahnsteig in Berlin begrüßt (oben rechts). Große Hakenkreuzfahnen schmückten das Empfangsgebäude des Hauptbahnhofs in Brünn (rechts). In der Zwischenzeit wurden überall in Deutschland, besonders in den Grenzgebieten, Überholgleise und umfangreiche Rangierbahnhöfe mit schwerem Schienenmaterial angelegt. Als der Krieg kam, benutzten die deutschen Streitkräfte sie als Verladestellen, als Stellungen für Eisenbahngeschütze und Lagerplätze.

(Fotos: Belgian Royal Army Museum, oben; Black Star, links; 2 Fotos: National Archives, rechte Seite)

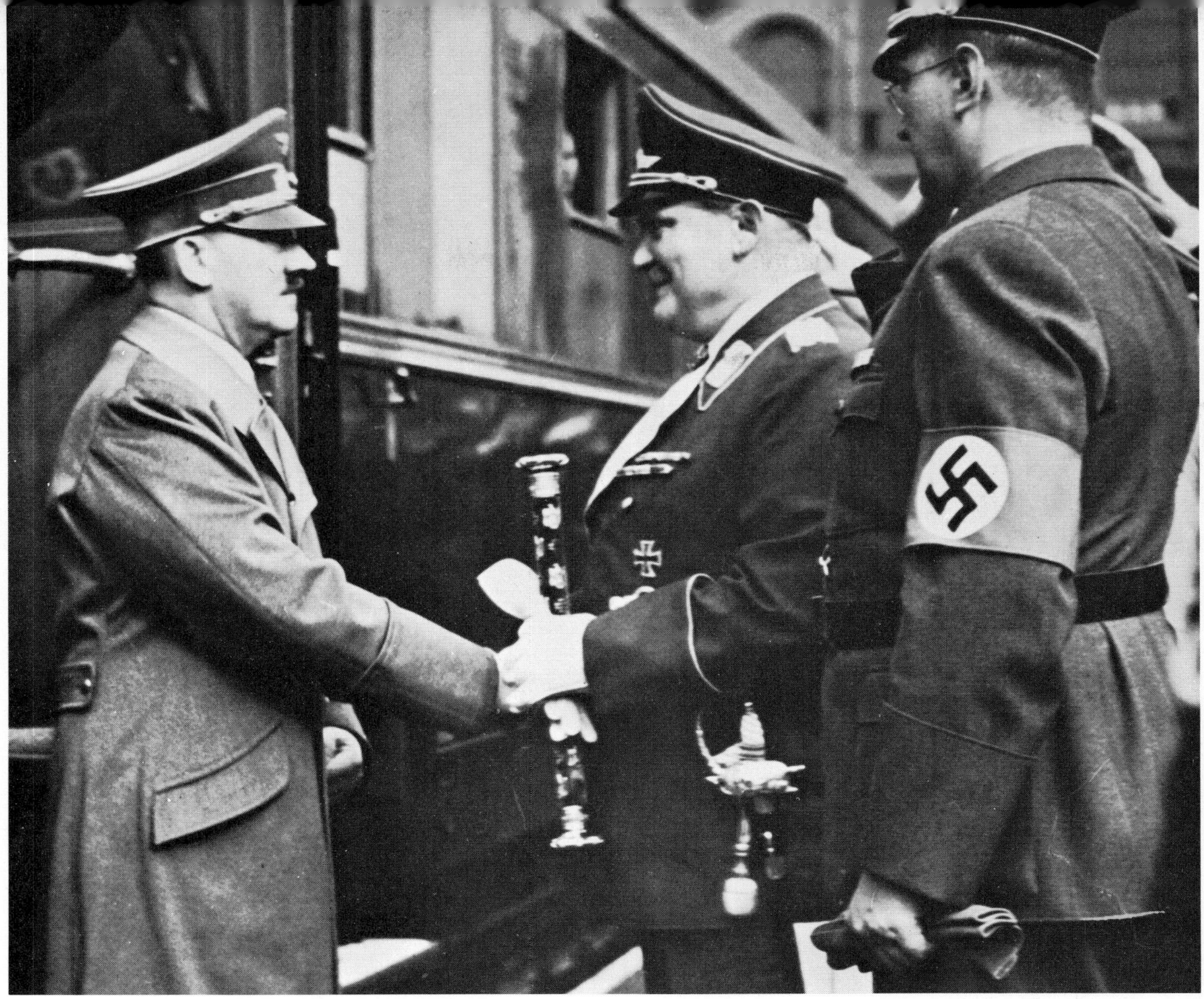

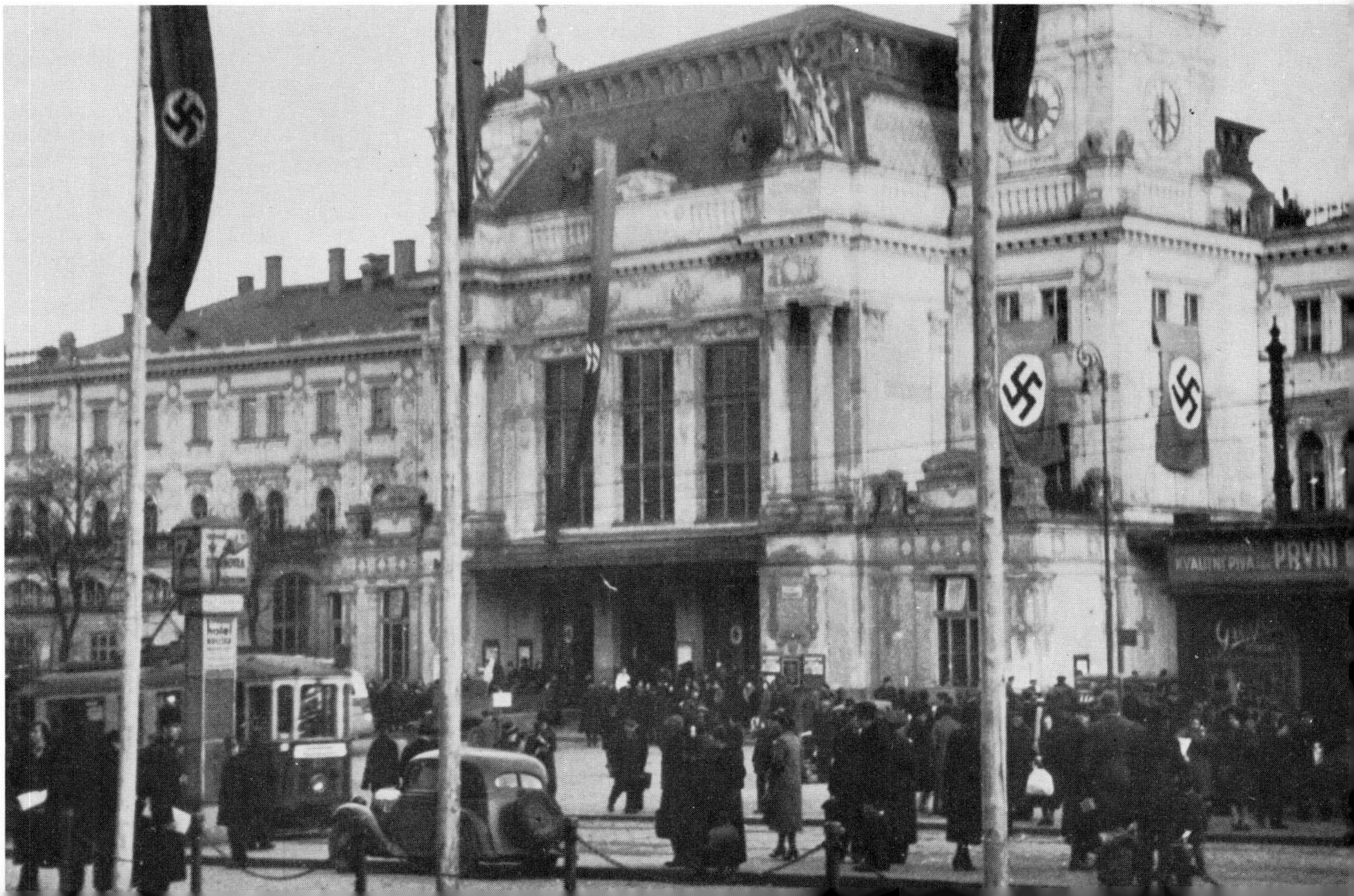
PRVNI

Der unaufhaltsame Weg zur Katastrophe

Nach der Unterzeichnung des Nichtangriffpaktes mit Deutschland im August 1939 beteiligte sich Stalin am Angriff auf Polen. Damit nahm der Zweite Weltkrieg seinen Anfang. Am 30. November 1939 überfiel Stalin das kleine Finnland, doch die entschlossenen Finnen verteidigten ihr Land erbittert und fügten dem Angreifer große Verluste zu. Tausende von finnischen Flüchtlingen fuhren mehrere Tage auf offenen Güterwagen, um in das Innere des Landes zu gelangen (links). In Amerika tobte eine heftige Debatte, als die Nation für den kommenden Konflikt wieder gerüstet werden sollte. Präsident Franklin D. Roosevelt setzte sich über die Tradition hinweg und kandidierte ein drittes Mal. Am 23. Oktober 1940, zwei Wochen vor der Wahl zu jener umstrittenen dritten Amtsperiode, sprach Roosevelt zu einer großen Menschenmenge in Wilmington, Delaware, von der Aussichtsplattform seines Salonwagens (oben links). Die Wiederaufrüstung wurde beschleunigt, als der Krieg sich über die halbe Welt ausbreitete. Am 3. November 1941, fünf Wochen vor dem japanischen Überfall auf militärische Stützpunkte der USA im Pazifik, fuhr die 1. US-Armored Division ihre Fahrzeuge von den Flachwagen zu Manövern in Rock Hill, South Carolina. Die Lokomotive Nr. 4612 der Southern Railways (Achsfolge 1'D 1') beförderte die mittleren Panzer vom Typ M-3 des Panzerregiments Nr. 69 (oben). Eine andere Reihe von „Scharmützel", praktisch unbemerkt von der Welt, fand in der Mandschurei zwischen japanischen und russischen Truppen statt. Die Verluste in den Jahren von 1931 bis 1940 werden auf 80 000 Menschen geschätzt. Japanische Soldaten verlassen während eines größeren Gefechts Mitte des Jahres 1939 ihren Zug. Die UdSSR beteiligte sich erst ab 8. August 1945 am Krieg im Pazifik, sechs Tage bevor Japan die alliierten Kapitulationsbedingungen annahm.

(Fotos: Black Star, links; United Press International, links oben; U.S. Army, oben; Black Star, rechts)

Der „Blitzkrieg" auf Schienen

Nach Vorbereitungen von zehn Jahren begann mit dem Einmarsch der deutschen Armeen in Polen am 1. September 1939 der Zweite Weltkrieg. Innerhalb weniger Stunden war die polnische Luftwaffe zerstört, auch das polnische Eisenbahnnetz litt unter schweren Angriffen, so daß die Reserven am Eingreifen gehindert waren. Am 17. September drang die UdSSR, der geheime Verbündete Hitlers, in den praktisch nicht verteidigten Ostteil des Landes ein und traf bereits am nächsten Tag mit den deutschen Truppen in Brest-Litowsk zusammen. Polen und seine zwei Millionen Mann starke Streitmacht waren besiegt. Die deutsche Eisenbahnstrategie, die für die nächsten Kriegsjahre vorherrschen sollte, wurde gleichzeitig mit dem Beginn des Polenfeldzuges geschrieben. Ernst Marquardt, ein Mitglied des Verkehrsministeriums, hatte gerade einen Bericht mit dem Titel „Die Eisenbahnen im Dienste der Strategie" fertiggestellt. Seinen grundlegenden Ansichten folgte die Deutsche Reichsbahn bei der Beförderung der ungeheuren Nachschubmengen der 56 Divisionen in Polen, indem sie ihr gesamtes Reservepotential einsetzte. Marquardt schrieb: „Die Eisenbahnen sind wegen ihrer großen und leistungsfähigen Transporteinheiten bestens als Massentransportmittel geeignet. Sie benötigen nur geringe Unterhaltung, bieten ein Maximum an Geschwindigkeit und Sicherheit, sie sind nahezu unabhängig von den Jahreszeiten und vom Wetter. Sie arbeiten nach Plan und können jederzeit von militärischen Befehlen gesteuert werden. Nichts kann deshalb die Eisenbahnen ersetzen." Aus diesem Grund sorgte die deutsche Luftwaffe für die schnelle Zerstörung des polnischen Eisenbahnnetzes.

Obwohl die westlichen Alliierten zwei Tage nach dem Einmarsch in Polen Deutschland den Krieg erklärten, waren sie nicht in der Lage, gegen die Großdeutsche Wehrmacht anzutreten. Den ganzen Herbst 1939 und den folgenden Winter hindurch arbeiteten England, Frankreich und ihre Verbündeten verzweifelt an den Vorbereitungen für einen Krieg, der bereits begonnen hatte. Noch war das Glück auf Hitlers Seite, er brauchte weniger als drei Monate, um das übrige Westeuropa zu besetzen, und um England zu bedrohen. Da die Maginot-Linie umgangen wurde, fiel Frankreich in wenigen Wochen. Es ist beachtenswert, in welch chaotischem Zustand sich damals die Französische Staatsbahn (SNCF) befand. Während die deutsche Wehrmacht Eisenbahnbataillone aufstellte, die mit dem Personal der Reichsbahn unter deren Führung zusammenarbeiteten, zog die französische Regierung viele Eisenbahner zum Militärdienst ein. Sie wurden zwar nach dem Mobilmachungsplan, den es aufgrund der Erfahrungen von 1870 schon 1914 gegeben hatte, nicht benötigt, aber ihr Fehlen im Bahnbetrieb hat doch sehr zum Zusammenbruch der SNCF beigetragen. Im Jahre 1941 führte Hitler bereits den Balkanfeldzug. Er unternahm unzählige Inspektionsreisen in den eroberten Gebieten. Er reiste auf die sicherste Weise — mit der Eisenbahn.

Die Niederlage Polens

Gepanzerte Wagen und Lokomotiven wurden seit dem amerikanischen Bürgerkrieg verwendet; während des Zweiten Weltkrieges waren sie besonders im Osten weit verbreitet. Ein polnischer Panzerzug wurde von Stukas getroffen und völlig zerstört (links). Die Lokomotive und der Tender sind den stromlinienverkleideten Schnellzuglokomotiven der damaligen Zeit ähnlich. Deutsche Soldaten machen eine Bestandsaufnahme der Fracht, die zurückblieb, nachdem ein abgestellter Zug von polnischen Zivilisten geplündert worden war (oben). Anderthalb Jahre später, am 3. Juli 1941, wurden in Zamosk südlich von Lublin polnische jüdische Zivilisten zur Entladung von Artilleriemunition eingesetzt, um die rasch vordringende deutsche Wehrmacht in Rußland zu versorgen. Die Original-Bildunterschrift lautet: „Zum erstenmal in ihrem Leben müssen diese Juden mit ihren Händen arbeiten . . . für die deutsche Wehrmacht". Nachdem die Truppen tiefer in Rußland eingedrungen und

Polen der Zivilverwaltung unterstellt war, trieben die SS und andere deutsche Polizeieinheiten hunderttausende von Juden zusammen und brachten sie in Konzentrationslager, wo nur wenige überlebten.

(2 Fotos: Bundesarchiv, links und oben;
1 Foto: National Archives, rechts)

Schneller Wiederaufbau

Die Deutschen setzten das polnische Eisenbahnnetz so schnell wieder instand, daß Hitler bereits wenige Tage nach dem Fall der polnischen Hauptstadt Warschau mit dem Zug erreichen konnte. Hitler und sein Außenminister gehen einer Lokomotive der Baureihe 38 entgegen, die ihren Zug von Warschau nach Berlin zurückführen wird (links). Am 19. Oktober war eine neue Eisenbahnbrücke über die Weichsel bei Dirschau nahezu fertiggestellt. Der Befehlshaber für Danzig und Westpreußen, General der Artillerie Heitz, spricht vor der Brücke mit dem Generalinspekteur der Eisenbahntruppen. Ein Zug mit deutschen Aussiedlern aus Wolhynien fährt im Winter 1939/40 über die Brücke in den deutschen Teil von Przemysl, bewacht von deutschen und russischen Grenzposten (unten). *(Fotos: Photoworld, oben; Black Star, unten)*

Der „Sitzkrieg" im Westen

Während des ersten Kriegswinters waren die militärischen Aktionen an der Westfront unbedeutend. Gelangweilte Journalisten, die über kaum mehr als einige Artillerieduelle und Infanteriegeplänkel berichten konnten, nannten diese Epoche sarkastisch „Sitzkrieg". Trotzdem bereiteten sich beide Seiten auf den totalen Krieg vor. Hinter dem Westwall wurden viele scheinbar unnütze Gleisanlagen, die in den dreißiger Jahren gebaut worden waren, von Einheiten der Eisenbahn-Artillerie benutzt (links). Die Geschütze wurden gerade so weit voneinander entfernt aufgestellt, daß ein Volltreffer durch französische Geschütze immer nur eine Kanone zerstören konnte.

Die Ausbildung wurde in zügigem Tempo weitergeführt. Der Kommandeur eines Eisenbahnpionier-Bataillons zeigt jungen Rekruten in Saarbrücken am 22. März 1940 das Arbeiten mit der Stopfhacke (unten, links außen). An der oberen Rheinfront waren die Truppen sehr beschäftigt; leichte Eisenbahngeschütze wurden ständig bewegt (unten, links innen) und am Rheinufer zwischen Karlsruhe und Basel in Feuerstellung gebracht (oben). Die strategisch wichtigen Eisenbahn- und Straßenbrücken bei Karlsruhe wurden durch 3,7-cm-Flak geschützt (unten).

(Fotos: National Archives, links außen; Photoworld links oben; 3 Fotos, Bundesarchiv)

Der skandinavische Blitzkrieg

Diese Phase des Krieges endete am 9. April 1940, als deutsche Truppen in Dänemark einmarschierten und Transportdampfer mit Truppen und Material in die Fjorde Norwegens eindrangen, während Fallschirmjäger Eisenbahnknotenpunkte und Straßenkreuzungen besetzten. Die norwegische Regierung war so blind gegenüber der drohenden Kriegsgefahr, daß die Norweger es nicht glauben wollten, als deutsche Soldaten, die sie von einem sinkenden Frachter gerettet hatten, ihnen erklärten, sie wollten das Land vor einer englischen Invasion schützen! Zu spät erkannte Norwegen seinen Fehler, doch dann begann das kleine Land, in den Bergen einen Guerillakrieg zu führen. Auch als die alliierten Truppen, die Norwegen

zu Hilfe gekommen waren, sich wieder zurückgezogen hatten, mußte die deutsche Wehrmacht weiterhin Patrouillen entlang der Bahnstrecken schicken (oben). Im Sommer 1940 bauten die Deutschen eine neue Eisenbahnlinie von Grong nach Mosjoen, die am 8. Juli durch die Generale Dietl, von Rundstedt und von Falkenhorst, dem Behelfshaber der Besatzungstruppen, inspiziert wurde (rechts oben). In einem norwegischen Bahnhof ist eine dem Eisenbahnpionierregiment Nr. 2 zugeteilte Einheit des Reichsarbeitsdienstes zur Besichtigung angetreten (rechts). Die ganze Eintönigkeit und die Beschwerlichkeiten, die mit Truppentransportzügen bei allen Armeen verbunden waren, werden mit diesem Bild von einer Nachtfahrt am 5. November 1941 zwischen Trelleberg und Oslo deutlich (rechts außen). *(Fotos: National Archives)*

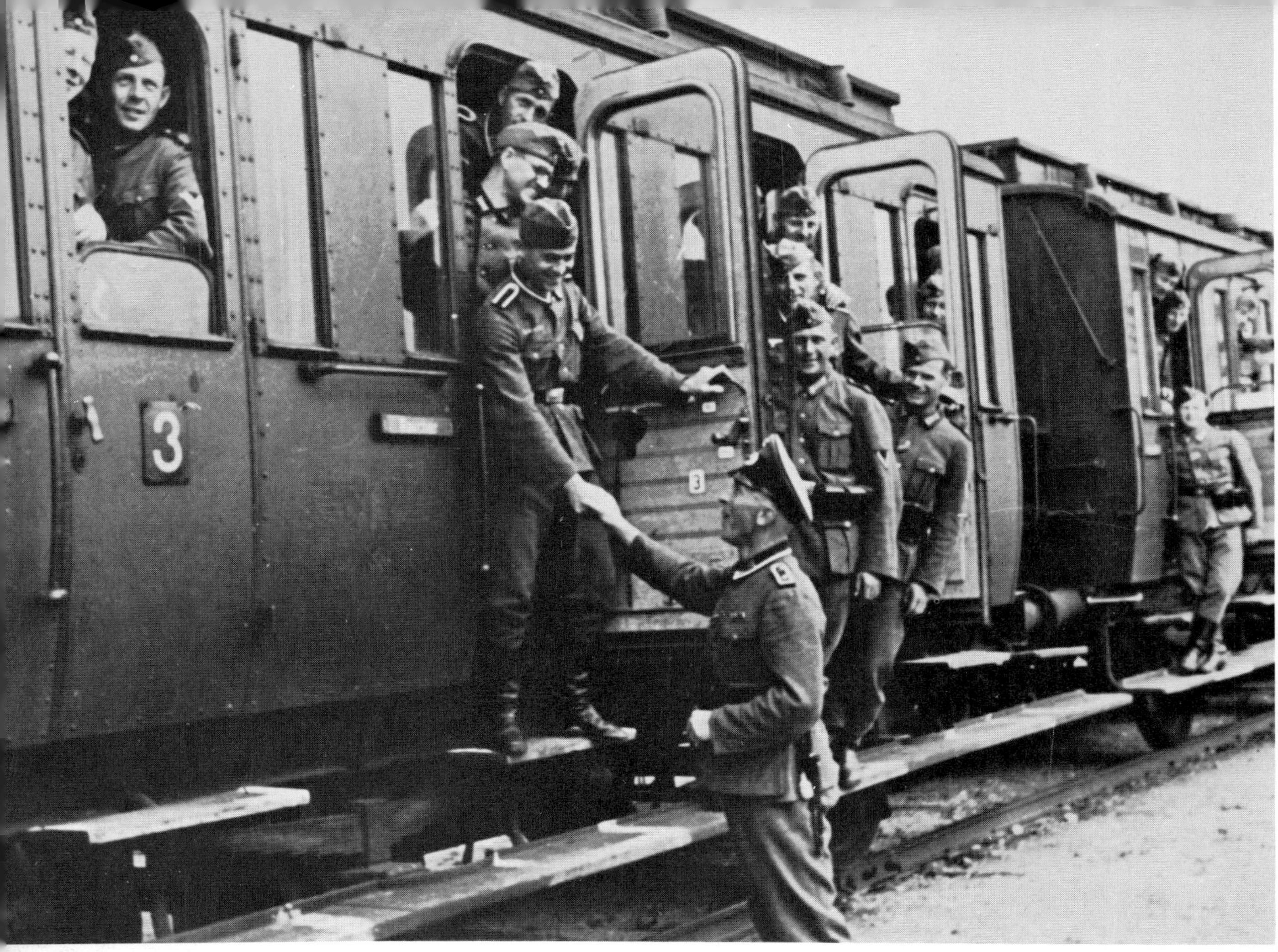
3

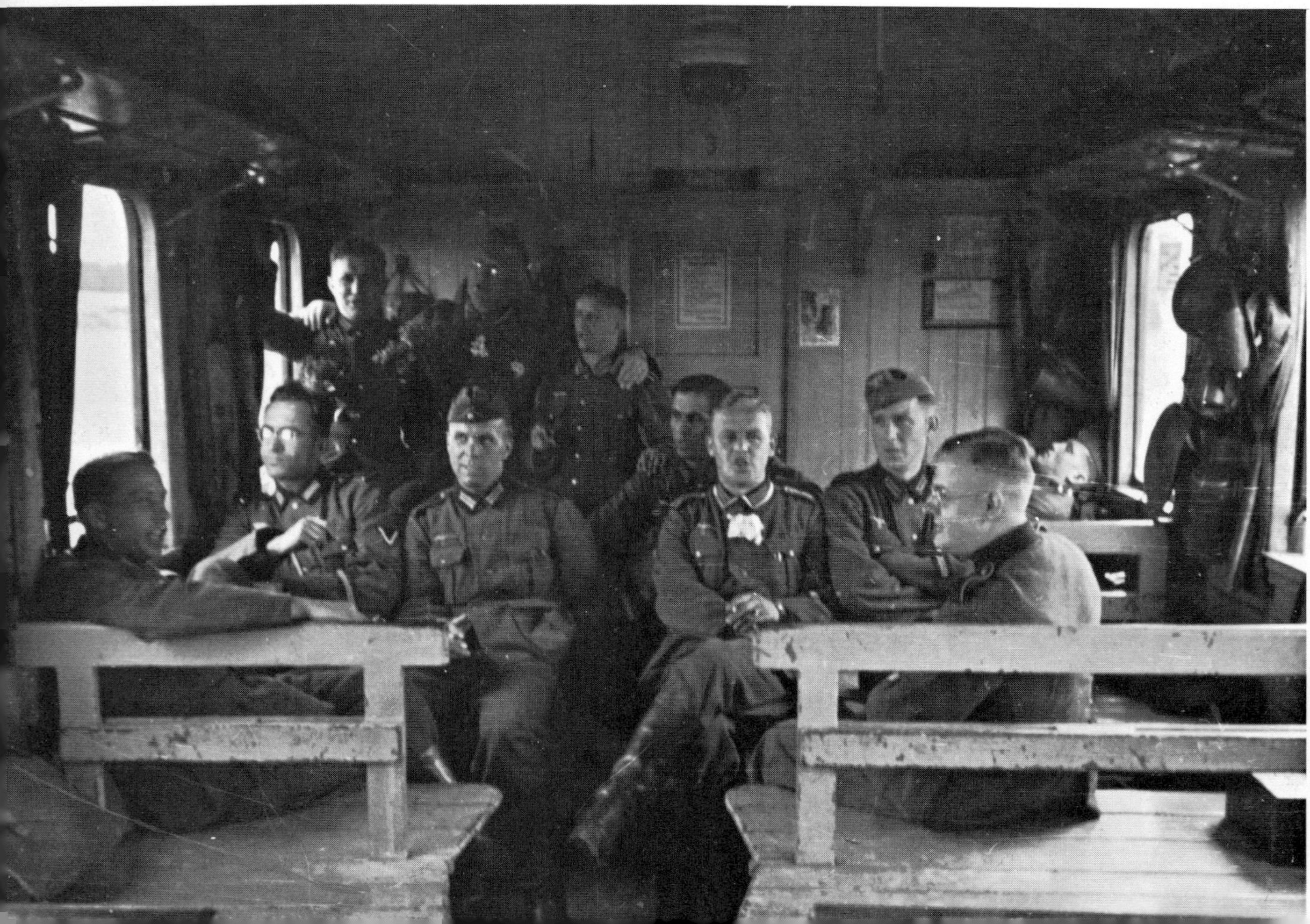

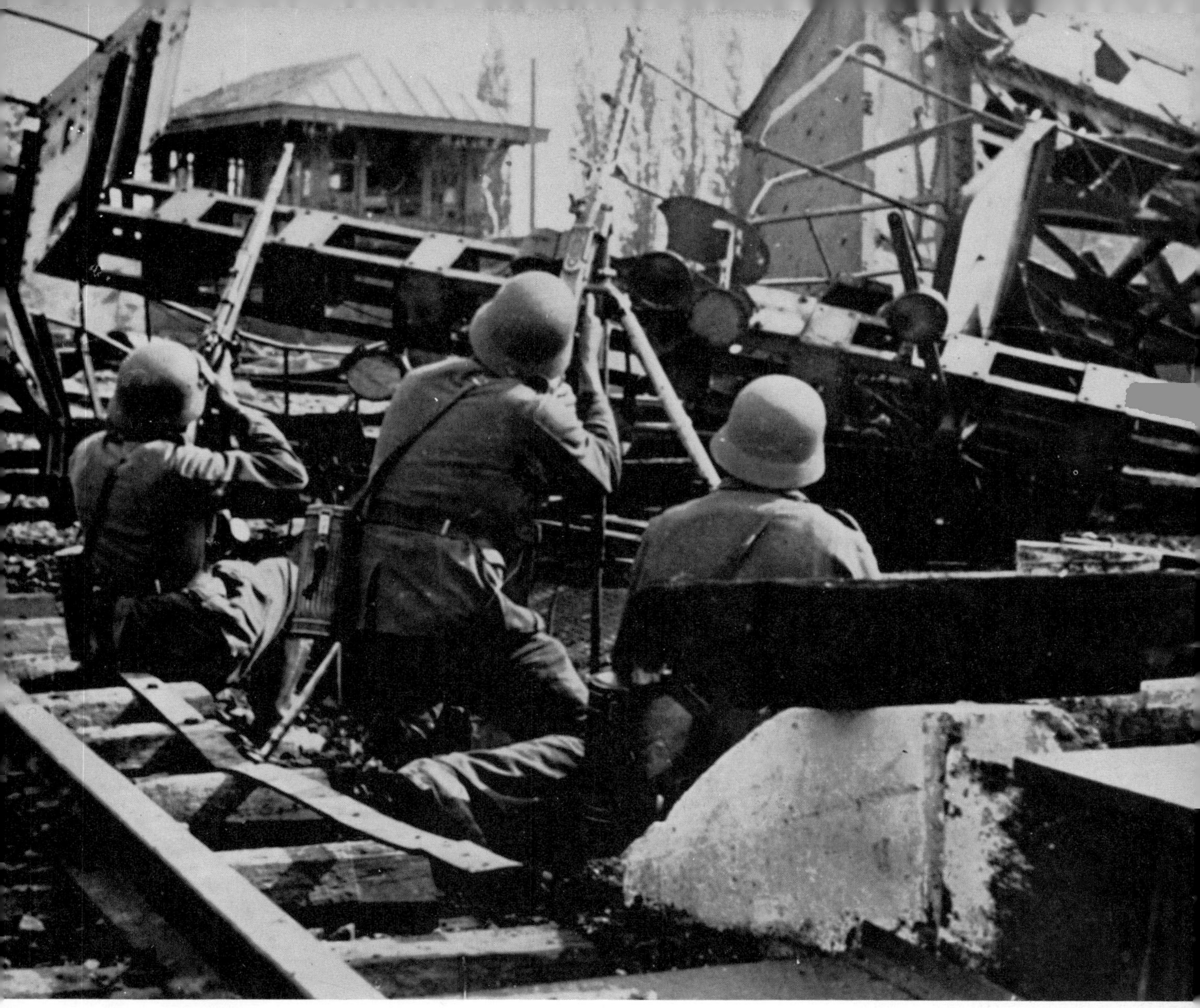

Vormarsch in Holland

Wegen der Maginot-Linie konnte Hitler Frankreich über den Rhein hinweg nicht direkt angreifen, so daß er am 10. Mai 1940 in Holland, Belgien und Luxemburg einfiel. Innerhalb weniger Tage erfolgte der Durchbruch bei Sedan, und die deutschen Armeen rückten in Frankreich nördlich der Maginot-Linie vor. Es war die Zeit der schnellen Vorstöße der deutschen Wehrmacht, die den sich zurückziehenden Alliierten wenig Zeit zur Zerstörung der Eisenbahnen ließ. Die Luftwaffe bombardierte in enger Zusammenarbeit mit den motorisierten Stoßkeilen der Bodentruppen Brücken und Verschiebebahnhöfe, um auf diese Weise den Rückzug der Holländer, Belgier und Luxemburger zur englisch-französischen Front in Nordfrankreich zu verhindern. Deutsche Eisenbahntruppen fuhren zur Front, wo viele Reparatur- und Wiederherstellungsarbeiten auf sie warteten (oben links). Soldaten auf dem Weg zur Westfront sangen auf den unbequemen Sitzen eines ehemaligen Viterklasse-Wagens (links). Während des kurzen Kampfes in Holland feuerte eine deutsche MG-Einheit von den Trümmern einer Signalbrücke auf alliierte Flugzeuge (oben). Zehn Tage nach dem Einmarsch in Dänemark standen deutsche Soldaten neben einem leichten Flakgeschütz an der Rampe zu einer dänischen Eisenbahnbrücke (unten).

(Fotos: Pionier-Schule, links oben; Bundesarchiv, links unten; 2 Fotos, National Archives)

Die Niederlage Belgiens

Als die deutschen Truppen im April 1940 einen großen Teil Skandinaviens besetzten, befahl König Leopold von Belgien, die Eisenbahngeschütze zur Vereidigung der belgischen Neutralität in Alarmzustand versetzen zu lassen (oben). Am 11. Mai, nachdem massierte Verbände der deutschen Wehrmacht in Belgien eingedrungen waren, überquerten vormarschierende Soldaten eine gesprengte Eisenbahnbrücke auf den durchhängenden Gleisen, während die Pioniere bereits mit dem Wiederherstellungsarbeiten begonnen haben (unten rechts). Bei Arlon und an anderen Orten in Belgien benutzten die deutschen Soldaten häufig Motordraisinen (oben, gegenüber). Angehörige einer Propagandakompanie verzurren ihre Fahrzeuge zur Fahrt an die Front (unten, gegenüber). Der Reichsbahnadler (rechts) ist deutlich am Führerhaus der 57 2735 zu sehen.

(Fotos: Photoworld, oben; National Archives, unten und rechts oben; Bundesarchiv, rechts unten)

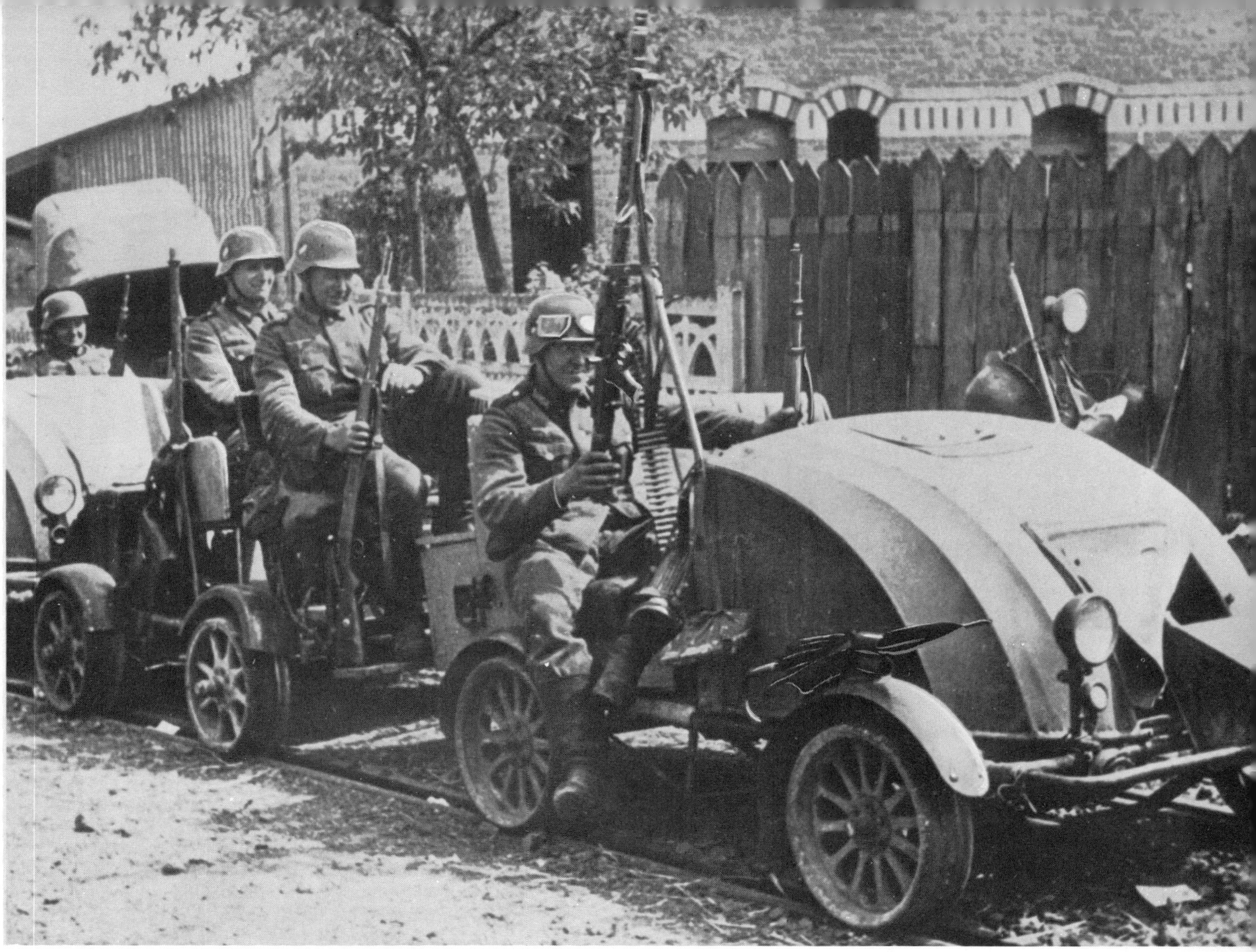

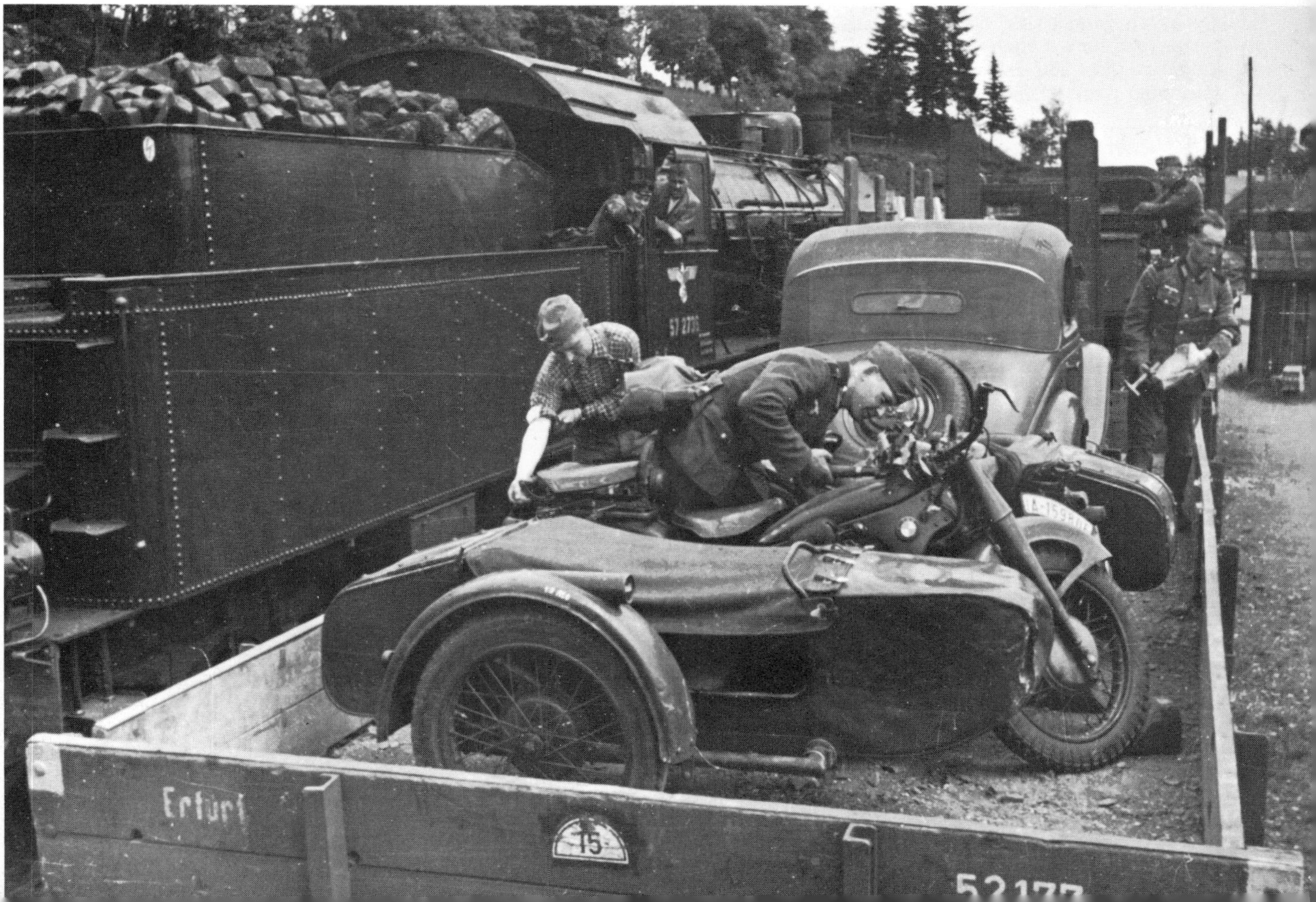
Erfurt
15

Der Kampf der Eisenbahngeschütze

Während des Jahrhunderts, in dem die Eisenbahnen die Verkehrsplanung der Industrieländer vollständig beherrschten, wurden deren Aufgaben für den Nachschub der Truppen durch die Aufgaben des direkten Kriegseinsatzes ergänzt. Als die Konstruktionen der Geschütze immer komplizierter wurden, wurden sie wegen der Größe und des Gewichts immer unbeweglicher. Unbefestigte Straßen, Pferdebespannung und die ersten Kraftfahrzeuge konnten mit der stürmischen technischen Entwicklung der Geschütze nicht schritthalten. Im Ersten Weltkrieg wurden die größten Geschütze, auch die berühmte „Dicke Bertha", mit der Paris aus einer Entfernung von 120 km beschossen wurde, auf Eisenbahnwagen montiert. Dadurch wurden sie nicht nur beweglicher, sondern auch der Munitionsnachschub wurde einfacher. Als die Vorbereitungen zum Zweiten Weltkrieg begannen, spielten die Eisenbahngeschütze wiederum eine bedeutende Rolle. Am Ende des Krieges war die Idee des Eisenbahngeschützes veraltet; die amerikanischen Streitkräfte, die bereits schwerere Straßenfahrzeuge besaßen, hatten sie schon abgeschafft. Taktische Luftstreitkräfte und schnelle Panzereinheiten trugen ebenfalls zum Verzicht auf die Eisenbahngeschütze bei. Zur Unterstützung der Maginot-Linie und des Westwalls waren jedoch die schweren Eisenbahngeschütze wegen ihrer Zuverlässigkeit, Beweglichkeit und leichten Versorgbarkeit eine wichtige Waffe. Am 18. Januar 1940 setzten die Franzosen riesige 40-cm-Geschütze in der Maginot-Linie ein; sie waren ebensogroß wie die schwersten Schiffsgeschütze im Zweiten Weltkrieg (oben und unten). Ein halbes Jahr später besetzten die Deutschen die Fabrik, in der die Geschütze hergestellt wurden und erbeuteten mehrere fabrikneue Geschütze, die noch nicht an die französische Armee abgeliefert waren. Der Abschußknall und die Gefahr eines Rohrkrepierers hielt die Bedienungsmannschaft eines deutschen 24-cm-Eisenbahngeschützes im Hintergrund, von wo sie nach dem Schuß wieder zum Laden des Geschützes zurückkehrten (unten rechts). Diese Fotos sind 1940 in Frankreich aufgenommen worden. Durch einen Fotografen des Heeres wurde das Abfeuern eines Eisenbahngeschützes bei der Beschießung von England an der französischen Kanalküste festgehalten (oben rechts).

(2 Fotos: Photoworld, oben und unten; 3 Fotos: National Archives, rechte Seite)

Der Krieg wird ernster

Drei französische Soldaten bemühen sich, ein widerstrebendes Pferd in einen G-Wagen zu ziehen (oben). An der Westfront waren die Kampfhandlungen zunächst so gering, daß erst ein halbes Jahr nach der englischen Kriegserklärung die ersten britischen Soldaten von den Deutschen gefangen genommen wurden. Sie marschieren entlang der Eisenbahngleise in Oberesch (rechts). Am 31. Mai 1940 waren jedoch bereits tausende ihrer Kameraden in Gefangenschaft. Einige Teilnehmer an der Evakuierung Dünkirchens feiern mit Obst und Kuchen auf dem Bahnhof Addison Road ihre Rückkehr nach England (unten).

(2 Fotos: National Archives, oben; 1 Foto: Imperial War Museum, unten)

Frankreich kapituliert

Die Wehrmacht benötigte nach dem Einfall in Holland nur sechs Wochen, um die französische Armee zur Kapitulation zu zwingen, und um damit England vom Kontinent zu verdrängen. Diese wenigen Wochen im Mai und Juni 1940 brachten ungeheuere Eisenbahnbewegungen und eine große Zahl von Einsätzen gegen die französischen Eisenbahnen. Die deutsche Luftwaffe traf viele Ziele, wie zum Beispiel einen französischen Munitionszug. Seine Trümmer rauchten noch, als die ersten deutschen Bodentruppen eintrafen (unten); auch Gleisanlagen und Knotenpunkte, wie der Bahnhof von Aillevillers, wurde von Stukas getroffen (links). Ein Offizier der Eisenbahnpioniere besichtigt mit Plänen in der Hand bereits den Umfang des Schadens, den seine Einheit aufzuräumen hat. Französische Flüchtlinge, die nicht mehr vor dem deutschen Vormarsch fliehen konnten, drängen sich auf den Bahnsteigen im Bahnhof von Orleans. Im Hintergrund eine Lokomotive, die während des Ersten Weltkriegs in den USA gebaut worden ist (oben).

(1 Foto: National Archives, links; 2 Fotos: Bundesarchiv, oben und unten)

Die Demütigung Frankreichs

Das Waffenstillstandsabkommen von 1918 war in Hitlers Augen das bedeutendste Ereignis, von dem das deutsche Nationalbewußtsein getroffen war. Die deutsche Führung war sich dieser Tatsache völlig bewußt und veranstaltete zur Vergeltung der damaligen Kapitulation und zur Erniedrigung des französischen Volkes ein propagandistisches Schauspiel: Der Speisewagen, in dem der französische Marschall Foch dem Deutschen Reich die Waffenstillstandsbedingungen diktiert hatte, war vor 22 Jahren in einem Mausoleum als Teil des National-Denkmals im Wald von Compiègne aufgestellt worden. Auf Befehl Hitlers wurde der Wagen in den Park gerollt, um ausländischen Journalisten Gelegenheit zu geben, über das Geschehen zu berichten. Am 22. Juni, während Hitler im Sessel des Marschall Foch saß (oben links), verlas Generaloberst Keitel, der Oberbefehlshaber der Wehrmacht, den französischen Vertretern die Waffenstillstandsbedingungen. Reichsmarschall Göring saß rechts von Hitler, vor ihm liegt sein Marschallstab auf dem Tisch. Außerdem waren der Außenminister von Ribbentrop (mit dem Rücken zur Kamera), Admiral Raeder (ganz links), von Brauchitsch und Rudolf Heß (mit dem Gesicht zur Kamera) anwesend. Die französischen Generale, noch von den Eindrücken der schnellen Niederlage gezeichnet, saßen auf der rechten Seite; unter ihnen befanden sich der Luftwaffengeneral Bergeret und General Huntzinger (in dunkler Uniform). Wenige Minuten nach der kurzen Zeremonie verließ Hitler mit Göring (weiße Mütze) unter den Klängen des Deutschlandlieds den Wagen (unten links). Hitler befahl, den Park von Compiègne zu zerstören und einzuebnen; nur das Standbild Marschall Fochs, den er neidvoll verehrte, blieb stehen. Der historische Eisenbahnwagen wurde auf Straßenroller geladen (oben) und von einer schweren Zugmaschine abtransportiert. Kurze Zeit später befand sich der Wagen 2419D auf dem Schienenstrang unterwegs nach Deutschland (unten), wo er von der Bevölkerung im Berliner Zeughaus als ein Symbol des neuen Ruhms der deutschen Nation angesehen wurde. Während eines schweren Bombenangriffs wurde der Waffenstillstandswagen zerstört.

(Fotos: Bundesarchiv; National Archives)

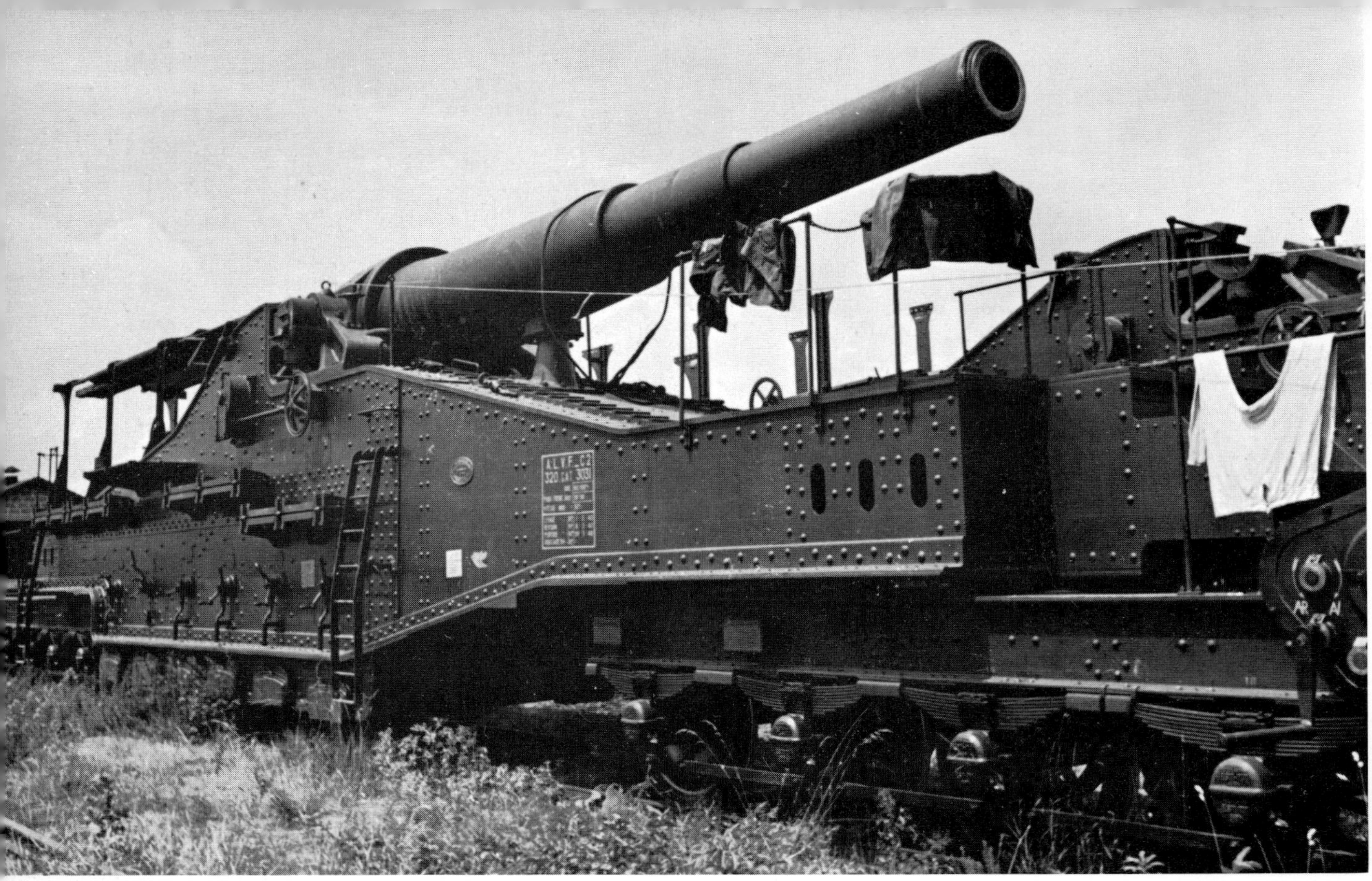

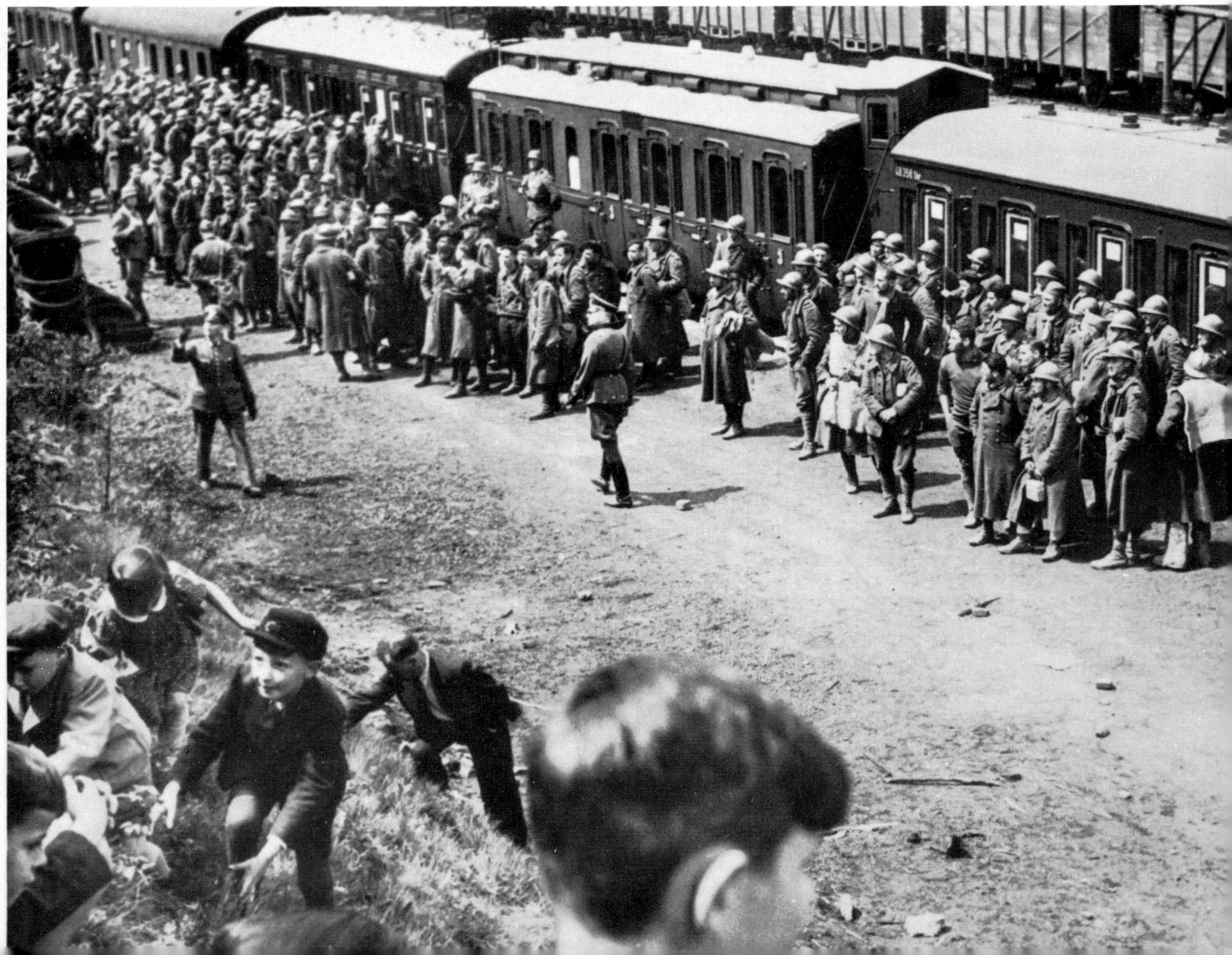

Die Besatzungszeit beginnt

Mit den Waffenstillstandsverhandlungen in Compiègne begannen vier lange Jahre deutscher Besetzung von Frankreich. Deutsche Soldaten leiteten die Übernahme ein, indem sie erbeutete Eisenbahngeschütze zum Wäschetrocknen benutzten (oben links). Die deutschen Eisenbahnpioniere stellten die Hauptstrecken der SNCF so schnell wieder her, daß Dr. Dorpmüller, der deutsche Verkehrsminister und frühere Generaldirektor der Reichsbahngesellschaft, bereits am 18. Juli 1940 nach Paris fahren konnte, wo er den Eisenbahntruppen der Wehrmacht seine Anerkennung für ihre Erfolge aussprach. Vom Führerstand einer alten Dampflokomotive, die als Denkmal auf dem Gare du Nord stand, sprach er zu den versammelten Soldaten (oben). An den Wiederherstellungsarbeiten der französischen Eisenbahnen beteiligten sich deutsche Eisenbahner (oben rechts), französische Kriegsgefangene (rechts), und der Reichsarbeitsdienst (unten), hier mit Feldbahn beim Bau eines Flughafens in Poix bei Amiens am 17. September 1940. Kurz nach der französischen Kapitulation kamen Hunderttausende französischer Kriegsgefangener per Bahn zu Gefangenenlagern in Deutschland. Während ein deutscher Offizier Zivilisten verjagt, strecken französische Kriegsgefangene einem anderen Offizier verächtlich die Zunge heraus (links).

(2 Fotos: Bundesarchiv, links oben und rechts Mitte; 4 Fotos: National Archives)

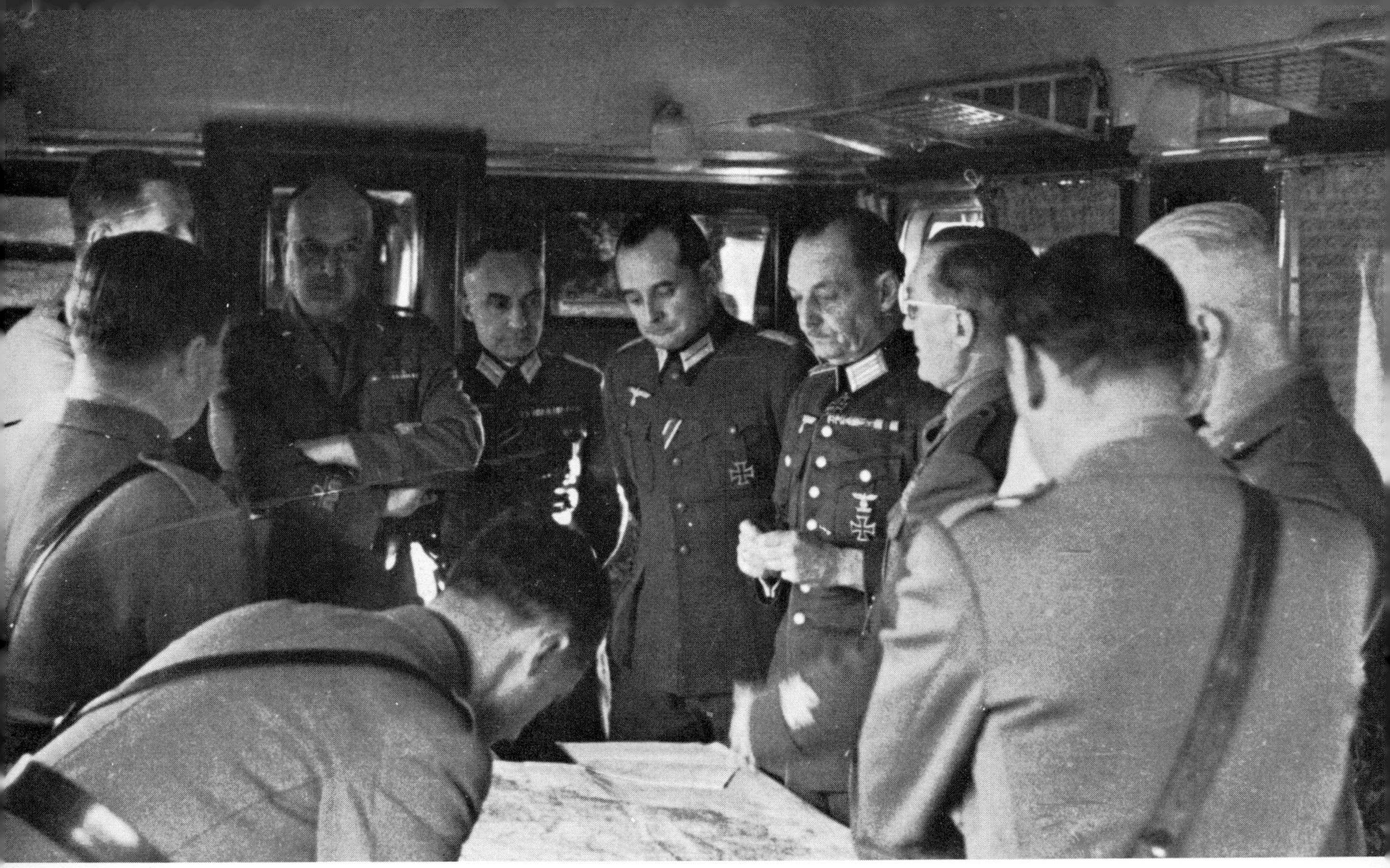

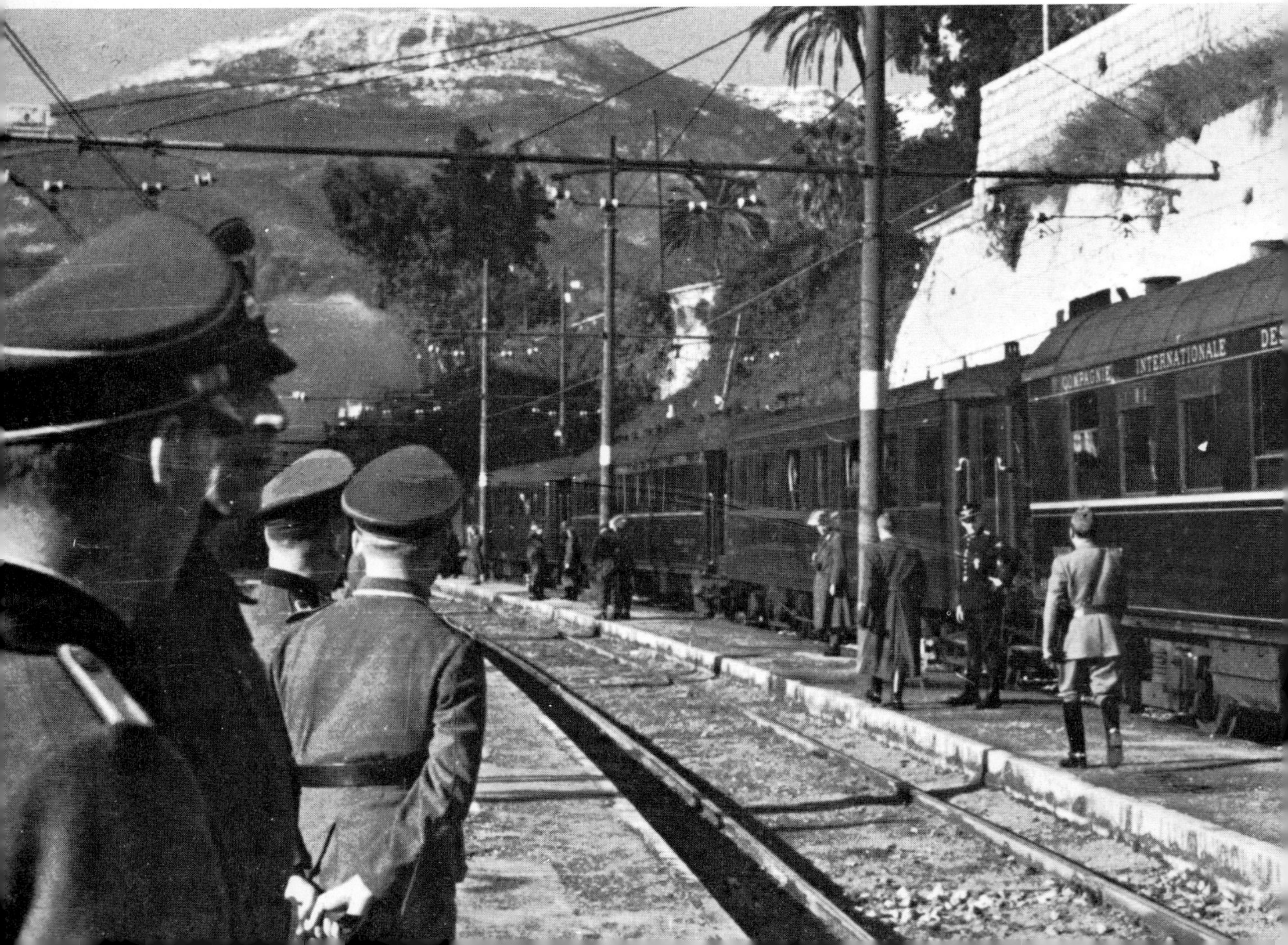
COMPAGNIE INTERNATIONALE DES

Übungen der Besatzungstruppen

Während des deutschen Einmarsches in Frankreich versuchte Italien, im südöstlichen Teil des Landes einzumarschieren. Der Befehlszug des Generals von Rundstedt steht deshalb auf einer Station in den französischen Alpen (links unten). An den Karten des besetzten Frankreichs besprechen der General und sein Stab die Lage mit italienischen Offizieren. Während der gesamten Besatzungszeit hielt die Wehrmacht Manöver auf französischem Boden ab. An einem leichten Panzerzug übt die Bedienung einer Zweizentimeterflak (rechts); ein MG-Trupp besteigt den gepanzerten Mannschaftswagen des gleichen Zuges (unten).

(4 Fotos: Bundesarchiv)

Die Widerstandsbewegung schlägt zurück

Zu Beginn eines modernen Krieges versucht jede Macht, die Eisenbahnverbindungen der anderen durch Luftangriffe, Sabotage und Bodeneinsätze zu unterbrechen, während die gegnerische Seite unter allen Umständen die Betriebsfähigkeit ihrer Bahnen zu erhalten versucht. Sobald ein Land durch eine fremde Macht besetzt ist, werden die Rollen vertauscht. Dies spürten die Deutschen, als sie versuchten, die fran-

zösische Eisenbahnen unter den Einwirkungen der sich erhebenden französischen Widerstandsbewegung in Betrieb zu halten, deren Aktionen aus Partisanenüberfällen, Sabotage und Informationen an die britische Luftwaffe bestanden. Während die Deutschen elektrische Lokomotiven zur Belastungsprobe einer Behelfsbrücke benutzten (oben) und zur Feier der Inbetriebnahme einer solchen Brücke die Lokomotiven schmückten, bereiteten Mitglieder der Untergrundbewegung die Sprengung einer anderen Brücke vor (oben rechts). Nur

wenige Tage nach der Kapitulation, als Charles de Gaulle die Franzosen zum Weiterkämpfen aufforderte, begannen die Eisenbahner ihren langen Kampf gegen die Besatzungsmacht. Eine Münze auf dem Boden eines Schmierbehälters hatte das Festlaufen des Achslagers der Lokomotive zur Folge, Sand in den Maschinenteilen konnte eine Lokomotive für Tage unbrauchbar machen, niedrige Wasserstände zerstörten die Kessel. Französische Fahrdienstleiter entstellten Zugmeldungen oder leiteten „irrtümlicherweise" Züge auf falsche Strecken um, so daß Kriegsmaterial stark verzögert ans Ziel kam. War ein besonders wichtiger Transport unterwegs, wurde die Résistance benachrichtigt, und Sabotageakte oder bewaffnete Angriffe führten zur Zerstörung des Zuges. Schon im November 1940 wurde ein Güterzug mit französischen Kriegsgefangenen von Partisanen überfallen, so daß hunderte von Soldaten entfliehen konnten. Im Juli 1941 schlossen sich treue französische Eisenbahner zu einer Untergrundorganisation mit dem Namen „Combat" zusammen, die unter dem Decknamen „Cou-Cou" auftrat. Während dreier Jahre störte „Cou-Cou" den Eisenbahnbetrieb so stark, daß die deutschen Kriegsanstrengungen ernsthaft behindert wurden. Ihre Mitglieder schickten zum Beispiel eine Lokomotive mit voller Geschwindigkeit einem Munitionszug entgegen und brannten Stellwerke nieder. In der Zeit von 1941 bis 1944 gingen 4208 Sprengstoffanschläge, 1392 Entgleisungen und 1817 andere Sabotageakte auf das Konto der französischen Eisenbahner und der Widerstandsbewegung, wo-

bei 2709 Lokomotiven, 1721 Personenwagen und 10591 Güterwagen zerstört wurden. Von den vielen verhafteten französischen Eisenbahnern starben fast zweitausend, 809 wurden erschossen, 1157 kamen in Konzentrationslagern um. Nur scheinbar war der Tagesablauf im besetzten Frankreich ungestört, wie hier beim Ausladen der Feldpost aus dem Morgenzug (unten). „Wie zu Hause" steht unter der Karikatur, die einen Eisenbahnsoldaten zeigt, der von einer langen Dienstreise aus dem unbesetzten Frankreich kommt.

(3 Fotos: Bundesarchiv, linke Seite und unten; SNCF oben; National Archives, rechts)

„Frühlingsreise ins Blaue"

Das Eisenbahnwesen des Dritten Reiches war mit allen Bereichen der Politik eng verbunden: Güterzüge mit versiegelten Wagen fuhren endlos durch die Nächte, sie waren schwer bewacht. Schnellzuglokomotiven brachten Könige, Diktatoren und Kanzler mit hoher Geschwindigkeit zu Sitzungen, wo über das Schicksal ganzer Völker entschieden wurde. Riesige Truppentransporte kündigten kommende Schlachten an. So war es auch am 30. April 1941, als die deutschen Truppen teilweise aus Frankreich zurückgezogen wurden und eine zwar mächtige, aber stark verkleinerte Besatzungstruppe zurück-

blieb. Schwestern aus einem Soldatenheim wünschen vor der Abfahrt in Rouen eine gute Reise (oben). Die Original-Unterschrift unter dem Foto lautet: „Frühlingsreise ins Blaue". Der Einmarsch in Rußland stand unmittelbar bevor. Die deutschen Truppen, die in Frankreich zurückblieben, lebten im eintönigen, wenn auch weniger gefährlichen Alltag, wie dieser Funker auf einem Panzerzug im Jahre 1942 (unten links). Spanische Freiwillige der „Blauen Division" werden auf einem Bahnhof in Frankreich bei der Fahrt an die Ostfront 1942 von deutschen Krankenschwestern begrüßt (unten rechts). Auf dem Laufschild ihres Wagens steht das Ziel: Berlin Anhalter Bahnhof, der größte Berliner Bahnhof.

(1 Foto: National Archives, oben; 2 Fotos: Bundesarchiv, unten)

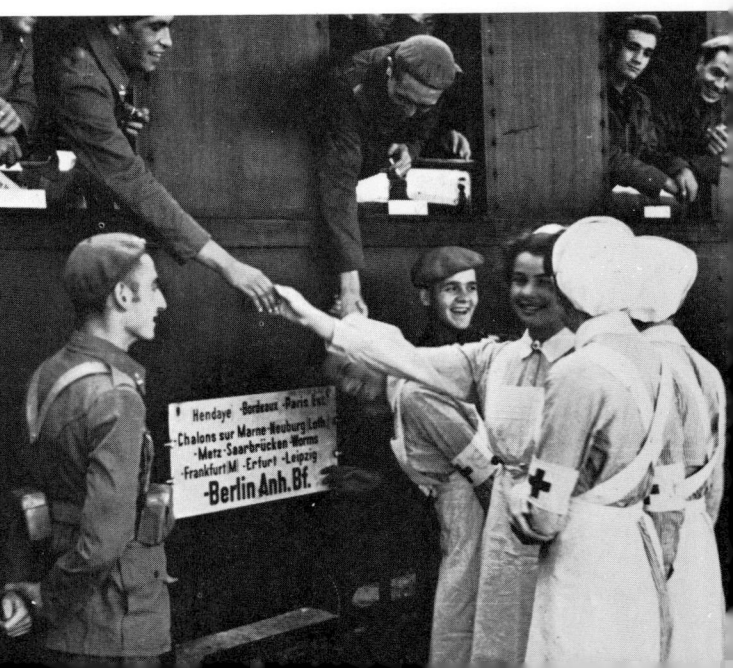

Der Balkanfeldzug

Während die meisten Kampfhandlungen des Jahres 1940 im Westen stattfanden, verschob sich ihr Schwerpunkt gegen Ende des Jahres nach Osten. Im September dankte König Carol von Rumänien unter dem Druck der Gebietsforderungen von Hitlers Verbündeten Rußland, Ungarn und Bulgarien ab. Nachdem das Land durch ungeheure Verteidigungslasten ausgeblutet war, wurde es gedrängt, den Forderungen der Achsenmächte und der Kommunisten ohne Widerstand nachzugeben. König Carol und seine Begleiter bestiegen den Salonwagen in Bukarest und gingen mit einem Sonderzug nach Jugoslawien ins Exil. Während der Fahrt wurde der Zug von den früheren Untertanen des Königs beschossen: Fenster zersplitterten, der Salonwagen wurde durchlöchert, und der Heizer auf der Lokomotive verwundet. In Timisora requirierten seine Gegner eine Lokomotive und verfolgten den Zug unter Gewehrfeuer. Der König entkam und erreichte die Grenze. Im Frühjahr 1941 kam Hitler in eine schwierige Lage. Mussolini, dessen Angriff auf Griechenland fehlgeschlagen war, bat Hitler um Unterstützung. Wenige Wochen vor dem Angriff auf die UdSSR mußten deutsche Soldaten zur Sicherung der Südflanke abgestellt werden. Dies war der obere Teil der Zangenbewegung, die in Richtung auf den Suezkanal und die Ölfelder im Mittleren Osten in Verbindung mit dem Vormarsch von Rommels Afrikakorps geplant war. Im April 1941 stießen Wehrmachteinheiten entlang einer Eisenbahnstrecke in Richtung Athen vor. Die 5. Panzerdivision hatte die Vorhut übernommen. Waren die Straßen schlecht, durch Flüchtlinge oder Trümmer verstopft und die Brücken gesprengt, wie es in Griechenland oft der Fall war, benutzten die deutschen motorisierten Verbände den Gleiskörper der Bahn als Vormarschstraße (oben rechts). Während der heftigen Kämpfe waren deutsche Eisenbahner und Bautrupps dabei, einen gesprengten griechischen Tunnel wiederherzustellen (unten rechts). Hitlers Weg nach Griechenland war erst wenige Wochen zuvor ermöglicht worden, als die Jugoslawische Regierung der Wehrmacht gestattete, für Versorgungszüge das jugoslawische Eisenbahnnetz zu benutzen. Wie in Frankreich, bildete sich auch in Jugoslawien eine starke Widerstandsbewegung. Die Kampfhandlungen, die alliierten Luftangriffe, die Aktionen der nationalen Befreiungsarmee und der Partisanen hatten große Zerstörungen der jugoslawischen Eisenbahnen zur Folge: 56 Prozent der Schienen, 80 Prozent der Lokomotiven, 90 Prozent des Rollmaterials, 61 Prozent der größeren Brücken und Viadukte und 55 Prozent der kleineren Brücken waren Kriegsverluste. In Griechenland waren die Zerstörungen noch umfangreicher, dort wurden große Viadukte von englischen Fallschirmspringern und griechischen Partisanen gesprengt. Für die Wiederherstellung des Asopos-Viaduktes benötigten die Deutschen zwei Monate, wobei Tausenden von griechischen und polnischen Arbeitern eingesetzt waren. Der erste Zug brachte den reparierten Brückenbogen wieder zum Einsturz, denn die Arbeiter hatten die Reparaturarbeiten sabotiert. Seinen 52. Geburtstag feierte Hitler im April 1941 zusammen mit seinen Generalen und Spitzen der Regierung im Salonwagen, als er auf der Höhe der Macht den Balkanfeldzug leitete.

(2 Fotos: National Archives)

Die Führer treffen sich auf dem Bahnhof

Weil die Flugreisen noch als etwas unsicher angesehen wurden, und weil die Gefahr des Abschusses durch feindliche Flugzeuge oder eigene Flak bestand, zogen es die Führer Europas gewöhnlich vor, auf ihren Reisen zu verschiedenen Missionen die sicheren und bequemen Sonderzüge zu benutzen. Als Franco, der Sieger im spanischen Bürgerkrieg, schließlich einen Staatsbesuch bei Hitler machte, kam er per Bahn. Der Führer begrüßte Franco am Eingang von dessen Salonwagen (links), danach die spanischen Offiziere (rechts) auf dem roten Teppich. Obwohl eine gute Zusammenarbeit unter den Diktatoren bestand und die „Blaue Division" an die Ostfront geschickt wurde, war Franco klug genug, sich aus dem Krieg herauszuhalten und seine Freiwilligen 1943 aus dem Osten wieder zurückzuziehen. Mussolini, der hier im Bild neben Hitler in München den Bahnsteig entlangmarschiert (oben) traf sich im Februar 1941 mit Franco an der Riviera und versuchte Spanien in den Kampf gegen die Alliierten hineinzuziehen, da sie ihm in Griechenland und Nordafrika schwer zusetzten. Unter den Geschützen eines Panzerzuges, die auf das Mittelmeer gerichtet waren, dankte Franco für die Unterstützung im Bürgerkrieg und blieb während des Krieges neutral.

(1 Foto: National Archives, oben; 2 Fotos: Black Star, rechts und linke Seite)

Hitler benutzt den Schienenstrang

Eine besondere Abteilung der SS bewachte überall Hitlers Zug (links). Als Hitler Finnlands Marschall Mannerheim und Präsident Ryti zum 75. Geburtstag Mannerheims am 6. Juni 1942 besuchte, machten sie ihre Besichtigungstour der finnischen Verteidigungsanlagen mit der Eisenbahn (oben). Hitlers anfängliche Popularität war immer zum Ausdruck gekommen, wenn er sich am Fenster seines Zuges gezeigt hatte, wie zum Beispiel in Wilhelmshaven am 17. Juni 1936 (unten). Sein Befehlswagen im Krieg war gepanzert, schuß- und bombensicher, wasserdicht und innen gepolstert. Schußsichere Fenster konnten innerhalb von Sekunden durch schwere stählerne Rolläden verschlossen werden. Kürzlich haben medizinische Untersuchungen der nachteiligen Wirkungen von Flugreisen auf den menschlichen Organismus die Theorie erhärtet, daß der britische Premierminister Neville Chamberlain, wenn er nach erschöpfenden Flügen von England mit Hitler zusammentraf, niemals in einer Verfassung war, mit dem Führer zu verhandeln, der ausgeruht und frisch im bequemen Salonwagen nach München gekommen war.

(Fotos: National Archives)

Der Sturm im Osten

In den frühen Morgenstunden des 22. Juni 1941, gegen 2 Uhr, fuhr eine russische Lokomotive, deren Rauchkammertür mit einem roten Stern verziert war, durch die Wälder und entlang des Flusses Bug in Polen. Schließlich verlangsamte sie ihre Fahrt und hielt an einem kleinen Wachhaus. Deutsche Soldaten, die in dieser schwülen Juninacht außerordentlich lebhaft waren, begrüßten das Zugpersonal und die Wachmannschaft des Zuges, der für Deutschland bestimmtes Getreide aus der Ukraine brachte. Nach einem schnellen Blick auf die Begleitpapiere durfte der Zug weiterfahren. Wenige Meter entfernt duckten sich deutsche Soldaten aller Dienstgrade atemlos in die Gräben beiderseits der Gleise. Hinter ihnen waren Panzer, Kanonen und Versorgungseinheiten versammelt, die für die größte Invasion der Geschichte bereitstanden. Noch keine Stunde, nachdem der russische Zug den Grenzposten passiert hatte, griff eine Streitmacht von drei Millionen Soldaten — Deutsche und Verbündete der Achsenmächte, insgesamt 200 Divisionen — die Sowjetunion auf einer Front an, die sich von der Ostsee bis zum Schwarzen Meer erstreckte. Stalin war mit dem Aufbau seiner Streitkräfte, der Wirtschaft und des Verkehrsnetzes so beschäftigt, daß er nicht auf die Warnungen des britischen Premierministers Winston Churchill und seines eigenen Geheimdienstes hörte, er werde von Hitler betrogen. Unzählige Züge mit Erdöl, Erzen, Getreide, Baumwolle und anderen strategischen Gütern rollten täglich von Rußland nach Deutschland. Stalins völlige Nichtbeachtung der englischen Bitte, Deutschland nicht weiter mit riesigen Materiallieferungen zu versorgen, änderte sich über Nacht, als er plötzlich verlangte, daß England die „Festung Europa" angreifen solle, um die Wehrmacht von ihrem neuesten, kühnsten und verlustreichsten Abenteuer abzulenken. Stalin vergaß dabei, daß auch das russische Öl bei der Vertreibung Englands vom Kontinent eine wichtige Rolle gespielt hatte.

Die ersten Wochen dieser gewaltigen Invasion im Osten, die den Decknamen „Barbarossa" trug, verliefen reibungslos. Die ganze Welt erwartete, daß die Deutschen im Herbst den totalen Sieg verkünden würden. Der Angriff wurde in drei Stoßkeilen durchgeführt. Als sich die Panzerspitzen den Hauptzielen näherten, betrug die Frontbreite nahezu 3000 km. Die Armeegrupe Nord erreichte den Stadtrand von Leningrad zum vorgesehenen Zeitpunkt. Die Armeegruppe Mitte rollte unaufhaltsam auf Moskau zu und eroberte Smolensk innerhalb der ersten vier Wochen. Die Armeegruppe Süd, die Hitler als die wichtigste ansah, stieß in die Ukraine und auf die kaukasischen Ölfelder vor, um schließlich die Zangenbewegung zum Mittleren Osten fortzusetzen. Hitler

erreichte seine Ziele fast, nur wenige Kilometer — im Falle Leningrads nur wenige tausend Meter — trennten ihn davon. Der Glaube, den Feldzug im Osten noch vor Eintritt der USA in den Krieg gewinnen zu können, und der Einbruch des härtesten Winters seit hundert Jahren hatten einen fast vier Jahre dauernden Zermürbungskrieg zur Folge, wie ihn die Geschichte noch nicht gesehen hatte. Er war schließlich der entscheidende Faktor für die Niederlage Deutschlands.

Den Sieg fast in den Händen, war Hitler unschlüssig und hörte nicht auf den Rat seiner Generale, der in erster Linie die Eisenbahn betraf. Während der ersten Wochen machte die Wehrmacht die Erfahrung, daß mit dem einfachen russischen Straßennetz moderne Armeen nicht versorgt werden konnten, besonders nicht während der Regenperiode im Herbst, wenn die Straßen zu Morast verwandelt waren. Deshalb war das wichtigste militärische Ziel für beide Seiten ein sehr gut ausgebautes Eisenbahnnetz. So drängte das deutsche Oberkommando, der Armeegruppe Mitte den Vorrang zum Vorstoß auf Moskau zu geben, wo der Mittelpunkt des russischen Eisenbahnnetzes lag. Die Einnahme der Hauptstadt hätte wohl die Unterbrechung aller Eisenbahnlinien im Gebiet westlich des Urals bedeutet, wo sich die Masse der Bevölkerung und der Industrie Rußlands befanden. Als Hitler dies erkannte, hatten die sowjetischen Truppen bereits die notwendige Zeit gefunden um eine erfolgreiche Verteidigung Moskaus aufzubauen.

Viele, die unter der Sowjetherrschaft lebten, feierten die Deutschen als Befreier. Hier beging Hitler einen weiteren schweren Fehler. Da er die Russen als rassisch minderwertig ansah, wurden sie von der SS und der deutschen Zivilverwaltung brutal unterdrückt. So fanden viele Russen, daß ein eigenes Regime immer noch besser zu ertragen sei als ein fremdes, und erhoben sich zum Kampf gegen die Eindringlinge. Wenn die Deutschen Schwierigkeiten mit der französischen Résistance hatten, so war im Vergleich dazu die Tätigkeit der russischen Partisanen ein ständiger Alpdruck. Mehr als auf allen anderen Kriegsschauplätzen hing das Kriegsglück an der Ostfront von der Eisenbahn ab.

Direkte Kampfunterstützung durch die Eisenbahn

Eine fünffach gekuppelte Güterzuglokomotive schiebt einen Zug mit getarnten Panzerwagen im September 1941 zur Front, wo Hitlers Unentschlossenheit den deutschen Vormarsch mehr verlangsamt hatte als der wachsende russische Widerstand. Die Lokomotive befand sich so nah an der Frontlinie, daß zum Schutz des Schienenwegs ein schwerer Flachwagen mit einem Panzer T 34 vor der Lokomotive in den Zug eingestellt war.

(Foto: Sovfoto)

Stalins Aufruf

Als Stalin das russische Volk aufrief, sich geschlossen zu erheben und gegen die Deutschen zu kämpfen, führte er die Politik der „verbrannten Erde" ein, die den Eindringlingen alles entzog, was sie brauchte. Es ist bezeichnend, daß Stalin in seiner berühmtesten Rede besonders auf die Wichtigkeit der Sicherstellung des Rollmaterials hinwies. Alles Eisenbahngerät, das nicht hinter die eigenen Linien gebracht werden konnte, wurde zerstört. Sehr oft fanden die ersten deutschen Truppen zerstörte oder brennende Züge (rechts). Der Volltreffer einer leichten Bombe der Luftwaffe stoppte einen russischen Panzerzug und machte ihn zur Beute (oben rechts). Zeitweise verlief der deutsche Vormarsch so schnell, daß viel Eisenbahnmaterial erbeutet wurde, wie diese Lokomotive mit dem roten Stern, die von ihren Eroberern mit einer Hakenkreuzfahne geschmückt wurde (links). In der Schlacht von Rezekne in Lettland spürte ein deutscher Infanterist am 13. Juli 1941 den verwundeten General Rothberg der Roten Armee auf, der sich hinter einer Lokomotive verborgen gehalten hatte. Das wichtigste Problem des Eisenbahnwesens lag in der größeren Spurweite (Breitspur 1524 mm) der russischen Eisenbahnen. Dies bedeutete Umladen der Güter, Umspuren der Gleise und andere technische Schwierigkeiten. In den baltischen Staaten lagen folgende Verhältnisse vor: Litauen — Normalspur, Lettland — Normalspur und Breitspur, Estland — Breitspur.

(2 Fotos: National Archives; 1 Foto: Photoworld, rechts oben; 1 Foto: Black Star, rechts)

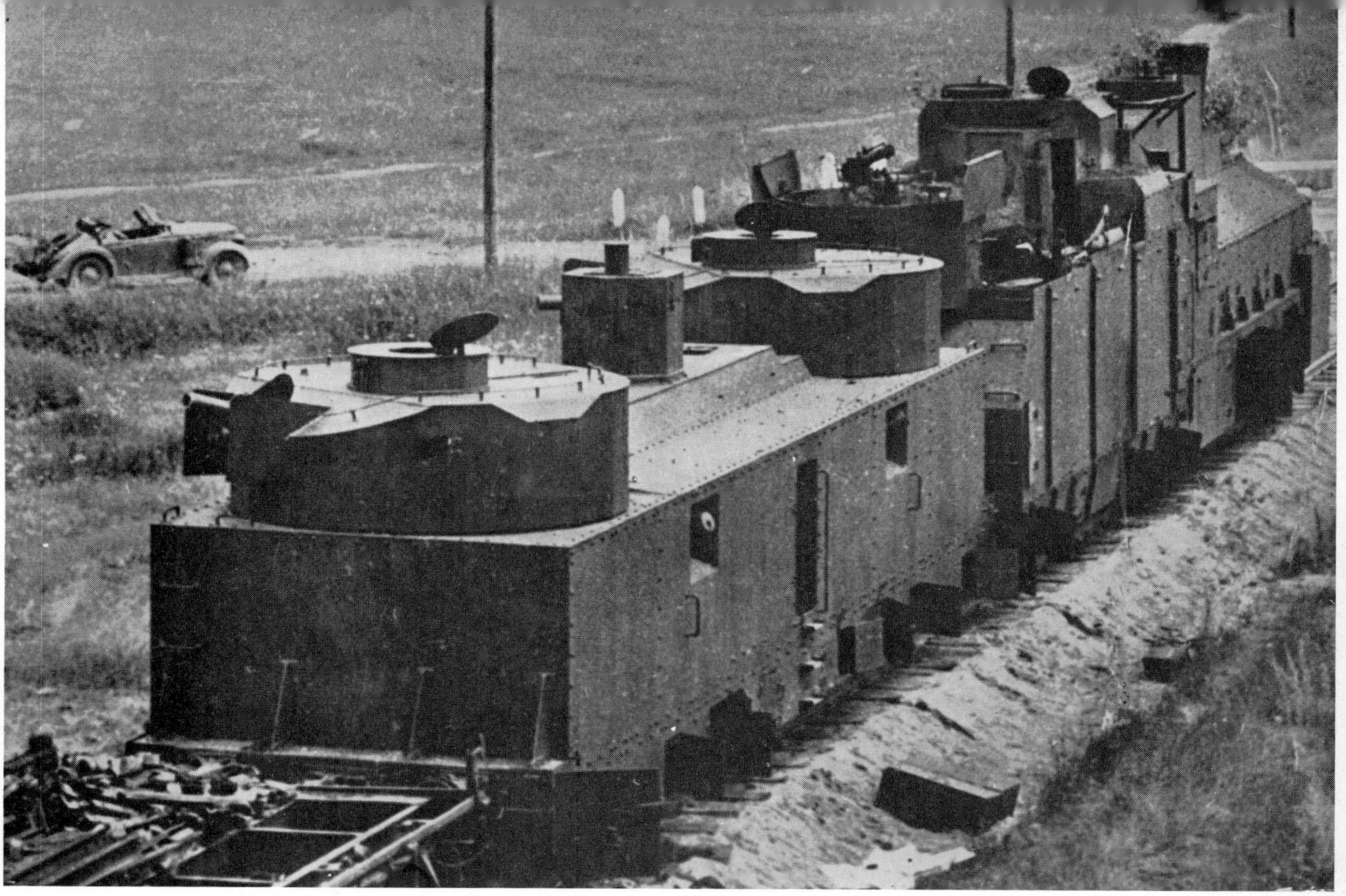

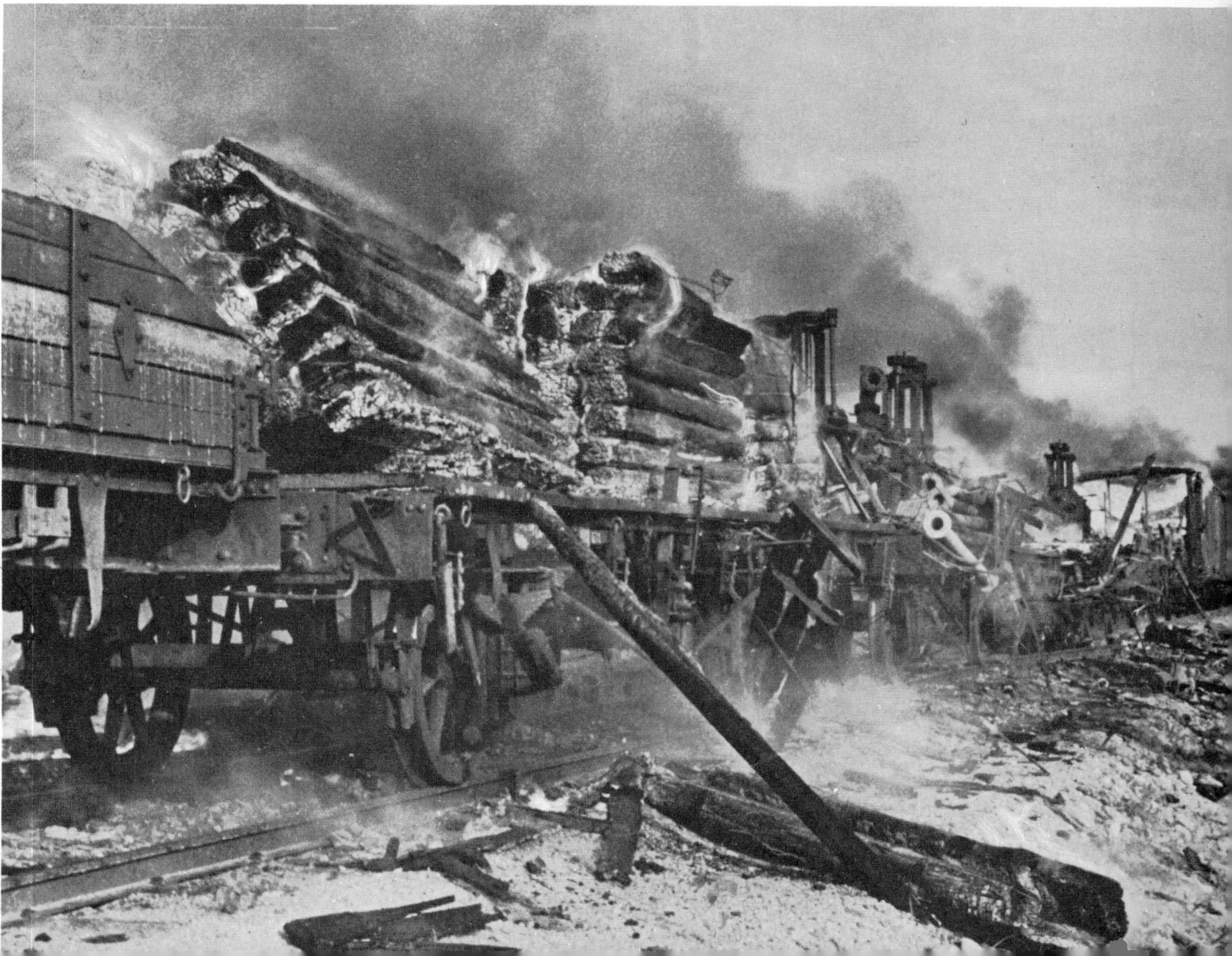

Schwieriger Vormarsch nach Moskau

Die deutschen motorisierten Verbände umgingen die Schwierigkeiten, die auf unbefestigten Straßen entstanden, häufig durch Benutzung des Gleiskörpers der Eisenbahn, wie sie es einige Monate zuvor bereits in Griechenland getan hatten. Nachdem die Brückenauffahrt durch Bohlen vorbereitet wurde, hatten die deutschen Soldaten ein Sturmgeschütz fast über

die Brücke bekommen, als es mit einer Kette abrutschte (links). Die anderen Fahrzeuge der Einheit warteten noch am anderen Ufer. Bereit zum Einsatz gegen russische Tiefflieger bewacht die Bedienung einer leichten Flak einen Versorgungszug (oben). Auch die Sturzkampfbomber überfielen Eisenbahnzüge; sie erzielten einen Volltreffer bei einem Panzer auf einem Flachwagen in der Nähe von Smolensk am 24. Juli 1941 (unten).

(2 Fotos: Bundesarchiv, links und oben; 1 Foto: National Archives)

General Schlamm und General Winter

Schon bei der Invasion Napoleons in Rußland im Jahre 1812 (eine verwirrende historische Parallele, von der sich das Oberkommando der Wehrmacht mit Recht bedrängt fühlte) hatten die Russen durch die natürlichen Gegebenheiten ihres Landes immer zwei große Verbündete: Den General Schlamm und den General Winter. Die Deutschen, die in einem vorgeschobenen Lager Treibstoff entluden (oben) und festgefrorene Züge im tiefen Schnee freizulegen hatten, wie am 7. März 1942 in Sanosnaja, lernten die grimmige Natur kennen (unten). Sie benutzten Normalspurstrecken (oben links) und Schmalspurstrecken (unten links) zur Beförderung von Artillerie an die Front. Während des Rußlandfeldzuges beschlagnahmten die Deutschen im gesamten besetzten Europa Material zum Betrieb der russischen Eisenbahnen. Französische, italienische, griechische, polnische, ungarische, holländische und deutsche Wagen fanden sich in Rußland wieder, ebenso das Rollmaterial aus einem halben Dutzend anderer Nationen.

(3 Fotos: Bundesarchiv, linke Seite und oben; 1 Foto: National Archives)

Ungewöhnliche Fortbewegungsmittel

Als Folge der Gründlichkeit, mit der die Russen alle Triebfahrzeuge rechtzeitig abfuhren oder zerstörten, und wegen der schlechten Beschaffenheit vieler russischer Gleisanlagen, mußte die Wehrmacht oft zu originellen Einfällen greifen, um die Eisenbahnlinien wieder benutzen zu können. Kleinfahrzeuge mit eigenem Antrieb wurden zweckentfremdet, sie dienten als Aufklärungs- und Patrouillen-Fahrzeuge. War es mit einer Dampflokomotive schwierig, unbemerkt zu fahren, so war dies mit einer Motordraisine möglich, wie hier auf einer Pionier-Erkundungsfahrt in Lepel (links). Diese kleinen Fahrzeuge konnten von der Bemannung bei Feindeinwirkung oder Herannahen eines Zuges von den Gleisen gehoben werden. Auf dieser Patrouillenfahrt wurde das Gleis auf Unterbrechungen untersucht, über die dann dem Kommandeur der Eisenbahnpioniere berichtet werden konnte. Die Draisinen verbrauchten wenig Treibstoff und benötigten kaum Wartung. Im Frühjahr 1943 befanden sich die Deutschen auf dem Rückzug, ihre Hilfsquellen waren erschöpft. Die Eigenbaudraisine mit Motorradantrieb in Gorki und die Fahrrad-Draisine bei Pustinka weisen auf die Sparsamkeit hin, die das deutsche Militär im vierten Kriegsjahr kennzeichnete. Im August 1941 hatten die Deutschen in Schepetowka nur wenige Breitspurlokomotiven, so setzten sie zum Verschieben russische Kriegsgefangene ein (rechts oben). Beim Vormarsch durch die Pripjet-Sümpfe wurden die festen Bahnkörper benutzt. Die rote Armee trat mit Panzerautomobilen an, die zum Fahren auf Eisenbahnschienen umgebaut worden waren. Dieses Exemplar wurde von den Deutschen erbeutet (rechts).

(4 Fotos: National Archives; 1 Foto: Bundesarchiv, rechts unten)

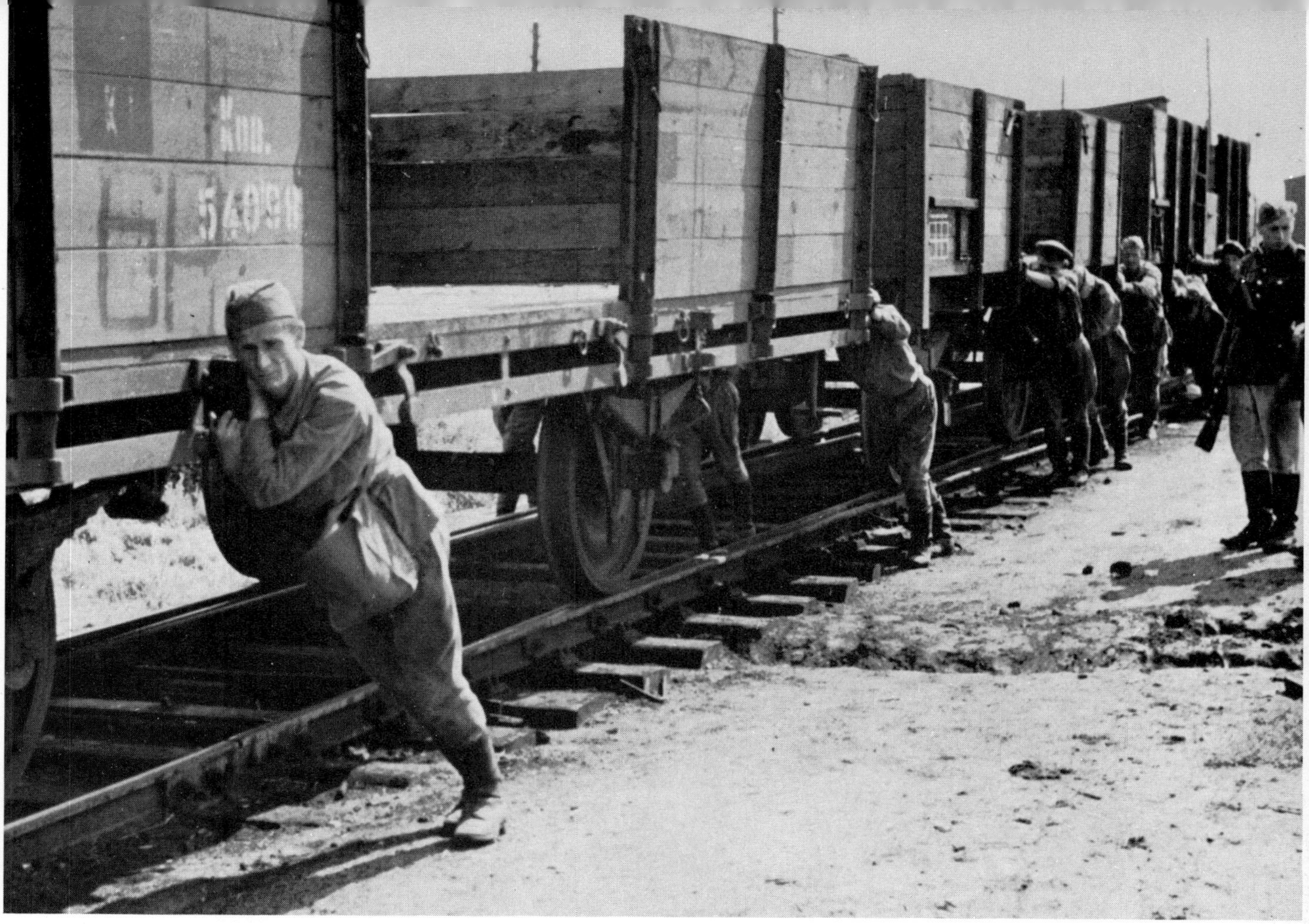

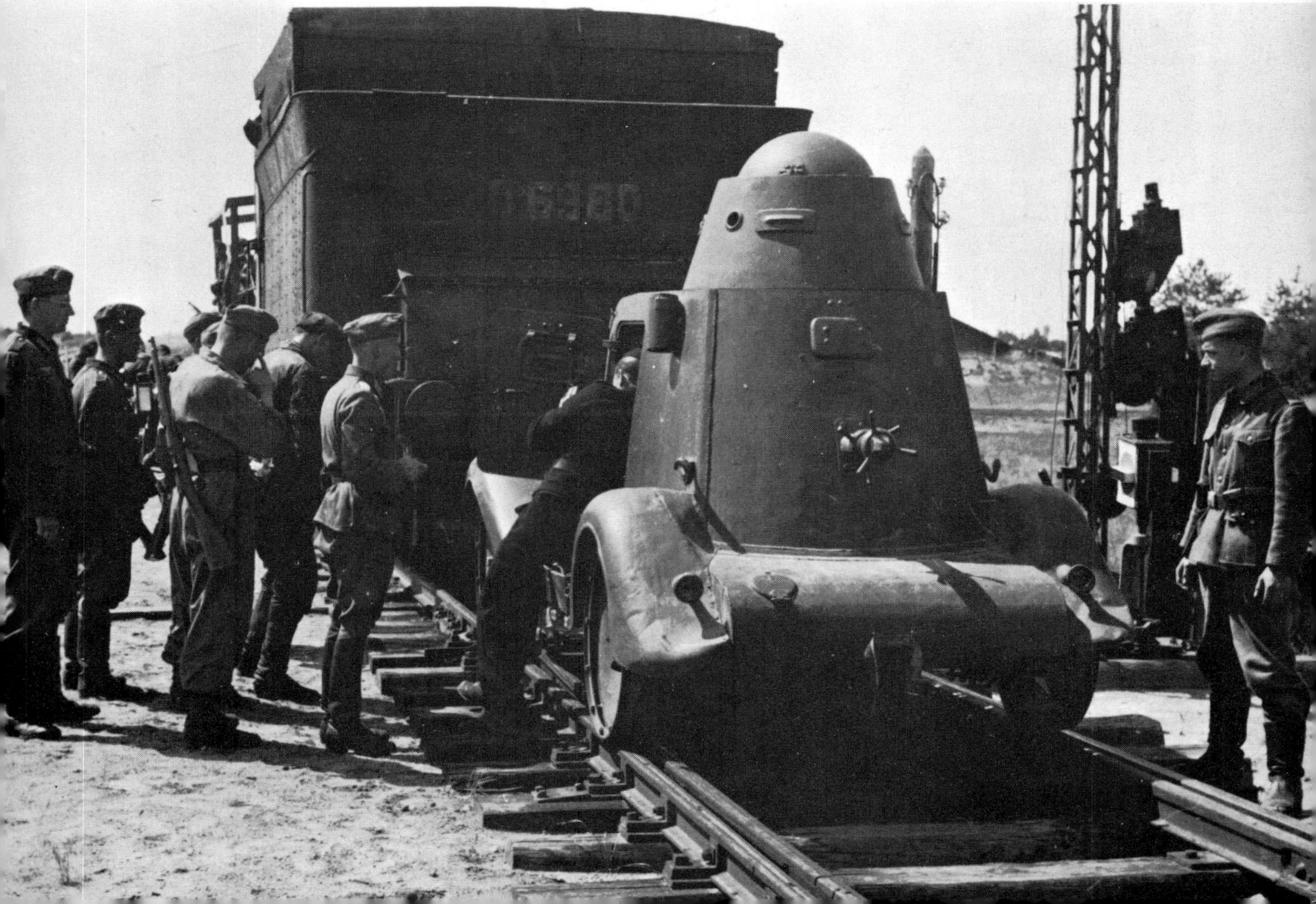

Deutsche Eisenbahnpioniere nach vorn!

Noch mit Zweigen getarnt und von Geschossen und Splittern durchlöchert, wird diese russische Lokomotive von zwei deutschen Eisenbahnpionieren vor Wiederherstellung für die Wehrmacht untersucht (links). Russische Kriegsgefangene laden neue Schienen ab (oben). Am Tage der Einnahme von Lepel untersucht ein Offizier der Eisenbahnpioniere eine Weiche, während ein Infanterist ihn sichert (rechts). Ein für den Winter getarnter, weißer deutscher Panzer (Panther) wird von einem Flachwagen entladen.　　　　*(2 Fotos: Bundesarchiv, 1 Foto: National Archives, rechts)*

Auf Wache an einer der langen, einsamen Verbindungslinien im ersten Kriegswinter blickt ein deutscher Soldat vorsichtig die schneebedeckten Schienen entlang, die sich endlos durch Wälder und über dürftige Steppen bis in die Heimat ziehen, 2000 km hinter dem Horizont. Diese Stille wurde oftmals durch das Heulen eines russischen Tiefliegers oder den Schuß eines Scharfschützen unterbrochen: Drei Millionen Soldaten, die nicht mehr keimkehrten. Woran dachte er wohl, an den Krieg, die Kälte, seine Familie, an seinen Führer . . .?

Die trostlose, tödliche russische Front

Die Ungeheuerlichkeit des gigantischen Ringens zwischen den beiden stärksten Armeen der Welt wird vielleicht nie ganz bekannt werden, auch denen nicht, die dabei gewesen waren. Die Hauptmacht der neun Millionen deutscher Soldaten traf auf eine wartende, jedoch schlecht bewaffnete Macht von 10 Millionen russischer Soldaten. Wegen der besonderen Eigenart des Krieges — total, brutal, fern vom Nachschub — wurde von den beiden totalitären Mächten ein Krieg geführt, in welchem jede Nachrichtenmeldung verdächtig war. Viele Statistiken und Aufstellungen waren bereits überholt, als sie ausgearbeitet wurden. Die Zahlen, die die Außenwelt erreichten, waren so verblüffend wie unvorstellbar: In den ersten drei Monaten verlor Stalin $2^1/_2$ Millionen Mann, nahezu 20 000 Panzer, 22 000 Geschütze und 15 000 Flugzeuge! Später, als die Deutschen zurückgingen, erhöhten sich ihre Verluste, aber es gelang ihnen weiterhin, den Sowjets einen viel höheren Tribut abzufordern. Die erschütternden Berichte über die Brutalität auf beiden Seiten, über die Dezimierung der Zivilbevölkerung und über die Beweglichkeit der Fronten, wo angreifende Einheiten plötzlich eingekesselt und vom zurückgehenden Gegner vernichtet wurden, sickerten nur langsam nach außen durch. Nachdem alles vorbei war, stellte man fest, daß fast drei Millionen deutsche Soldaten — 5 Prozent der gesamten Bevölkerung Deutschlands — allein im Osten durch Kampfhandlungen, Natureinwirkungen und in der Gefangenschaft umgekommen waren. Insgesamt waren die russischen Eisenbahnen wohl mitgenommen, hatten jedoch durchgehalten. Tatsächlich hatten die Deutschen zwar nur ein Zehntel von Rußland besetzt, sie hatten jedoch ein Drittel des Eisenbahnnetzes in ihrer Macht, über das vor dem Krieg 40 Prozent des gesamten Verkehrs abgewickelt worden war. Die Russen verloren nur 15 Prozent ihrer Lokomotiven an die Eindringlinge und konnten so viele Wagen retten, daß sie über den ganzen Krieg, auch während kritischer Zeiten, eine Reserve besaßen. Die Eisenbahnen überstanden jede Belastung, einschließlich der Evakuierung ganzer Industriekomplexe vom Westen hinter den Ural, die es den Russen ermöglichte, den Krieg durchzustehen. Alle sowjetischen Eisenbahner wurden eingezogen und unter Kriegsrecht gestellt. Das Ergebnis war die genaue militärische Steuerung des lebenswichtigen Verkehrsnetzes einschließlich der schwersten Bestrafung für viele Eisenbahner, die mit den Deutschen zusammengearbeitet hatten.

(Foto: Bundesarchiv)

Stalin schlägt zurück

Obwohl die Rote Armee durch die Säuberung Stalins zu Ende der dreißiger Jahre geschwächt, die Kampfmoral durch den schlechten Ausgang des finnischen Winterkrieges nicht sehr hoch und sie nicht für das Ausmaß des deutschen Einfalls gerüstet war, brachte sie es fertig, bis Ende 1941 viel von ihrer Kampfkraft wiederzugewinnen. Gezwungen, die alte russische Taktik des Rückzugs über hunderte von Kilometern anzuwenden, mit der jeder Gegner tief ins Landes-

innere gelockt wurde, wo man die Entfernungsverhältnisse, das Wetter und das Terrain zu seinen Gunsten ausnutzen konnte, begannen die sowjetischen Generale, die Schwächen der Wehrmacht auszunutzen. Anfang 1942 war ein Zug mit Panzerfahrzeugen auf dem Weg zur Front (oben), und ein russischer Soldat, im Schneehemd wintermäßig getarnt, steht neben gefallenen deutschen Soldaten (unten). Russische Soldaten, mit Maschinenpistolen bewaffnet, gehen auf einem zerstörten Gleis in Deckung, weil ein deutsches Geschoß wenige Meter vor ihnen einschlägt (oben rechts).

Neunhundert Tage Unheil für Leningrad

Als die Armeegruppe Nord im August 1941 die Vorstädte von Leningrad erreichte, brachte der erste erkennbare Widerstand des russischen Volkes den Zeitplan der deutschen Führung durcheinander. Fast zweieinhalb Jahre lang belagerten die Deutschen die „Wiege des Bolschewismus", die Hitler vollständig zerstören wollte. Über eine halbe Million Leningrader halfen beim Bau der Verteidigungsstellungen. Von aller Versorgung abgeschnitten, verhungerten ungefähr eine Million Einwohner der Stadt. Erst über den zugefrorenen Ladogasee konnten mit Schlitten und Lastwagen Versorgungsgüter hereingebracht werden. Ohne eigene Eisenbahnverbindungen wäre die gesamte Stadt verloren gewesen. Die Hauptbahn vom Südosten brachte Nachschub an den See. Während des zweiten Winters wurden Schienen über den zugefrorenen See gelegt, die dann doch kaum benutzt wurden, da ein russischer Angriff das Ufer befreite, auf dem nun eine ständige Eisenbahnlinie zur Stadt gebaut werden konnte. Die Züge fuhren nur bei Nacht, und die Strecke wurde 1943 über 1200 Mal durch Artilleriefeuer unterbrochen. Trotzdem wurden 4,5 Millionen Tonnen Güter befördert. Bereits am Anfang des Krieges waren alle Museumsschätze mit einem Panzerzug abtransportiert worden, und vor dem Zusammenbruch der Elektrizitätsversorgung fuhren tausende von Soldaten und Freiwillige mit der Straßenbahn in den Kampf, deren Endstationen schon im umkämpften Gebiet lagen. Im Frühjahr 1942 zogen kleine Rangierlokomotiven Güterwagen mit lebenswichtigem Mehl auf den Straßenbahnschienen durch die Stadt, die kurz vor dem Untergang gestanden hatte.

(4 Fotos: Sovfoto)

Deutsche Pioniere beim Brückenschlag

Obwohl eine beträchtliche Anzahl von Brückenbauten sowohl von der Luftwaffe als auch beim Rückzug sowjetischer Truppen zerstört worden war, war es den Fähigkeiten der deutschen Eisenbahnpioniere zu verdanken, daß die Eisenbahnlinien zur Front fast immer betriebsfähig waren. Zwei eindrucksvolle Beispiele waren die Methoden zur Überbrückung gesprengter Brückenbogen aus Mauerwerk durch den Kniff des Vorschiebens von I-Trägern von einer Seite (oben links), über die dann die Brückenträger geschoben wurden (anschließend wurden die I-Träger wieder herausgezogen), und ein kühner Freivorbau von 100 m Länge beim Bau einer Brücke über einen Nebenfluß des Bug bei Nikolajew am Schwarzen Meer im Jahre 1943 (links). Während des Vormarsches wurde das Standard-Roth-Wagner-Brückengerät benutzt (links unten), ebenso vollständige Holzbrücken (oben) sowie Holz- und Stahlkombinationen (unten). Man beachte die Verwendung von umgebauten Lastautos als Baulokomotiven.

(2 Fotos: Bundesarchiv, links unten und rechts oben; 3 Fotos: Pionier-Schule)

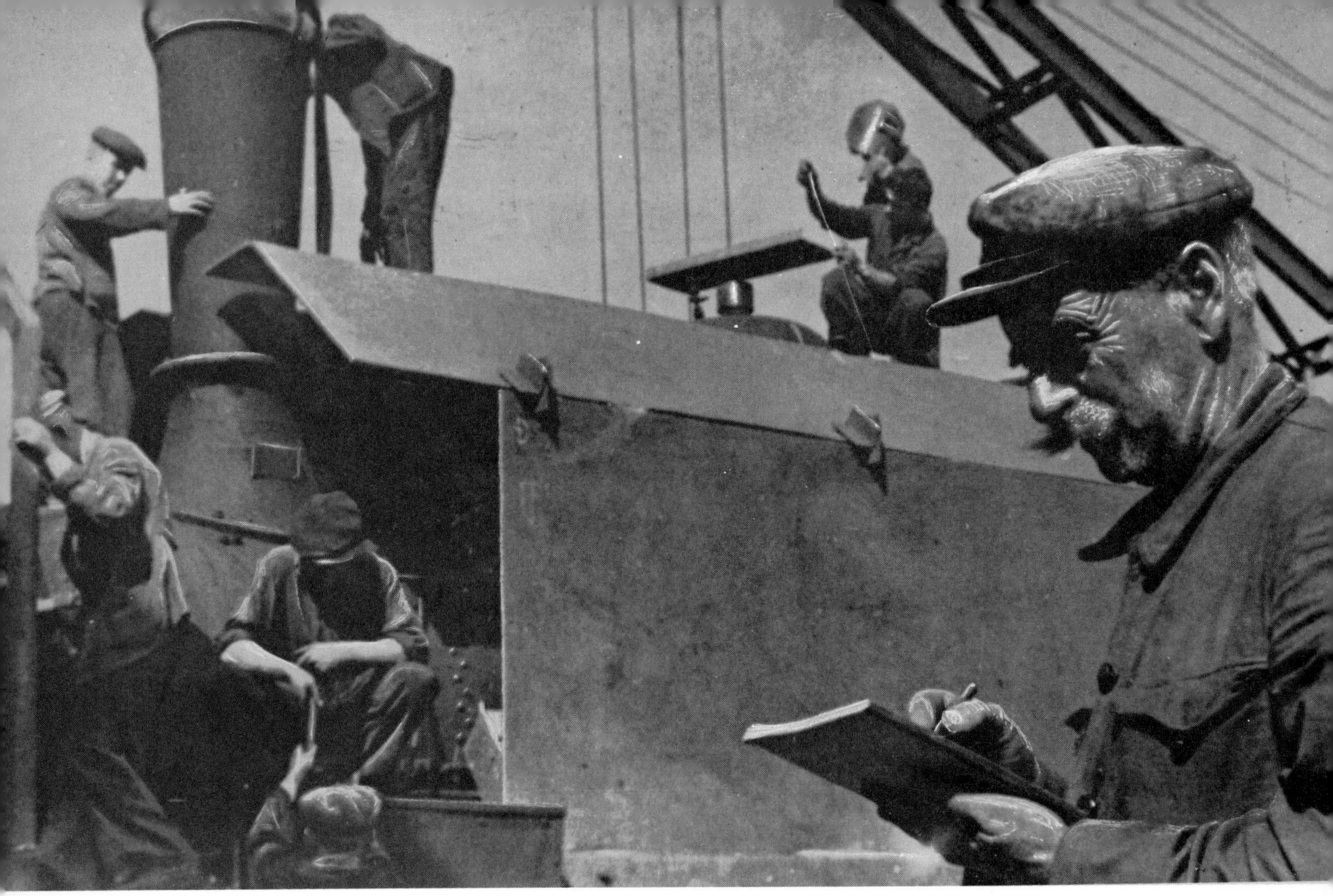

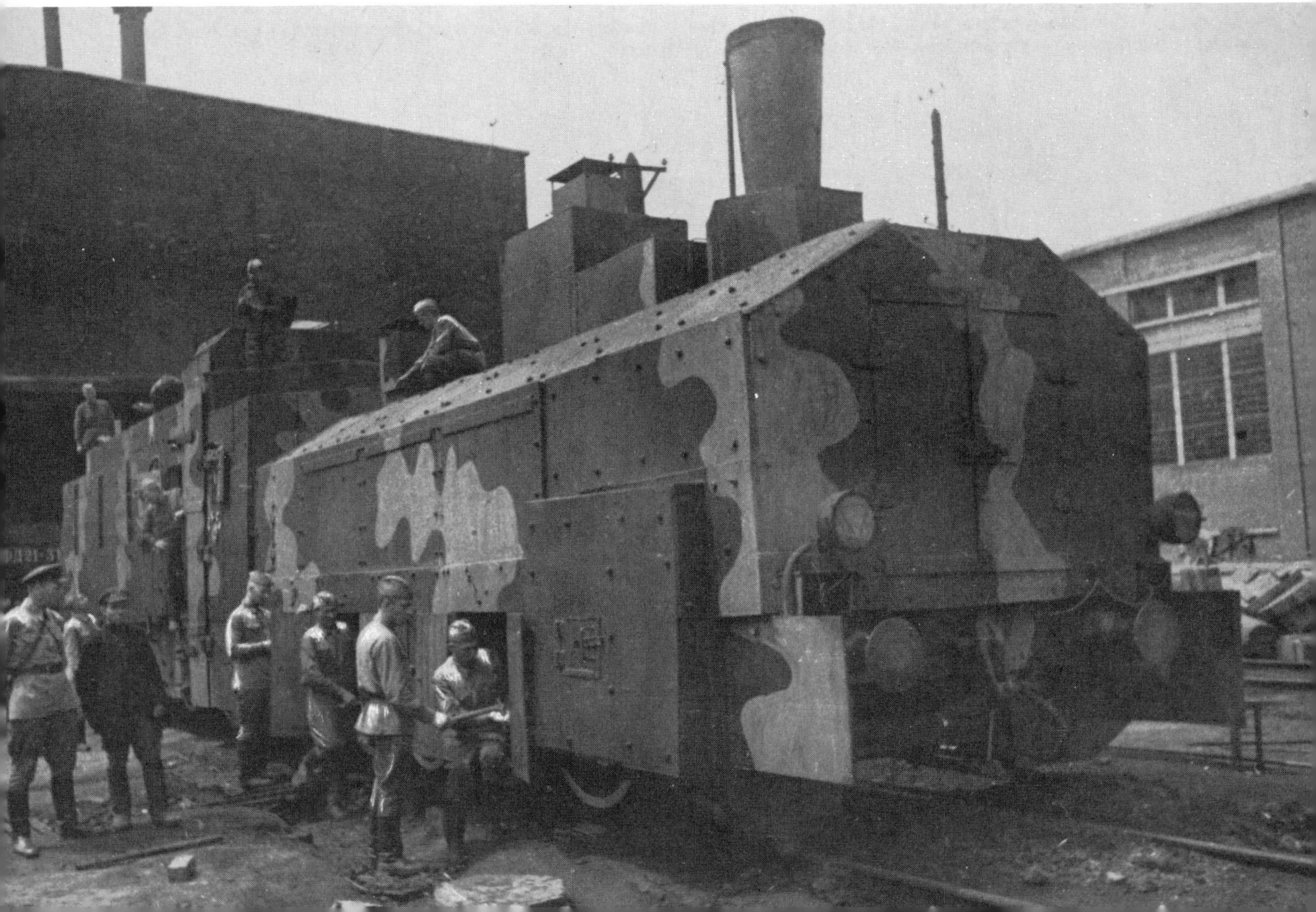

Gewaltige Ungeheuer auf Schienen

Von allen merkwürdigen Fahrzeugen, die man während der anderthalb Jahrhunderte seit Erfindung der Eisenbahn auf Schienen sehen konnte, hat bisher nichts das Phänomen des Panzerzuges übertroffen. Seit dem amerikanischen Bürgerkrieg, als Geschütze auf Flachwagen montiert wurden, die man mit dicken Eisenplatten gepanzert hatte, wurde der Bau von Panzerzügen in vielen Kriegen während der folgenden achtzig Jahre verbessert. Die Transportlage und die Waffentechnik zu Beginn des Zweiten Weltkriegs schufen eine neue „Blütezeit" des Panzerzuges, besonders an der Ostfront. Anders als die riesigen Eisenbahngeschütze, die im Schwinden begriffen waren, bildeten die schnellen Panzerzüge eigentlich die Panzerwagen auf Schienen. Ein Triebfahrzeug konnte die gesamte Feuerkraft einer Panzer- oder einer MG-Abteilung überall dort zum Einsatz bringen, wo die Gleise benutzbar waren. Wegen der schlechten Straßenverhältnisse in Rußland waren diese Züge von Wichtigkeit. Obwohl es besonders auf der deutschen Seite einige genormte Konstruktionen gab, waren viele Panzerzüge einmalig. Ihr Aufbau verdankte seine Entstehung einem plötzlichen Einfall, gebaut wurden sie in örtlichen Fabriken oder Eisenbahnwerkstätten – häufig in der Freizeit. Sie strotzten von Flakgeschützen, Maschinengewehren sowie leichter Artillerie und waren für eine Vielzahl von verschiedenen Einsätzen geeignet. Sie dienten zur Feuerunterstützung, zum Schutz wichtiger Zugbewegungen, zur Bewachung und zu Streifenfahrten und, bei mitgeführter Infanterie, auch zu beschränkten Angriffen. Einige Panzerzüge, besonders solche, die in Fabriken für Panzerfahrzeuge gebaut wurden, hatten drehbare Geschütztürme. In Odessa im Oktober 1941 prüft ein Vorarbeiter mit einem Stalin-Schnurrbart die Arbeitsunterlagen, im Hintergrund wird eine alte Lokomotive mit Panzerplatten versehen

(oben links). Sowjetische Soldaten machen sich mit einer neuen gepanzerten Lokomotive vertraut, während ihr Kommandeur mit einem Arbeiter über die Maschine spricht (unten links). Viele Russen bauten in ihrer Freizeit an diesen Zügen, auch die Eisenbahner der Hauptstadt, die gepanzerte Wagen für den Panzerzug „Moskau" der Roten Armee stifteten (oben). Als die Arbeiter einer Eisenbahnwerkstatt in Moskau einen Panzerzug den Armee-Offizieren übergaben, schrieben sie auf die Seitenwände eines Wagens: „Tod den deutschen Eindringlingen" (unten).

(1 Foto: Imperial War Museum, oben; 3 Fotos: Sovfoto)

Feuerkraft der Eisenbahn

Auf dem Weg zur Front suchen Beobachter im Flakturm eines Panzerzuges nach deutschen Flugzeugen (links). Im Falle eines schweren Angriffs auf den Zug kann die Bedienung das Vierlings-MG zurückziehen und die Abdeckungen des Turms schließen. Im August 1941 waren die Flakgeschütze eines gut getarnten gepanzerten Wagens bereit, das Feuer auf deutsche Bomber zu eröffnen (oben), während der Kommandant eines Panzerzuges den Führerstand der Lokomotive als Befehlstand benutzte und mit dem Fernglas nach Zeichen gegnerischer Aktivitäten suchte (rechts). Obwohl die Panzerzüge schwerer als das normale Rollmaterial waren, war der Oberbau der russischen Eisenbahnen doch stark genug. Die dicken Panzerplatten, welche die Lokomotiven, die Einrichtung, die Waffen und die Menschen schützten, konnten nur durch Bomben- oder Artillerievolltreffer zerstört werden.

(1 Foto: Imperial War Museum, links; 2 Fotos: Sovfoto)

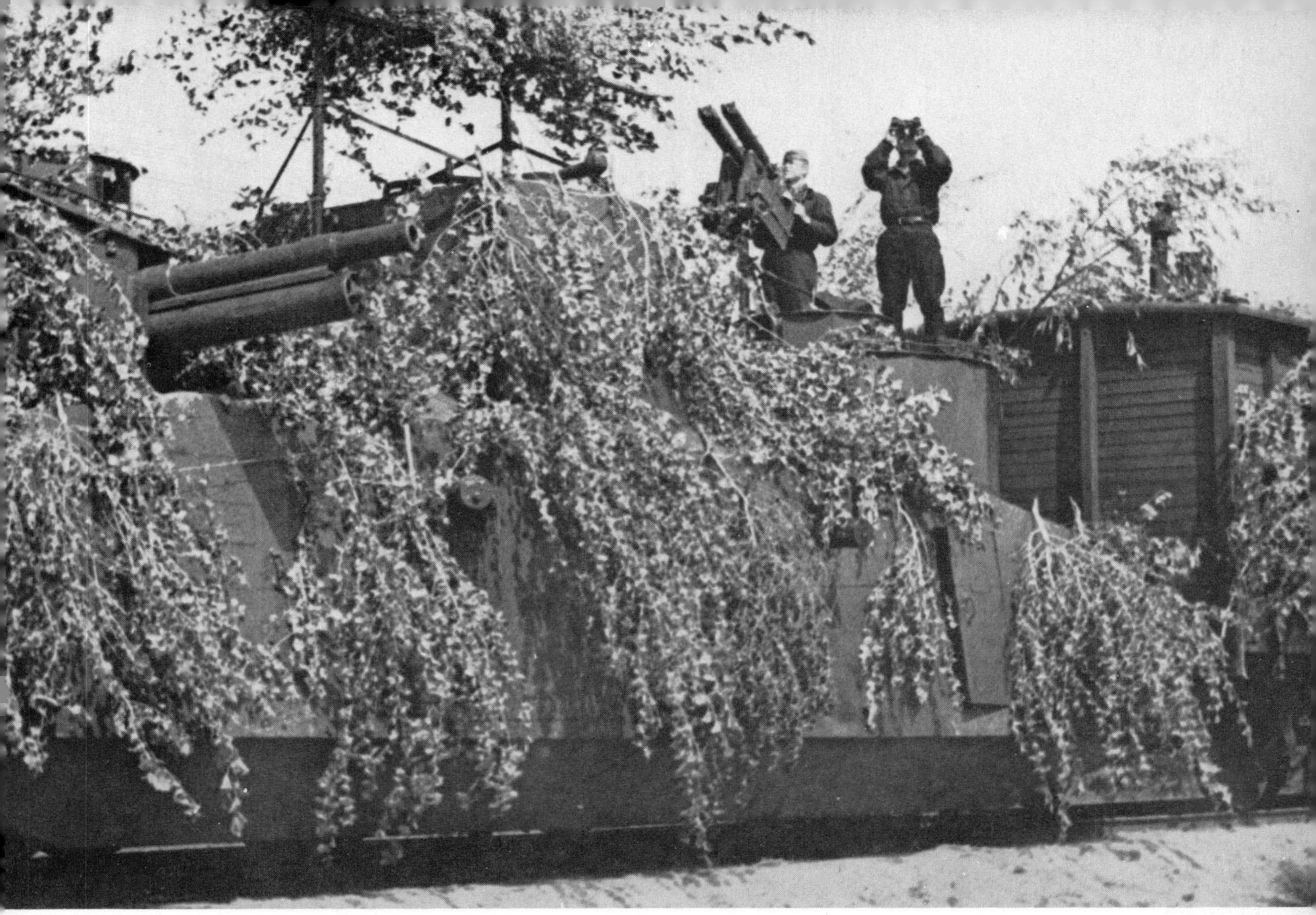

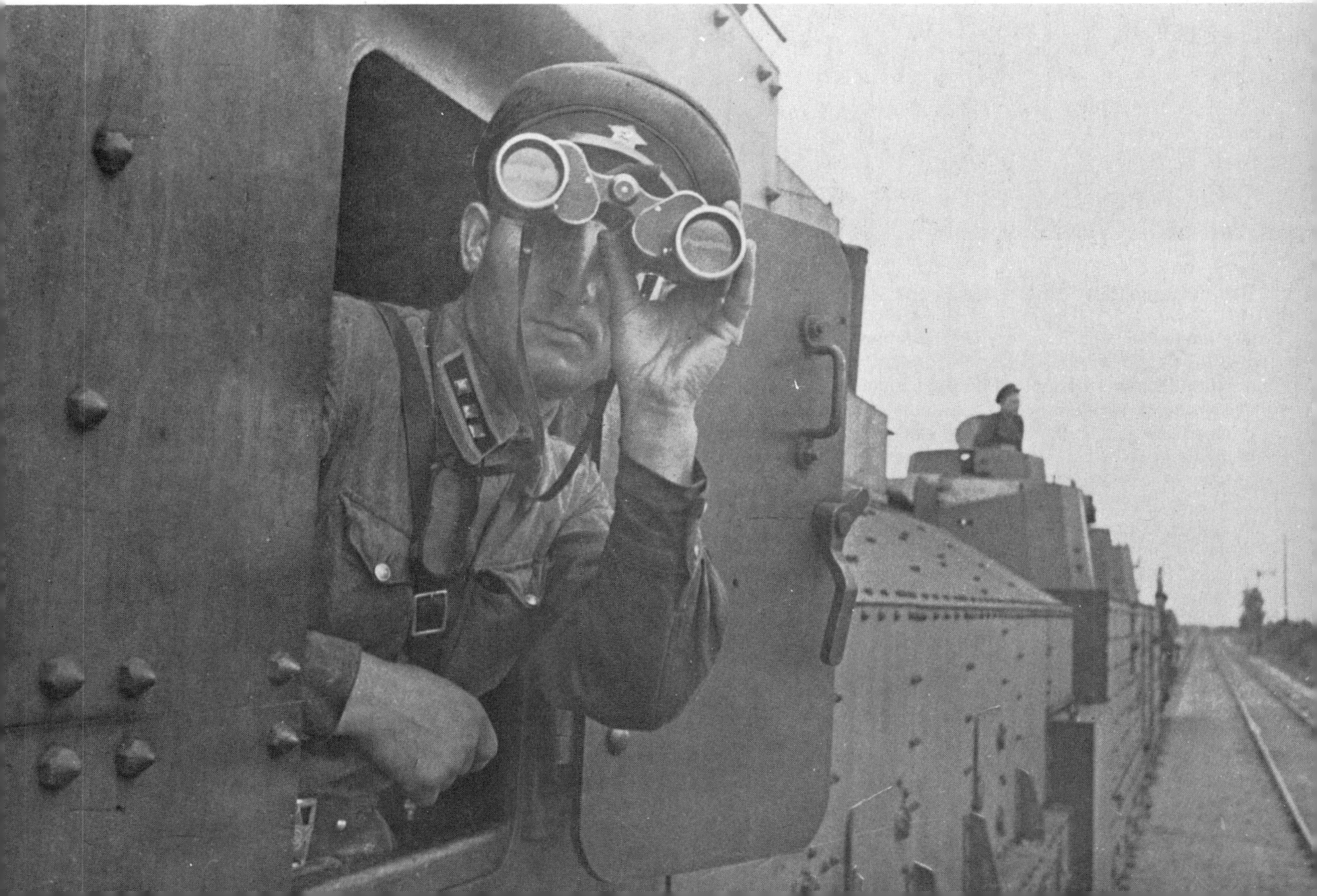

Die Organisation hinter der Front

Die deutschen Offiziere, die das Unternehmen „Barbarossa" geplant hatten, verließen sich besonders darauf, daß die russischen Eisenbahnen unter den Belastungen des Kampfes und der Versorgung Rußlands in einem totalen Krieg zusammenbrechen würden. Tatsächlich trug der schnelle Vormarsch der Wehrmacht dazu bei, das Eisenbahnnetz hiervor zu bewahren, da der Tätigkeitsbereich der Eisenbahnen stark eingeschränkt wurde und die Versorgung der Industrie, der Landwirtschaft und der Bevölkerung entfiel, die in den deutschen Machtbereich gekommen war. Der militärische Einsatz der Eisenbahner — darunter fiel auch die Erhöhung ihrer Rationen, die bessere Ausnutzung der Transportkapazität, Zurückstellung der Unterhaltungsarbeiten und die strenge Einhaltung festgelegter Dringlichkeitsstufen — war ein weiterer Faktor, der die deutsche Theorie widerlegte. Die Wirtschaftlichkeit und die große Beweglichkeit des Eisenbahntransportes in Verbindung mit der unheimlichen Fähigkeit, die rauheste Behandlung

überstehen zu können, retteten die Lage für die Sowjetregierung, die ihr Eisenbahnnetz in den meisten Fällen rücksichtslos benutzte. Die Konstruktion der Sowjets, die einem genormten gepanzerten Eisenbahnwagen vielleicht am nächsten kam, war dieser Wagen mit einem großen, drehbaren Turm, der zur Unterstützung eines Angriffs (oben) und zum Schutz eines Rangierbahnhofes in Frontnähe eingesetzt war (rechts). Manchmal hingen die mit MG und Flakgeschützen bewaffneten und gepanzerten Wagen am Schluß des Zuges. Das Vierlings-MG auf dem Tender der Lokomotive ist bemerkenswert. Die Lokomotive befand sich in der Mitte des Zuges; sie war so relativ sicher, wenn der Zug getroffen wurde. Auch bei Entgleisungen durch eine Mine oder beim Zusammenbruch einer Brücke standen die Chancen gut, daß die Lokomotive und die Hälfte des Zuges gerettet werden konnte. Die Geschütze eines Panzerzuges durchbrechen die Dunkelheit bei der Feuerunterstützung eines russischen Angriffs an der Leningrader Front im März 1943 (oben rechts).

(1 Foto: Imperial War Museum, rechts; 2 Fotos: Sovfoto)

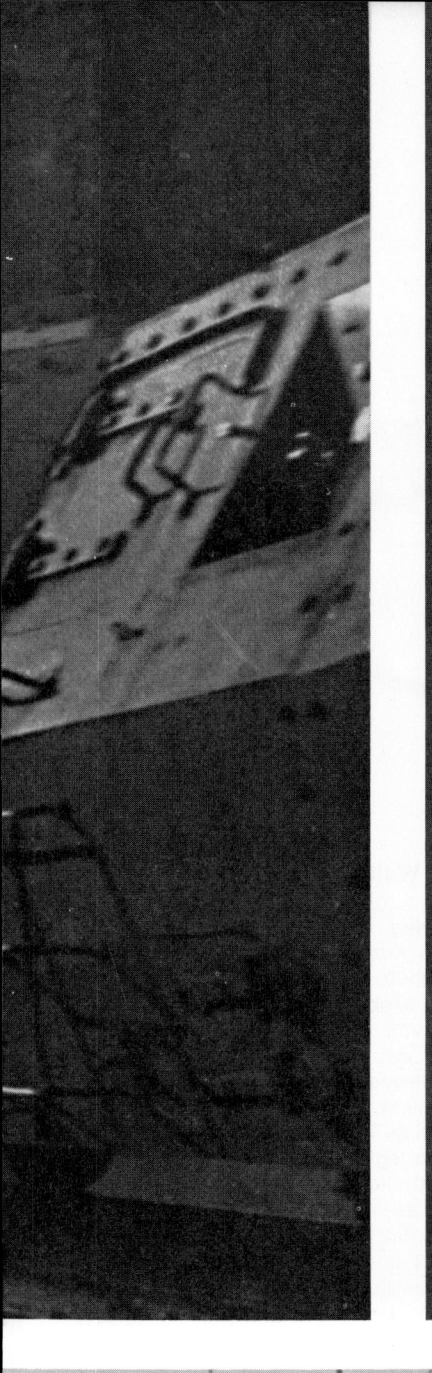

Das größte Geschütz der Welt

Wie bereits im Ersten Weltkrieg, so fuhr auch das größte Geschütz im zweiten weltweiten Konflikt auf Eisenbahnschienen. Ein riesiges Belagerungsgeschütz mit extremer Reichweite und großer Zielgenauigkeit, die Eisenbahnkanone „Dora" oder der „Schwere Gustav", wie sie von ihrer Bedienungsmannschaft genannt wurde, spielte bei der Einnahme von Sewastopol eine wichtige Rolle. Von diesem Geschütz wurde nur ein Exemplar gebaut. Zur Bedienung wurden 1200 Mann benötigt, das Geschoßgewicht betrug eine Tonne. Zum Transport konnte es in mehrere Einzellasten zerlegt werden, in diesem Zustand wurde es bei Kriegsende in Deutschland gesprengt. Die Fotos wurden während des Einsatzes in Sewastopol aufgenommen. Das Geschütz war so groß, daß es auf zwei Gleisen aufgestellt werden mußte. Viel ist über die Deportation von Millionen Menschen aus den besetzten Gebieten in das Reich zur Arbeit in der Industrie, im Transportwesen und bei dem Bau von Verteidigungsstellungen geschrieben worden. Daß Hunderttausende dieser Menschen unter großen Entbehrungen litten und viele von ihnen umkamen, ist bewiesen. Da sie für die Kriegsanstrengungen von Bedeutung waren, wurden sie aber oftmals ausreichend ernährt. Manche Russen sahen in der Deportation nach Deutschland eine Chance. Die falsche Einschätzung der Lage durch die deutschen Behörden, die diese willigen Verbündeten schlecht behandelten, trug mit zur Niederlage Deutschlands bei. Die Theorie ihrer rassischen Minderwertigkeit verhinderte den Einsatz von tausenden russischer Freiwilliger in zivilen und militärischen Stellen. Eine große Reserve an Fähigkeiten und menschlichen Kräften blieb ungenutzt. Lange transportierten die deutschen Eisenbahnen Millionen von Arbeitskräften in alle Teile der besetzten Gebiete. Hierzu zählen die russischen Frauen, die ihre Wasserkannen füllen und ihre Brotration von deutschen Soldaten empfangen, irgendwo auf einem Bahnhof im ersten Kriegsjahr vor der Fahrt nach Deutschland (rechts).

(2 Fotos: Imperial War Museum, links und oben; 2 Fotos: Bundesarchiv, rechte Seite)

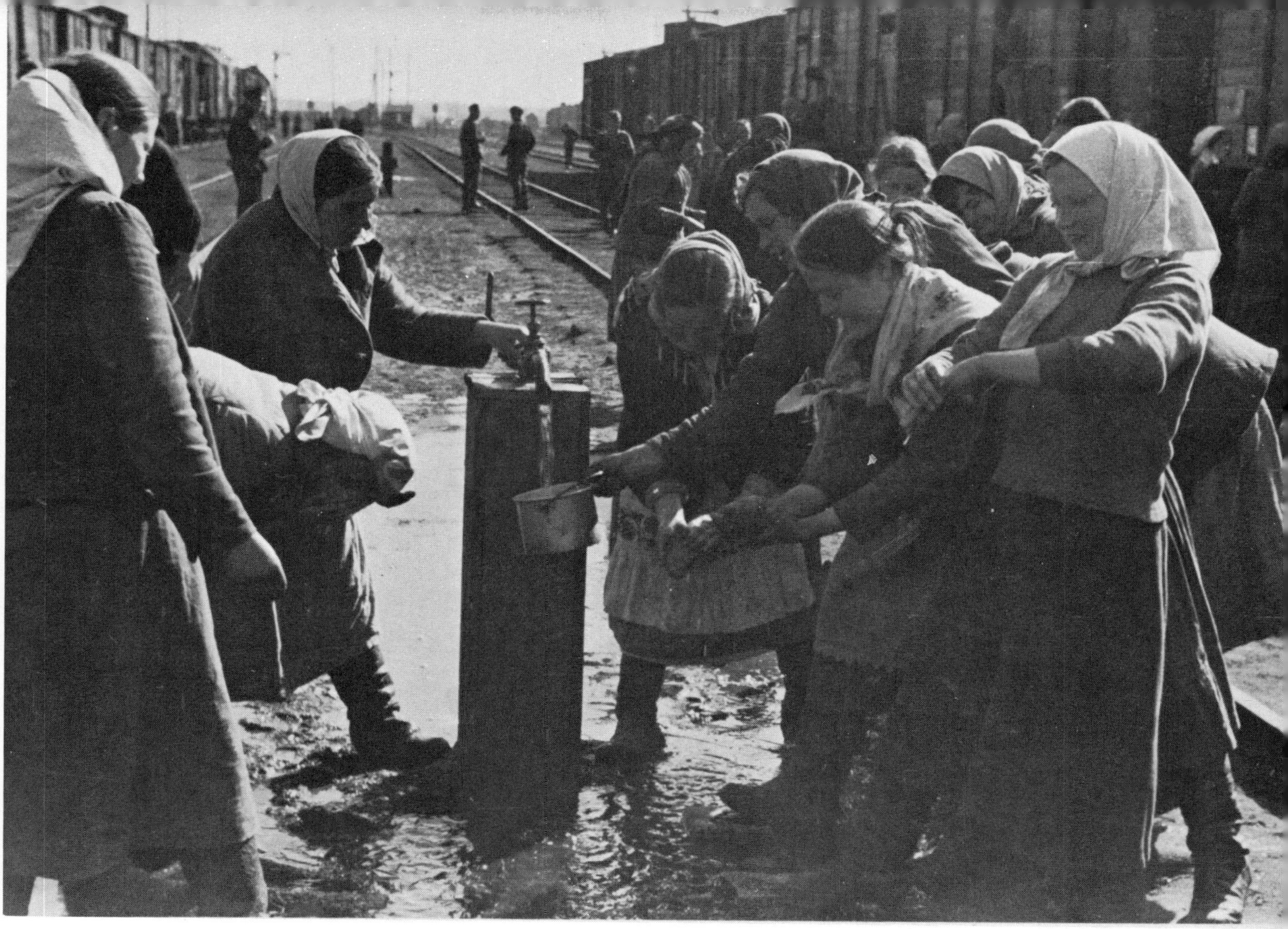

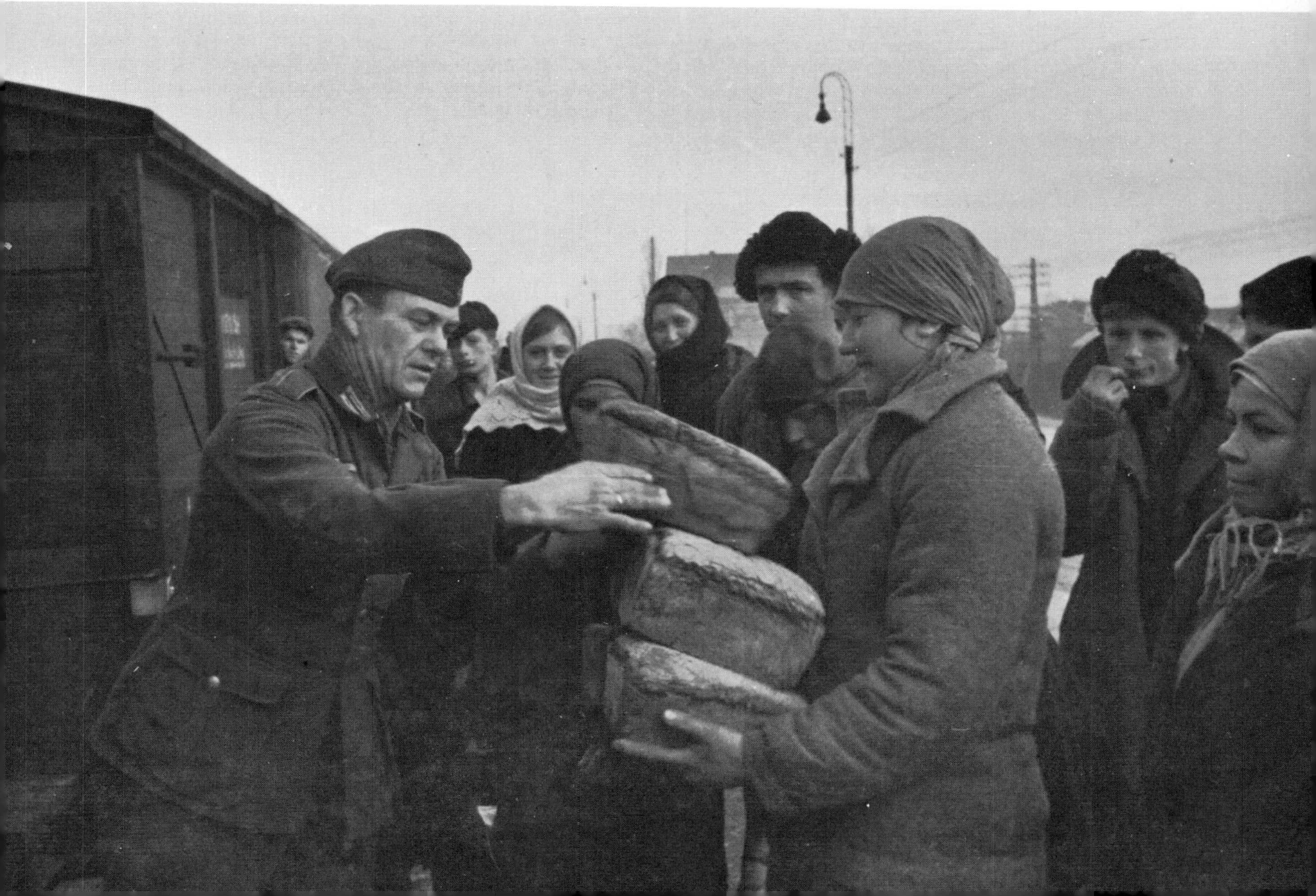

Kampf im hohen Norden

Nachdem die Deutschen Norwegen besetzt und sich mit Finnland verbündet hatten, wurde Lappland durch den Krieg mit Rußland zu einem strategisch wichtigen Gebiet. Von hier erhielt Deutschland wichtige Rohstoffe, und von hier flog die Luftwaffe ihre Einsätze gegen die alliierten Geleitzüge nach Murmansk und Archangelsk. Deutsche und finnische Truppen verhinderten jeden sowjetischen Einmarsch in dieses Gebiet. Während des Winters 1942/43 wurden viele russische Kriegsgefangene (oben) mit Schmalspurbahnen nach hinten gebracht, die mit Schneepflügen freigehalten werden mußten (links). Im folgenden Sommer benutzten die Deutschen Maultiere und Pferde zum Transport von Nachschubgütern auf Breitspurgleisen (gegenüber).

(4 Fotos: Bundesarchiv)

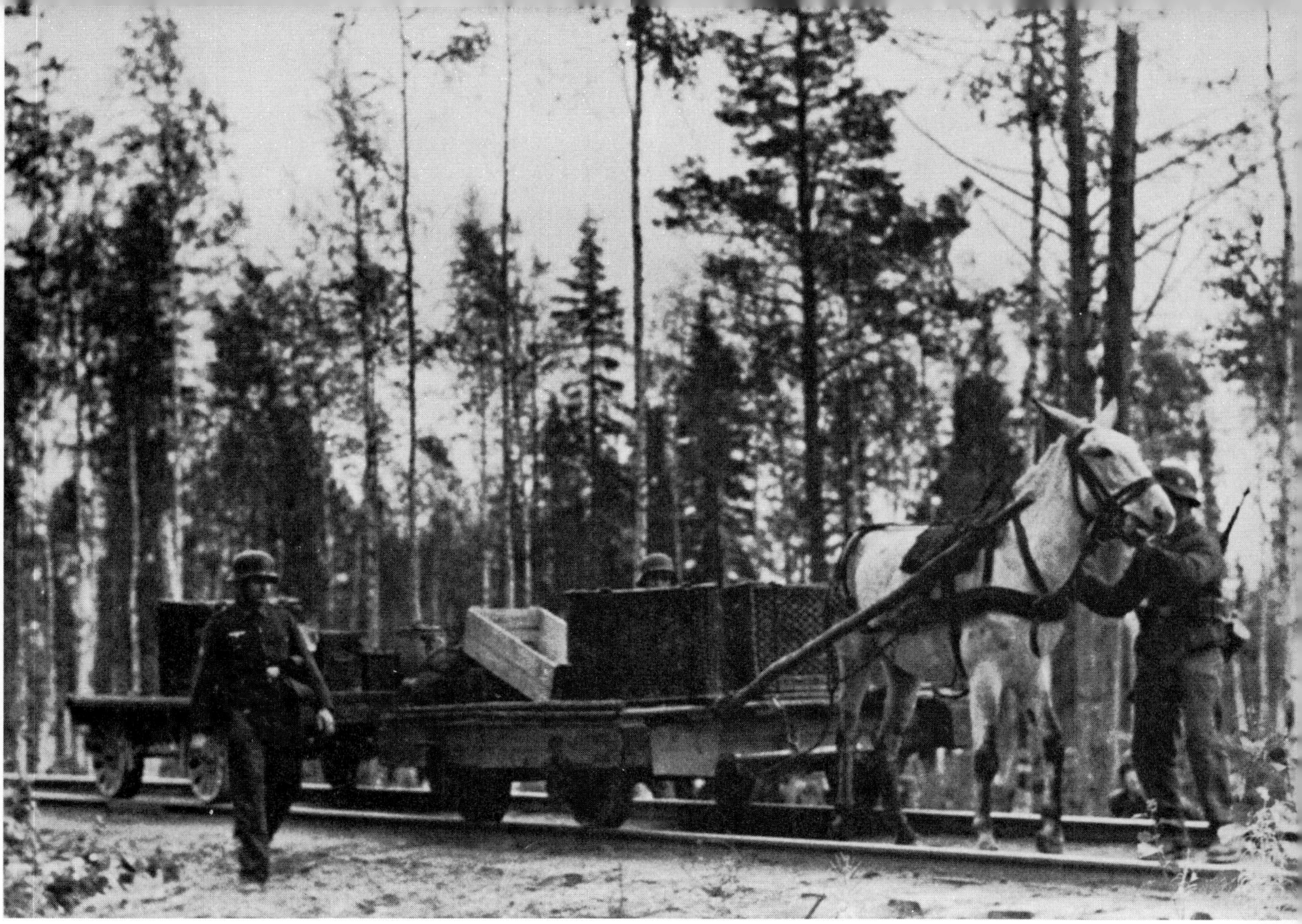

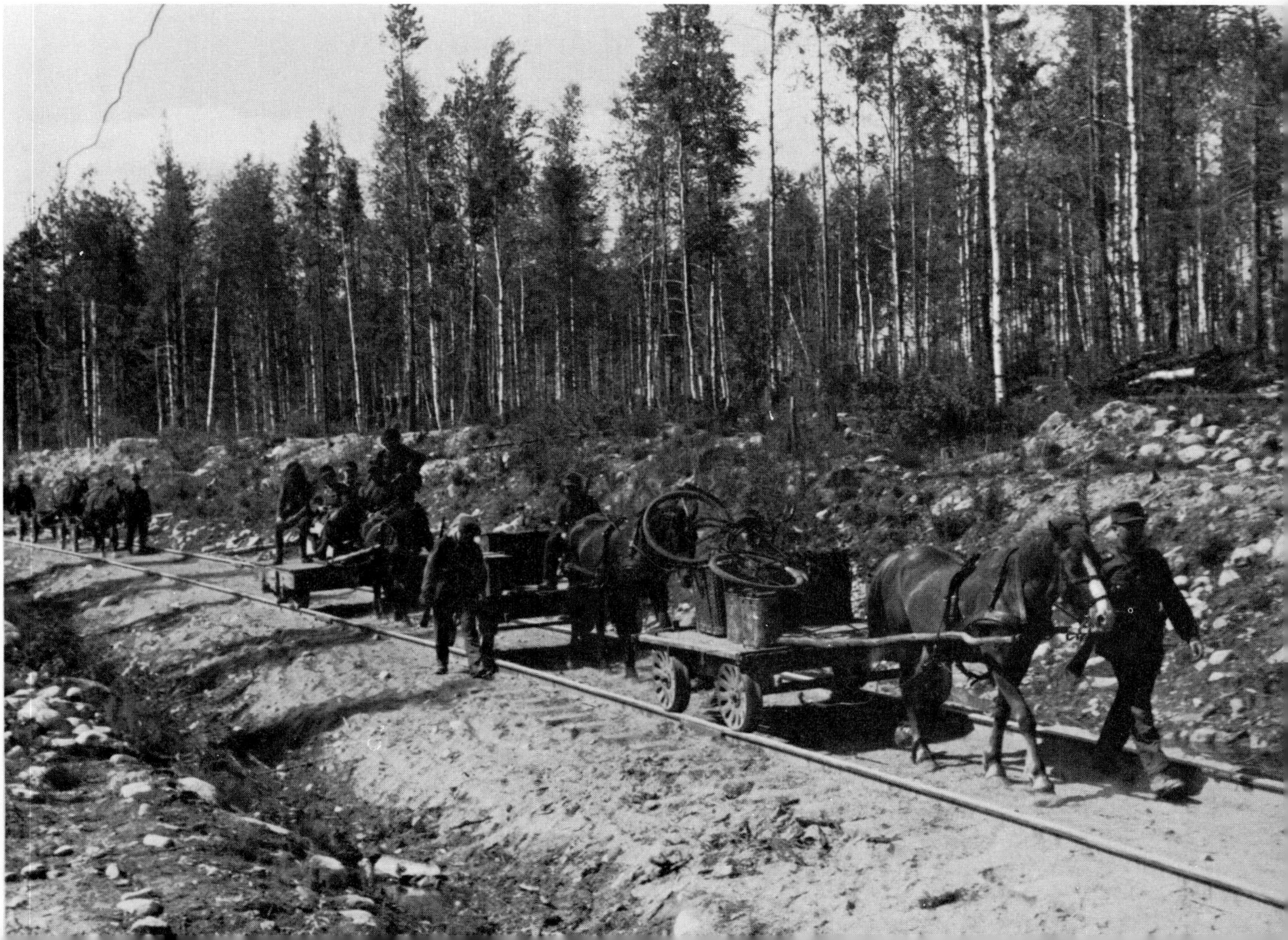

Die Eisenbahn an der Heimatfront in Amerika

Die Niederlage der nordeuropäischen Staaten, Hollands und Frankreichs sowie die erwartete Eroberung Englands durch die unbesiegbar erscheinenden deutschen Streitkräfte — das alles innerhalb einer Zeitspanne von gerade zwei Monaten im Frühjahr 1940 — hatte in den Vereinigten Staaten eine beschleunigte Verteidigungspolitik zur Folge. Es wurde sofort erkannt, daß praktisch die gesamte Last der Truppenversorgung im Binnenland bei den Eisenbahnen liegen würde. Die Reaktion der amerikanischen Eisenbahnen auf diese Situation, also ihr Betrieb und Einsatz von Menschen und Material, bot keinen Anlaß zu Kritik. Trotz der widrigen Verhältnisse seit Ende der Wirtschaftskrise stellten die Bahnen ein Programm zur Beschaffung zahlreicher Lokomotiven und einer großen Menge anderen Rollmaterials auf. Die Hersteller ihrerseits bereiteten sich auf die große Nachfrage vor und errichteten daneben Kapazitäten, um tausende von Lokomotiven und zehntausende von Wagen für das Ausland zu bauen, um dort die Versorgung der Truppen und den Wiederaufbau der Eisenbahnen in den befreiten Ländern zu ermöglichen, ehe die Industrie dieser Staaten selbst dazu in der Lage sein würde. Während des Krieges waren 351 000 amerikanische Eisenbahner, das waren 20 Prozent der Beschäftigten in dieser Branche, zum Militärdienst eingezogen, obwohl die Bahnverwaltungen im Lande selbst 90 Prozent des Güterverkehrs und sogar 97 Prozent der militärischen Personentransporte bewältigen mußten. Trotz dieses Personalrückgangs um 20 Prozent, der teilweise durch Frauen ausgeglichen wurde, beförderten die amerikanischen Bahnen 1943 das Doppelte der Gütermenge, die sie sechs Jahre zuvor transportiert hatten. Besonders erstaunlich ist, daß dieses einfache Transportmittel, das auch noch eigene Nachrichtenverbindungen,

Strecken, Bauabteilungen und Reparatureinrichtungen zu unterhalten hatte, diese überwältigende Aufgabe ohne große Krise hinter sich gebracht hat. Die enorme Beweglichkeit und Wirtschaftlichkeit der Eisenbahn sowie die Tatkraft der Unternehmen sind Elemente dieses großen Erfolges. Es muß daran erinnert werden, daß die Eisenbahnen während der ganzen Zeit wegen der strengen Einschränkung aller übrigen Transportarten auch noch einen viel größeren Zivilverkehr bewältigen mußten. Im Jahre 1942 war die deutschen U-Boot-Gefahr so groß, daß praktisch der gesamte Öl- und Kohletransport von der Küstenschiffahrt zur Eisenbahn kam.

Große und kleine Eisenbahnen im Dienste des Militärs

Wegen ihrer riesigen Ausmaße besaßen viele Einrichtungen der Armee und der Marine eigene Eisenbahnen. Der Betrieb dieser Militärbahnen wurde entweder von Soldaten oder von den Eisenbahngesellschaften durchgeführt, an deren Strecke der Militärstützpunkt lag. Einige der schmalspurigen Feldeisenbahnen aus dem Ersten Weltkrieg waren noch in Betrieb, wie zum Beispiel hier in Fort Dix, New Jersey, wo Soldaten zu den Schießständen gebracht werden (links). Die größte Versorgungsbahn verband die beiden Heeresgarnisonen Camp Claiborne und Camp Polk. Die C&P wurde während des Winters gebaut, in dem Amerika formell in den Krieg eintrat, und diente zur Ausbildung vieler Einheiten. Ein Jäger vom Typ P-39 fliegt einen Scheinangriff, die Infanteristen gehen in Deckung, und das Flakgeschütz hinter der Lokomotive wird auf das Flugzeug gerichtet (unten). Die Personenwagen des Zuges kamen von der Long Island-Eisenbahngesellschaft; sie bezeugen die Abhängigkeit, in der die Armee sich den Gesellschaften gegenüber in Bezug auf die Ausrüstung befand.

(Fotos: U.S. Army, links; Railroad Magazine, unten)

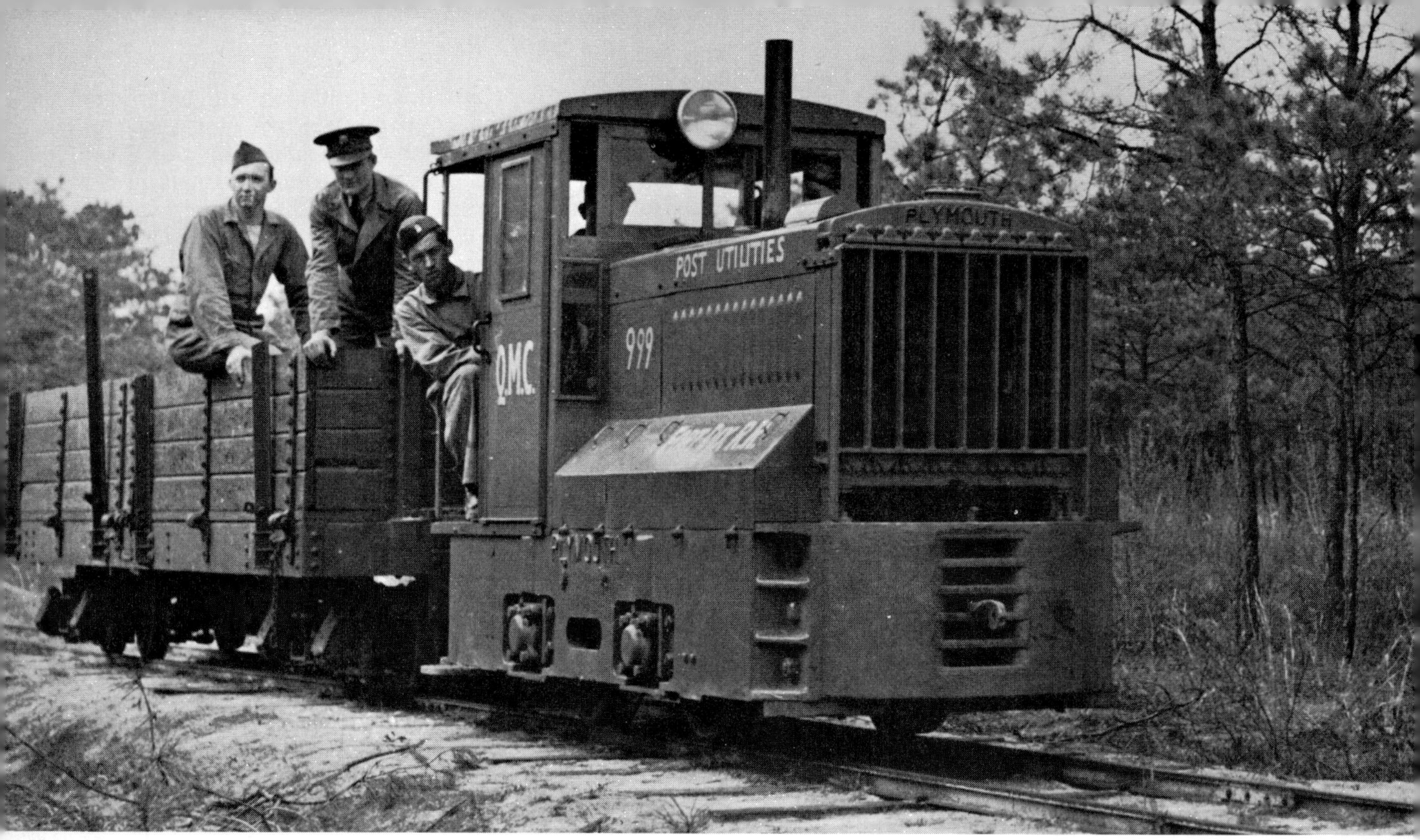
PLYMOUTH
POST UTILITIES
Q.M.C.
999

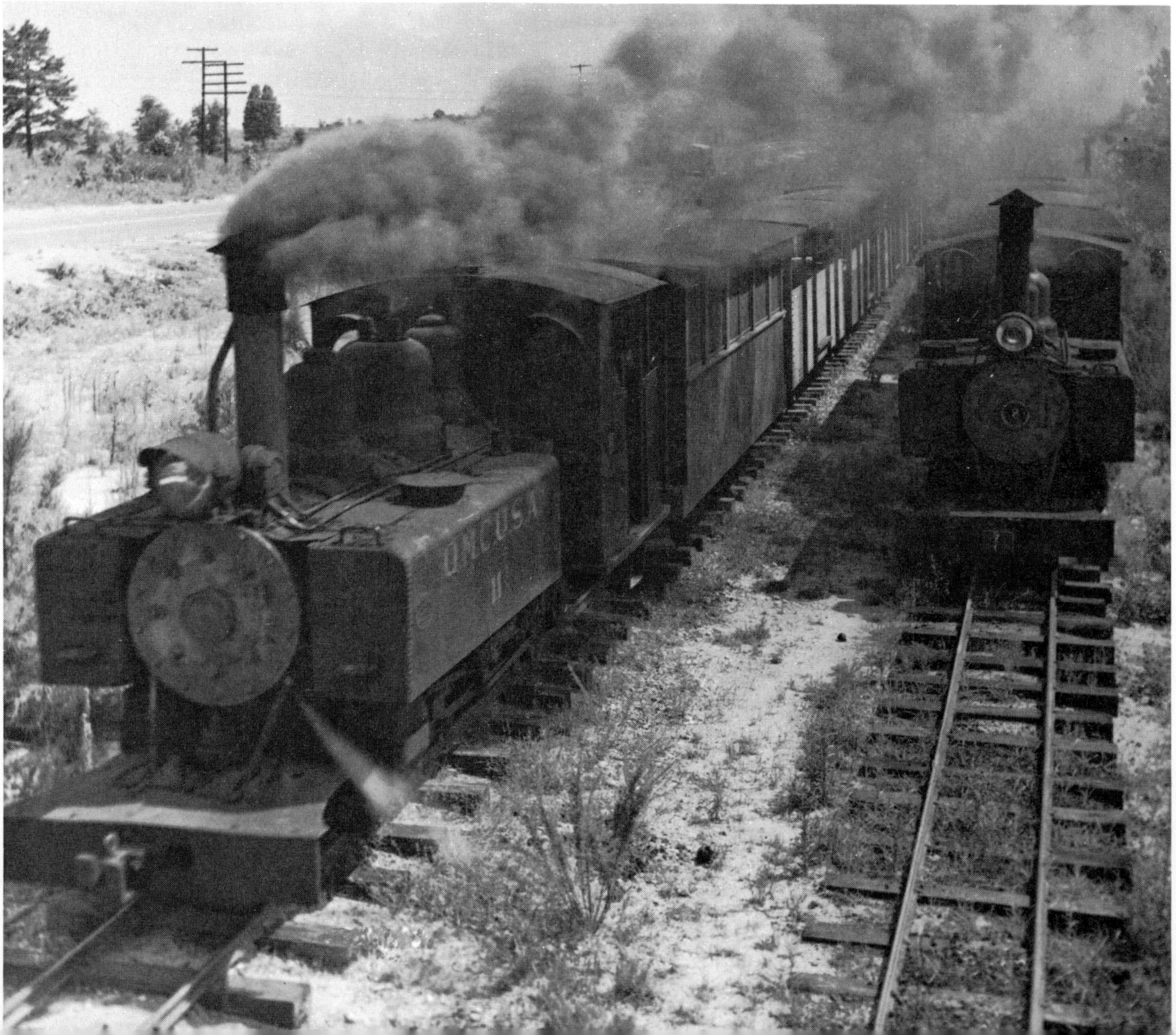
U.M.C.U.S.A.
11

Die Verteidigung der Heimat

Bereits vor dem japanischen Überfall auf Pearl Harbor, der die USA in den Krieg verwickelte, hatte der Antrieb durch Verbrennungsmotoren auch seinen Eingang im militärischen Eisenbahnwesen gefunden, wie bereits zuvor bei den Eisenbahngesellschaften. Im April 1941 wurden die Feldbahnlokomotiven aus dem Ersten Weltkrieg in Fort Dix durch die Plymouth „Dinkie" ersetzt (links). Die kleinen netten Dampfloks fuhren noch im hektischen Jahr der Mobilmachung auf den Schmalspurgleisen in Fort Benning, Georgia (unten links). Obwohl die Eisenbahngeschütze in den Anfängen des europäischen Konflikts noch eine bedeutende Rolle spielten, wurden sie wegen der Fortschritte bei den motorisierten Geschützen und der Küstenverteidigung durch die Luftwaffe bereits vor Pearl Harbor immer unwichtiger. Sie wurden in Planungen der US-Army zur Zeit der Invasion in Europa nicht mehr berücksichtigt. Der Auftrag für Eisenbahngeschütze ging 1938 an das Watertown Arsenal der Küstenartillerie in Massachusetts, eine der ersten Vorbereitungen für den Zweiten Weltkrieg. Diese vom europäischen Standpunkt als leicht zu bezeichnenden 20,3-cm-Marinegeschütze wurden auf Untergestelle mit zwei dreiachsigen Drehgestellen montiert. Ein vollständiges Geschütz wog 113 t und hatte damit das Gewicht einer schweren Güterzuglokomotive. Ein Geschoß wog 90 kg, die Reichweite betrug über 30 km. Die Bedienung ist gerade dabei, das Geschütz zu laden (rechts), zwei weitere Geschütze sind in der Nähe des Strandes abgestellt (unten). Das vordere Geschütz befindet sich im Transportzustand, das hintere mit montierten Abstützungen ist feuerbereit. Für einige Jahre waren diese Geschütze vorgehalten, an allen Küsten eine Invasion zurückzuschlagen. Da jedoch die Alliierten zum Angriff übergingen, wurden sie nicht mehr gebraucht.

(2 Fotos: U.S. Army, linke Seite; je 1 Foto Railroad Magazine, rechts; Photoworld, unten)

Vom Quartermaster Corps zum Transportation Corps

Auf Grund der Erfahrungen im Ersten Weltkrieg in Frankreich wurde der Aufgabenbereich des Military Railway Service (MRS = Militärischer Eisenbahndienst) der US-Army von den militärischen Planern während der Zeit von 1939 bis 1942 neu festgelegt. Man kam dabei zu der Feststellung, daß die Bildung von Formationen in Regimentsstärke für die Soldaten nicht das Richtige sei, da sie Züge und nicht Kanonen bedienen sollten, denn der MRS war eine amerikanische Eisenbahngesellschaft in Uniform. Diese Definition ist wörtlich zu nehmen, da die Führung erkannt hatte, daß die Fähigkeiten und Erfahrungen des Eisenbahnbetriebs nicht durch eine sechswöchige Grundausbildung erlangt werden können. Von den am Krieg beteiligten Nationen hatten die Deutschen und Russen dies beherzigt. Die Eisenbahnen im Kampfgebiet wurden ähnlich wie in den USA nach Bezirken betrieben. Zur Betriebsführung eines solchen Bezirks entstand das Railway Operating Battalion (ROB = Eisenbahn-Betriebs-Battaillon). Ein ROB war für die verschiedenen Aufgabenbereiche in vier Kompanien aufgeteilt: Der Bau und die dringlichsten Aufräumungsarbeiten wurden von der A-Kompanie wahrgenommen, sie bestand aus zwei Gleisbau- und einer Brükkenbauformation. Die B-Kompanie war für das Maschinenwesen zuständig; zwei Formationen stellten das Personal für zwei komplette Bahnbetriebswerke, dazu kam eine Formation für die Wagenunterhaltung. Die größte Einheit eines ROB war die C-Kompanie. Sie stellte das Zugpersonal. Die Stabs- und Betriebskompanie war eine Versorgungseinheit, die nicht nur die Fahrdienstleister, Telegrafisten und Streckenwärter stellte, sondern auch für die Ernährung und die Unterkunft der Eisenbahnsoldaten sorgte. Für zusätzliche Unterhaltungsarbeiten am Fahrzeugpark gab es Railway Shop Battalions (RSB = Werkstättenbattaillone), deren Aufgabenbereich etwa dem eines Eisenbahnausbesserungswerkes entsprach. Dazu konnte das Army Corps of Engineers (Pionierkorps) der US-Army für die Errichtung von Brücken und Gebäuden als Unterstützung herangezogen werden.

Ein ROB bestand aus 24 Offizieren und 847 Mann. Am Ende des Krieges bestanden 38 aktive ROB und 12 Werk-

stätten-Battaillone*, sowie weitere abkommandierte Einheiten, darunter die Engineer Construction Battalions (Pionier-Bau-Battaillone), das Signal Corps (Nachrichtentruppe) und andere Versorgungseinheiten. Zusätzlich zum Oberkommando des MRS gab es 10 Railway Grand Divisions (Eisenbahnverwaltungseinheiten) zur Leitung der Battaillone, vergleichbar mit der Hauptverwaltung einer privaten Eisenbahngesellschaft. Diese Einheiten bestanden jeweils aus etwa hundert Mann, die aus den Verwaltungen der Eisenbahngesellschaften kamen. Untere Offiziersränge waren mit Betriebsleitern und Vizepräsidenten, der kommandierende Oberst war mit dem Präsidenten einer Eisenbahngesellschaft vergleichbar.

Wegen der Bedeutung der Eisenbahn und aus der Erkenntnis, daß der Zweite Weltkrieg ein globaler Krieg werden würde, wurde im Jahre 1942 das Transportation Corps geschaffen. Es übernahm die früheren Aufgaben des Corps of Engineers und des Quartermaster Corps (Quartiermeisterkorps). Die Fotos auf diesen Seiten zeigen Lokomotiven aus der Zeit der Aufstellung des Transportation Corps. Die vermutlich erste Diesellokomotive der US-Army (gebaut von Alco/General Electric im Januar 1941) steht im Quartermaster-Depot Holabird in Baltimore, Maryland (unten). Vor der Einführung tausender von „Standard"-GI-Lokomotiven mit der Achsfolge 1'D, die von 1942 bis 1945 gebaut wurden, bestellte die US-Army einige interessante Maschinen, wie diese 1'D Lokomotive mit der Nummer 6998, von der mindestens 6 Stück von Lima 1942 geliefert wurden (links oben), und Lokomotiven mit der Achsfolge C, wie diese mit der Nummer 4078 (links unten), von denen einige heute noch auf Touristenbahnen in den USA fahren. Die Standardmaschine vom Typ „Pershing" aus dem Ersten Weltkrieg war nach dem großen Heerführer genannt worden (rechts). Sie wurde in Holabird vollständig überholt und steht am 17. März 1942 auf dem Mehrspurgleis in der Werkstatt.

(2 Fotos: Railroad Magazine, linke Seite; 2 Fotos: U.S. Army)

* Nicht zu verwechseln mit militärischen Einheiten.
Siehe Zusammenstellung der ROB am Schluß des Buches.

Die Soldaten arbeiten bei der Eisenbahn

Genau drei Wochen nach Pearl Harbor wurden Soldaten des Fallschirmjägerbataillons 502 in Fort Benning über die Bedienung von Lokomotiven informiert, damit sie sich feindlicher Maschinen bemächtigen konnten, wenn sich die Gelegenheit dazu bieten würde (oben). Bei der Southern Pacific-Eisenbahngesellschaft ist inzwischen bestimmt vergessen, daß sie das ROB 716 betreut hatte, das 1945 in Frankreich einen unrühmlichen Namen hatte. Dieses Foto wurde ein halbes Jahr zuvor in Fort Sam Houston, Texas, am 11. Mai 1944 aufgenommen (unten). Obwohl die Werkstättenarbeiter auf diesem Foto sich wohl nichts zuschulden kommen ließen, wurden viele Soldaten der C-Kompanie des 716. Battalions bestraft, weil sie Versorgungsgüter auf dem Schwarzen Markt in Frankreich verkauft hatten. Zuerst verschwanden Gegenstände aus Eisenbahnwagen, die für die Front bestimmt waren, dann wurden Wagen von den Zügen abgehängt und Güter, Benzin und Bekleidung nahmen den bekannten Weg. Die Legende behauptet, daß die Männer des 716. Battalions bereits vollständige Züge verschoben hatten, bevor sie gefaßt wurden. Einige Offiziere kamen ins Gefägnis, und von General Eisenhower wird gesagt, daß er den schuldigen Soldaten die Wahl gelassen haben soll, entweder ins Gefängnis oder an die Front zu gehen. Sie entschieden sich für das letztere, obwohl gerade die Ardennenoffensive stattfand. Das war der einzige Makel an der meist ausgezeichneten Arbeit des MRS. Es wäre wohl nichts geschehen, wenn die Soldaten die Waren selbst benutzt oder zum Tausch bei anderen Einheiten angeboten hätten. Der Verkauf von widerrechtlich angeeignetem Gut an Zivilisten wurde jedoch als schweres Verbrechen angesehen.

Auf der C & P-Eisenbahn

Als die Armee am 1. Mai 1941 das erste ROB in Fort Bevoir, Virginia, aufstellte, wurde beschlossen, daß das 711. das Lehr- oder Kaderbattalion werden sollte, aus dem die zukünftigen Einheiten hervorgehen sollten. Als erstes Battalion gehörte das 711. auch zu denjenigen vier, die nicht von einer amerikanischen Eisenbahngesellschaft betreut wurden. Tatsächlich bestand die Mannschaft aus Beschäftigten von nicht weniger als fünfzig Eisenbahngesellschaften. Sollte das 711. Battalion der Anherr des MRS sein, so mußte es seine eigenen Erfahrungen machen. Als in der Hitze des Sommers von 1941 die Einheit in die Zypressensümpfe von Louisiana verlegt wurde, um eine Eisenbahnlinie von 80 km Länge zwischen Camp Clai-

borne und Camp Polk zu bauen, war aus den Anfangsbuchstaben bald ein Spruch geworden: Die C & P (Crime & Punishment = Verbrechen und Strafe für die Eisenbahner, die sie bauten) wurde einschließlich der 25 Brücken nach Einschlagen des letzten Schienennagels durch General Gray am 11. Juli 1942 fertiggestellt. Die Maschinen Nr. 7 und 11 (die letztere war schnell umgenummert worden) eröffneten dann den Betrieb. Unter den bekannten Persönlichkeiten befanden sich der Governeur von Louisiana, der Präsident der Kansas City Southern Eisenbahngesellschaft und General Ridgway. So war schließlich der Bau der Claiborne & Polk-Eisenbahn, die in Camp Claiborne Verbindung zum Netz der Missouri Pacific und in Camp Polk Verbindung zum Netz der Kansas City Southern-Eisenbahngesellschaft hatte, beendet. Sie diente während des Krieges zur Ausbildung der Eisenbahntruppen, zusätzlich zu ihrer Berufserfahrung. Das Leben der Eisenbahn war nur kurz, bald ergriffen wieder die Biber und Mokassinschlangen das Wegerecht, wie schon auf der alten Holzabfuhrbahn, deren Bahnkörper so weit wie möglich benutzt worden war. Die 2'C-Lokomotiven der Texas & Pacific-Eisenbahngesellschaft, wie Nr. 7 hier bei der Feier des Einschlagens des goldenen Nagels (unten rechts), und die neu hinzugekommenen 1'D-Maschinen des War Departments (US-Kriegsministerium) sind bereits alle zum alten Eisen geworfen. Auch General Gray, der Generaldirektor des MRS, der hier den letzten Nagel einschlägt, lebt nicht mehr. Die Veteranen der C & P sind aber immer noch stolz auf sie und erinnern sich noch an die militärische Abwandlung der Eisenbahnvorschrift Nr. 1, die besagt: „Unter militärischen Bedingungen ist Sicherheit bei der Pflichterfüllung oberstes Gebot".

(2 Fotos: U.S. Army, linke Seite; 2 Fotos: Col. George M. Welsch, von Larry Lepine, unten)

Die Eisenbahn bewegt die Kriegsmaschine

Die amerikanische Teilnahme am Zweiten Weltkrieg war der größte nationale Kriegseinsatz in der Geschichte der Menschheit. Praktisch alles wurde von der Eisenbahn befördert, von Bergwerken und Ölfeldern zur verarbeitenden Industrie, von den Unterlieferanten zu den Montagewerken, von der Landwirtschaft und den Fabriken zu den Häfen, von Dörfern und riesigen Städten zu Etappenorten und Flugplätzen. In Fort Benning werden Halbkettenfahrzeuge für den Abtransport nach Nordafrika verladen (oben), leichte Panzer werden in einem Ausbildungslager durch die Atchison, Topeka und Santa Fé Eisenbahngesellschaft ausgeladen (unten). Viele amerikanische Soldaten fuhren erster Klasse (oben rechts), andere wurden von Köchen der Armee aus Gepäckwagen versorgt, wie hier in Fort Meade, Maryland 1941 (unten rechts).

(Fotos: U.S. Army, oben; AT&SF Railway, unten)

Einige Soldaten aßen im großen Stil; für andere war Armeeverpflegung aus dem Packwagen die Regel.

(Fotos: Railroad Magazine, oben; U.S. Army, unten)

Sie befördert Soldaten, Zivilisten und Kriegsanleihen

Jeden Tag hatten die Eisenbahnen unzählige Sonderzüge für militärische Zwecke und für die Zivilisten zu fahren, die von den Autobahnen und den Fluggesellschaften verbannt waren. Auf der Louisville & Nashville fuhr 1942 ein Truppentransportzug unter der Bezeichnung „zweiter Zug Nr. 99" (oben) als zusätzlicher Teil des berühmten „Pan American". Gezogen von einer stattlichen 1'D 1' der Klasse J—4, mit der Nummer 1875, die zum Zeichen eines direkt nachfolgenden Zuges mit entsprechenden Flaggen versehen ist, verläßt er Louisville, Kentucky, auf dem Weg nach Süden. Während des Krieges machte die L & N ihrem Spitznamen „die alte Zuverlässige" alle Ehre. Die 46. Kom-

panie des US. Women's Army Corps (WACS = weibliches Hilfskorps der US-Army) ist 1944 vor dem Abtransport in der Union Station in Chicago angetreten (unten). Die riesige Bahnhofshalle der Union Station von St. Louis ist jetzt verödet, die Beförderung der Massen von Soldaten und Zivilisten ist vorbei. Der „Texas Special" und der „Sunshine Special" sind schon vor langer Zeit zum letzten Male abgefahren, die meisten Eisenbahngesellschaften haben heute nur noch Güterverkehr, nur wenige befördern noch in geringem Umfang Passagiere. Die Burlington Eisenbahngesellschaft warb für „War Bonds" (Kriegsanleihen), indem sie ihre Personenwagen rot, weiß und blau anstrich (unten rechts).

(Fotos: L&N RR, oben; CB&Q RR, unten und rechts unten; Missouri Pacific, rechts oben)

BAGGAGE
TEXAS SPECIAL
FRISCO-KATY LINES

4514
BURLINGTON
BUY WAR BONDS

Frauen stehen ihren Mann

Wie in anderen kriegführenden Ländern auch, arbeiteten wegen des akuten Männermangels an der amerikanischen Heimatfront Millionen Frauen in der Kriegswirtschaft und sogar bei den Eisenbahnen. Einige kamen selbst in den Zugdienst. Bei der Long Island-Eisenbahn arbeiteten sie als Zugführer. Frauen standen in der Fahrkartenausgabe, in Stellwerken, in Fahrdienstleitungen und in Reparaturwerkstätten. Hin und wieder sah man sie auch als Bremser auf Güterzügen und als Heizer bei ölgefeuerten Dampflokomotiven. In der Betriebswerkstätte der CB & Q in Havelock führen zwei Arbeiterinnen ein neues, leichtes Verkleidungsblech für einen Selbstentladewagen vor (links). Die Union Pacific Eisenbahn stellte kurz vor Eintritt der USA in den Krieg die größte Dampflokomotive der Welt, die „Big Boy", in Dienst. Hier bedient in Wyoming eine Frau die Drehscheibe zum Wenden eines solchen Riesen. Bis 1944 hatte die American Locomotive Company 25 dieser Lokomotiven geliefert, wodurch die Union Pacific Eisenbahn einen Zusammenbruch des kriegswichtigen transkontinentalen Verkehrs verhindern konnte. Als der deutsche U-Boot-Krieg Anfang 1942 die amerikanischen Gewässer erreicht hatte, wobei alle Küstenfrachter entweder versenkt oder in die Häfen vertrieben wurden, versorgten die Eisenbahnen die gesamte Industrie an der Ostküste und die alliierten Streitkräfte mit Öl. Die 1'D 1'-Lokomotive Nr. 1515 der Missouri Pacific mit zusätzlichem Wasserwagen fährt vor einem endlosen Kesselwagenzug durch den Bahnhof von Little Rock, Arkansas (rechts).

(Fotos: CB&Q RR, links; Union Pacific, unten)

„Leih-und-Pacht"-Hilfe für die Alliierten

Nach vielen harten Debatten unter der amerikanischen Bevölkerung und im Kongreß wurde das Leih- und Pacht-Gesetz am 11. März 1941 rechtskräftig. Es ermöglichte Präsident Roosevelt, Kriegsmaterial an „diejenigen Nationen zu liefern, die sich jetzt mit den Agressoren im Krieg befinden". Dies war eine Handlungsweise, die man kaum von einer neutralen Macht wie den USA hatte erwarten können. Das Leih- und Pacht-Gesetz erregte den Zorn der Achsenmächte und stärkte die Kampfmoral der anderen Nationen. Bereits vor dem japanischen Angriff, der die USA zur aktiven Teilnahme am Krieg brachte, bekämpften sich die US-Marine und die deutschen U-Boote im Nordatlantik.

Bis zum Ende der Feindseligkeiten hatten die USA Kriegsmaterial im Wert von 280 Milliarden Dollar an die Alliierten geliefert, auch zu jener Zeit der hohen Staatsausgaben eine riesige Summe. Diese Lieferungen enthielten neben tausenderlei Arten von Gütern über 20 000 Panzer und 25 000 Flugzeuge. Auch die Menge des Eisenbahnmaterials war immens: Allein Rußland erhielt über 1900 Dampfloks und 50 Dieselloks. Unter den Dingen, die in die UdSSR geschickt wurden befand sich mindestens ein Dutzend fahrbarer Dampfkraftwerke zur Versorgung der wiedereroberten Städte mit elektrischer Energie. Die erste Anlage wurde der russischen Regierung 1944 im Werk Berwick, Pennsylvania, von der American Car and Foundry Company übergeben (unten).

(Fotos: Missouri Pacific, oben; United Press International, unten)

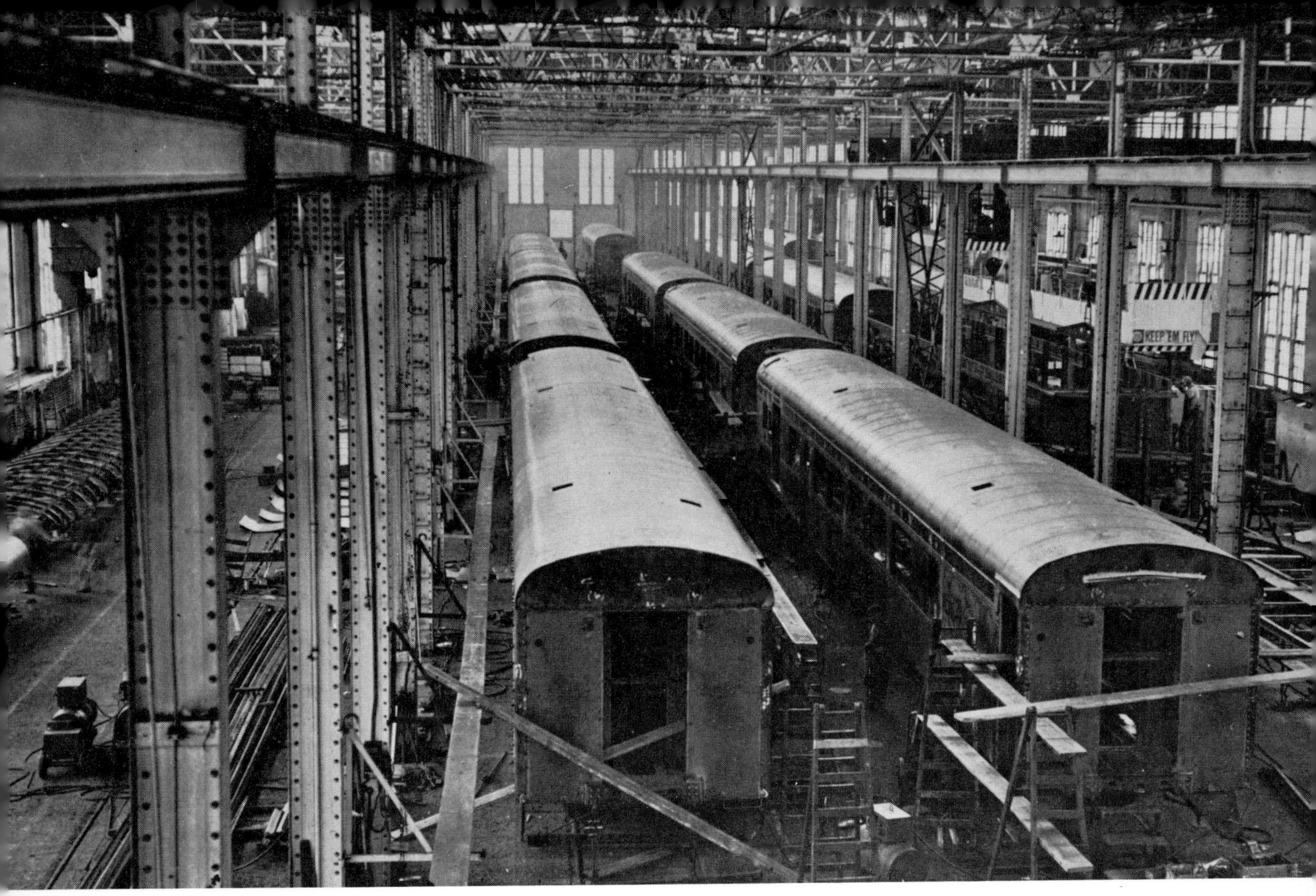

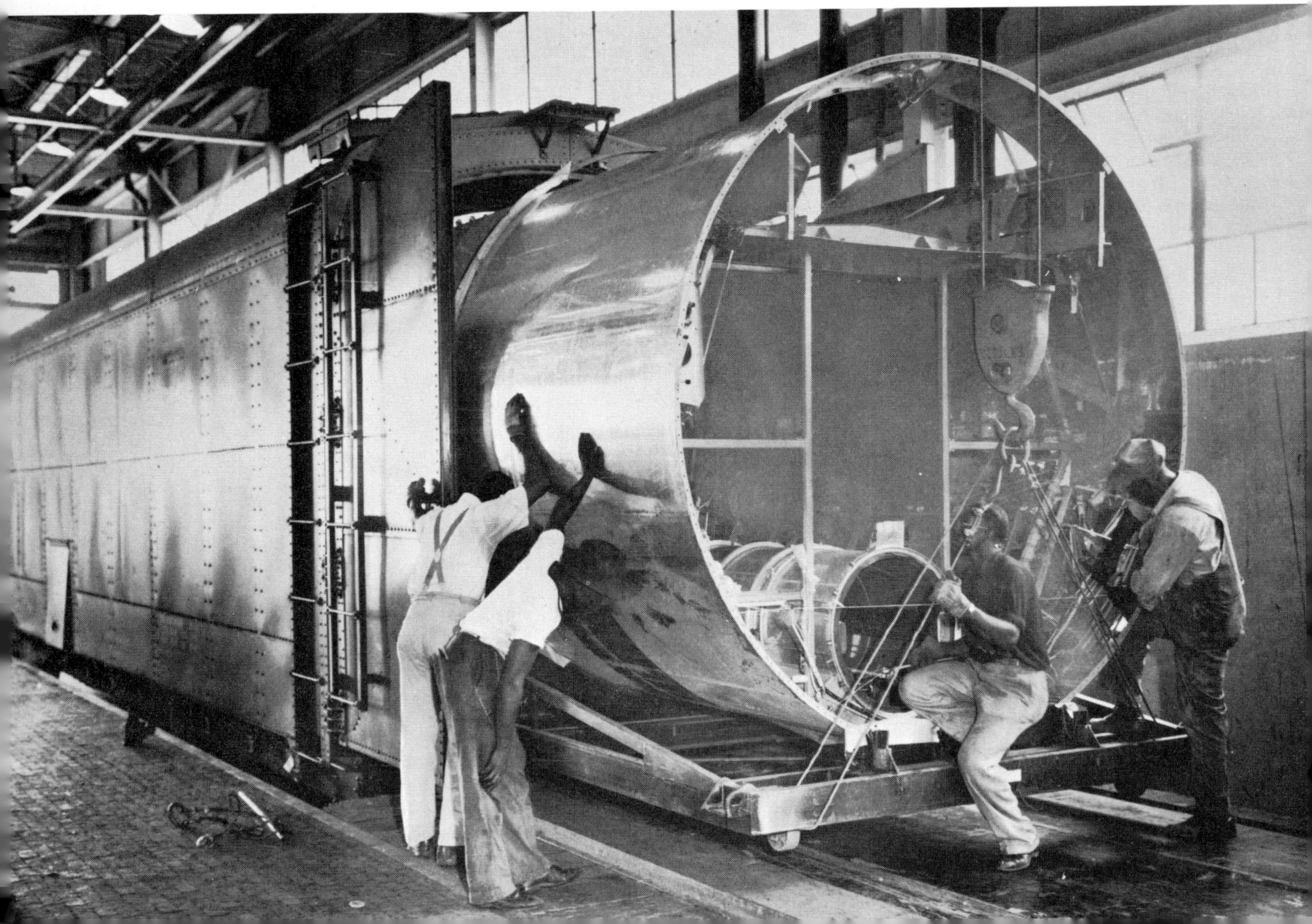

Die Produktionsschlacht

Im Zweiten Weltkrieg waren alle Industrienationen in den Kampf verwickelt. Aber erst als die Fertigungskapazität der Alliierten sich über alle Erwartungen vergrößert hatte und das Industriepotential der Achsenmächte durch die vernichtenden Luftangriffe gefährdet war, konnten die Sieger dieses totalen Krieges bestimmt werden. Es war schließlich die industrielle Macht der USA, die – sicher vor der Zerstörung durch Kampfhandlungen und im Besitz eines intakten Eisenbahnnetzes – den Kriegsausgang entschied. In der Montagehalle der American Car & Foundry Company in St. Charles, Missouri, werden Lazarettwagen für die Armee gebaut (oben links), Spezialgüterwagen der Burlington Eisenbahn transportierten Rumpfteile für den Bomber B-17 „Flying Fortress" (links). Ein 40,6-cm-Geschützrohr für ein großes Schlachtschiff der Iowa-Klasse wird von der New York, New Haven & Hartford Railroad transportiert (oben). Neben den riesigen Aufträgen für Eisenbahnmaterial stellten Firmen wie Pullman Standard auch noch tausende von Panzern, Geschützen und andere Arten schweren Geräts her (unten).

(1 Foto: CB&Q RR, links unten; 3 Fotos Railroad Magazine)

Die Schlacht um England

Mit der Kapitulation Frankreichs im Juni 1940 richtete sich die Aufmerksamkeit des deutschen Oberkommandos sofort auf England, für das Hitler zwei Alternativen vorgesehen hatte, um im Westen den totalen Sieg zu erringen: Die Besetzung der britischen Inseln oder, falls dies nicht möglich sei, die Unterzeichnung eines Waffenstillstandes durch England. Als sich die deutschen Streitkräfte für das Unternehmen „Seelöwe", die Invasion Englands, vorbereiteten, rüsteten sich die Engländer, von Premierminister Churchill aufgefordert, zum Kampf. Es war die Schlacht, die Hitlers Pläne über den Haufen warf, und die den Beginn des Niedergangs des Dritten Reichs ankündigte. Die Schlacht um England war bisher die einzige Auseinandersetzung, die sich nur im Luftraum abspielte, denn es war ein Ringen um die Luftüberlegenheit zwischen der Royal Air Force (RAF) und Görings Luftwaffe. Sie hoffte, alle Verbindungen so zu unterbrechen, daß an der Küste eine Landung durch deutsche Truppen möglich sei. Nachdem der erste Versuch der Zerstörung der RAF unter dem Verlust von über 1700 deutschen Flugzeugen während 17 Wochen (vom 10. Juli bis 31. Oktober) fehlgeschlagen war, setzte Göring die Luftwaffe auf Bodenziele ein, um die britische Wirtschaft niederzuringen und die Bevölkerung zu demoralisieren. Schon auf dem Höhepunkt der Luftoffensive im Spätsommer 1940 setzten die Deutschen große Mengen Material, Flugzeuge und erfahrene Besatzungen zur Zerstörung des britischen Eisenbahnnetzes ein, ohne dabei das Ziel zu erreichen. Die Eisenbahner hatten bereits für Umwegleitungen im Telefonverkehr, für die Lagerung wichtigen Materials und genormter Brückenbauteile und von Plänen für die Notsituation gesorgt. Währenddessen vollbrachten die Eisenbahnen die Transportaufgaben des Krieges. Die Bombenangriffe auf England gingen den ganzen Krieg über weiter und hatten ihren Höhepunkt in den Raketenangriffen durch die V-2 bis 1945.

Die Angriffe der Luftwaffe

Der schwerste Angriff auf ein britisches Ziel fand in der Nacht vom 14. November 1940 statt, als 500 deutsche Bomber die Stadt Coventry angriffen und dabei den Kreuzungsbahnhof der London Midland and Scottish Railway schwer beschädigten (oben). Am 4. April 1942 war gerade der Express „Night Scotsman" in York eingelaufen, als die Luftwaffe erschien. Von den hölzernen Eisenbahnwagen blieb außer den Untergestellen nichts mehr übrig (unten). Als der Lokschuppen von York getroffen wurde, wurde die 2'C 1'-Stromlinienlokomotive „Sir Ralph Wedgwood" völlig zerstört. Sie war eine von den acht britischen Lokomotiven, die Totalschäden erlitten (rechts).

(3 Fotos: British Railways)

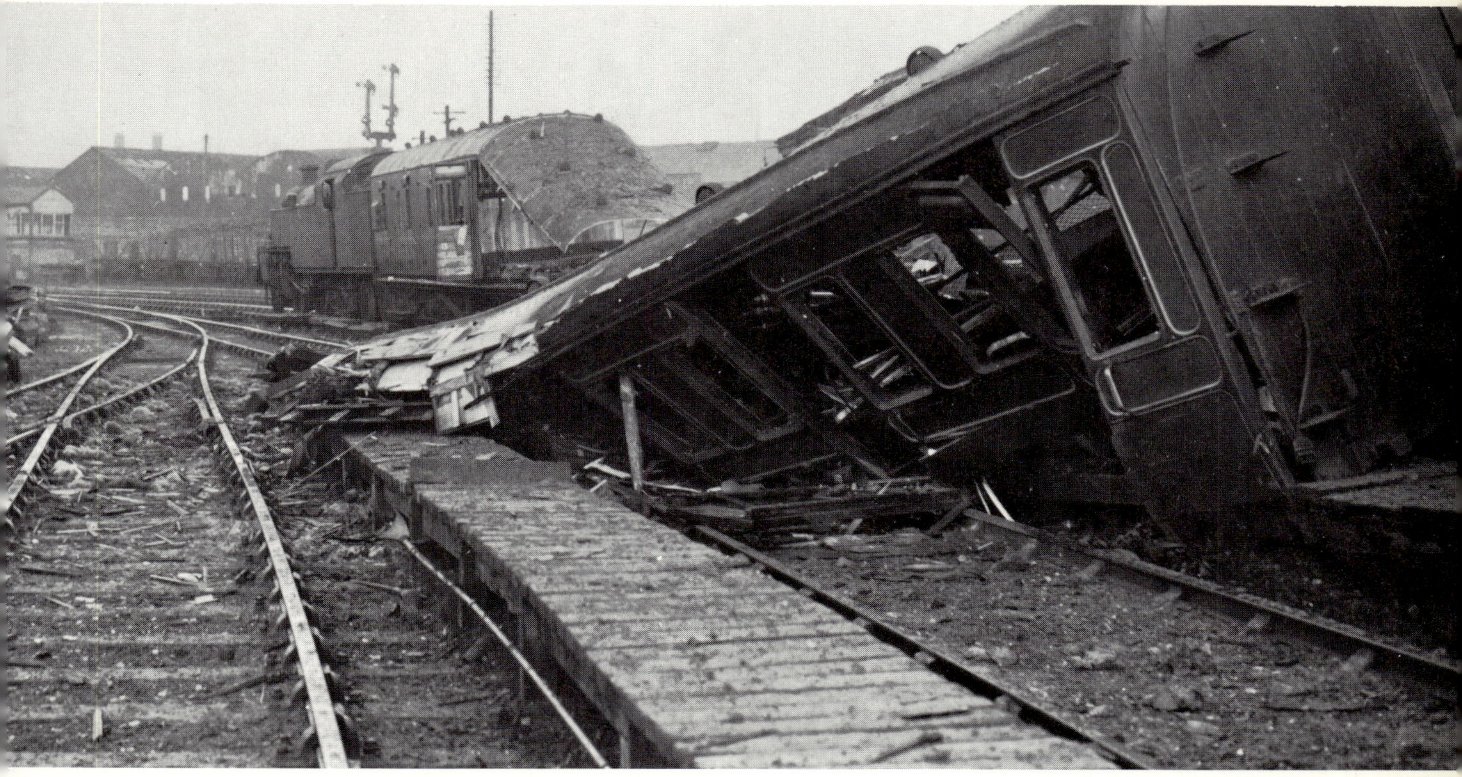

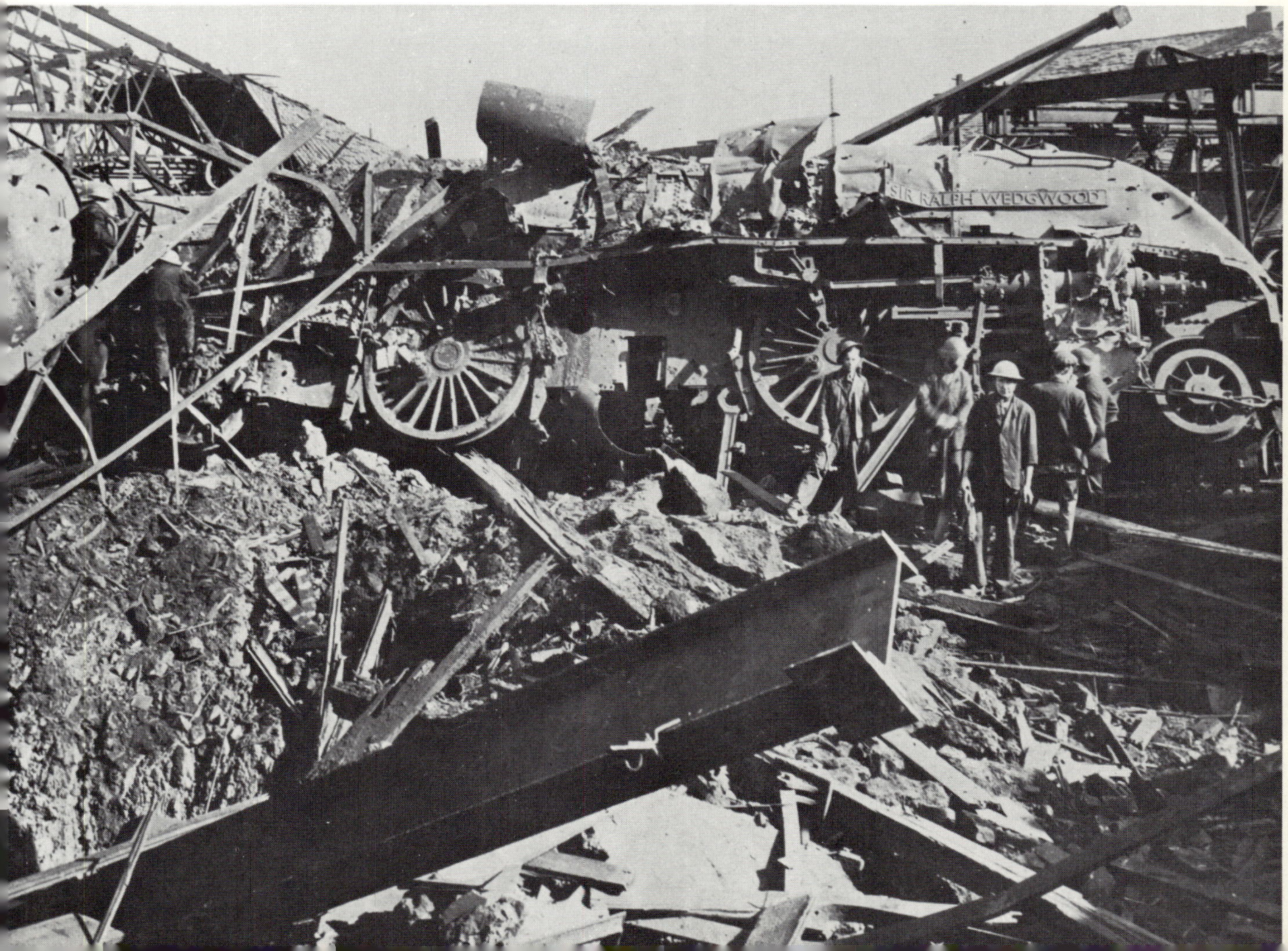
SIR RALPH WEDGWOOD

Vorbereitung auf alle Fälle

Sobald Großbritannien Deutschland den Krieg erklärt hatte, traten die Notstandspläne in Kraft. Aus Furcht vor baldigen Luftangriffen führten die Behörden die Evakuierung der meisten Kinder aus den Großstädten durch. Am 26. Oktober 1939, als der Krieg gerade 8 Wochen begonnen und die Westfront ruhig war, wurden viele Züge mit Kindern aus Sheffield über die LMS-Eisenbahngesellschaft abgefertigt (unten). Am 3. Juni 1940, als die letzten Soldaten des Britischen Expeditionsheeres gerade aus Dünkirchen geholt worden waren, bereitete sich eine britische Armee-Einheit auf die Verteidigung ihres Landes vor; hier bei der Verladung in Mill Hill, einem Londoner Vorort im Norden (oben).

Die Kriegsproduktion der Eisenbahnwerkstätten

Die Aufgaben einer Eisenbahnwerkstätte in Kriegszeiten sind enorm: Zusätzlich zur Unterhaltung des ständig schlechter werdenden Geräts müssen diese Werkstätten bestehendes Rollmaterial für Kriegszwecke umbauen, wie diese Personenwagen, die in den Werkstätten der LMS während des ersten Kriegsmonats zu Lazarettwagen umgebaut wurden. Die Knappheit an Arbeitskräften hatte große Schwierigkeiten zur Folge. Im Gegensatz zu den meisten amerikanischen Eisenbahnen fertigen die britischen Bahnwerkstätten das gesamte Rollmaterial und die Lokomotiven selbst. Diese Fähigkeit stufte solche Betriebe in die Schwerindustrie ein, so daß in den Werken auch viele Arten von Waffen hergestellt wurden.

(4 Fotos: British Railways)

Oben: Newton Abbot, Devon, am 20. August 1940

Unten: Bahnhof Sunderland am 6. September 1940

Die Folgen des Bombenkrieges

Der Fehlschlag der deutschen Luftangriffe bei der Ausschaltung des britischen Eisenbahnnetzes sollte schon ein Hinweis auf die Ereignisse vier Jahre später sein: Es bedurfte über einer Million Tonnen Bomben, um die Deutsche Reichsbahn zum Stillstand zu bringen. Dies war auch erst dann möglich, als die Alliierten Armeen in Deutschland eingedrungen waren und bereits große Teile des Eisenbahnnetzes in ihrer Hand hatten. Alle vier großen britischen Eisenbahngesellschaften (Great Western; London, Midland and Scottish; London and North Eastern; Southern) wurden in Mitleidenschaft gezogen, die Southern war am stärksten getroffen. Bis der Krieg vorüber war, hatten 395 Eisenbahner und 498 andere Personen auf der Eisenbahn ihr Leben gelassen. 500 Lokomotiven wurden beschädigt, 637 Personenwagen und 3321 Güterwagen waren zerstört. Zusätzlich zu gewöhnlichen Bomben fielen über tausend V-1 und eine kleinere Zahl V-2 auf Eisenbahngelände.

Oben: Bahnhof Whitby am 16. September 1940

Unten: Bahnhof Whitby am 19. Oktober 1940

(4 Fotos: British Railways)

Oben: Bristol am 6. Dezember 1940

Unten: Dorset am 17. Januar 1941

Oben: Somerset am 3. September 1942   Unten: Bahnhof Paddington am 22. März 1944   *(4 Fotos: British Railways)*

Umschwung im Transportwesen

Gänzlich ohne schweres Gerät, das auf dem Kontinent zurückgelassen werden mußte, arbeiteten die Engländer fieberhaft an der Schaffung von schweren Waffen und Flakgeschützen für die Heimatverteidigung, während sie gleichzeitig versuchten, ihre Streitkräfte östlich von Gibraltar für den kommenden Krieg in Afrika zu versorgen. Sobald die Arsenale, Fabriken und Eisenbahnwerkstätten das dringend benötigte Material hergestellt hatten, wie Lastwagen und Schützenpanzer, die hier in Banbury ausgeladen werden (oben) und Panzer (unten), wurde es zur Verteidigung an die Kanalküste gebracht. Eine Panzereinheit rollt durch Berkhamsted (rechts); weit weg im schottischen Stranraer befördert ein mit Panzerplatten versehenes Fährschiff der Southern-Eisenbahn im Dienst der LMS Nachschubgüter für RAF-Stützpunkte in Nord-Irland (unten rechts). Als Beispiel der unglaublichen Erweiterungsfähigkeit der Eisenbahnindustrie seien die Werkstätten der LMS genannt. Sie produzierten hunderte von Panzern, viertausend Paar Flügel für Flugzeuge, versahen zivile Lastwagen mit Panzerplatten zur Verteidigung gegen die Invasion und bauten 27 000 Präzisionsgeschützvisiere, 8000 Sturmboote, Millionen von Geschoßhülsen sowie Spezialwagen zum Transport der unbezahlbaren Schätze der National Art Gallery.

(4 Fotos: British Railways)

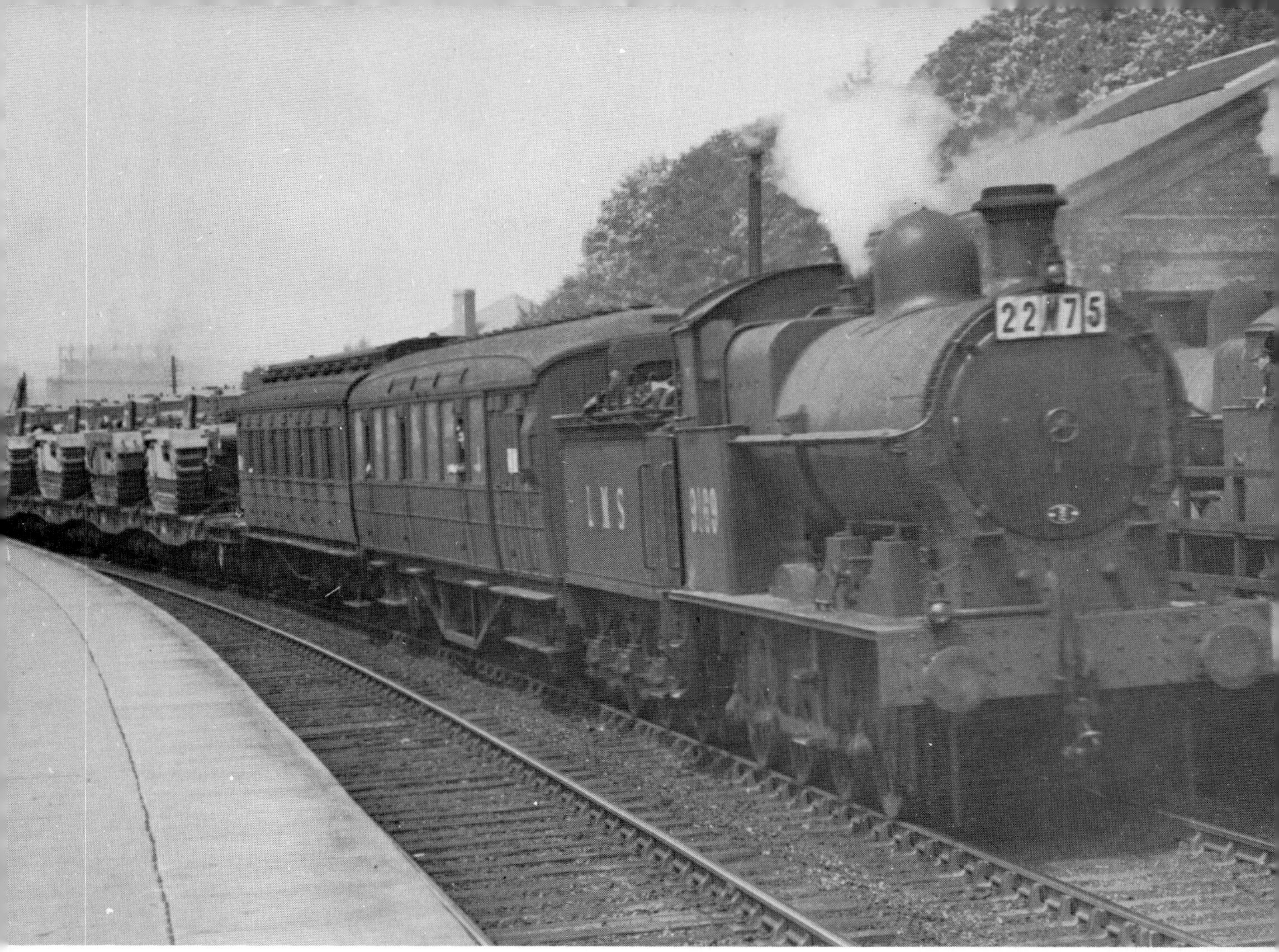

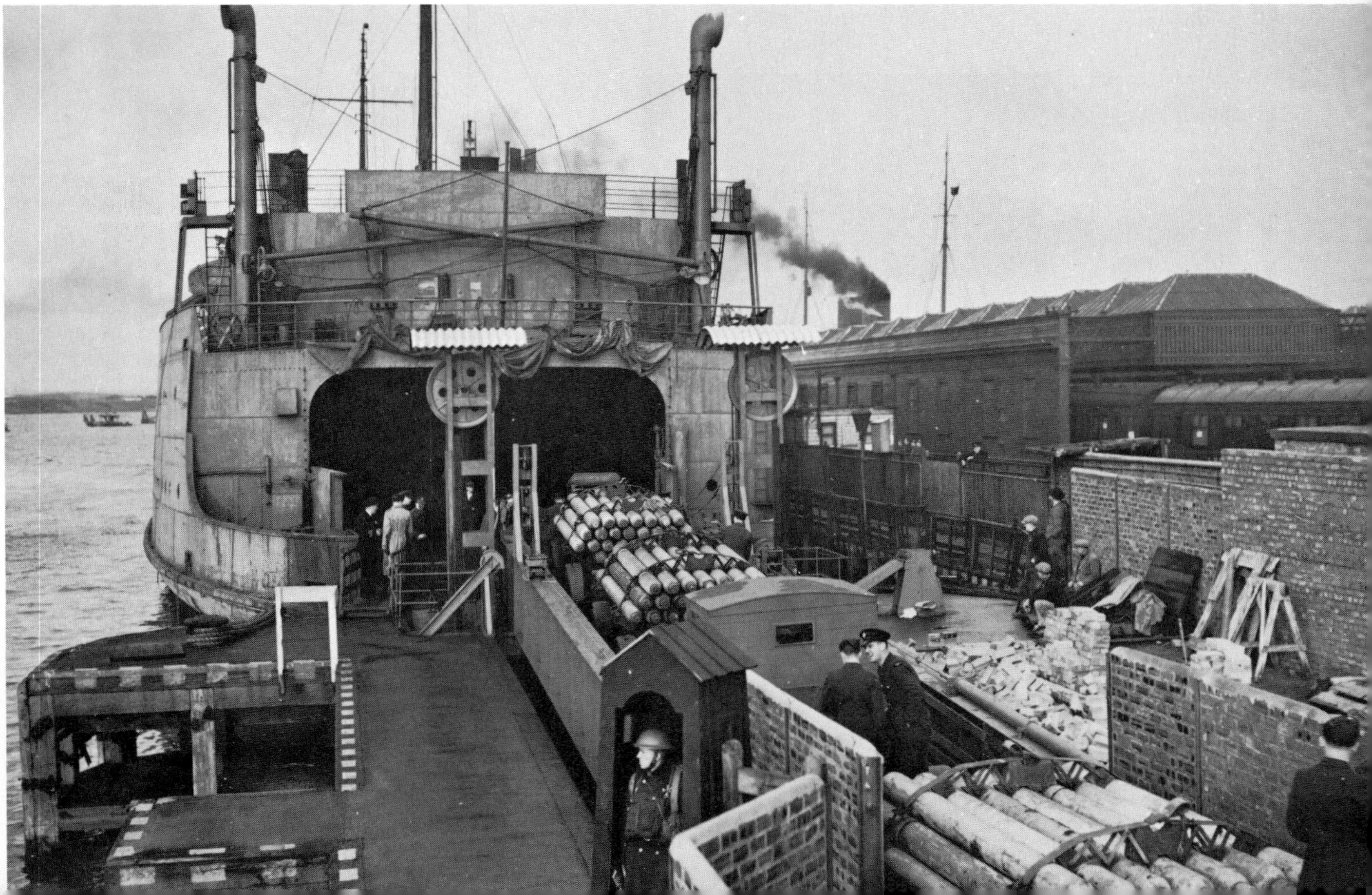

Der Mann des Jahrhunderts

Sir Winston Churchill, der britische Premierminister während des Krieges, der von einer undankbaren Wählerschaft unmittelbar nach dem höchsten Triumph abgewählt worden war, kehrt hier zusammen mit Lady Churchill und verschiedenen Mitarbeitern am 23. August 1941 nach London zurück (oben). Die größte Gefahr war bereits gebannt, so daß Churchill und das englische Volk allen Grund zum Optimismus haben durften: Elf Tage vorher hatten der Premierminister und Präsident Roosevelt an Bord des englischen Schlachtschiffes „Prince of Wales" vor der Küste von Neufundland die Atlantik-Charta geschaffen. Dieses Dokument, das auf die „endgültige Vernichtung der Nazi-Tyrannei" hinwies, signalisierte der Welt den baldigen Kriegseintritt Amerikas. Obwohl Giftgase auch in den verzweifeltsten Augenblicken des Zweiten Weltkriegs nicht verwendet wurden, hatte sich am 21. Mai 1940 ein Lokomotivführer der Great Western-Eisenbahn mit Gasmaske und Stahlhelm gegen alle Eventualitäten geschützt (links).

(Fotos: UPI, oben; British Railways, unten)

Krieg an der Heimatfront

Als eine neue Gefahr in Form von automatisch gesteuerten Flugkörpern über den Kanal kam, stellten die Telefonistinnen die Telefonapparate unter ihre Schreibtische (6. Oktober 1944) (oben). Bisher ist nur wenig darüber geschrieben worden, daß Kriegsgefangene während des Krieges ausgetauscht wurden. Am 14. Oktober 1943 verließ eine Gruppe deutscher Kriegsgefangener in Glasgow einen Zug, der von der Lokomotive mit dem Namen „Revenge" (Vergeltung) gezogen wurde (unten). Unter Bewachung kamen sie an Bord des Dampfers „Atlantis", der unter der Flagge des Roten Kreuzes nach Deutschland fuhr.

(Foto: U.S. Army)

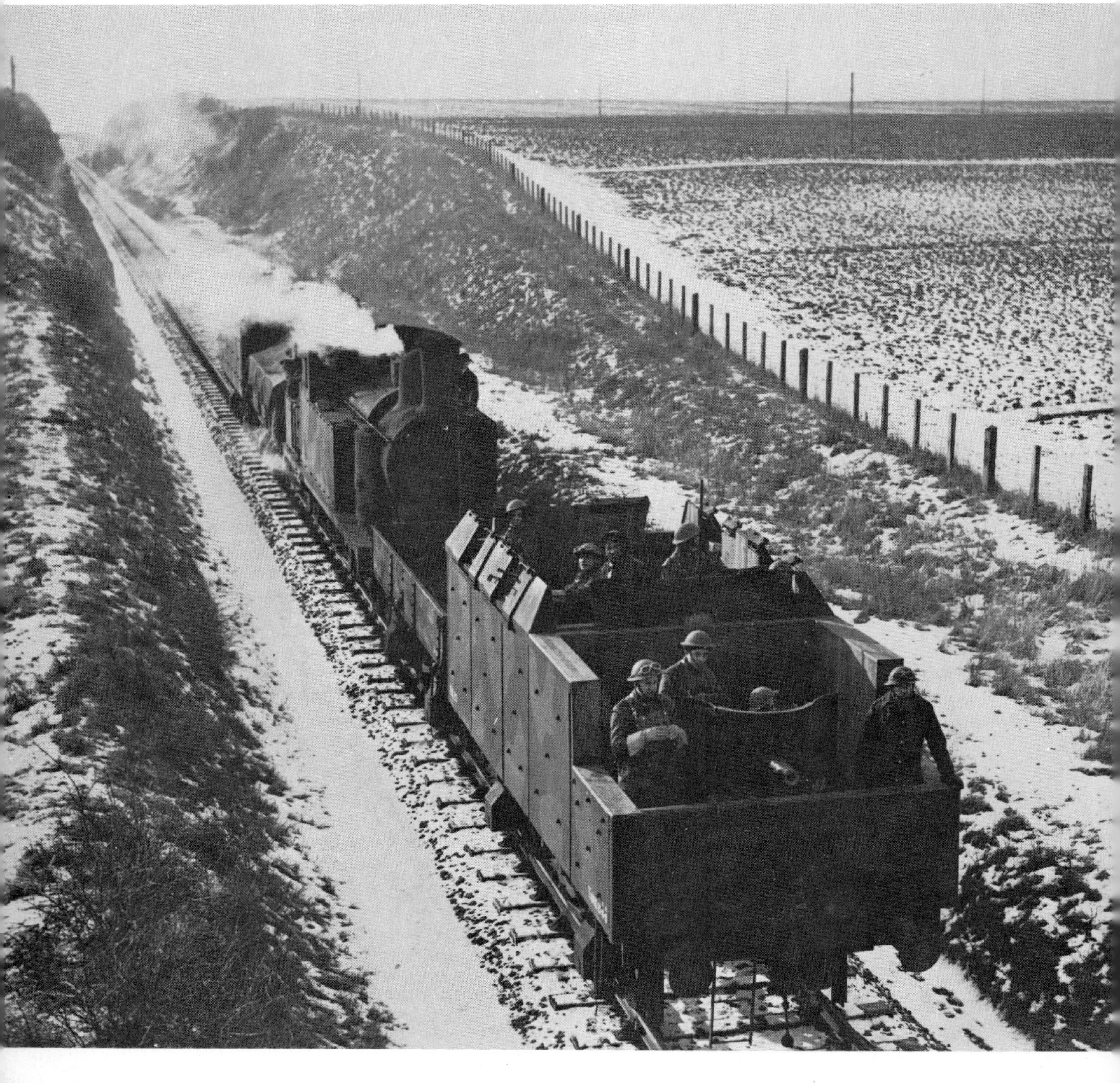

Normalspur- und Schmalspur-Panzerzüge

Ein sehr wichtiger Teil der Küstenverteidigung von England bestand in leicht gepanzerten Zügen, wie Geschütz- und Begleitwagenzusammenstellungen, die hier am 5. Juli 1940 von den Werkstätten der LMS ausgeliefert werden (oben links). Sie wurden paarweise vor und hinter der Lokomotive angekuppelt und waren während der Invasionsdrohung ständig im Einsatz. Die Bedienungsmannschaften, besonders die Geschützbedienungen, waren polnische Soldaten, die im Exil alles gegen die Besatzung ihres Landes unternahmen. Zufällig zeigen beide Fotos denselben Wagen mit Nr. WA 23, links am 4. Februar 1941. Auf dieser Seite zeigen zwei Fotos die unsinnigen Folgen des Krieges. An der Südostküste von England fährt eine Schmalspurbahn, die die kleinste Eisenbahn mit öffentlichem Personenverkehr in der Welt ist: Die Romney, Hythe & Dymchurch-Eisenbahn. Gebaut für den friedlichsten Zweck, die Bedienung der Ferienstrände von Kent, befand sich die RHD plötzlich im erwarteten Landungsgebiet des Unternehmens „Seelöwe". Folglich übernahm die britische Armee den Betrieb, dabei wurden eine Lokomotive gepanzert und Waggons mit MG und Panzerbüchsen bewaffnet. Damit besaß die RHD zweifellos den kleinsten Panzerzug der Welt. Als ständiges Ziel der Luftwaffe war er oft in Kampfhandlungen verwickelt. Die vielen britischen Tommies, die mit diesem Unikum zum Wochenendrummel von Dungeness Point nach Hythe fuhren, richteten schließlich aber mehr Schaden als die feindlichen Flugzeuge an. Die Romney, Hythe & Dymchurch-Eisenbahn war symbolisch für die totale Mobilisierung eines Volkes.

(2 Fotos: Imperial War Museum, links unten und rechts unten; je 1 Foto: British Railways, links oben; UPI, rechts oben)

6000 Kilometer Sandwüste

Der Krieg schuf eine Folge schwieriger Situationen in den trockenen Gebieten Nordafrikas, der arabischen Halbinsel und in Südwestasien. In den italienischen Kolonien Libyen und Somaliland besaßen die Achsenmächte große Gebiete und Stützpunkte in Afrika. Der italienische Angriff auf Äthiopien war der bedeutendste Auftakt zum europäischen Konflikt und bewies die Machtlosigkeit des Völkerbundes. Nach der Niederlage Frankreichs im Juni 1940 erhielten die französischen Kolonien in Nordafrika, Marokko, Algerien und Tunesien große Bedeutung. Die beiden letzteren grenzten an Libyen. Obwohl ihre militärischen Befehlshaber die französische Regierung in Vichy unterstützten, gaben viele Offiziere ihre Zuneigung eher den Alliierten. Hitlers entgegenkommende Behandlung des besiegten Frankreichs verärgerte seine italienischen Verbündeten, die immer das Gefühl hatten, daß die Deutschen die Bedeutung des Mittelmeeres unterschätzten. Viele Aktionen der Deutschen, die in Nordafrika mit der Zustimmung der französischen Befehlshaber durchgeführt wurden, beeinträchtigten die italienischen Pläne im französischen Gebiet.

Weit entfernt davon, die Franzosen in Nordafrika herumzukommandieren, führten die Deutschen oft schwierige Verhandlungen zur Sicherung ihrer empfindlichen westlichen Flanke, als General Rommels Afrikakorps zum Suezkanal und zu den arabischen Ölfeldern vorstieß. Während dieser verwickelten Verhältnisse im Mai 1941 gelang es der französischen Führung, die Erlaubnis zur Wiederbewaffnung ihrer afrikanischen Kolonialstreitkräfte gegen einen möglichen Angriff der Engländer zu erreichen, unter der Bedingung, daß die deutschen Truppen die strategische Eisenbahnlinie Bizerta – Gabes in Tunesien benutzen durften! Es gab weitere französische Zugeständnisse, darunter die Berechtigung der Achsenmächte, die Eisenbahnen in Syrien zur Unterstützung eines Vorstoßes zum Suezkanal, den arabischen Ölfeldern, zu verwenden. Bei der amerikanischen Landung in Nordafrika 1942 leisteten französische Einheiten kurzen, manchmal auch sehr heftigen Widerstand gegen ihre Befreier. Meistens war er aber unentschlossen, und die französischen Streitkräfte kapitulierten oder schlugen sich auf die Seite der Alliierten. Als die Alliierten nach Westen und Osten vorstießen, um die Streitkräfte der Achsenmächte einzuschließen, wurde die Eisenbahn zur Unterstützung ihres schnellen Vormarsches häufig benötigt.

Weiter östlich übernahmen Streitkräfte des britischen Empire, darunter indische, australische und neuseeländische Eisenbahn-Einheiten, den Bau und den Betrieb der Eisenbahnen in Ägypten und im Irak, während amerikanische und britische Eisenbahnbataillone einen der größten Erfolge erzielten: Die Versorgung der russischen Armee im Kaukasus von den Häfen im persischen Golf über das betrieblich schwierige und gefährliche Terrain auf 1400 km Streckenlänge der iranischen Staatsbahn vom persischen Golf nach Teheran.

Die Versorgung der Wüstenarmeen

Als Mussolinis Expeditionstruppen in Kenia und in den anglo-ägyptischen Sudan einbrachen, wurde der Endbahnhof Kassala zur wichtigen Versorgungsetappe. Während im März 1941 die britischen Truppen die Italiener am Nil entlang aus Äthiopien zurückwarfen, entluden indische Soldaten Petroleumkanister im Bahnhof Kassala (oben). Im selben Monat kam General Rommel nach Libyen, und am 24. März 1941 begann er seine spektakuläre Karriere als „Wüstenfuchs" mit dem langen Vormarsch nach Ägypten. Wieder einmal mußte Hitler seinem Freund Mussolini zu Hilfe kommen. Der Angriff auf Rußland sollte gerade drei Monate später stattfinden, und die Deutschen waren kaum in der Lage, Material zu schicken, wie zum Beispiel getarnte Lastwagen für den Einsatz in der Wüste, die hier auf dem Bahnhof Treuchtlingen stehen (oben rechts). Australische Soldaten für General Montgomerys 8. Armee verlassen während eines Sandsturms in der afrikanischen Wüste den Zug (rechts).

(Fotos: Indian Ministry of Defence, oben; National Archives, rechts oben; Photoworld, rechts unten)

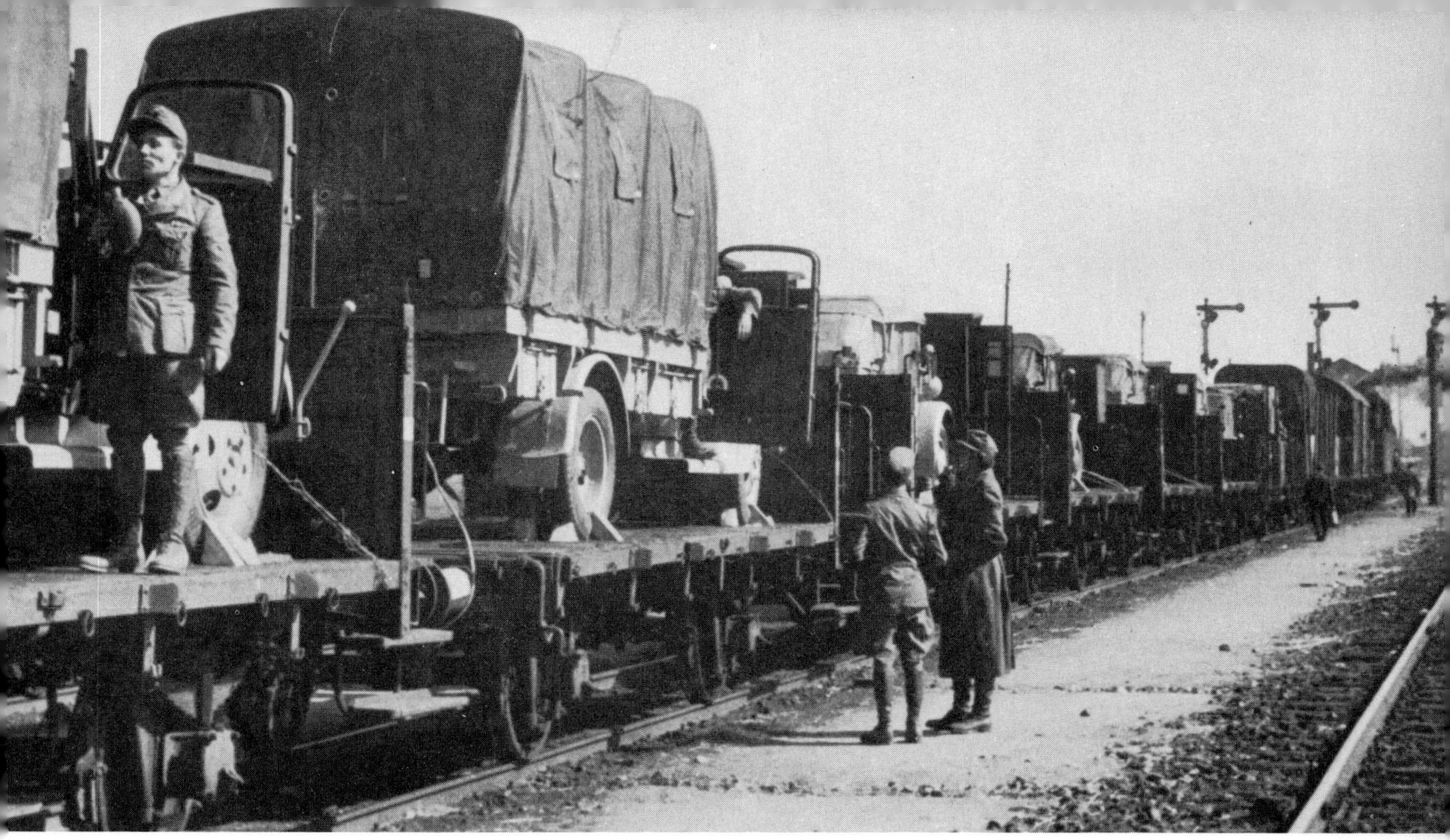

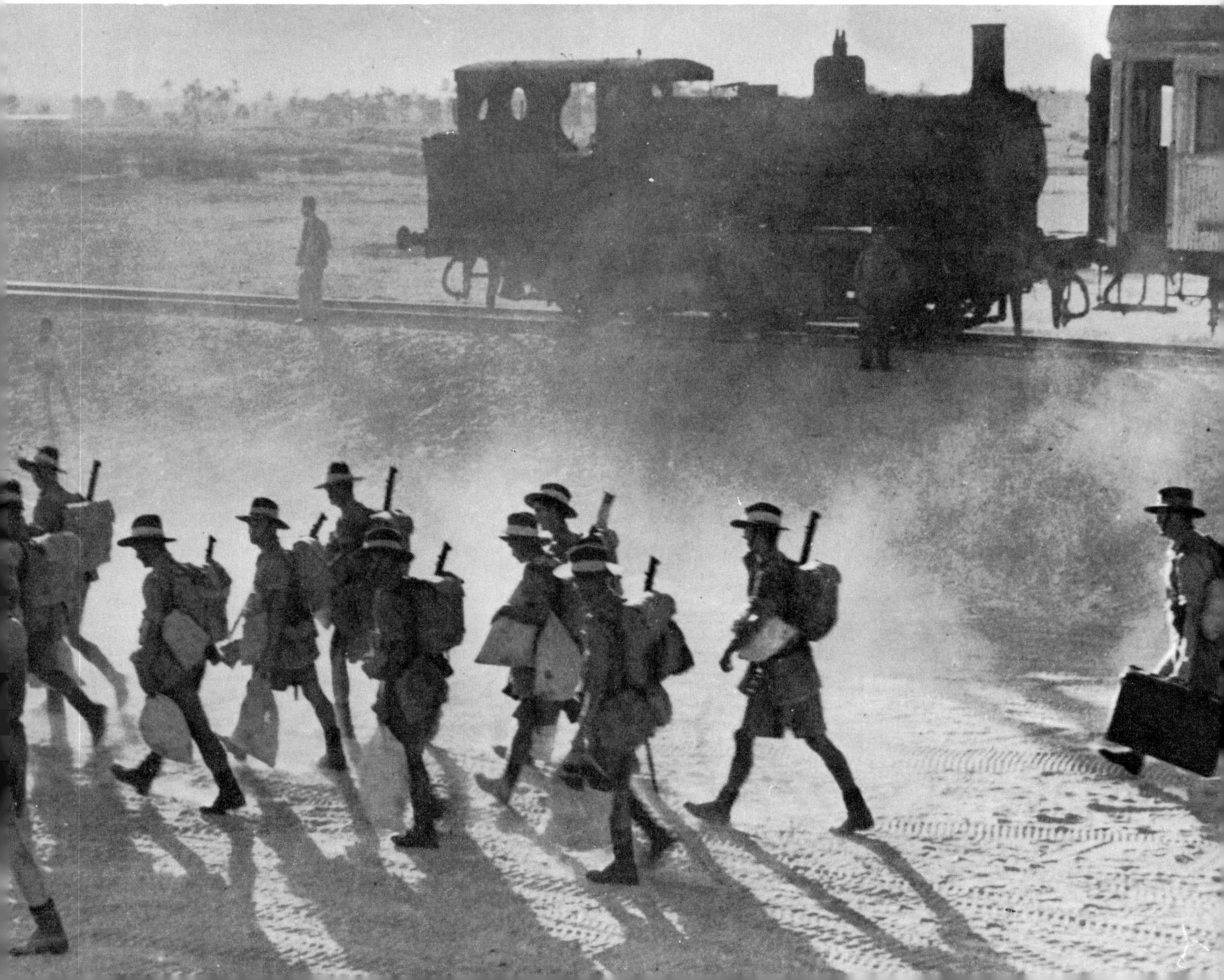

Die Überquerung der westlichen Wüste

Als Rommel seinen Angriff auf El Alamein begann, arbeiteten die Soldaten des britischen Empires fieberhaft an einer Eisenbahnlinie über die ägyptische Wüste hinweg, um dieser Gefahr mit mehr Material zu begegnen. Hauptsächlich von indischen und neuseeländischen Eisenbahntruppen erbaut, war die Strecke durch die westliche Wüste rechtzeitig fertig geworden, um im Sommer 1942 Nachschubgüter und tausende von Soldaten von den Hafenanlagen in Suez an die erstarrte Front von Alamein zu befördern. Am 23. Oktober begann Montgomery mit dem Angriff, der sieben Monate später das Ende des Afrikakorps besiegelte. Diese Fotos zeigen Inder und Neuseeländer beim Bau der Wüsteneisenbahn. Die Schienen hierfür waren im März 1942 in Indien gewalzt worden.

(Alle Fotos, Indian Ministry of Defence)

Jenseits von Alamein

Nur zwei Wochen nachdem Montgomery Rommel bei Alamein angegriffen hatte, lief am 6. November 1942 der erste Zug im Bahnhof Alamein ein. Am Schluß des Zuges hing ein stählerner ägytischer Zugbegleitwagen (oben links). Im Juni 1942 benutzen australische Pioniere einen in Amerika gebauten Kran zur Montage einer Brücke südlich von Byblos (heute Jubail im Libanon) (oben). Indische Soldaten besteigen vor der Abfahrt nach Haifa ihren Zug im November 1944 vor der Verlegung nach Ägypten (rechts). Als die USA Dutzende von Whitcomb-Diesellokomotiven zur Unterstützung der britischen Dampfloks, die durch Wassermangel oftmals behindert waren, nach Ägypten schickten, wurde das 760. Eisenbahnwerkstattbattaillon (Diesel) der US-Army zu deren Unterhaltung ebenfalls dorthin abkommandiert. Eine der Diesellokomotiven, die wegen der Hitze einen weißen Anstrich erhalten hatte, verläßt am 2. Juli 1943 den Rangierbahnhof Simila (unten links). Der Dienst auf der Simila-Strecke war hart, und ein unbekannter Angehöriger des 760. Battaillons faßte die Empfindungen seiner Eisenbahnerkameraden zusammen:

Out on the wind swept desert
    Camp Simila is the spot
Battling the terrible dust storms
    In the land that God forgot.

Out with the Wogs and Bedouins,
    Out where the boys get blue,
Out in the wind-swept desert
    Six thousand miles from you.

At night the wind keeps blowing
    More than we can stand,
Penned in like convicts
    But defenders of our land.

We are the boys of the 760th
    Earning our meager pay
Guarding folks with millions
    For a buck and a half a day.

No one cares if we are living
    No one gives a damn
And we are soon forgotten,
    We're just Lend-Leased by Uncle Sam.

Only three years we can stand it
    Three years of our life we'll miss.
Boys, don't let the Draft Board get you
    And for God's sake don't enlist.

We are soldiers so they tell us
    But we hear no bands of brass
But some day we'll get Hitler
    And shove Egypt up his —.

(Fotos: Imperial War Museum, links oben; U.S. Army, links unten; Australian War Memorial, oben; Indian Ministry of Defence, unten)

Der Kampf um die Ölfelder

Die reichen Ölfelder im Irak, Iran und Arabien sind für die Industrie und das Verkehrswesen Europas die wichtigsten Treibstoffquellen. Bei Beginn des Zweiten Weltkrieges waren sich die militärischen Planer in Deutschland und England dieser Tatsache völlig bewußt. Im Jahre 1941 unternahmen die deutschen Streitkräfte eine Zangenbewegung zu beiden Seiten des Mittelmeeres mit dem Ziel, den Suezkanal und die irakischen Ölfelder zu erreichen. Als Rommel Ägypten bedrohte, lief der Balkanfeldzug, wurde Griechenland besetzt und Kreta genommen, man stand bereits vor dem von Vichy beeinflußten Syrien. Im Spätsommer bedrohten die deutschen Truppen in Rußland die Ölfelder von Norden. Da sich die Stärke der britischen Streitkräfte auf Ägypten konzentrierte und Syrien ein schwacher Punkt in der westlichen Flanke des Iraks war, marschierten die britischen Commonwealth-Truppen in Syrien ein. Der Vormarsch fand entlang der Eisenbahnen statt, die durch Sabotage und Angriffe der deutschen Luftwaffe unterbrochen waren. Im Juli 1941, als die Truppen mit der Bahn auf Bagdad vorgestoßen waren, stürzte die Vichy-freundliche Regierung von Syrien. Damit war die Gefahr der Einnahme der Ölfelder durch die Deutschen gebannt. Die Fotos auf diesen Seiten zeigen Angehörige der Eisenbahntruppen der indischen Armee bei der Bedienung indischer Lokomotiven im Irak 1942. Während der Jahre 1941/42 beherrschte Vichy-Frankreich das Eisenbahnwesen in Nordafrika. Die wichtigste Linie, auf der vor allem Personenverkehr — auch mit Flüchtlingen — abgewickelt wurde, verlief von Casablanca über Oujda, Oran, Algier und Constantine nach Tunis. Sie war ungünstig trassiert, denn sie schnitt zahlreiche Täler, in denen die Güterzugstrecken vom Landesinneren zu den Häfen an der Küste lagen. Außerdem wurde an der Strecke vom Mittelmeer südlich nach Niger gearbeitet, wo die Vichy-Franzosen neben Fremdenlegionären auch Personen einsetzten, die sie wegen Verrats verhaftet hatten.

(4 Fotos: Indian Ministry of Defence)

Die Eisenbahntruppen der US-Army kommen zum Einsatz

Am späten Abend des 8. November 1942, nur wenige Stunden nach Beginn der alliierten Landungen in Nordafrika, dem ersten Angriff auf ein Gebiet der Achsenmächte, traf Hitler, über eine Landkarte aus dem Reichsbahn-Kursbuch gebeugt, weitreichende militärische und politische Entscheidungen. Er war gerade nach München gefahren, um die Grundzüge einer Invasion der afrikanischen Besitzungen Frankreichs festzulegen, und die Karte aus dem Kursbuch schien bei der Planung des Aufmarschs und des Nachschubs besonders geeignet. Am Tag der alliierten Invasion haben zwei amerikanische Soldaten des 591. Engineer Boat Regiment auf dem Rangierbahnhof von Leu in Algerien allen Grund zum Grinsen, denn sie bewachen einen Meterspur-Güterwagen mit Fässern alten Weins (oben). Das Unternehmen „Torch" im Rücken Rommels wurde bald ein Kampf um den Nachschub, als die Truppen Montgomerys begannen, die Vorteile der westlichen Wüstenbahn in Ägypten zu nutzen. Die ursprünglichen Pläne hatten

den Einsatz von 19 Railway Operating Battalions (ROB) der US-Army und eine gleiche Zahl britischer Einheiten für den Betrieb der französischen Eisenbahnen in Nordafrika vorgesehen, dazu noch Versorgungseinheiten, Werkstättenbattaillone und Stabstruppen. Der Einsatz französischer und arabischer Eisenbahner ermöglichte aber eine Verringerung der angeforderten Truppe um fast zwei Drittel. Wenn die einheimischen Eisenbahner nur widerstrebend für die Eindringlinge arbeiteten, genügt das Geräusch beim Spannen eines Karabiners in den Händen eines amerikanischen Eisenbahnsoldaten zur Überwindung der Sprach- und Gefühlsbarriere. Hier war es, wo die Grundsätze des MRS (Military Railway Service) geprüft, geändert und zu den Betriebsverfahren geformt wurden, die Freund und Feind in Erstaunen setzten, als die amerikanischen Eisenbahner zwei Jahre später auch nach Deutschland kamen. Schließlich mußte der MRS altes und neues, amerikanisches und ausländisches, gutes und schlechtes Eisenbahnmaterial sechs verschiedener Spurweiten in sechs großen Feldzügen in Besitz nehmen und betreiben. Am 17. November 1943 machte ein Fotograf des Signal Corps

(Nachrichtentruppe) Fotos vom 727. ROB in Tebessa in Algerien. Der Kommandeur der Einheit, Lieutenant Colonel Fred W. Okie, und einige seiner Offiziere waren seit drei Tagen vermißt (oben). Die letzte deutsche Offensive am Kasserine-Paß traf tief in das Gebiet des 727. ROB. Okie hatte fünf Züge nach Gafsa gebracht, um die Stadt vor dem Einfall eines Panzerkorps zu evakuieren. Zuerst hatte er Glück, aber südlich von Thelepte hatten Pioniere der US-Armee, die nichts von diesen Zügen inmitten des bewegten Wüstenkrieges wußten, ein großes Viadukt gesprengt, bevor die letzten vier Züge angekommen waren. Okie war nicht in den Zügen; er hatte Metlaoui mit einem Lastwagen kurz vor Ankunft der deutschen Panzer verlassen. Die Züge stauten sich nun vor der zerstörten Brücke. Ein Zug mit Munition wurde in einem Tunnel verborgen, wo er vor der deutschen Luftwaffe sicher war. Nachdem die anderen Züge zur Zerstörung vorbereitet worden waren, versteckten die Männer vom 727. ROB., die sich vielleicht schon hinter der deutschen Front befanden, die Lokomotiven in einem Phosphatbergwerk, bauten das unersetzliche Gestänge ab, luden die Teile auf einen Zweieinhalbtonner und verließen Moulares. Sie kamen davon, obwohl sie bereits von deutschen Panzern gesehen wurden. Bei Annäherung an die alliierten Stellungen feuerten senegalesische Soldaten auf sie, da sie dachten, es seien Deutsche. In der Nacht vom 15. Februar gelang es einer Mannschaft des 727. ROB, durch die deutschen Linien zu sickern. Sie brachte den Munitionszug mit einer alten französischen Maschine an die gesprengte Brücke, wo die Fracht auf Lastwagen umgeladen wurde. Alle Offiziere und Mannschaften des 727. ROB, die als gefallen oder vermißt gemeldet waren — es war übrigens die schwerste alliierte Niederlage in Nordafrika — kamen am 17. Februar zu ihren Einheiten zurück. Sie hatten ihre Pflicht in einer Weise getan, die auch erfahrenen Kampftruppen zum Ruhm gereicht hätte.

(3 Fotos: U.S. Army)

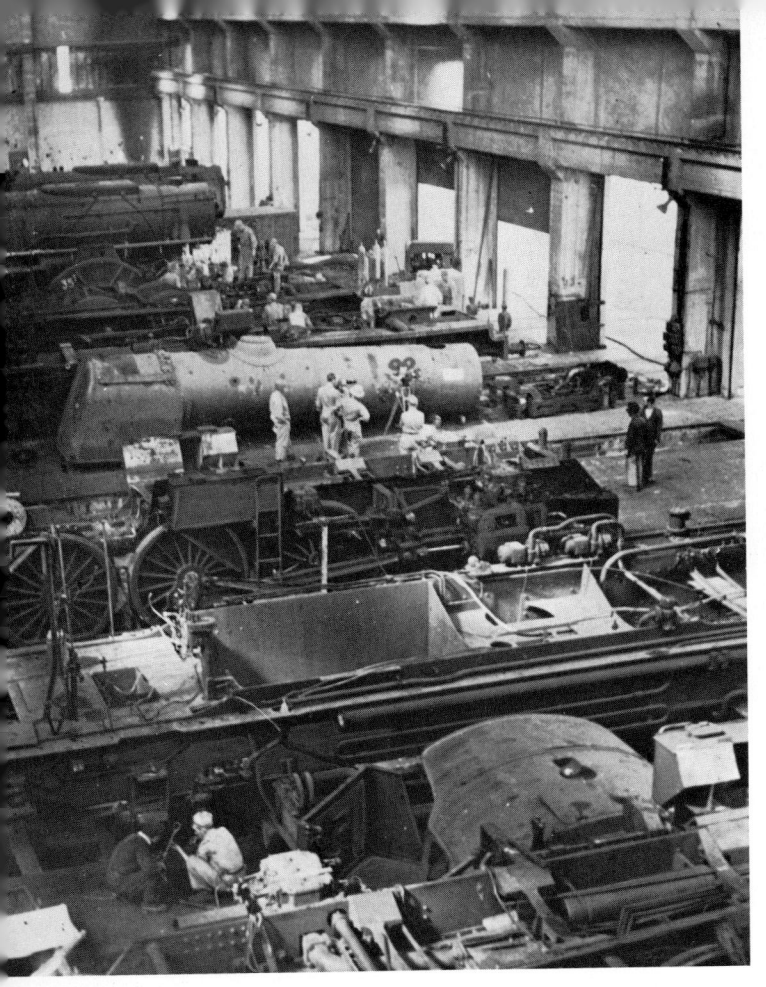

Nachschub mit der Eisenbahn — 2300 Kilometer durch die Wüste

Die Kampfhandlungen in Nordafrika endeten am 12. Mai 1943 — sechs Monate, nachdem die 761. Railway Transportation Company als erste Einheit des MRS in Oran landete, um in diesem strategisch wichtigen Hafen die Rangierarbeiten zu übernehmen. Zur gleichen Zeit, als das Afrikakorps besiegt war, kamen dort täglich ganze Schiffsladungen von Eisenbahntruppen, Lokomotiven, Wagen, Schienen und anderem Eisenbahnmaterial an. Vieles davon, darunter die Standardmaschine der US-Army, Nr. 1799, mit der Achsfolge 1'D, wurde in Casablanca und in Oran (unten) entladen. Die dortigen Bahnen besaßen aber auch vorher schon großartige Garrats, Fünfkuppler und Ganzstahlwagen wie in Europa, außerdem sehr moderne Werkstätten in Sidi-Mabrouk, Algier und Oran (links). Hinzu kamen große Mengen Eisenbahnmaterials, das die Streitkräfte der Achsenmächte nicht mehr zerstören konnten. Während der folgenden sechs Monate wurden über 11 Millionen Tonnen Nachschubgüter zur Unterstützung der Alliierten gelandet, das meiste davon verließ die Häfen mit der Bahn. Der MRS hatte keine Zeit, in dem einmal begonnenen Schwung nachzulassen, und ein ständiger Fluß von Truppen, militärischen Gütern, Eisenbahnausrüstungen und MRS-Einheiten bewegte sich ostwärts über 2300 km Schienenstrang zwischen Casablanca und Tunis. Es handelte sich um Vorbereitungen der Invasion in Sizilien, die weniger als zwei Monate nach dem Ende der Kämpfe in Nordafrika stattfand.

(2 Fotos: U.S. Army aus dem Railroad Magazine)

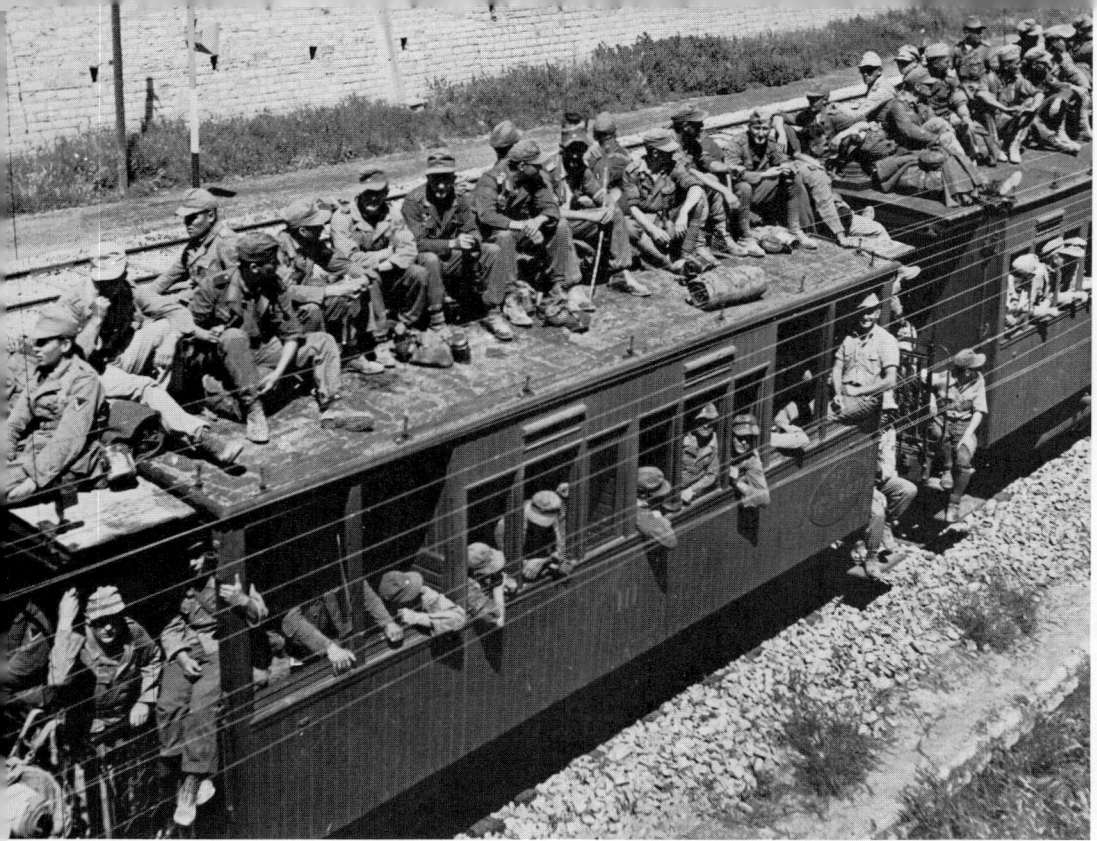

Der afrikanische Feldzug wird angekurbelt

Britische Eisenbahneinheiten brachten War-Department-Lokomotiven mit, wie Nr. 167, eine Konstruktion der Great Western-Eisenbahn mit der Achsfolge C (unten). Am 25. Februar 1943 machten englische Eisenbahnsoldaten mit einer dreiachsigen Tenderlokomotive eine Probefahrt in Tripolis (oben rechts). Ein Zug mit deutschen Kriegsgefangenen fährt am 12. Mai 1943, dem Tag der Kapitulation, auf dem Weg zum Gefangenenlager durch Tunis (oben links). Nach diesem Tag brauchten die allierten Eisenbahner die deutsche Luftwaffe und den Schußwechsel mit Saboteuren nicht mehr zu fürchten, aber sie mußten weiterhin mit den arabischen Bremsern auskommen, die oft bei der Arbeit einschliefen, so daß sich Wagen selbständig machten, die manchmal schlimme Unfälle verursachten. Immer wieder waren sie nach einer vierundzwanzigstündigen Fahrt in der Wüstenhitze erschöpft, riskierten ihr Leben durch Er-

stickungsgefahr in den Tunnels. In einigen Gegenden war ein Verlassen des Bahnkörpers wegen Minen und anderer Todesfallen sehr riskant. Trotz dieser vielen Widrigkeiten erledigten die Eisenbahntruppen jede unmögliche Aufgabe, einschließlich der Übergabe des Betriebes an die Franzosen Ende 1943, als die Einheiten des MRS und die Stäbe nach Italien verlegt wurden. Der Oberbefehlshaber der alliierten Streitkräfte, General Dwight D. Eisenhower, hatte die Bedeutung seiner Eisenbahntruppen voll erkannt. So sagt er in seinem Buch „Crusade in Europe": „Unsere Eisenbahntruppen vollbrachten Wunder bei der Wiederherstellung der verbrauchten französischen Eisenbahnlinie zur Front. Als wir nach Nordafrika kamen, hatte die Bahnlinie eine Kapazität von 900 t täglich. Mit dem Einsatz von Yankee-Energie und modernen amerikanischen Betriebsmethoden des MRS konnte die Beförderungsleistung auf 3000 t gesteigert werden, bevor eine einzige Lokomotive oder ein Güterwagen aus den USA eingetroffen war".

(3 Fotos: Imperial War Museum)

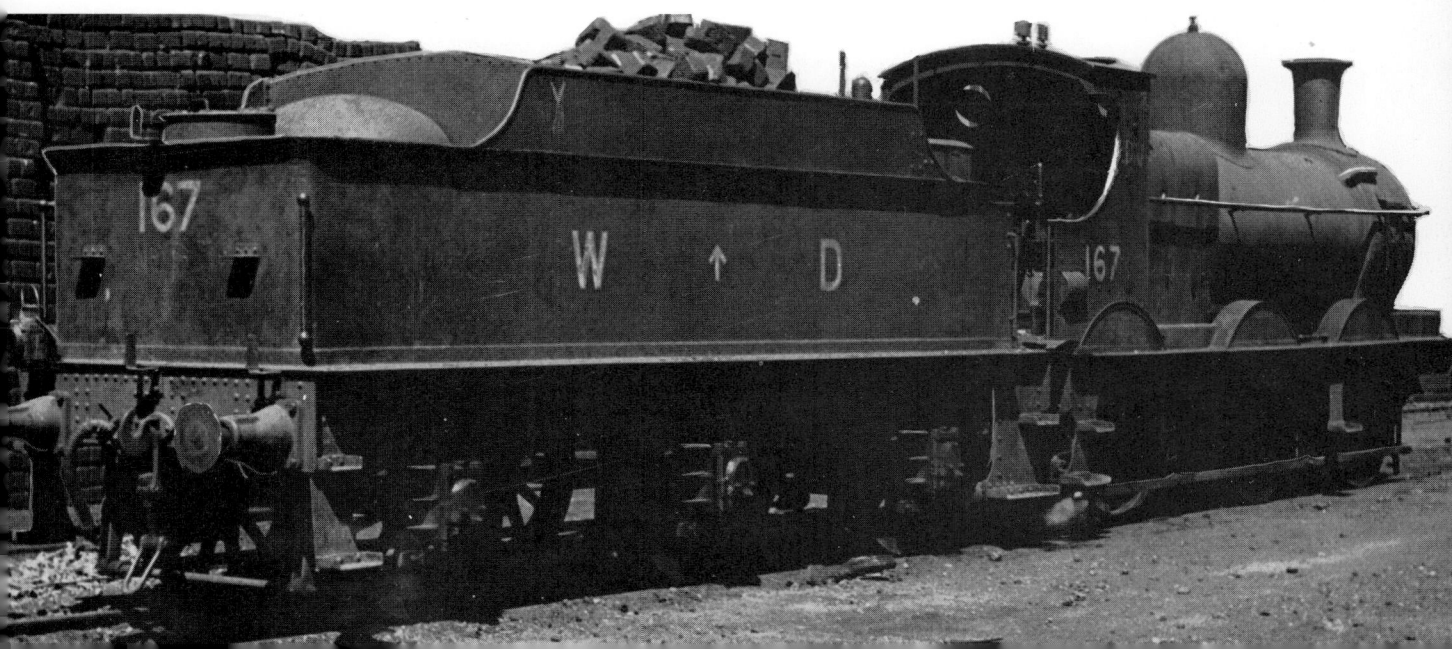

Durch die Hintertür nach Rußland

Mitte 1941 näherten sich die Vorhuten des Afrikakorps der ägyptischen Grenze, und im Osten stieß die Armeegruppe Süd schnell durch die Ukraine in Richtung Kaukasus und Kaspisches Meer vor. Dahinter lag schließlich das Ziel: Die Ölfelder des Iran und die Zangenbewegung auf den Suezkanal. Man hatte auch erkannt, daß die anglo-amerikanischen Leih- und Pachtlieferungen für Rußland sehr gering bleiben würden, wenn sie über den von den deutschen U-Booten und der Luftwaffe beherrschten Seeweg nach Murmansk und Archangelsk, die während des langen russischen Winters zugefroren waren, durchgeführt würden. Deshalb hatten die Engländer und Russen nur eine Wahl: Die Benutzung der unersetzlichen Trans-Iran-Eisenbahn. Betrieblich gesehen, handelte es sich um eine der grausamsten Strecken der Welt. Hunderte von Kilometern führten durch die Wüste, wo die Stationsthermometer 55 °C zeigten. Speisewasser für die Dampflokomotiven gab es fast gar nicht, und der Sand war ein ständiger Feind. Der Streckenteil nach der Wüste wird als bautechnische Meisterleistung bezeichnet. Es ist die Überwindung des Gebirges, in dem die Hauptstadt Teheran zwischen den erdölreichen Wüsten und dem Kaspischen Meer liegt. Hier machten lange Steigungen, enge Kurven, Temperaturen unter Null, 231 Tunnels und 4201 Brücken (die Mehrzahl liegt im Norden) schon zu Friedenszeiten den Eisenbahnbetrieb zu einem gefährlichen Abenteuer. Der militärische Betrieb auf der iranischen Eisenbahn mit seiner unerhörten Steigerung des Verkehrs bewies auch hier, daß der Erweiterung einer bereits bestehenden und in Betrieb gehaltenen Strecke praktisch keine Grenzen gesetzt sind; diese Fähigkeit ist bei keiner anderen Transportart noch festzustellen. Am 25. August 1942 besetzten russische

Truppen den nördlichen Teil des Iran. Eisenbahneinheiten der Roten Armee übernahmen den Betrieb der Strecken, die nach Osten und Westen aus Teheran herausführten und an beide Küsten des Kaspischen Meeres führten. Zur gleichen Zeit übernahmen die Engländer 1400 km Strecke vom Hafen Bandar Shapur am persischen Golf nach Teheran. Bandar Shahpur konnte damals nur zwei Hochseefrachter gleichzeitig abfertigen. So begannen die britischen Pioniere mit einem Sofortprogramm zur Erweiterung der Hafenanlagen und bauten zwei Zweigbahnen zu neuen Häfen: Khorramshar und Tanuma. Vor dem Krieg betrug die tägliche Transportleistung der iranischen Eisenbahnen etwa zweihundert Tonnen, das waren noch nicht einmal zwei Drittel der Nachschubmenge einer russischen Division. Südlich von Stalingrad hatten die Russen die Kaukasusarmee mit dreißig Divisionen eingesetzt. Ein großer Teil ihres Nachschubs — bis Kriegsende waren es vier Millionen Tonnen — kam über die iranische Eisenbahn. Diese Gütermenge, die über die transiranische Strecke nach Rußland befördert wurde, zeigt, daß die tägliche Leistung im Durchschnitt um das zwanzigfache gesteigert worden war. In Spitzenzeiten war der Verkehr sogar dreißigmal größer. Dies alles wurde auf einer eingleisigen Strecke vollbracht, da der Bau des zweiten Gleises Jahre in Anspruch genommen hätte. Bis zu dem Zeitpunkt, als die US-Armee den Betrieb der Strecke südlich von Teheran von den Engländern Anfang 1943 übernahm, hatten die englischen Pioniere bereits über 40 Ausweichstellen und hunderte von Kilometern Schienen für Lagerplätze und Rangierbahnhöfe gebaut. Zur Ergänzung des bestehenden iranischen Maschinenparks von weniger als hundert Dampflokomotiven (von denen zwei Drittel in Deutschland gebaut worden waren) holten die Engländer 54 Dampflokomotiven ins Land. Auf der Kairoer Konferenz im Jahre 1942 ordnete Präsident Roosevelt nach Geheimgesprächen mit Premierminister Churchill an, daß Botschafter Averill Harriman, ein Mann mit weitreichender Erfahrung auf dem Gebiet des Eisenbahnwesens, den MRS zur Lieferung des amerikanischen Leih- und Pachtmaterials über diese Strecke veranlassen sollte. Sofort brachten die Amerikaner 92 neue 1'D 1'-Lokomotiven (oben) und 67 Alco-Diesellokomotiven zu 1000 PS heran. Obwohl im Iran Dampfloks die Dieselloks zahlenmäßig um das Vierfache übertrafen, erregten die Alcos viel Aufsehen, da sie unter den ersten Dieselloks waren, die in größerer Zahl im Krieg eingesetzt wurden. Es ging um ihre eindeutigen Vorteile gegenüber der Dampflok in wasserlosen Gebieten. Viele der importierten Lokomotiven wurden in Khorramshar in Schleppkähne umgeladen und kamen den Karun-Fluß herauf nach Ahwaz, wo die gesamte Stromversorgung der Stadt abgeschaltet werden mußte, damit die riesigen Kräne die Lokomotiven, wie hier ein englische 1'D am

7. Juni 1942, ausladen konnten (oben rechts). In Camp Atterbury, genannt nach dem Generaldirektor des MRS im Ersten Weltkrieg, dem Endbahnhof der US-Army, waren sowohl amerikanische als auch britische War-Department-Maschinen stationiert (unten rechts). Wie auf den meisten Kriegsschauplätzen, arbeiteten die amerikanischen Eisenbahner auch hier weit über die Grenzen des „Sechzehn-Stunden-Gesetzes" hinaus, das die Arbeitszeit bei den privaten Eisenbahngesellschaften in den USA regelt. Die dadurch verursachte Erschöpfung hatte oft zur Folge, daß das Maschinenpersonal auf dem Führerstand einschlief. Als der Lokführer Carl Lopez vom 791. ROB

nach zwei Wochen Lazarettaufenthalt zum Dienst zurückkehrte, fuhr er mit seiner Diesellok einen Zug von Andimeshk nach Do Roud. Sein Beimann war ebenfalls überarbeitet und schlief zur gleichen Zeit wie Lopez ein. Eine der Dieseleinheiten blieb stehen, die andere jedoch stand mit drehenden Rädern. Die dabei entstandenen Beschädigungen der Schienen sind wohl ohnegleichen geblieben (links). Auch wenn eine Eisenbahnlinie weit über ihre Leistungsfähigkeit betrieben wird, so darf dabei nicht die Grenze der menschlichen Ausdauer vergessen werden.

(Fotos: Railroad Magazine, links oben; Sammlung George A. Ayers, links unten; Imperial War Museum, oben; U. S. Army, unten)

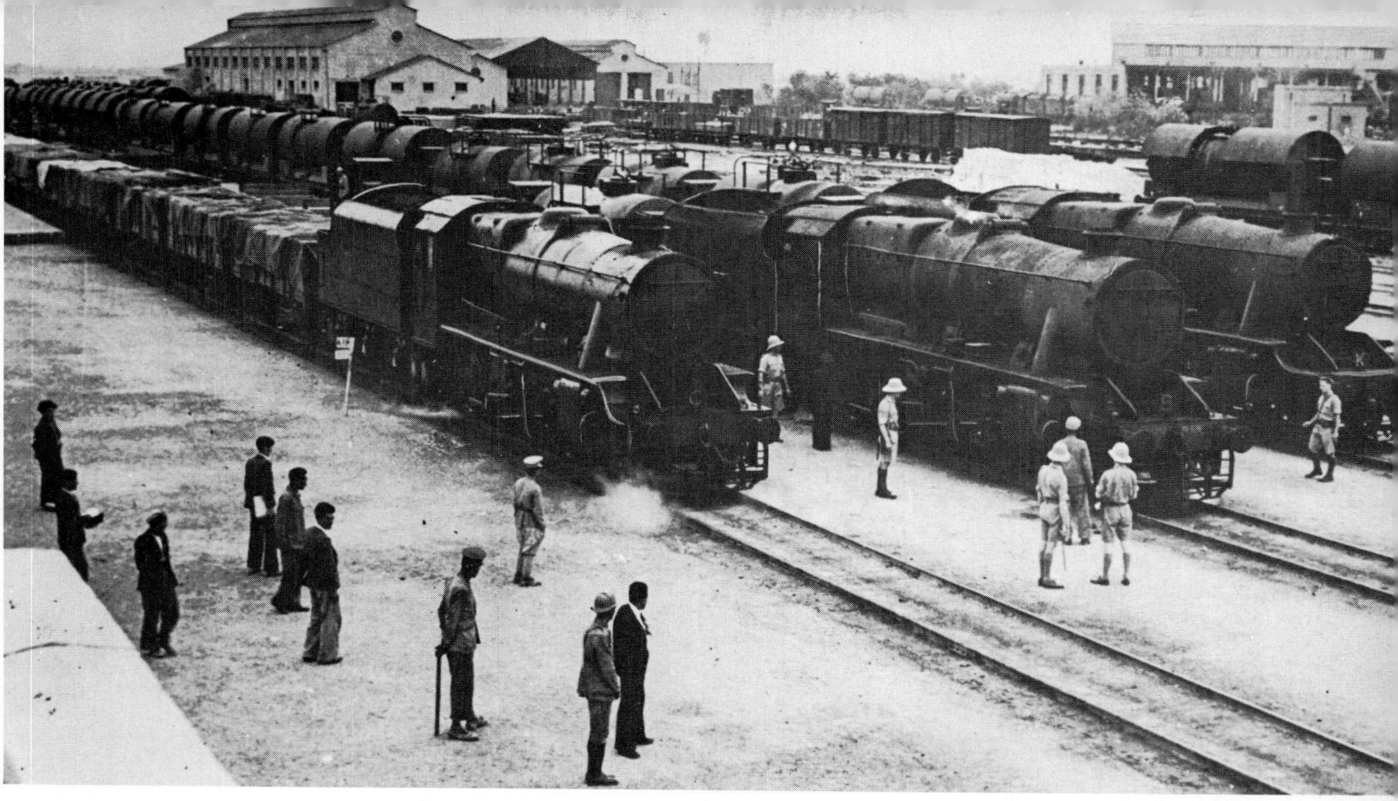

Differenzen unter den Alliierten

Da die Westmächte und die Sowjetunion, milde ausgedrückt, aus ideologischen Gründen nur schwer Verbündete sein konnten, traten manchmal Mißtrauen und Feindschaft zwischen beiden Systemen offen zutage, die durch die Propaganda 1941 noch verdeckt waren. Im Iran kam es 1943 fast zum Zusammenstoß, doch die Gegend war zu abgelegen und nicht direkt Kampfgebiet. Die Wurzel des Problems lag in der amerikanischen Technologie und in der Produktionskapazität, durch die die Feinde der USA geschwächt und die Russen überfordert wurden. Sie konnten die Züge gar nicht so schnell entladen, wie sie vom 711., 730. und 791. ROB herangebracht wurden. Das Ergebnis war chaotisch, als hunderte von Güterwagen die Lagerplätze in Teheran füllten und auf den Abtransport nach Rußland warteten (oben links). Wären die Sowjets zu mehr Zusammenarbeit bereit gewesen, hätte der Betrieb eher nach Fahrplan ablaufen können. So verweigerten sie jedoch die Annahme ganzer Züge und verlangten von dem Personal des 730. ROB, bestimmte Wagen aus den Zügen herauszunehmen und sie dorthin zu leiten, wo die Russen es verlangten. Dann kamen sie auf eine sonderbare Idee zur Lösung des Problems der Entladung der vielen Wagen: Sie brachten sie über das kaspische Meer und gaben sie nicht mehr zurück. Im Jahre 1943 betrug die Umlaufzeit für beladene Kesselwagen zwischen der Abfahrt am persischen Golf und der Rückkehr aus russischen Nachschublagern dreißig Tage anstelle von normal fünfzehn Tagen. In der ersten Augustwoche 1943 befand sich praktisch der gesamte Wagenpark von 5000 betriebsfähigen Güterwagen am nördlichen Ende der Strecke und wartete darauf, entladen zu werden. Als letzte Rettung unterbrach der MRS für sechs Tage die Lieferungen nach Rußland. Während dieser Zeit wurde Leih- und Pachtmaterial in den Häfen weder entladen noch den Russen übergeben. Bald hatte sich die Lage wieder gebessert. Eine britische Standardlokomotive mit der Achsfolge 1'D, hier auf einer Drehscheibe, war mit breitem Kuhfänger ausgerüstet (Mitte links). Während der Übergabe des Betriebs von den Engländern an die Amerikaner stießen zwei andere Lokomotiven dieses Typs am 2. Februar 1943 zusammen (unten links). Offiziere beider Länder untersuchten den Unfall, der zwischen Khorramshar und Ahwaz geschah. Im Jahre 1942 warten drei britische 1'D-Lokomotiven mit dem Namen „Churchill's Reply" (Antwort) auf das Abfahrsignal in Ahwaz mit Fracht für Rußland (oben). Eine der alten Rangierlokomotiven der Iranischen Staatsbahn befördert Güter der Leih- und Pachthilfe (unten). Diese kleine Tenderlok wurde, wie die meisten iranischen Triebfahrzeuge, in Deutschland gebaut, nachdem der Schah 1927 mit dem Aufbau der ISR begonnen hatte. Die deutschen Lokomotiven spielten eine große Rolle bei der Niederwerfung ihres Ursprungslandes.

(3 Fotos: U.S. Army, linke Seite; je 1 Foto: British Railways, oben; Photoworld, unten)

Betriebserfahrungen auf der Iranischen Eisenbahn

Unter den militärisch betriebenen Eisenbahnstrecken des Zweiten Weltkrieges war die Linie im Iran, betrieblich gesehen, wohl eine der schwierigsten. Allein Schäden durch Kampfhandlungen fehlten noch, obwohl ein großer Teil der Bevölkerung, der mit Deutschland sympatisierte, Sabotageakte unternahm. Die vielen Einschnitte, Dämme, Brükken und Tunnel konnten leicht zerstört werden, deshalb bewachten indische Truppen die Strecke. Schwer bewaffnete Banditen überfielen Züge und abseits gelegene Bahnhöfe. Wenn das Zugpersonal endlich Hitze, Tunnels, Feuergefechte mit den Banditen, Sabotage, Unfälle, Einsamkeit und Entbehrungen hinter sich gebracht hatte, mußte es noch Beleidigungen durch die Russen über sich ergehen lassen. Manchmal gab es auch so etwas wie Kameradschaft zwischen dem Personal des MRS und den russischen Wachmannschaften in Teheran, und als Zeichen seltener Anerkennung verlieh die Sowjetregierung einigen Offizieren und Soldaten des MRS Medaillen (oben links). Amerikanische und iranische Eisenbahner arbeiteten zusammen im Befehlsbereich Persischer Golf (unten links). Die Hitze war so gewaltig, daß die Alco-Dieselloks trotz der erhöhten Gefahr durch Flugsand mit teilweise ausgebauten Maschinenverkleidungen fuhren (oben rechts). Für die vielen MRS-Trupps, die Dienst auf den einsamen Blockstellen der iranischen Eisenbahnen Dienst taten, gab es einen Hilfszug des amerikanischen Roten Kreuzes, der hier gerade in Sepid Dashte steht (unten). Er war die einzige Abwechselung von Langeweile und Gefahren. Zusammen mit Captain Stanley E. Smith, dem „Caboose Chaplain" (Packwagen-Pfarrer) des MRS im Iran, brachten Freiwillige des Roten Kreuzes den abgespannten Soldaten Unterhaltung, Trost, Bücher, Gespräche und ein bißchen zuhause.

(2 Fotos: U.S. Army, linke Seite; je 1 Foto: Railroad Magazine, oben; American Red Cross, unten)

Über das Mittelmeer und den italienischen Stiefel hinauf

Nach dem Sieg über das deutsche Afrikakorp stießen die Alliierten nach Norden über das Mittelmeer und in die Südflanke der Achsenmächte vor. Nur zwei Tage nach der alliierten Landung in Sizilien am 10. Juli 1943 kam eine Vorausabteilung des 727. ROB unter der Führung ihres Kommandeurs Major Fred W. Okie am Landungsstrand der 7. US-Army bei Licata auf die Insel. Sie heizten sofort die Lokomotiven an, führten eine Aufklärungsfahrt in Richtung Front bis Campobello nach Norden durch, machten schnell einige Reparaturen und begannen mit der Nachschubversorgung der 3. Division noch am gleichen Tag! So wurden schon 48 Stunden nach der Landung 400 Tonnen an die Front gebracht. Am 13. Juli waren es bereits 600 t, am nächsten Tag 800 t, und so steigerte es sich bis zum 30. August auf 170 000 Tonnen militärischer Güter. Der Tagesdurchschnitt von 3 400 Tonnen enthält weder den zivilen Personen- und Frachtverkehr noch die Truppen- und Kriegsgefangenentransporte. Die gebirgige Beschaffenheit Siziliens ließ auf den bestehenden Straßen keine Lastwagentransporte über große Strecken zu, obwohl dies die liebste Transportart des Befehlshabers der 7. US-Army, General Patton, war. Das 727. ROB setzte die Gleise und das Rollmaterial wieder instand, baute die zerstörten Brücken wieder auf und räumte eingebrochene Tunnel so schnell, daß die Versorgung der Fronttruppen mit der Eisenbahn ohne Unterbrechung lief und ein Hauptfaktor bei der Einnahme von Sizilien innerhalb 38 Tagen war. Ursprünglich war mit 85 Tagen gerechnet worden. Die Leistung des 727. ROB war ausgezeichnet, so daß Patton, der Anerkennung nicht leicht ausspracht, eine Würdigung herausgab, in der das Lob und der Respekt der kämpfenden Truppe gegenüber den Eisenbahneinheiten zum Ausdruck kam. Es hieß dort: „. . . inspizierten die Bahnhofsanlagen, holten einheimische Eisenbahnarbeiter zusammen, machten Gerät ausfindig, heizten an und führten Streckenerkundigungen durch, und das alles innerhalb von vier Stunden nach der Landung . . ."

Sizilien wurde die Etappe für den Italienfeldzug. Am 3. September 1943 überquerten zwei Divisionen der britischen 8. Armee die Straße von Messina und bildeten einen Brückenkopf am Zeh des italienischen Stiefels. Dann folgten 20 Monate grausamer Erd- und Luftkämpfe, bei denen die Einrichtungen der italienischen Staatseisenbahnen oft das wichtigste Ziel waren.

Die Zerstörung und der Wiederaufbau der Bahnanlagen

Ein Bild des Schmal- und Normalspurbahnhofs von Canicatti, Sizilien, zeigt die Wiederinstandsetzung der Gleisanlagen durch das 727. ROB (unten). Die Alliierten hatten das Glück, über 300 Lokomotiven und 3500 Güterwagen in gutem Zustand zu erbeuten, die sofort eingesetzt wurden. Vieles davon war nagelneu und aus deutscher Herstellung, einschließlich ganzer Lagerhäuser mit Versorgungsgütern und einer Menge der vorgefertigten Kriegsbrückenteile nach dem System Roth-Wagner. Der Betrieb verzeichnete aber zu Beginn des Feldzuges starken Wassermangel für Lokomotiven. Als eine Lokomotive zwanzig Tonnen Wasser über eine Schlauchleitung von einem Kriegsschiff erhielt, wurde die Tätigkeit von einer Staffel deutscher Tiefflieger gestört. Die Marine und die Männer des MRS beendeten in aller Ruhe ihre Arbeit, und beide fuhren dann unerschrocken und unbeschädigt davon! Während der großen Luftoffensive „Strangle", bei der 1944 alle Eisenbahnverbindungen zwischen Italien und Deutschland unterbrochen werden sollten, zieht eine B-26 der 1. taktischen US-Luftflotte nach einem Angriff auf die Bahnanlagen des von den Deutschen gehaltenen Florenz hoch (links).

(Fotos: USAF, links; U.S. Army, unten)

(3 Fotos: U.S. Army; 1 Foto: Railroad Magazine, rechts oben)

Die Schienen des Duce

Wo auch immer die Leistungen von Benito Mussolini, des Ministerpräsidenten von Italien während der Ära des Faschismus, zur Diskussion stehen, stets wird hervorgehoben, wie er dafür sorgte, daß die Züge pünktlich fuhren. Tatsächlich wurden in den dreißiger Jahren die Italienischen Staatsbahnen zu einem der besten und modernsten Eisenbahnnetze der Welt. Weite Strecken, besonders im bergigen Norden, wurden elektrifiziert, die Gleise und Bauten verbessert und moderne Dampflokomotiven und Wagen in Betrieb genommen. Praktisch hing die gesamte Kriegswirtschaft Italiens von der Schiene ab. Bekanntlich mußte alle Kohle, die vor dem Krieg per Schiff aus Deutschland gekommen war, jetzt mit der Eisenbahn über die Alpen gebracht werden. Die italienische Industrie benötigte monatlich eine Million Tonnen Kohle. Anfang 1942 konnten die Deutschen nur die halbe Menge liefern, wodurch die Produktion entsprechend verringert wurde. Weniger als einen Monat nach Beginn der Landung auf der italienischen Halbinsel eroberte die 5. US-Army Neapel. Einige der dreifach gekuppelten italienischen Tenderlokomotiven wurden im November 1943 mit den Namen berühmter amerikanischer Generäle des italienischen Kriegsschauplatzes versehen (links). Im folgenden Monat beschoß leichte Flak, die von amerikanischen Soldaten auf offene Güterwagen montiert war, deutsche Flugzeuge (unten rechts). Getarnte deutsche Flugzeugteile (Motorgondeln) liegen noch auf zerstörten Flachwagen im Hintergrund. Nachdem es den sich zurückziehenden deutschen Soldaten nicht gelungen war, Mussolinis gepanzerten Salonwagen in einem Tunnel zu sprengen, erbeuteten ihn die Amerikaner, schnitten das Dach ab und bauten Vierlingsflak ein. Der Wagen, ursprünglich ein Geschenk Hitlers an den Duce, wird hier in seiner neuen Rolle auf dem Bahnhof von Caserta, dreißig Kilometer nördlich von Neapel, gezeigt (rechts).

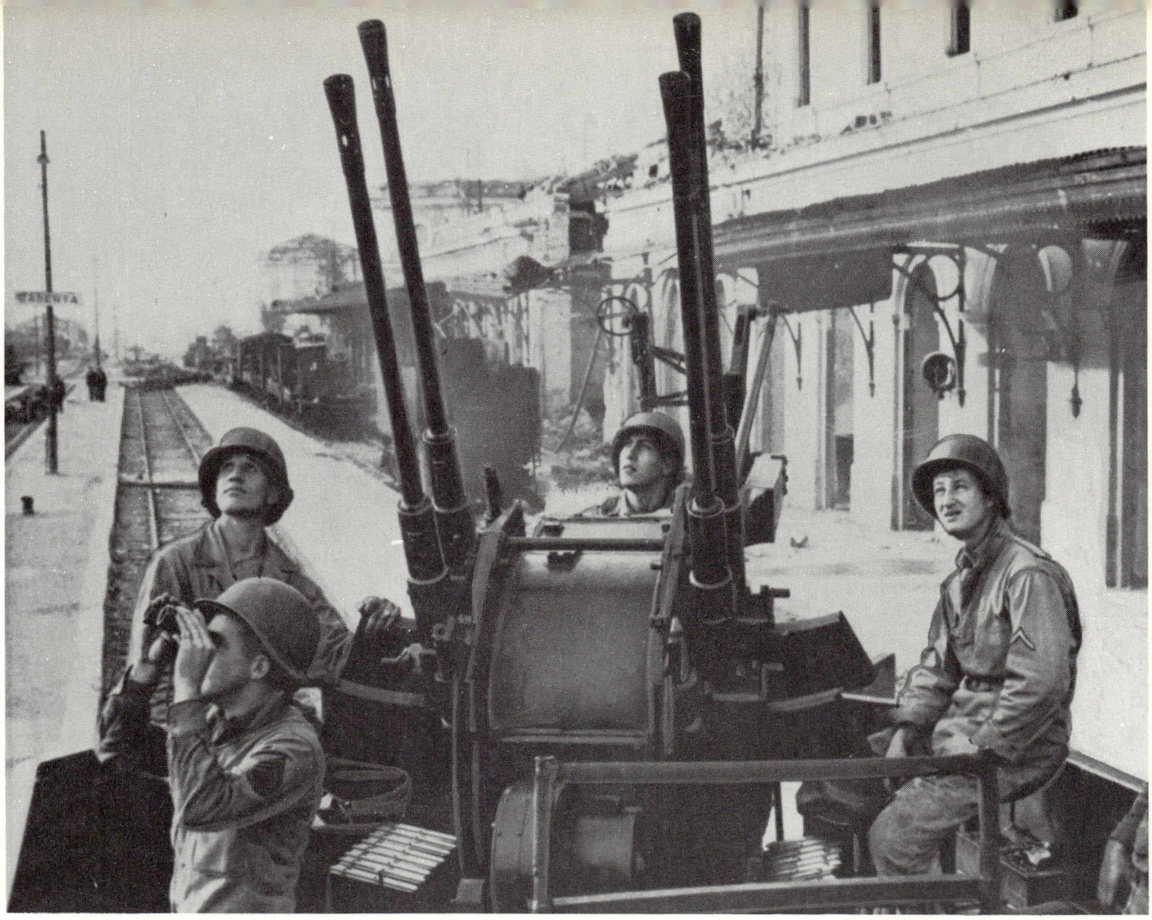

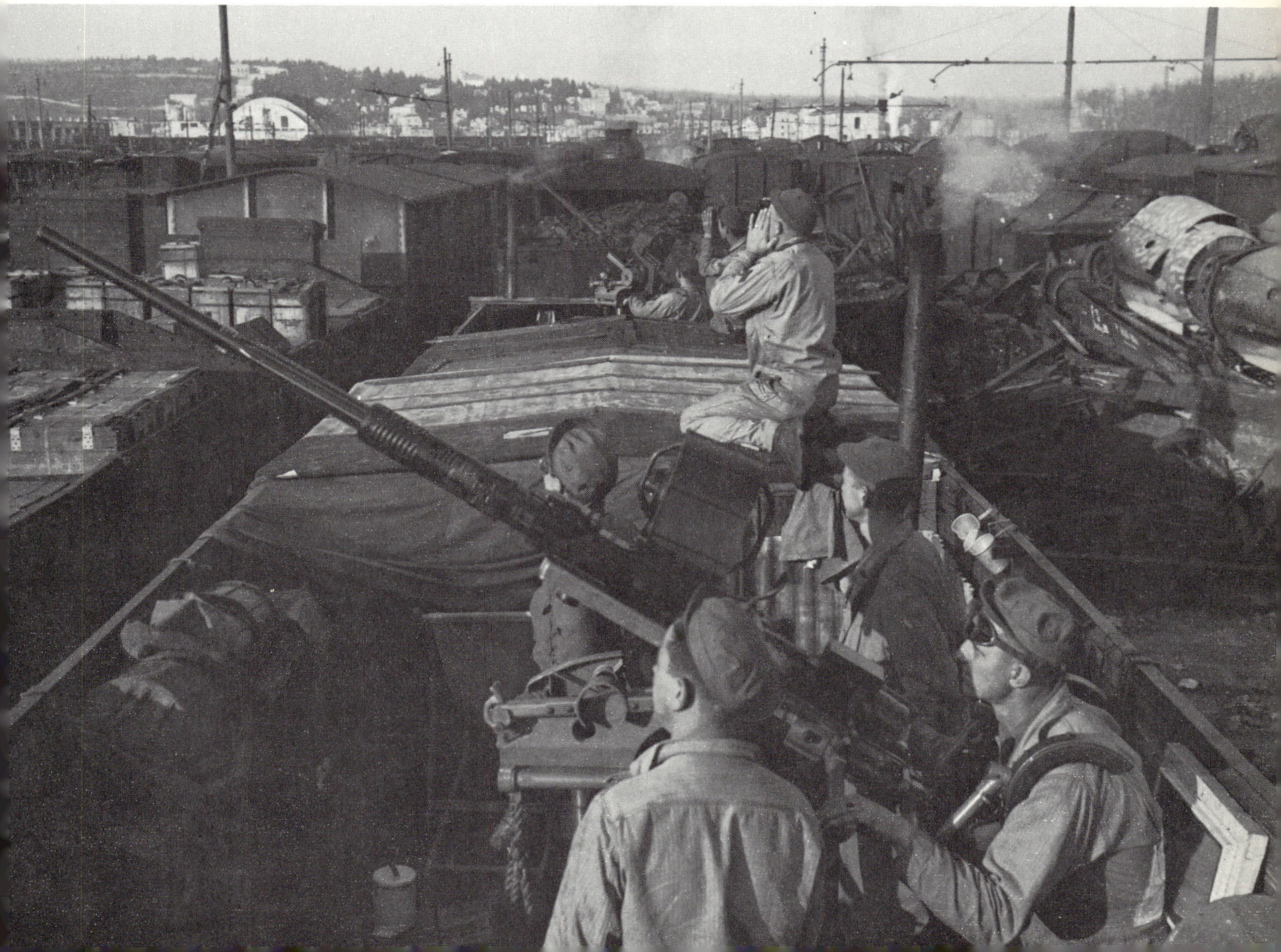

Der deutsche „Schienenwolf"

Das schrecklichste Eisenbahngerät, das während des Zweiten Weltkrieges verwendet wurde, war eine Erfindung der deutschen Eisenbahnpioniere. Sie kam zum Einsatz, als sich das Schlachtenglück der Wehrmacht gewendet hatte. Da sie selbst die beschädigten Gleise in den besetzten Gebieten sehr schnell wiederhergestellt hatten, suchte sie nach wirkungsvolleren Methoden zur Deckung des Rückzuges mit der Eisenbahn. Alle Weichenzungen und Herzstücke der Weichen konnten gesprengt werden, waren aber bald wieder repariert. Sogar zerstörte Brücken und Tunnel konnten in relativ kurzer Zeit wieder aufgebaut werden; auf jeden Fall schnell genug, um mit dem Vormarsch einer Armee schritthalten zu können. Die Deutschen hatten vielleicht von den Erfahrungen des Generals Sherman gehört, der achtzig Jahre früher im amerikanischen Bürgerkrieg die Eisenbahnen von Mittel-Georgia völlig entfernen ließ, als er erkannte, daß sich eine Eisenbahnstrecke militärisch nur unterbrechen ließe, wenn sie vollkommen zerstört wurde. Das bedeutete ein Herausreißen der Schwellen und das Brechen der Schienen. Die Lösung der Aufgabe lag in einem riesigen Haken, dem „Schienenwolf". War genügend Zeit für einen geordneten Rückzug, so wurde er mit verheerender Wirkung eingesetzt. Gewöhnlich von drei oder vier Lokomotiven gezogen, konnte der bewegliche Haken auf die Mitte des Gleises heruntergelassen werden, wodurch er die Holz- oder Betonschwellen in der Mitte zerbrach und die Schienen zu Schrott verbog. Dabei wurden die Schienen verdreht und das Gleisbett aufgewühlt, wodurch Holzstücke, Schotter und Erde vermischt wurden. Der Aufbau der zahlreichen Exemplare unterschied sich in einigen Einzelheiten, wie auf den Fotos in diesem Buch zu erkennen ist. Das ausgeklügelste Exemplar war jedoch 1944 in Italien im Einsatz (rechts). Um die Zerstörung der Schienen sicherzustellen, fielen durch zwei Führungsrohre Sprengladungen mit Verzögerungszünder neben die Schienen, die automatisch die Schienen sprengten. Auf diesem höchst seltenen und schlecht wiedergegebenen Foto sieht man die Soldaten bei der Bedienung des „Schienenwolfs" und der Ladungen. Eine Sprengladung fällt gerade durch die Führung und ist kurz über dem Boden. Sie ist durch das Schutzblech verdeckt, das ein Hochspringen verhindert, da das Fahrzeug sehr unruhig lief. Der Soldat links vorn erhält von seinem Hintermann bereits die nächste Ladung. Der Bedienungsmann auf der anderen Seite hält eine Ladung in der Hand und ist bereit, sie herunterrutschen zu lassen, während im Hintergrund ein Soldat weitere Ladungen nach vorn reicht. Dieses Gerät konnte mehrere Kilometer Gleis in einer Stunde zerstören. Deutsche Panzersoldaten tarnen ihr Fahrzeug, das sie von den Franzosen vier Jahre früher erbeutet hatten, als sie sich mit der Eisenbahn vor dem allierten Vormarsch 1944 in Italien zurückziehen (oben).

(Fotos: Bundesarchiv, oben; National Archives, rechts)

Eisenbahnkollegen und Waffenkameraden

Auf dem Vormarsch von Nordafrika nach Deutschland waren das 713. und das 727. ROB an vier Großeinsätzen gemeinsam beteiligt, und zwar immer in enger Nachbarschaft. Der einzige Abstecher des 727. ROB war der Einsatz in Sizilien, während das 713. ROB gleich von Tunesien nach Neapel kam. Auf dem Vormarsch der US-Army von Neapel auf Rom und Terni war das 713. ROB mit dabei, manchmal sogar vorn bei den Fronttruppen. Das 713. ROB war so nah an der Front tätig, daß das Zugpersonal fast gewarnt werden mußte, seine Züge nicht den deutschen Eisenbahnern zu übergeben. Im Juli 1944, kaum einen Monat nach der Einnahme Roms, war das 727. ROB noch im Nordwesten hinter der 5. Armee mit der Wiederherstellung der Gleise unter dauernden Angriffen der deutschen Luftwaffe beschäftigt. Ein Zug mit Sherman-Panzern überfährt eine Brücke der Strecke Orbetello — Grosseto, die von der alliierten Luftwaffe vollkommen zerstört und schnell vom 727. ROB und von Army Engineers ersetzt worden war (oben). Am 20. Juli wurde der Betrieb in der heißumkämpften und völlig zerstörten Stadt von Cassino wieder aufgenommen. Zwei Dieselloks, Veteranen des Feldzuges in Nordafrika, wurden fotografiert, als sie den ersten Zug aus Neapel nach Rom brachten. Im Hintergrund die Trümmer des Bahnhofsgebäudes, und dahinter schemenhaft die Überreste des berühmten Klosters von Monte Cassino, das durch alliierte Luftangriffe fünf Monate früher zerstört worden war (rechts). Wegen akuten Kohlenmangels in Italien wurden die Whitcomb-Dieselloks zusammen mit dem 760. Railway Shop Battalion schnell aus dem Mittleren Osten nach Italien gebracht, wo sie bis zum Eintreffen der Kohle und bis zum Wiederaufbau der elektrifizierten Strecken erfolgreich eingesetzt wurden. Nachdem das 715. ROB den Dienst in Cassino übernommen hatte, wurde in einem Güterzugbegleitwagen eine Telegrafenstation eingerichtet (oben rechts). Inzwischen war auch die 760. Railway Transportation Company aus Oran in Neapel eingetroffen, um im Juni die Rangierarbeiten in diesem geschäftigen Hafen zu übernehmen.

(2 Fotos: U.S. Army, oben und rechts unten; 1 Foto: Railroad Magazine, rechts oben)

130

CASSINO
TombsTone
ITALY
LeTs Buy
Keep This
More Bonds
Thing Going
CASSINO
Ghost
Town
PositivLy
No
I.C. Men
Loafing Here
Hi Sonley
How's The
Mrs.
LeT us Know
When The War
is Finis
← Rome 3 Days
WaTcH Your
Draw Bars
Caserta 2 Days →
715
TH

1308
1308

Anglo-amerikanischer Vormarsch entlang der Gleise

Auch auf ihrem Rückzug machten die deutschen Streitkräfte regen Gebrauch von den Italienischen Staatsbahnen. Generalfeldmarschall Kesselring hatte oft genügend Zeit, die Rückzugsbewegungen planmäßig durchzuführen, und seine Eisenbahn- und Arbeitsbataillone bewältigen ihre Aufgabe zur Wiederherstellung der immer stärker werdenden Bombenschäden auf bewundernswerte Weise. Als 50 000 anglo-amerikanische Soldaten am 22. Januar 1944 hinter der deutschen Front in Anzio einen Landekopf bildeten, überraschten sie zwar Kesselring, nutzten die Lage jedoch nicht aus. Diese augenblickliche Unentschlossenheit des US-Major General John P. Lucas gab den Deutschen unter Hans von Mackensen die Möglichkeit, den „Anzio-Express" fahren zu lassen. Dies war eine Sammlung aller Arten von Eisenbahn-

geschützen, die greifbar waren. Während die großen Eisenbahngeschütze die Landungstruppen niederhielten und die Eisenbahnflak Feuerschutz gab, brachten die Deutschen Verstärkungen heran, die das Expeditionsheer in der Landungszone für vier Monate festhielten. Am 24. September unterfahren Sherman-Panzer des 11. Canadian Armoured Regiment auf einem geräumten Weg die in der Luft hängenden Schienen einer Brücke bei Fantino, die von den Deutschen auf dem Rückzug gesprengt worden war (oben). Italienische Eisenbahnsoldaten räumen am 20. Juli einen bombardierten Bahnhof in der Nähe von Vicitavecchia auf (oben rechts). Beschädigte Personenwagen boten den Soldaten aus den schlammigen Gräben oft Unterkunft. Hier sieht man Soldaten eines Panzerabwehrbataillons nach dem Wäschewaschen; die Waffen hängen griffbereit an einem Türgriff (rechts).

(1 Foto: Imperial War Museum, oben; 2 Fotos: U.S. Army, rechte Seite)

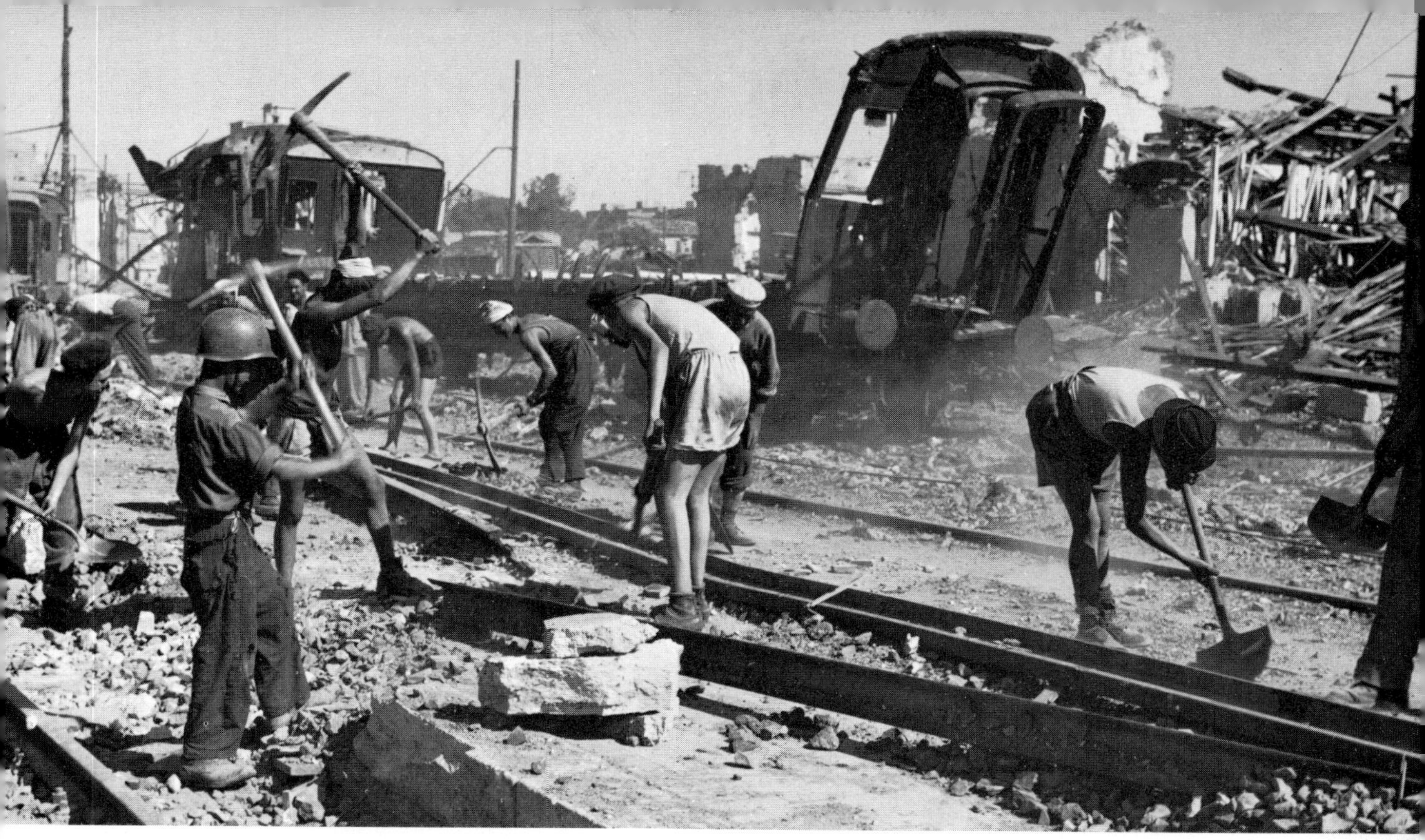

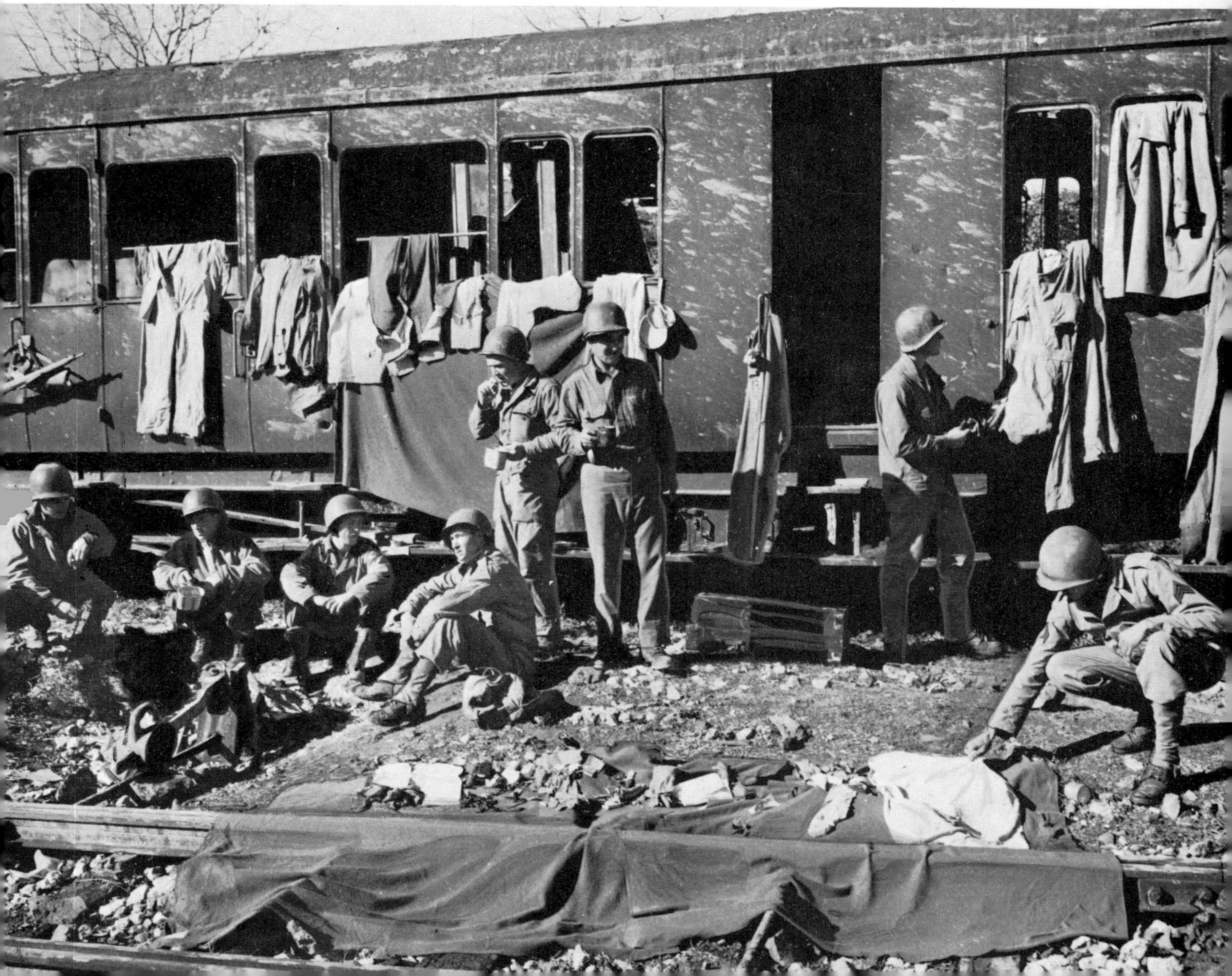

Variationen im Brückenbau

Die Berufserfahrung der Männer, die die Battaillone des MRS bildeten, fand ihren Niederschlag bei der Wiederherstellung der Italienischen Staatsbahnen. Das 727. ROB wurde von der Southern Railway, einer Eisenbahngesellschaft im Südosten der USA mit vielen Flußbrücken, betreut. Das 713. ROB, auch das „Santa Fé Battalion" genannt, stand unter der Betreuung dieser großen Eisenbahngesellschaft im Westen der USA. Wegen der Wasserarmut in vielen Teilen des amerikanischen Westens bevorzugen dort die Eisenbahner aufgefüllte Erddämme zur Überbrückung trockener Schluchten. Die Fotos auf den beiden Seiten zeigen, wie beide Battaillone ihre Probleme in Italien auf ähnliche Weisen gelöst haben. Auf der gegenüberliegenden Seite sind Fotos von den Anfängen der Wiederherstellungsarbeiten einer Brücke über den Marta-Fluß nördlich von Civitavecchia im Bereich des 727. ROB zu sehen. Nach Wegziehen der ursprünglichen Brücke, die von der US-Luftwaffe zerstört worden war, baute die Armee eine Standard-Militärbrücke über den Marta. Sergeant Otis B. Schooley von der „A"-Kompanie des 713. ROB wählte die Methode der Santa Fé, um eine zehnbogige Brücke von 100 m Länge und 27 m

Höhe über den Savone in der Nähe von Sparanise nördlich von Neapel zu ersetzen. Schooley erhielt die Verdienstmedaille für seine Arbeit an der Aufschüttung, über die hier der erste Zug von Neapel nach Rom mit einer Ladung dringend benötigter Kohle fährt (oben). Offiziere des MRS, einer von ihnen mit dem bekannten Betriebsfahrplan in der Gesäßtasche, stehen im Vordergrund. Schooley bewältigte die fast unmögliche Aufgabe der Koordination aller militärischen und zivilen Anstrengungen, um die Erde für die Aufschüttung zu bewegen und dabei die Arbeit rechtzeitig zur Versorgung der 5. Armee mit Nachschubgütern zu beenden. Diese Fotos wurden am 20. Juli 1944 gemacht, als Oberst von Stauffenberg die Bombe legte, durch die Adolf Hitler beinahe getötet worden wäre. Wie in Sizilien, erbeuteten die Truppen des MRS auch in Italien große Mengen des Roth-Wagner-Brückengeräts. Mit diesen genormten Brückenbauteilen und dem ähnlichen amerikanischen Bailey-Gerät waren die Eisenbahntruppen der US-Army sehr gut mit Brückenbaumaterial versorgt. Der Fehler der Deutschen, die Vorräte an Brückenbaumaterial nicht zu vernichten, beschleunigte ihre Niederlage in Italien durch die schnelle Wiederinbetriebnahme der Eisenbahnen seitens der Alliierten.

(3 Fotos: U.S. Army)

Die Nachschubversorgung der 8. Armee

Als die britische 8. Armee in Italien an der Adria-
küste vormarschierte stellten ihre eigenen Eisenbahntruppen und Pioniereinheiten die unterbro-
chenen Eisenbahngleise wieder her. Die Sorgfalt, mit der die Deutschen die Eisenbahnen un-
benutzbar machten, reichte nicht aus, den Vormarsch der Alliierten besonders zu hemmen. Es
waren Methoden ausgearbeitet worden, um die
Schäden mit unglaublicher Schnelligkeit zu be-
heben. Die Deutschen sprengten normalerweise
die Schienen in der Mitte. Die alliierten Gleis-
baukolonnen schnitten die schadhaften Stellen
ab, setzten die Stücke zusammen und überbrück-
ten die Unterbrechung mit einer zusätzlichen
Schiene. In Aversa, wo die deutschen Eisenbahnpioniere den Befehl zur Zerstörung der Gleisanlagen bekamen, sprengten sie jede zweite
Schiene in der Mitte, setzten Sprengladungen an
die Achsschenkel der Wagen und steckten im
Bahnhof alles in Brand. Hinter dem Bahnhof
lagen jedoch zehn Wagenladungen nagelneuer
Schienen und Schwellen, die von den Soldaten
nicht berührt worden waren. In kurzer Zeit wurden die Gleisanlagen von den Alliierten wieder
in Betrieb genommen. Die britischen Eisenbahnsoldaten standen ihren amerikanischen Kameraden in Bezug auf schnelle Wiederherstellungsarbeiten in nichts nach. Corporal D. H. Thorn,
ein Mann von der London & North Eastern-Eisen-
bahn, winkt bei Rangiermanövern in einem un-
bekannten italienischen Bahnhof (rechts).
Eine Rotte ist am 4. Januar 1944 dabei, eine Schiene
in die richtige Lage zu bringen (unten). Als die
Alliierten im Juni 1944 auf Rom vorrückten,
bohrte ein Pionier Löcher in die Schwellen einer
Ersatzbrücke (unten rechts).

(3 Fotos: Imperial War Museum)

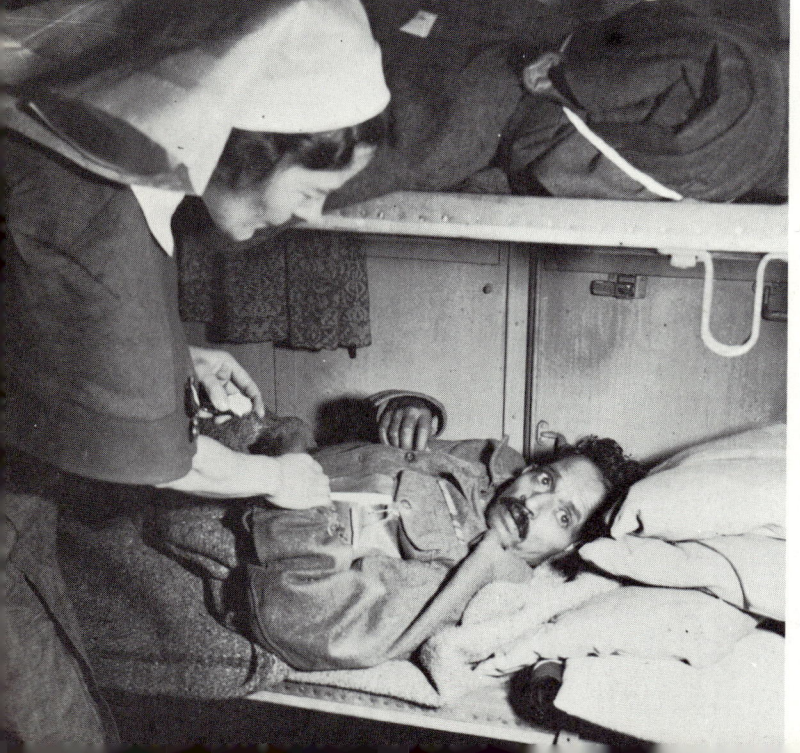

Menschen und Schienen werden wiederhergestellt

Bei der Beförderung hatten die Lazarettzüge auf beiden Seiten die höchste Dringlichkeit. Bei den Alliierten, besonders an relativ unbeweglichen Fronten wie in Italien, wurden diese Zugbewegungen regelmäßig durchgeführt. Die Fahrzeuge dieser Züge waren meistens umgebaute Personenwagen, einige speziell für diesen Zweck gebaute Wagen kamen fabrikneu aus den USA. Sie waren mit großen roten Kreuzen auf den Dächern und Seitenwänden gekennzeichnet. Normalerweise genügte dies, um feindliche Flugzeuge zu warnen, obwohl es einige beschämende Ausnahmen gegeben hat. Bei Riardo befand sich 1944 die 1'D-Lok Nr. 1740 vor einem Zug aus umgebauten italienischen und deutschen Wagen, als die Verwundeten von der Front herbeigebracht und in den Zug geladen wurden (links). Obwohl ihr Heimatland von den Japanern überfallen wurde, waren die indischen Truppen zusammen mit ihren britischen Kameraden fast an allen Fronten eingesetzt. Im Februar 1945 taten zwei britische Krankenschwestern, Schwester Scobie und Schwester Aryes, in Rom bei einem Lazarettzug der indischen Armee Dienst (unten links). Hier versorgt Schwester Aryes einen verwundeten Inder (links außen). Als die 136. indische Eisenbahnwerkstatt-Kompanie nach Bologna kam, war der Krieg schon fast beendet. Die Gleisanlagen und Werkstätten waren das wichtigste Ziel der alliierten Bombenangriffe während des Unternehmens „Strangle" gewesen. Sie wurden dabei völlig zerstört. Innerhalb eines Monats hatten die fleißigen Inder die Züge schon wieder in Betrieb, und kurze Zeit danach war auch der Bahnhof fast wieder aufgebaut (unten). Eine Gleisbau-Rotte der 136. Kompanie ist zur Arbeit auf dem Bahnhof angetreten, versehen mit Schienentragezangen und Hämmern (oben links). Andere Offiziere und Mannschaften haben sich für ein Foto auf eine zerstörte Rangierlokomotive der Italienischen Staatsbahnen gestellt (oben).

(1 Foto: U.S. Army aus dem Railroad Magazin, links oben; 5 Fotos: Indian Ministry of Defence)

Operation „Strangle"

Als die Alliierten während des Winters 1943/44 langsam auf der italienischen Halbinsel nach Norden vormarschierten, begann sich der deutsche Widerstand zu versteifen. Es wurde geschätzt, daß die Deutsche Wehrmacht für die Durchführung ihrer Operationen einen täglichen Nachschubbedarf von 3000 Tonnen hätte. Da Mussolini die italienischen Staatsbahnen zu einer der besten Eisenbahnen der Welt gemacht hatte, war die Aufgabe der deutschen Eisenbahneinheiten relativ unkompliziert, bis die alliierten Befehlshaber das Problem genau erkannten. Am 28. Februar 1944 begannen die alliierten Luftstreitkräfte im Mittelmeerraum eine heftige Luftoffensive, bei der die Italienischen Staatsbahnen vierzehn Monate lang bis zum Kriegsende fast täglich unter Angriff standen. Die Aufgabe der amerikanischen, britischen und französischen Flugzeugbesatzungen bestand darin, die Versorgungswege zur deutschen Front schrittweise abzubinden. Man konzentrierte sich hauptsächlich auf die Unterbrechung der Schienenstränge und die Verhinderung des Wiederaufbaus und nötigte die deutsche Armee, auf den Straßentransport und die Küstenschiffahrt auszuweichen. Da die deutschen Treibstoffreserven erschreckend gering waren und die Alliierten die Schiffahrtswege überwachten, hoffte man auf eine baldige Wirkung. Sie blieb nicht aus: Zuerst wurden die Verschiebebahnhöfe in Mittelitalien bombardiert, damit mußte deren Funktion nach Norden verlegt werden, dann wurden alle großen Häfen und zahlreiche Straßenbrücken in Norditalien zerstört. Schließlich wurden die Brücken des Brenner-Passes und anderer Alpenübergänge unterbrochen, um die Deutschen zu zeitraubenden Umladearbeiten von der Schiene auf die Straße zu zwingen. Eine Kette von B-26-Bombern der 12. taktischen Luftflotte warfen ihre Ladung von je vier 500-kg-Bomben auf eine Eisenbahnbrücke im Po-Delta (oben). Am 22. November 1944 warf ein Jabo vom Typ P-47 „Thunderbolt" seine Sprengbombe auf eine italienische Eisenbahnstrecke. Die Gewalt der Explosion erfaßte das Flugzeug, wirbelte es mehrere hundert Meter durch die Luft und brachte es zum Absturz (rechts). Wenige Augenblicke später machte der nachfolgende Pilot einer P-47 ein Foto von dem Bombentrichter mit der brennenden „Thunderbolt" im Hintergrund. Eine der härtesten Aufgaben der Jabos war die Zerstörung der wichtigen Brücke über den Cecina. Das Flügelstück einer P-47 in einem Bombentrichter bei Cecina zeigt die Verluste auf beiden Seiten (links).

(1 Foto: U.S. Army, links; 2 Fotos: USAF)

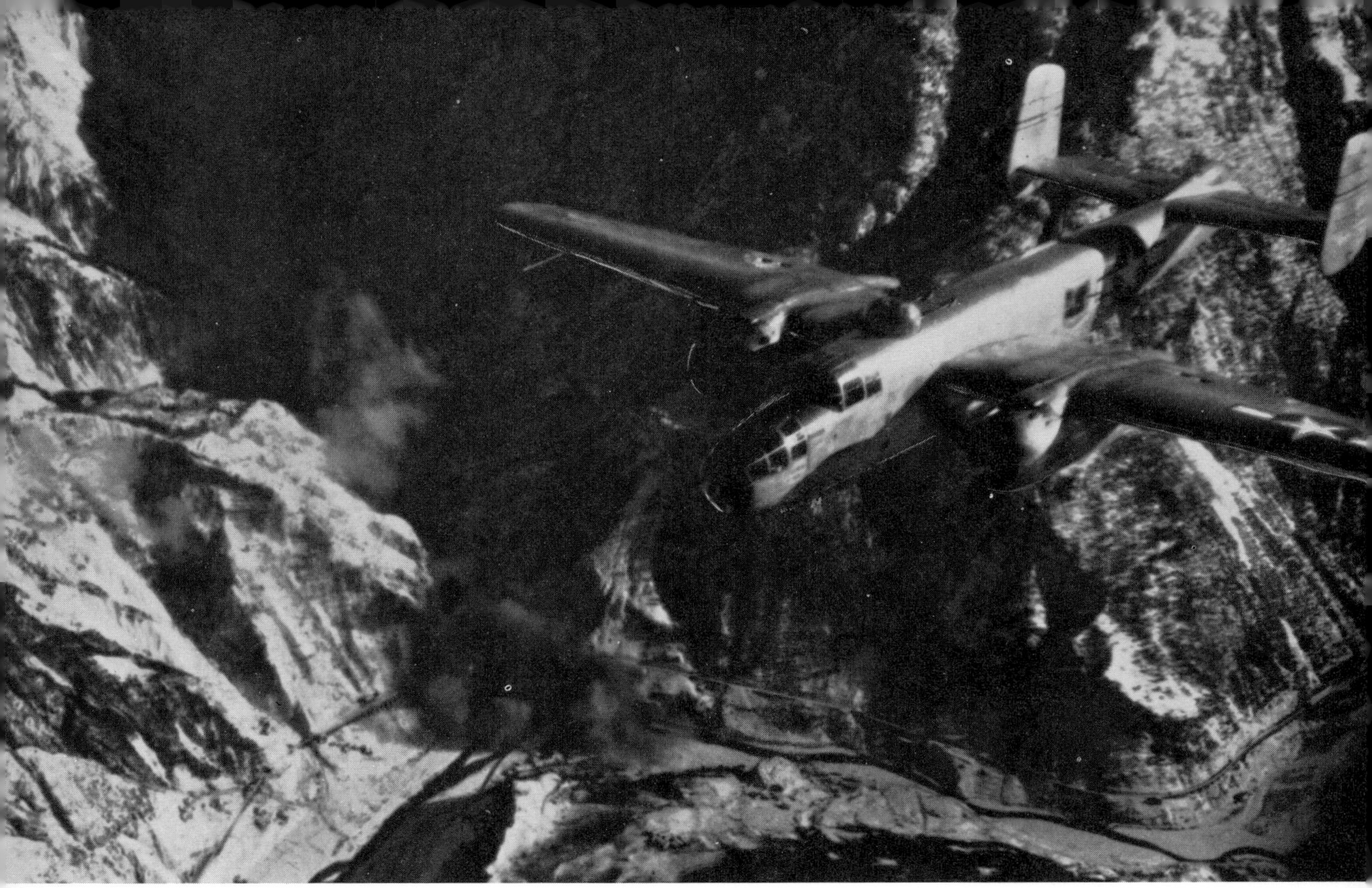

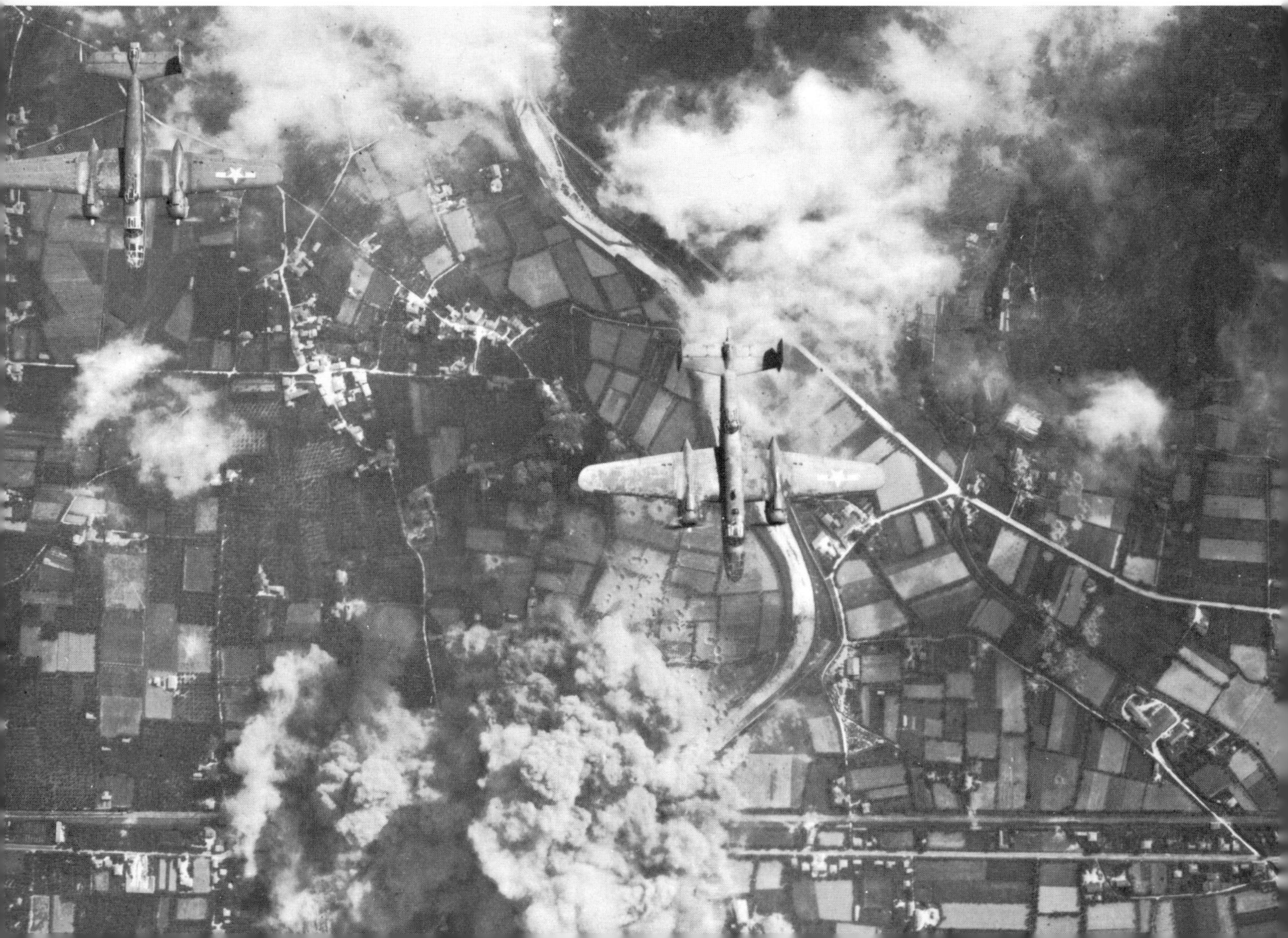

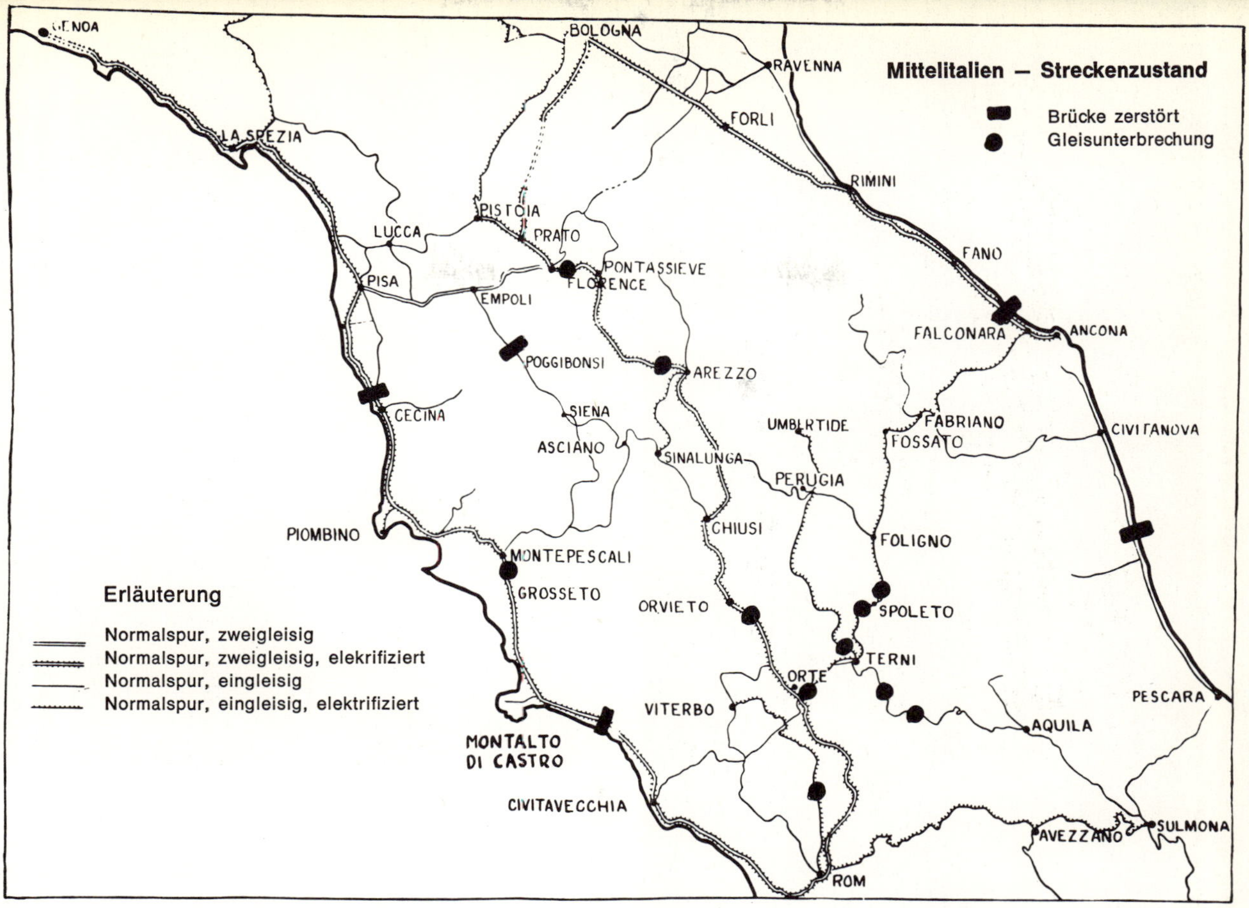

Mittelitalien — Streckenzustand

◼ Brücke zerstört
● Gleisunterbrechung

Erläuterung

────	Normalspur, zweigleisig
▬▬▬▬	Normalspur, zweigleisig, elekrifiziert
────	Normalspur, eingleisig
┄┄┄┄	Normalspur, eingleisig, elektrifiziert

Bomber zerstören Brücken

Der wohl bekannteste mittlere Bomber im Zweiten Weltkrieg hieß North American B-25 „Mitchell", der besonders häufig auf den Kriegsschauplätzen im Mittelmeer und im Südpazifik zum Einsatz kam. Diese Maschinen flogen einige tausend Einsätze während der Operation „Strangle", und Anfang 1945 suchten sie regelmäßig die Brücken der Brennerstrecke heim, wobei die Eisenbahnverbindung über den Brenner-Paß unterbrochen wurde (oben links und unten). Bei Pietrasanta, dreißig Kilometer nördlich von Pisa, zerstörten die B-25 der 1. taktischen US-Luftflotte sowohl die Eisenbahn- als auch die parallellaufende Straßenbrücke (links). Die meisten Brücken in Norditalien waren prächtige steinerne Brückenbauwerke mit gemauerten Bögen. Sie waren ebenso dauerhaft wie schön. Durch wiederholte Angriffe wurden auch sie alle zerstört. Am 24. März 1944, einen Monat nach dem Beginn der Operation „Strangle", zeigt eine Karte der US-Luftwaffe die ersten Ergebnisse der ständigen Luftoffensive (oben).

(3 Fotos: USAF)

Bomben direkt auf die Tunnelportale und verursachten Erdrutsche, die den Zug einschlossen und die Strecke für längere Zeit blockierten. Die Überreste einer italienischen Lokomotive zeigen die Wirkung der genauen Bombenwürfe der Alliierten (oben links). Eine 50-kg-Bombe schlug von oben direkt durch den Kessel einer Lokomotive auf den Bahnhofsanlagen von Florenz. Sie explodierte zwischen den Rohren und riß den Kessel völlig auseinander. Ein Offizier der US-Luftwaffe und ein italienischer Eisenbahner messen die Öffnung im Kessel. Ungewöhnlich scharf für ein Foto aus einer eingebauten Schießkamera, zeigt diese Gegenlichtaufnahme eine deutsche Lokomotive in dem Augenblick, als der Kessel mit einer großen Dampfwolke ausläuft (oben). Die Lokomotive war gerade mit Zweizentimeter-Bordwaffen beschossen worden. Einige B-25 waren mit einem 75-mm-Geschütz speziell zum Jagen von Lokomotiven ausgerüstet. Bedauerlicherweise wurden tausende von Zivilisten des Führerstandspersonals durch diese Gefechte auf beiden Seiten getötet. Später im Krieg, als die deutsche Luftwaffe vielfach lahmgelegt war, beteiligten sich auch P-38 „Lightning" und P-51 „Mustang" an der Jagd auf Eisenbahnzüge; die meisten dieser Einsätze wurden jedoch von der „Republic P-47" geflogen. Einer dieser Thunderbolt-Piloten war Lieutenant Edward Syszmanski, der „verrückte Pole aus Brooklyn". In nur drei Tagen brachte er dreizehn Dampflokomotiven zur Explosion und beschädigte vier weitere. Syszmanski beschrieb seine Technik vor der Presse: „Ich fliege von hinten über den Zug und ziele dabei auf den dritten Wagen hinter der Lokomotive. Ich achte dann darauf, daß die Geschosse auf die Lokomotive zuwandern, und meine Maschine ist für gewöhnlich nur noch wenige Meter über den Wagen, bevor ich genügend Schüsse in den Kessel bekomme. Einige Lokomotiven springen daraufhin hoch und fallen dann auf die Schienen zurück. Andere lassen nur etwas Dampf ab, diese rechne ich nur als beschädigt." Diese Taktiken behinderten die Kriegsanstrengungen der Achsenmächte ganz beträchtlich und hatten bald einen sehr starken Rückgang des Schienenverkehrs während des Tages zur Folge.

(2 Fotos: USAF)

Lokomotivverluste

Während Brücken, Tunnels, Bahnbetriebswerke und Rangierbahnhöfe die wichtigsten Eisenbahnziele einer großen Luftoffensive gegen ein Verkehrsnetz waren, bildeten fahrende Züge lohnende Ziele für die kecken, jungen Jagdbomberpiloten, die darin eine Abwechslung und sportliche Betätigung sahen. Das Abschießen eines Zuges wurde oft zu einem Spiel von Katz und Maus, wenn die P-47 über die Berge und in die Täler hinein jagte, während der Lokführer mit seinem Zug in einem Tunnel zu verschwinden versuchte, um den Bomben zu entgehen. Hatten die alliierten Flugzeuge den Zug in den Tunnel getrieben, so flogen die Piloten an das andere Tunnelportal und warfen ihre Bomben direkt vor den Eingang. Dann rutschten die Bomben die Gleise entlang in den Tunnel hinein und trafen die Lokomotive von vorn. Befand sich der Zug in einem langen Tunnel, warfen die Piloten ihre

Wer kapituliert vor wem?

Am 2. Mai 1945 kapitulierten die von den Alliierten an die Alpen zurückgedrängten und von ihrem Nachschub durch die Operation „Strangle" abgeschnittenen deutschen Streitkräfte in Norditalien. Es war gerade fünf Jahre her, daß Hitler und Mussolini zu verschiedenen Treffen mit der Bahn an den Brenner gereist waren. Am 4. Mai 1945, als hunderttausende von deutschen Soldaten die Waffen niederlegten, trafen sich amerikanische Soldaten der 5. und 7. Armee an der Station Brenner, die schon vor Monaten

durch alliierte Luftangriffe außer Betrieb gesetzt worden war (oben). Die Achsenmächte waren besiegt; Hitler und Mussolini waren tot. In San Michele in Italien unterhalten sich zwei deutsche Offiziere der Heerespioniere, die an der Wiederherstellung einer von der 15. US-Luftflotte zerstörten Brücke arbeiten, freundschaftlich mit Lieutenant Colonel Jack D. Nichols von der US-Luftwaffe (unten). Nichols war nur mit einer Kamera bewaffnet, während die Offiziere der Wehrmacht noch ihre Pistolen tragen. Auf diesem Bild ist es schwierig, zwischen Sieger und Besiegten zu unterscheiden.

(Fotos: U.S. Army, oben; USAF, unten)

Von der Normandie an den Rhein

Als die Invasion der Alliierten in Nordfrankreich am 6. Juni 1944 begann, waren die Französischen Staatseisenbahnen durch alliierte Luftangriffe und Sabotage der französischen Untergrundbewegung so schwer zerstört, daß die deutsche Kriegsführung die Eisenbahn nicht mehr zur Nachschubversorgung einplanen konnte. Dieser Faktor war von großer Bedeutung, da sich beide Seiten für den Feldzug vorbereiteten, der mit der völligen Vernichtung des Dritten Reiches endete. Die deutschen Maßnahmen der Verringerung des Triebfahrzeug- und Wagenparks der SNCF waren eine weitere Ursache der chaotischen Versorgungslage, vor der die Truppenführung der Wehrmacht stand. Bei der überwältigenden Luftmacht der Alliierten wurde praktisch jede Lokomotive, die nach der Invasion aus Deutschland kam, zum Freiwild.

Als die alliierten Truppen aus ihren Brückenköpfen ausbrachen und sich über Frankreich ausbreiteten, arbeiteten ihre Eisenbahnbataillone fieberhaft und erfolgreich unter einem Himmel, der von ihrer Luftwaffe beherrscht wurde, um mit dem Vormarsch Schritt zu halten. Manchmal fuhren bereits wieder Züge, bevor die Straßen geräumt waren.

Ein Bombentreffer

Zwei Wochen, nachdem die amerikanischen Truppen am 26. Juli 1944 aus dem Kessel von St. Lô ausbrachen, untersuchten Eisenbahnpioniere der US-Army den schwer getroffenen Bahnhof von Canisy. Die Lokomotive hat mit einer 250-kg-Bombe während der großen Luftoffensive, die die französischen Eisenbahnen zum Stillstand brachte, einen Volltreffer erhalten. Mit verbogenen Kesselblechen, und verschlungenen Rohren, abgestellt in blühender Landschaft ist diese Lokomotive das Symbol für den damaligen Zustand der SNCF — gründlich verwüstet, aber aus den Trümmern erhebt sich die Hoffnung auf eine bessere Zukunft.

(Foto: UPI)

Amerikanische Kriegslokomotiven für Frankreich

Nachdem die Schlacht um England eine deutsche Invasion verhindert hatte und die USA in den Krieg eingetreten waren, wurde es für beide Seiten offenkundig, daß England zu einem riesigen befestigten militärischen Versorgungsplatz werden würde, von dem aus der Angriff auf die Festung Europa unternommen werden würde. Seit Anfang 1942 war eine überwältigende Ansammlung von Schiffen, Flugzeugen, Menschen, Waffen, Lastwagen und Eisenbahngerät auf den britischen Inseln zusammengekommen. Das erste Kontingent 1'D-Consolidation-Standard-Lokomotiven der US-Army kam aus den Staaten und wurde am Morpeth Dock in Birkenhead (Liverpool) im November 1942 ausgeladen (oben links). Im folgenden Mo-

nat wurde als erste der Maschinen die Nr. 1604 angeheizt und unter entsprechenden Feierlichkeiten im Bahnhof Paddington in Dienst gestellt, danach fuhr sie ihren ersten britischen Zug (oben). Mit einer Gesamtlänge von 19 m wurden diese Maschinen bis zur Verschiffung nach Frankreich auf englischen Strecken eingesetzt. Die Nr. 1606 wurde einem Lazarettzug zugeteilt, während viele Loks Personen- und Güterzüge fuhren, wodurch britische Lokomotiven für den Einsatz in anderen Gebieten frei wurden, wie etwa im Iran. Ein Vergleich zwischen der bekannten 1604 und einer Standardlokomotive des britischen Verteidigungsministeriums mit der Achsfolge C zeigt den großen Unterschied in den Auffassungen der Konstruktion einer genormt vereinfachten Kriegslokomotive der amerikanischen und englischen Hersteller.

(1 Foto: Black Star, oben; 4 Fotos: British Railways)

Tenderlokomotiven und Massenproduktion

Die amerikanische Standard-Rangierlokomotive, die in geringeren Stückzahlen als die 1'D-Maschine gebaut worden war, hatte die Achsfolge C. Eine von ihnen wurde beim Ausladen im Hafen von Cardiff im Dezember 1943 fotografiert (oben links), während eine Schwestermaschine von einem umgebau-ten Lastwagen für Verschiebearbeiten innerhalb von Lagerhäusern mit Brandgefahr unterstützt wird (oben). Eine andere dieser Kriegstenderlokomotiven wird von Angehörigen der 761. Transportation Company gefahren. Andere Eisenbahner der US-Army produzierten massenhaft geschlossene Güterwagen mit vorgefertigten Sektionen aus den USA (links).

(1 Foto: British Railways, links oben; 3 Fotos: U.S. Army)

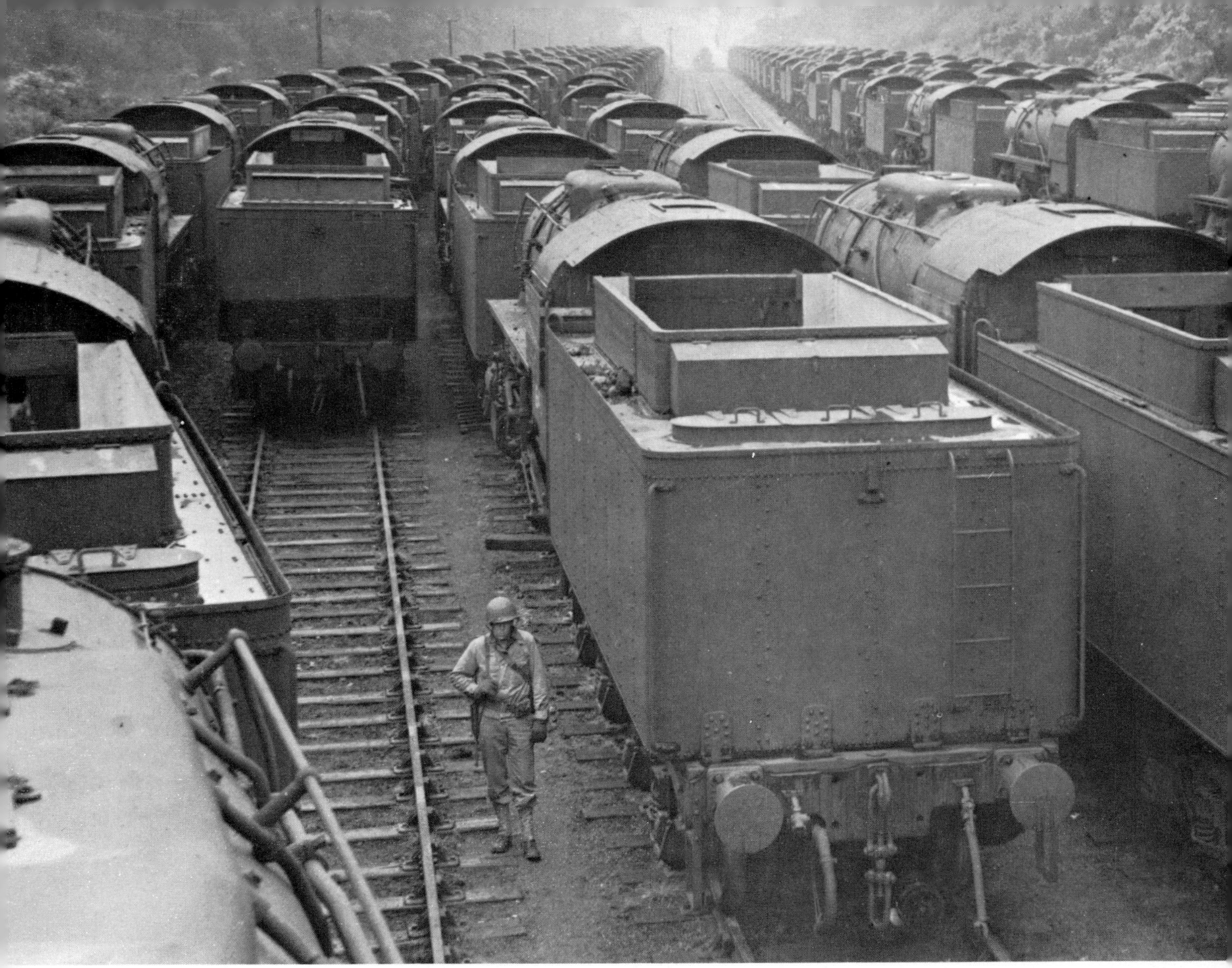

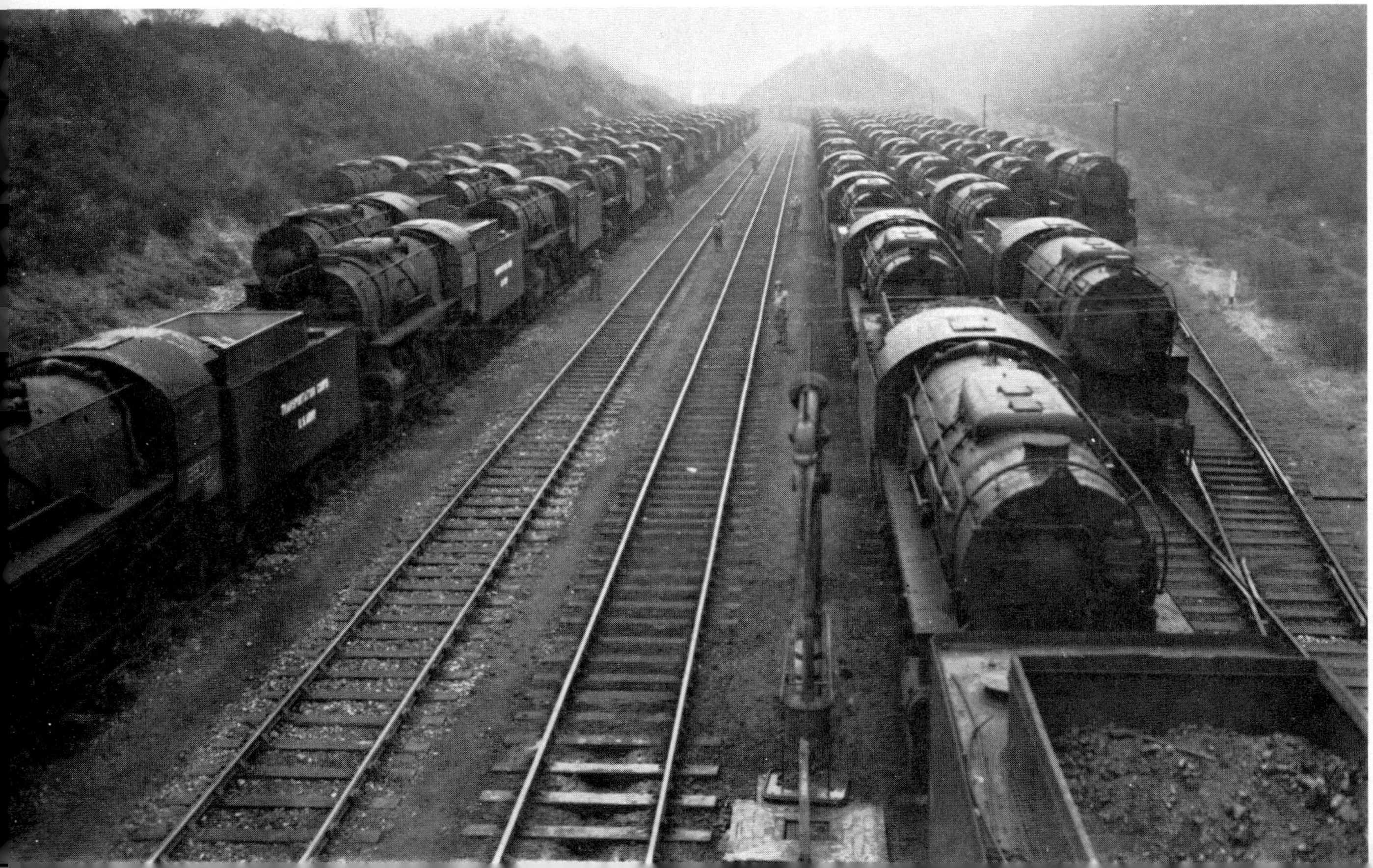

Lokomotiven vor dem Einsatz

Einer der größten Fehler der Führer der Achsenmächte war ihre Unterschätzung der Leistungsfähigkeit der amerikanischen Industrie. Neben der Versorgung der Alliierten mit Waffen und Material brachte es die amerikanische Industrie fertig, auch noch tausende von Lokomotiven für das In- und Ausland zu produzieren. Andere Länder, besonders Deutschland, hatten ebenfalls diese Fähigkeiten, doch nur die USA waren auf einer breiten Basis fern von den Kampfhandlungen hierzu in der Lage. Es gibt bestimmte grundsätzliche Forderungen, die an Kriegslokomotiven gestellt werden. Sie müssen anpassungsfähig sein; die US-Streitkräfte betrieben Eisenbahnen in einem Temperaturbereich von − 40 °C in Alaska bis + 65 °C im Iran. Sie müssen so einfach und wartungsfrei wie möglich sein. Sie müssen besonders aus genormten, untereinander austauschbaren Teilen sein. Sie müssen sehr haltbar sein und eine rauhe Behandlung überstehen, besonders eine verringerte oder gar keine Wartung und minderwertige Heiz- und Treibstoffe. Da Kriegslokomotiven im allgemeinen nicht für zivile Verwendung geeignet sind, ist ihre Lebensdauer auch sehr kurz; vielleicht ein oder zwei — jedoch harte Jahre! Trotz dieser Lebensdauer mußten sie von bester Qualität sein. Die amerikanische Standard-Lokomotive mit der Achsfolge 1'D, auch „GI" genannt, wurde zu tausenden von den drei größten Lokomotivfabriken der USA — Baldwin, American und Lima — hergestellt. Es war eine ideale Lokomotive für militärische Verwendung. Am Tag der Invasion waren über achthundert Stück von ihnen in England abgestellt, bereit zur Verschiffung zum Kontinent. Wenige Wochen vorher wurden 1'D-Maschinen unter der Betreuung durch das 756. Railway Shop Battalion im Bahnbetriebswerk Ebbw Junction in Newport, Wales, für die letzte Überprüfung vor dem Transport über den Kanal angeheizt, repariert und abgeschmiert (unten). In der Nähe von Penrhos Junction bei Caerphilly in Wales waren hunderte der amerikanischen „War Babies" abgestellt (links und links unten).

(3 Fotos: U.S. Army)

Die alliierten Luftstreitkräfte verwüsten Frankreichs Bahnen

Obwohl die französischen Eisenbahnen schon immer ein wichtiges Ziel der amerikanischen Luftwaffe gewesen waren, seitdem ein Dutzend „Fliegender Festungen" den ersten Angriff auf die „Festung Europa" geflogen und die Eisenbahnanlagen von Sotteville am 17. August 1942 bombardiert hatten, dauerte es noch bis Anfang April 1944, ehe die systematische Zerstörung der SNCF begann. Zwei Monate lang flogen mittlere und schwere Bomber und Jabos der 8. und 9. US-Luftflotten tausende von Einsätzen gegen Einrichtungen der französischen und der belgischen Eisenbahnen, soweit dies das Wetter zuließ. Durch die Luftangriffe wurden bis zur Invasion drei Viertel der zweitausend Lokomotiven in Nordfrankreich außer Betrieb gesetzt. Von den 24 Eisenbahnbrücken über die Seine unterhalb von Paris waren 18 zerstört und drei beschädigt, eine davon im Bild links. Die Zerstörung verhinderte nicht nur den Nachschub für die deutschen Kampftruppen, sondern verhinderte genauso einen geordneten Rückzug. Vor der Invasion, die unter dem Decknamen „Overlord" stattfand, kämpften die mittleren Bomber der 9. Luftflotte heftig mit der deutschen Luftwaffe und der Flak, die teilweise zum Schutz lebenswichtiger Objekte in Flaktürmen untergebracht war. Die Douglas A-20 „Havoc" mit schwarzen und weißen Streifen auf Rumpf und Flügeln als Zeichen der Zugehörigkeit zu den Invasionseinheiten bombardierten Damfront in Frankreich (rechts). Die Martin B-26 „Marauder", von denen fast 150 Stück den Rangierbahnhof in Namur in Belgien bewarfen (oben), trugen die Hauptlast der Angriffe auf die deutschen Verbindungen, die zu den Stränden der Normandie führten.

Die Zerstörungen

Die Aufstellung der Triebfahrzeuge der SNCF von 1940 enthielt etwa 17 000 betriebsfähige Lokomotiven. Als die Wehrmacht an den Rhein zurückgedrängt worden war, waren nur noch 3 000 einsatzfähig. Fünftausend Lokomotiven waren von den Deutschen für den Einsatz in den besetzten Gebieten beschlagnahmt worden. Von dem Rest waren über 2700 von der französischen Widerstandsbewegung und 6000 durch alliierte Luftangriffe zerstört worden. Auch über die Hälfte der 500 000 Güterwagen und der 20 000 Personenwagen hatten die Deutschen abgefahren, tausende wurden aus der Luft zerstört. In den elektrifizierten Gebieten waren 1600 km Fahrleitungen zusammen mit einem Drittel der Unterwerke nicht mehr verwendungsfähig. Zehntausende von Eisenbahnarbeitern der SNCF waren nach Deutschland zur Arbeit an Bahnanlagen geschickt worden. Von ihnen kamen zwanzigtausend nicht mehr zurück.

(3 Fotos: USAF)

Schienen am Landungskopf

Die entsetzliche Zerstörung der französischen Eisenbahnen war dem Hauptquartier General Eisenhowers bekannt. Es waren sorgfältige Pläne ausgearbeitet worden, nach denen drei Railway Grand Divisions der US-Army, fünf ROB und drei Railway Shop Battalions kurz nach Beginn der Invasion gelandet wurden, um Notreparaturen an den Hauptstrecken durchzuführen. Die britischen Eisenbahneinheiten übernahmen die Strecken in ihrem Sektor. Innerhalb der ersten 35 Tage, als die Alliierten gerade 40 km ins Land vorgestoßen waren, kamen die ersten Wagen und Lokomotiven aus England am Landungsstrand an. Landungsschiffe vom Typ LST (Landungsschiff für Panzer) wie hier Nummer 21 wurden mit Eisenbahngleisen versehen und in britischen Häfen mit bis zu zweiundzwanzig Wagen beladen (links). In der Normandie wurden die Wagen über schwimmende Brückenteile an das Ufer gebracht, die zum Ausgleich des Gezeitenhubes dienten (oben und unten rechts). Gleise waren über den Strand gelegt und an das Schienennetz der SNCF angeschlossen worden. So waren die Landungsstrände während der ersten gefährlichen Wochen die einzige Nachschubquelle vor der Einnahme der Häfen von Cherbourg und Le Havre. Bis Mitte Oktober waren über 20 000 Güterwagen, meistens mit militärischen Gütern beladen, und 1300 Lokomotiven aus England über den Kanal gebracht; 11 288 Güterwagen und 702 Lokomotiven waren davon mit den Landungsbooten gekommen. Kleine britische Diesellokomotiven wurden am Landungsstrand der 2. Britischen Armee mit Raupenschleppern entladen (rechts).

(3 Fotos: U.S. Coast Guard; 1 Foto: Imperial War Museum, rechts unten)

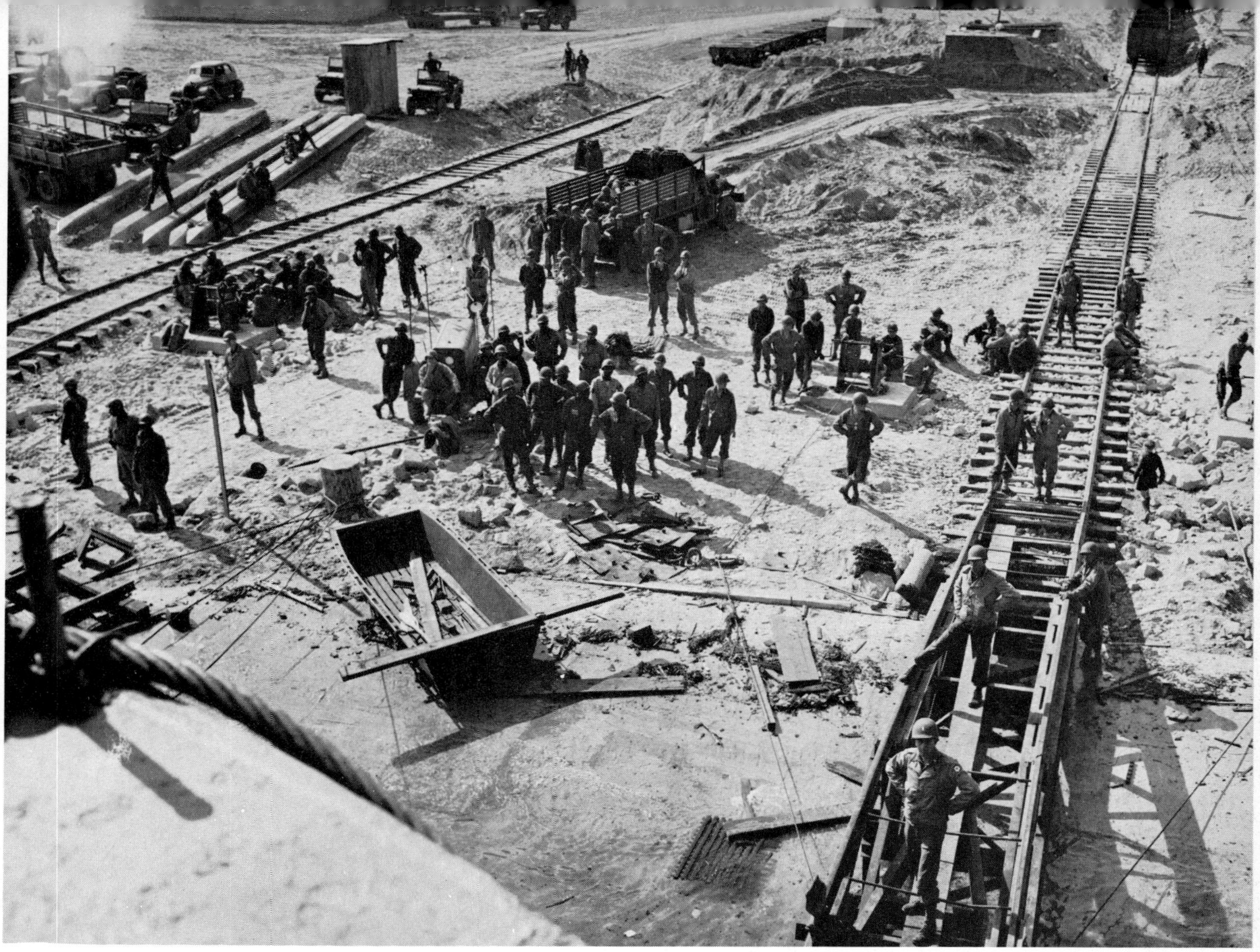

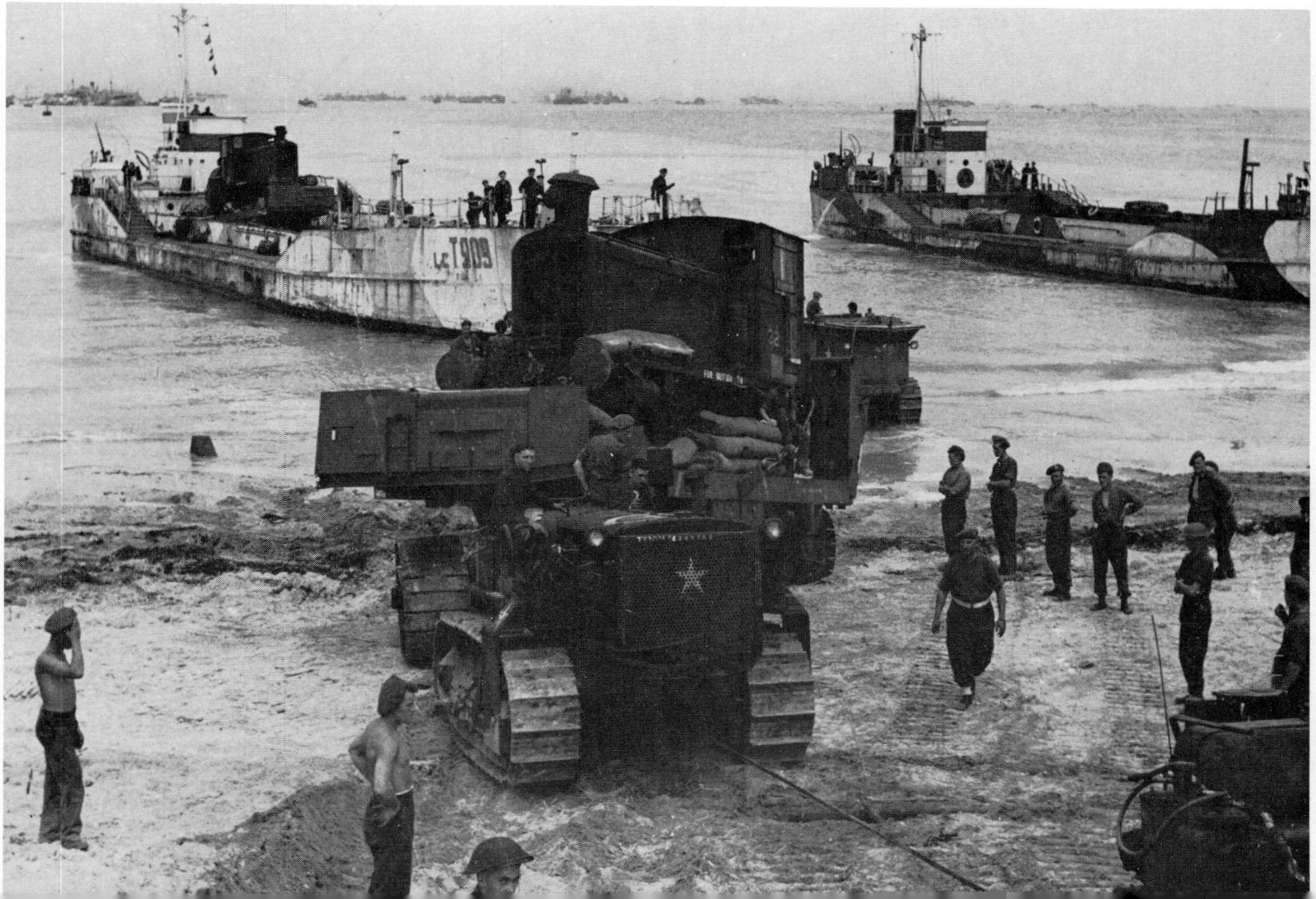
LCT 909

Die Alliierten fassen Fuß

Innerhalb von fünf Wochen nach der Einnahme von Cherbourg waren die Hafen- und Eisenbahneinrichtungen so weit wiederhergestellt, daß die amerikanischen Lokomotiven direkt aus Hochseeschiffen entladen werden konnten. Am 1. August 1944 wurde die „GI"-Lokomotive Nr. 2867 an Land gehievt, die vorher entladene C-Tenderlok Nr. 6009 steht daneben (unten). Während die US-Maschinen an Land kamen, steht auf dem Nachbargleis eine alte französische Verschiebelok mit senkrechtem Kessel (links). Die Lokomotiven, in England abgestellt, waren Wochen vor der Invasion für sofortigen Einsatz vorbereitet worden: Jede von ihnen kam in Frankreich mit Speisewasser im Kessel, Papier und Holz in der Feuerbüchse und Kohle und Wasser im Tender an. Einige der geschlossenen Güterwagen der US-Armee, die in Frontnähe eingesetzt waren, trugen einen eigenartigen Tarnanstrich (oben rechts). Als die Verluste größer wurden, kamen die Verwundeten mit der Bahn nach Cherbourg, wo sie mit Sanitätskraftwagen für die Reise zu Lazaretten nach England in den Hafen gebracht wurden (unten rechts). Die beiden Karten zeigen eindrucksvoll die Einwirkung des Krieges auf die SNCF. Über 80 Prozent des Schienennetzes waren zum Zeitpunkt der Invasion zerstört. Was übrig blieb, waren kleine, abgeschnittene Streckenteile, wobei Paris, Lyon, Marseille, Lille und andere Großstädte mit der Eisenbahn völlig unerreichbar waren.

(2 Fotos: U.S. Army)

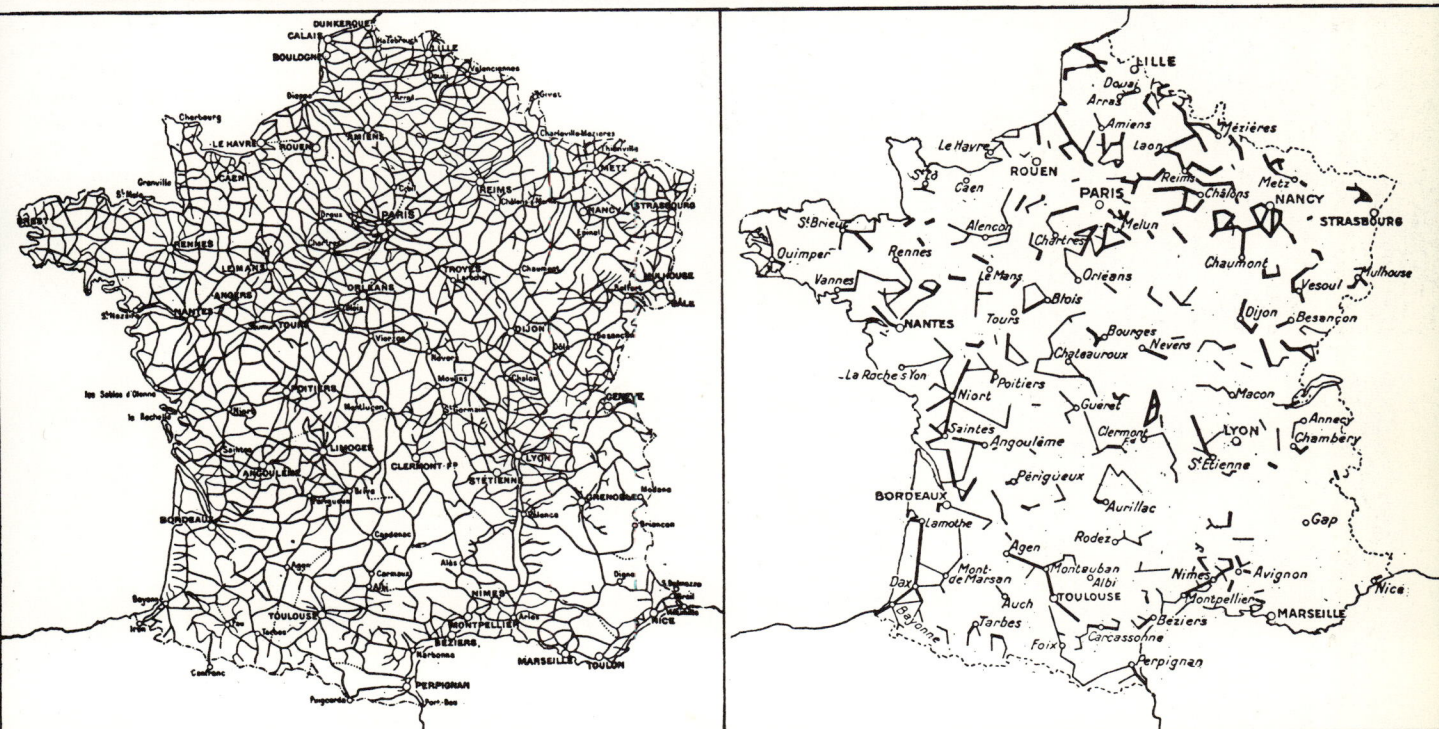

Die Eisenbahnen in Frankreich vor dem Zweiten Weltkrieg — 1936 Die Eisenbahnen in Frankreich zum Zeitpunkt der Befreiung — 1944

Karten aus „Railways in Wartime" von E. F. Carter, Fred. Muller Ltd. — (2 Fotos: Railroad Magazine)

Endlose Trümmer

Am 23. Juni 1944, nur siebzehn Tage nach der Invasion, waren die Bahnanlagen von Croiden wieder von den Alliierten in Betrieb genommen worden, als gegen 14 Uhr die Luftwaffe einen Angriff geflogen hatte. Am Ende des Tages hatten die französischen Arbeiter die Gleisarbeiten fast wieder beendet (oben). Am 12. September boten die Bahnanlagen von Laon das Bild eines Trümmerfeldes, das die alliierten Bomber während der Zermürbung der französischen Eisenbahnen im Frühjahr zurückgelassen hatten (oben rechts). Am 7. Mai und bei folgenden Angriffen trafen die US-Bomber den riesigen geschlossenen Lokschuppen von Mohon (rechts). Obwohl die meisten Trümmer bereits aufgeräumt waren, als die Alliierten im September kamen, war mit dem Wiederaufbau nicht mehr begonnen worden. Wie viele andere Waffengattungen im Krieg, hatte auch der Military Railway Service seine eigene Zeitschrift. Sie trug den Titel „The Yankee Boomer". Der Kopf der Titelseite zeigte einen amerikanischen Soldaten mit einer Laterne und einer Pistole (unten), denn oftmals mußten die Eisenbahnsoldaten die Waffe gegen den Feind erheben.

(3 Fotos: U.S. Army)

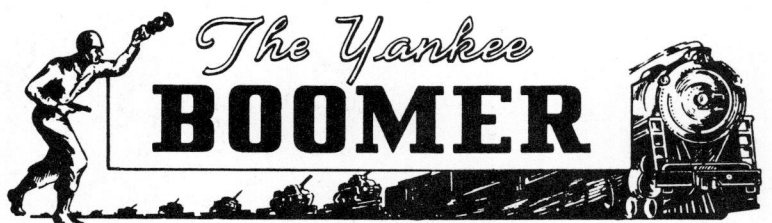

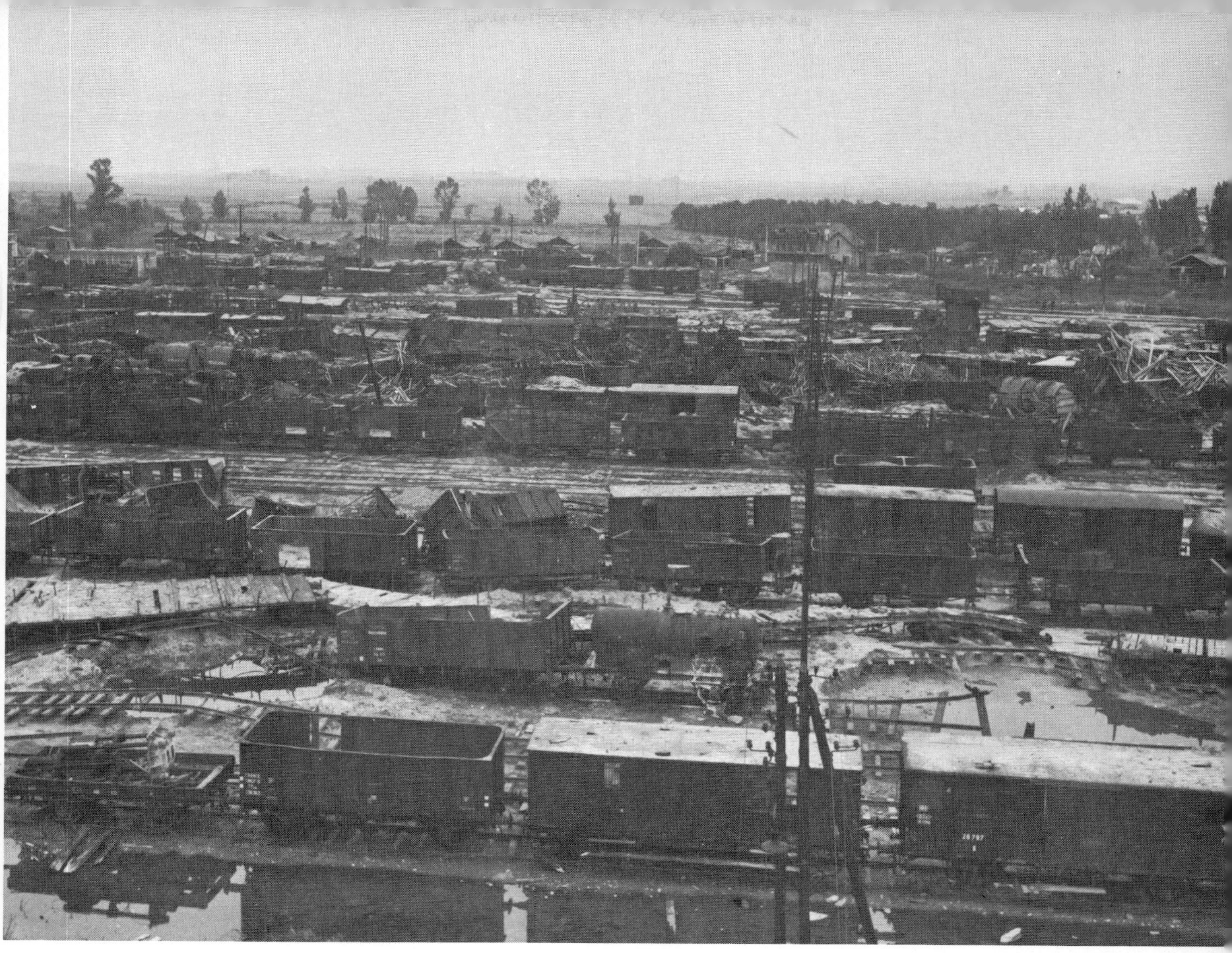

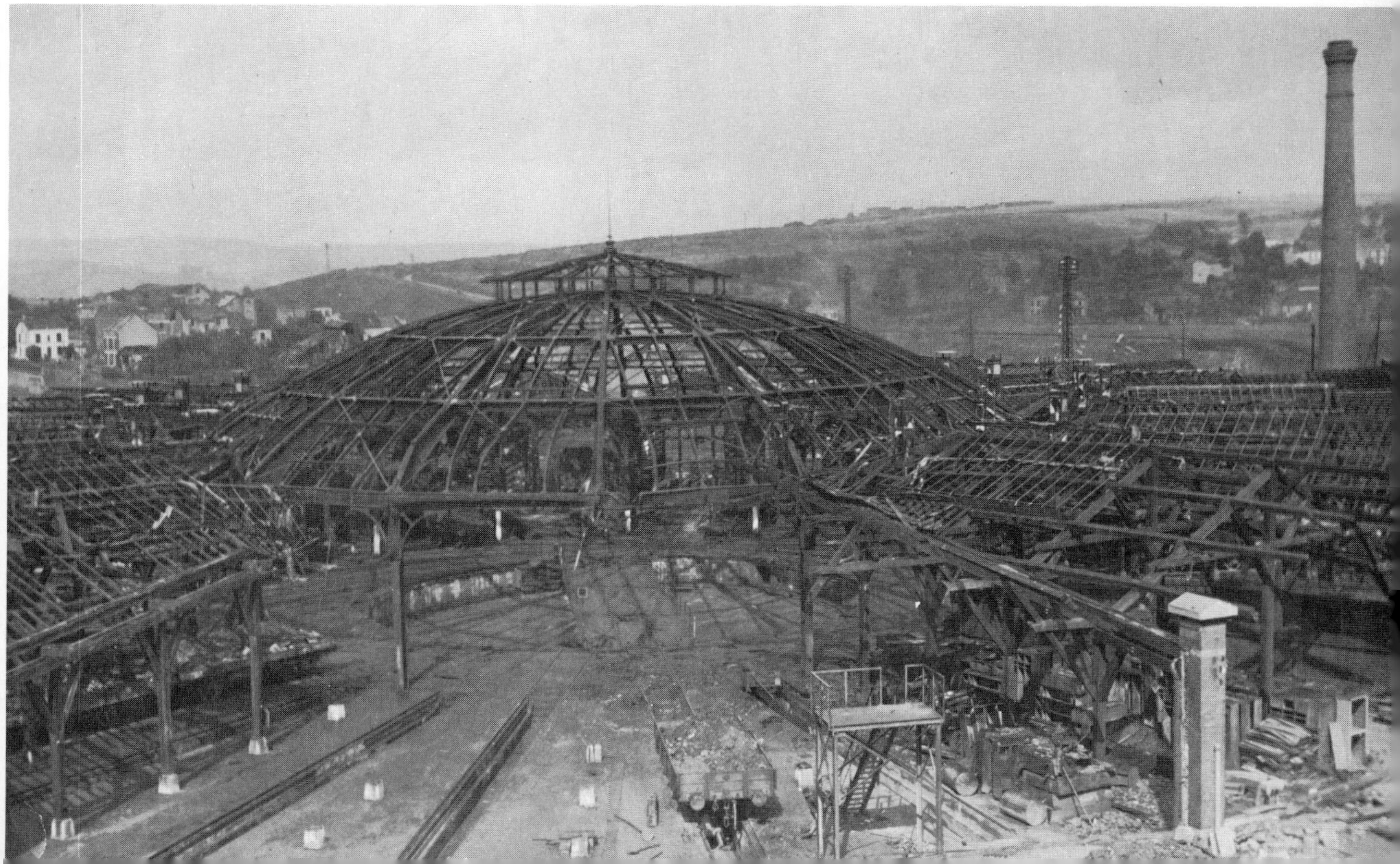

Der lange Weg zurück an den Rhein

Nachdem die deutsche Armee den Rückzug begonnen hatte, wurden Fotos von ihren Einsätzen immer seltener, und Fotos von Eisenbahnbewegungen gibt es, besonders aus Frankreich, wo der Eisenbahnverkehr so stark verringert war, fast überhaupt nicht. Wenigstens einer Panzereinheit gelang es trotzdem, eine Eisenbahnstrecke zu benutzen, und zwar während des Rückzugs durch Frankreich im Sommer 1944 (links). Am 22. Mai 1944, zwei Wochen vor Beginn der Invasion und über drei Monate vor der Befreiung von Paris, war die Lage der Eisenbahn in der Hauptstadt verheerend, da die alliierte Luftwaffe alle Einrichtungen, die der Wehrmacht nützlich sein konnten, bombardierten (oben). Am 15. August landeten alliierte Streitkräfte an der französischen Mittelmeerküste in der Nähe von Marseille, stießen das Rhônetal hinauf nach Lyon

vor und trafen sich mit den alliierten Armeen, die den Norden befreiten. Nachdem sie einen großen Teil des italienischen Eisenbahnnetzes wieder der Zivilverwaltung übergeben hatten, wurden einige amerikanischen Eisenbahnbataillone vom „Stiefel" abgezogen. Innerhalb eines Monats nach der Einnahme des Hafens von Marseille waren die Brücken repariert, die Trümmer geräumt, die Gleise und Wagen wiederhergestellt und der Betrieb bis Lyon aufgenommen. Fünf Wochen später fertigte der MRS 415 404 Tonnen auf dieser Strecke ab und schaffte im November 1944 sogar 52 951 Wagenladungen mit 716 Zugbewegungen. Wie in Italien, benutzten die Deutschen den „Schienenwolf" zum Aufreißen der Gleise auch in Frankreich. Die Arbeit und das Gerät selbst nach der Erbeutung durch amerikanische Truppen sieht man hier im Winter 1944/45 auf der Strecke Falquemont — Avod in Elsaß-Lothringen (unten).

(2 Fotos: Donald P. Kane, unten; je 1 Foto: Bundesarchiv links; SNCF, oben)

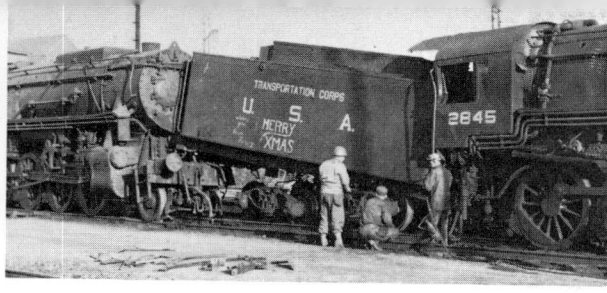

Neue Probleme

Eisenbahnanlagen mit ihren ausgedehnten Einrichtungen eignen sich sehr gut zur Verteidigung, besonders für Heckenschützen. Dies stellten die Kanadier fest, als sie den letzten deutschen Widerstand in den Bahnanlagen von Vaucelles am 7. August 1944 brachen (links). Die Deutschen ließen einen leicht gepanzerten Flakzug in Sarrebourg in Lothringen zurück (unten links). Beschädigungen an Zügen der Alliierten wurden nicht immer durch Feindeinwirkung verursacht: Ein Auffahrunfall zur Weihnachtszeit animierte einen schadenfrohen Eisenbahner zu einer entsprechenden Bemerkung auf dem Tender der Lokomotive 2845 (oben). Ein amerikanischer Lazarettzug entgleiste am 8. Dezember 1944, als er auf eine große Stahlmatte fuhr, die von einem vorhergehenden Güterzug gefallen sein muß (rechts). Zum Abtransport in die Etappe werden am 28. November in Epinal deutsche Kriegsgefangene in geschlossene Güterwagen verladen (unten).

(Fotos: UPI, links; Charles D. Russell, links unten;
J. L. McBride, oben; Donald P. Kane, rechts; U.S. Army, unten)

General von Rundstedts Gegenoffensive wird abgefangen

Als die Deutschen die Ausmaße des alliierten Angriffs erkannt hatten, begann General von Rundstedt eine Gegenoffensive. Es war der vergebliche Versuch, die Angreifer an den Kanal zurückzudrängen. Die Jäger und Bomber der 9. US-Luftflotte schwärmten umher und unterbrachen jeden Versorgungsstrang, den die Deutschen mit ungeheueren Anstrengungen wieder betriebsfähig gemacht hatten. Eine Reichsbahn-Lokomotive, die zur Verstärkung des erschöpften Triebfahrzeugparks der SNCF aus Deutschland herangebracht worden war, die 50 1318, hatte auf einer Moselbrücke ihr Schicksal ereilt. Als die Alliierten kamen, hing sie noch immer auf den eingestürzten Brückenteilen (rechts). Mehrere hundert Tonnen Nachschubgüter des Zuges, die nicht mehr die bedrängten Truppen von Rundstedts erreichten, wurden erbeutet. Das Bahnbetriebswerk Longveau war nach einem Angriff der US-Luftwaffe für die Deutschen nicht mehr von Nutzen (unten). Ein Zug mit dringend benötigten Junkers-Flugmotoren für die Luftwaffe wurde von amerikanischen Truppen in Charmes am 18. November 1944 nach einem energischen Feuergefecht erbeutet, das seine Spuren an dem Tender der französischen 2'C-Lokomotive zurückgelassen hatte (unten rechts).

(Fotos: SNCF, unten; USAF, rechts; U.S. Army, rechts unten)

Die Schäden der französischen Eisenbahn

Während der ganzen Besatzungszeit hatte das Personal der SNCF vielfach mit der Résistance zusammengearbeitet, um die Alliierten über deutsche Zugbewegungen zu informieren. Die furchtlosen Eisenbahner, die die wichtigen Informationen gaben, die dann ihren Weg nach England nahmen, waren sich bewußt, daß der darauf folgende Luftangriff ihr Leben kosten könnte. Wo es immer möglich war, versuchte die alliierte Luftwaffe, die Franzosen vor bevorstehenden Angriffen durch Abwurf von Leuchtzeichen bei Nacht oder einen Scheinangriff bei Tag zu warnen, damit das Zugpersonal noch die Möglichkeit hatte, vom Zug abzuspringen. Trotzdem gab es große Verluste durch die Luftangriffe. Am 17. Juli 1944 hatten französische Widerstandskämpfer durch Sabotage der Gleise einen Kesselwagenzug mit Benzin aufgehalten. Über Funk wurden die Alliierten benachrichtigt, und wenige Minuten später hatten amerikanische Bomber den Zug zerstört. Andere Sabotageakte an den Zufahrtsgleisen von Rangierbahnhöfen hielten die deutschen Züge lange genug fest, um sie einem alliierten Luftangriff auszuliefern oder sie erst nach zwei Wochen an die Front kommen zu lassen. Bis März 1944 wurde die Sabotage der französischen Eisenbahner so wirkungsvoll, daß die amerikanische Luftwaffe dazu überging, nachts Sprengstoff, Waffen und Munition mit Fallschirmen für die Widerstandskämpfer abzuwerfen.

Daß die Franzosen den Deutschen etwas Unabhängigkeit abgetrotzt hatten, zeigt folgender Fall: Die Deutschen baten die Vorarbeiter einer französischen Eisenbahnwerkstatt, einige beschlagnahmten französische Lokomotiven zu reparieren, worauf sich die Franzosen einfach weigerten, die Maschinen anzunehmen.

Das Erbe der Zerstörung

Als sich die Deutschen zurückzogen, versuchten sie, alle Triebfahrzeuge und alles Wagenmaterial zu zerstören, das sie zurücklassen mußten. Amerikanische Eisenbahnsoldaten, die wegen der nahen Front noch bewaffnet waren, untersuchen den Schaden am Schieberkasten einer französischen Lokomotive, der durch eine Sprengladung auseinandergerissen worden ist (unten). Die Zerstörung der Eisenbahnanlagen in Südfrankreich war die Arbeit der 12. und 15. US-Luftflotten, die von Nordafrika und Italien aus operierten. Beide Einheiten suchten auch die Bahnanlagen von Toulouse heim (links). Als zwei Wagenladungen Eisenträger zur Reparatur einer Brücke im Norden von Toulouse benötigt wurden, die der amerikanischen Luftwaffe zum Opfer gefallen war, war der deutsche Zugführer sehr erstaunt, als der französische Bremser die E-Lok des Zuges mit einer Dampflokomotive vertauscht hatte. „Sie kennen das französische Streckennetz nicht", sagte der Rangierer, „oder sie wüßten, daß Langon, der Bestimmungsort, nicht elektrifiziert ist". In Wirklichkeit sollte der Zug jedoch nach Lanton fahren, doch der verwirrte Deutsche war damit einverstanden, den Zug in die entgegengesetzte Richtung fahren zu lassen, was einige Tage Verzögerung bei der Wiederinbetriebnahme der Brücke zur Folge hatte. Der unglückliche Zugführer war ein typisches Opfer französischer Schlauheit geworden Die französische Statistik zeigt, daß von den 144 schwer beschädigten Bahnbetriebswerken 77 von den Deutschen nicht mehr in Betrieb genommen wurden, 25 der 40 Verschiebebahnhöfe wurden aufgegeben, ebenso 19 der 33 großen Eisenbahnwerkstätten und 120 der 330 Personenbahnhöfe.

(Fotos: USAF, links; U.S. Army, unten)

Auftakt zu einer unglaublichen Aufgabe

Bahnbetriebswerke und Werkstätten waren ein besonders lohnendes Ziel für die alliierten Luftstreitkräfte wie für die Sprengkommandos der zurückgehenden Deutschen gewesen. Obwohl die deutsche Wehrmacht nur wenig Zeit hatte, im Lokschuppen von Laval die Lokomotiven zu zerstören, hatte die amerikanische Luftwaffe noch viel Arbeit für die amerikanischen Railway Shop Battalions Nr. 764 und 755 verursacht, die zwischen Le Mans und Rennes und an der Hauptstrecke Paris — Brest stationiert waren (oben). Es ist bezeichnend, daß die Lokomotive mit dem durchlöcherten Schornstein, die von den Männern der C-Kompanie des 720. ROB angeheizt worden war, eine amerikanische Maschine aus dem Ersten Weltkrieg war (unten). Im August fuhren Angehörige des 755. RSB, die mit den französischen Arbeitern zusammenarbeiteten, auf der ersten Lokomotive, die in den Werkstätten von Rennes seit der Befreiung wiederhergestellt worden war (oben rechts). Ein V für Victory (= Sieg) war mit Kreide auf die Rauchkammertür geschrieben worden. Einige der Amerikaner trugen noch Karabiner zum Schutz gegen verstreute Deutsche, an denen der schnelle Vormarsch Pattons durch dieses Gebiet zwei Wochen zuvor vorbeigegangen sein könnte. Die erste Einheit des MRS in Frankreich war das 729. ROB, das in Cherbourg ankam und den Rundschuppen übernahm, bevor die Stromversorgung der Stadt wiederhergestellt war. So mußte die Drehscheibe mit einem Bulldozer bewegt werden (unten rechts).

(2 Fotos: U.S. Army, rechte Seite; je 1 Foto: USAF, oben; UPI, unten)

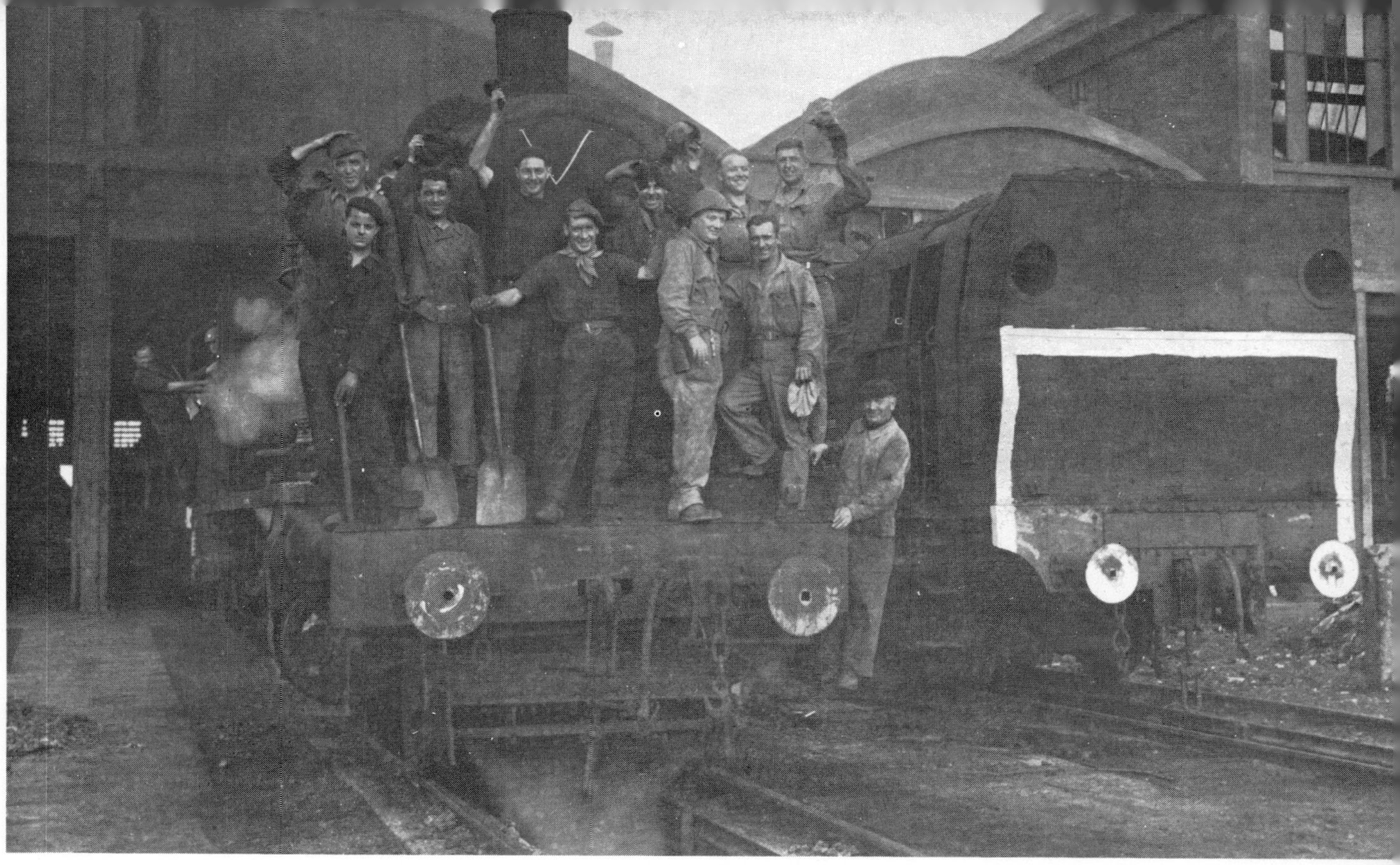

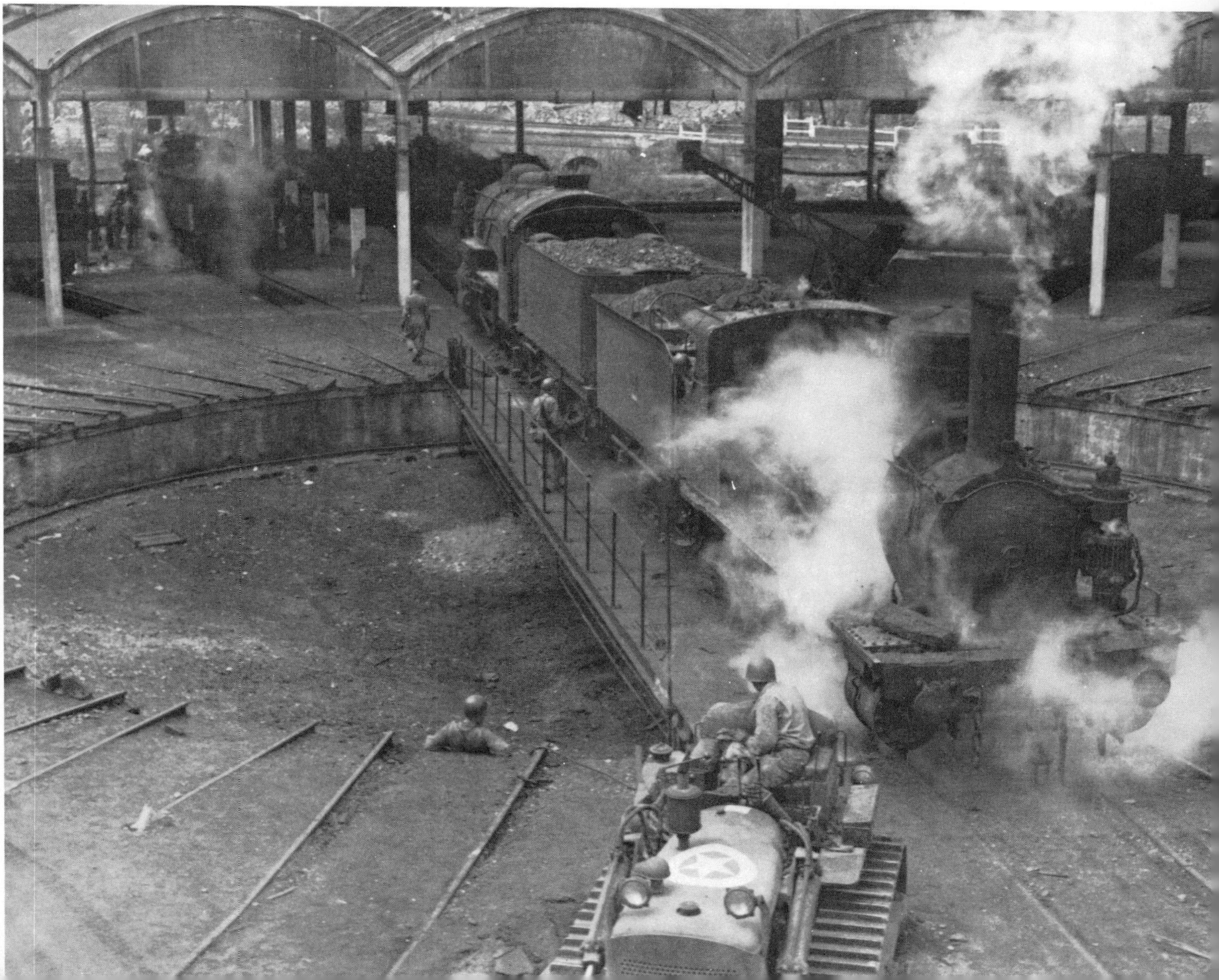

Die Auferstehung der SNCF

Trotz der riesigen Zerstörung der französischen Eisenbahnen wurde die Betriebsfähigkeit so schnell wieder hergestellt, daß die alliierte Führung in Erstaunen versetzt wurde. Meistens waren die französischen Eisenbahner zur Zusammenarbeit bereit, doch einige, endlich der deutschen Unterdrückung ledig, waren nicht mehr gewillt, von anderen Ausländern einschließlich ihrer amerikanischen Befreier Befehle entgegenzunehmen. Die Lösung des MRS für dieses Problem war, eine Pistole zu ziehen, oder den Karabiner von der Schulter zu nehmen und durchzuladen. Diese Methode durchbrach alle Sprachbarrieren und Meinungsverschiedenheiten. Eine Art der Beschädigung einer Lokomotive, die die Deutschen benutzten, war das Sprengen der Zylinder mit TNT. In Barisey La Côte sahen einige Soldaten des 733. ROB fassungslos zu, wie eine französische Lokomotive, deren Zylinder gesprengt waren, weiter ihre Arbeit auf dem Verschiebebahnhof verrichtete. Diese technische Unmöglichkeit erklärte sich durch die Tatsache, daß es sich bei der Lokomotive um eine Vierzylinder-Verbundmaschine handelte. Ihre inneren Zylinder arbeiteten noch einwandfrei, obwohl der Dampf dort entwich, wo die Deutschen glaubten, ganze Arbeit geleistet zu haben! Die Franzosen begannen mit den Aufräumungsarbeiten in Nevers (oben), als der erste Zug die schwer beschädigten Bahnanlagen von Laon in Doppeltraktion mit einer SNCF-Maschine und einer „GI"-Maschine verließ (oben rechts). Obwohl von der Chicago & North-western-Eisenbahn betreut, gab es beim 720. ROB mindestens einen Mann, der loyal zur Pennsylvania Railroad stand und in Lison eine französische Lokomotive mit dem Namen des berühmten Schnellzuges dieser Gesellschaft beschriftete: „Broadway Limited" (rechts). Eine deutsche schmalspurige Feldeisenbahn, die auf einem Fliegerhorst der Luftwaffe gefahren war (ähnlich der auf Seite 37), wurde von Besatzungen der 9. US-Luftflotte wieder in Betrieb genommen. Im Hintergrund P-51 „Mustangs" einer Jagdstaffel (unten).

(1 Foto: USAF, rechte Seite unten; 3 Fotos: U.S. Army)

Güterzüge gegen Lastwagen

Im Winter 1944/45 wurde Frankreich zum Lagerplatz der Versorgungsgüter für den letzten Angriff auf Deutschland. Eisenbahnstrecken, Landstraßen, Kanäle und Flugplätze wurden auf das Äußerste beansprucht. Die letzten Erfahrungen in der Nachschubversorgung waren während des schnellen Vorstoßes von Pattons 3. Armee gemacht worden. Sein Vormarsch war so schnell, daß der berühmte „Red Ball Express" gebildet wurde, um die Streitkräfte über die Landstraßen zu versorgen. Auf dem Höhepunkt des Angriffs bekam Patton täglich 8500 Tonnen Versorgungsgüter — die Transportleistung fünfzehn französischer Güterzüge oder eines Güterzuges in den USA! Diese Anstrengungen hatten bald ihre Folgen. Fahrzeuge und Menschen ermüdeten rasch, was schwere Unfälle und unbrauchbare Fahrzeuge wegen mangelnder Wartung zur Folge hatte. Außerdem verbrauchten die Lastwagen auf ihrer langen Fahrt einen großen Teil ihrer kostbaren Fracht: Treibstoff. Die offizielle Militärgeschichte stellte nüchtern fest: „Der Red Ball Express wurde unter entsetzlichen Kosten durchgeführt". In kurzer Zeit wurde die doppelte Transportleistung unter weniger Belastung für Menschen, Fahrzeuge und Eisenbahn von der SNCF vollbracht. Innerhalb weniger Monate hatte sich die Menge verzwölffacht! Patton war bestimmt sehr erfreut, daß reichliche Mengen Treibstoff für seine Panzer mit der SNCF eintrafen, als er an den Rhein vorstieß (oben). Zwei Diesellokomotiven passieren mit einem Lazarettzug einen Güterzug (unten). Im Jahre 1945 führte der MRS den „Toot Sweet Special" ein. Dieser Schnellgüterzug diente zur Beförderung besonders wichtiger Güter zur

Front. Der Kommandeur des 728. ROB, Lieutenant Colonel Carl D. Love, gibt die Befehle an das Zugpersonal des „Special" vor der Abfahrt in Cherbourg am 10. Februar 1945 (oben rechts). Das Führerstandspersonal einer Lokomotive des MRS wartet auf das Abfahrtssignal für den „Toot Sweet" (rechts). „Toot Sweet" war die Amerikanisierung des französischen Ausdrucks „tout de suite" = sofort. Die Karikatur ist von Glen E. Blomberg, dem Künstler des 713. ROB, der in Denver für die Chicago, Burlington & Quincy Railroad gearbeitet hatte.

(1 Foto: Railroad Magazine, rechts unten; 3 Fotos: U.S. Army)

„Wir lernen eine französische Lokomotive kennen"

Die „Yankee Boomer" in Frankreich

In der amerikanischen Eisenbahnersprache bezeichnet „Boomer" einen Mann, der schon bei vielen Eisenbahngesellschaften gearbeitet hat. Für die 22 000 Mann der 28 ROB und RSB, für tausende in den Pioniertruppen und anderen Einheiten, die 1945 in Frankreich eingesetzt waren, war ein „Boomer" durch die Zahl der Länder gekennzeichnet, in denen er Dienst getan hatte – USA, Marokko, Algerien, Tunesien, Sizilien, Italien, England, Frankreich und Deutschland. Einige kamen schließlich noch auf die Philippinen, nach Korea, China und Japan und die übrigen Gebiete, die in diesem Buch erwähnt werden. In den achteinhalb Monaten bis zur deutschen Kapitulation transportierten die Amerikaner mehr als achtzehn Millionen Tonnen militärischer Güter, dazu noch Soldaten, Kriegsgefangene und den zivilen Bedarf über die SNCF. Großen Anteil an dieser Leistung hatte die Verständigung zwischen den amerikanischen und französischen Streitkräften (links) und zwischen der US-Army und den französischen Eisenbahnern (oben), die für eine gemeinsame Aufgabe zusammenarbeiteten. Amerikaner aus vielen Einheiten, wie dieser Heizer auf einer ölgefeuerten „GI" des 733. ROB (unten), und der amerikanische Zugführer auf den Gleisen der SNCF leisteten einen großen Beitrag zum Sieg (rechts). Er steht mit belgischem Signalhorn zusammen mit einem französischen Eisenbahner auf einem deutschen Güterzugpackwagen.

(4 Fotos: U.S. Army)

Der Untergang des Dritten Reiches

Anfang 1943 waren die großen Siege des Dritten Reiches vorbei. Für die Zukunft sollte es nur noch Niederlagen, Zerstörung und den Tod von Millionen unglücklicher Soldaten und Zivilisten geben.

Wenn Deutschlands Wege zum Sieg über Eisenbahnschienen geführt hatten, so kann dies auch für seine Überwinder gelten. Obwohl die Deutschen keine Anfänger in der Produktion von Eisenbahnmaterial waren, so wurden sie doch 1943 durch das steigende Industriepotential ihrer Gegner und schließlich durch die Flotten schwerer Bomber bezwungen. Trotz aller Einwirkungen wurde der Betrieb der Deutschen Reichsbahn, der Militäreisenbahnen und der Bahnen in den besetzten Gebieten weiter aufrechterhalten.

Bei den schweren Schäden trat niemals, außer in Nordfrankreich nach der Invasion, ein völliger Zusammenbruch des Eisenbahnverkehrs ein. Aus dieser Sicht erscheinen die massiven und verlustreichen alliierten Luftangriffe ebenso nutzlos wie die Angriffe der deutschen Luftwaffe auf England. Obwohl die Verluste, die den Alliierten bei der Unterbindung des Eisenbahnbetriebs durch Bombenangriffe entstanden, nicht umsonst gewesen waren, konnten erst dann die Eisenbahnen ihrer Aufgaben für Deutschland nicht mehr gerecht werden, als die siegreichen Armeen von Osten, Westen und Süden herankamen und schließlich das Land eroberten.

Nächtliches Feuergefecht an der Ostfront

Ein Maschinengewehr in einem gepanzerten Eisenbahnwagen der Roten Armee feuert durch die Winternacht. Es
unterstützt einen der vielen sowjetischen Angriffe, die
erbarmungslos auf die deutsche Armee einschlugen, um
sie auf die Grenzen ihres Heimatlandes zurückzudrängen.

(Foto: Sovfoto)

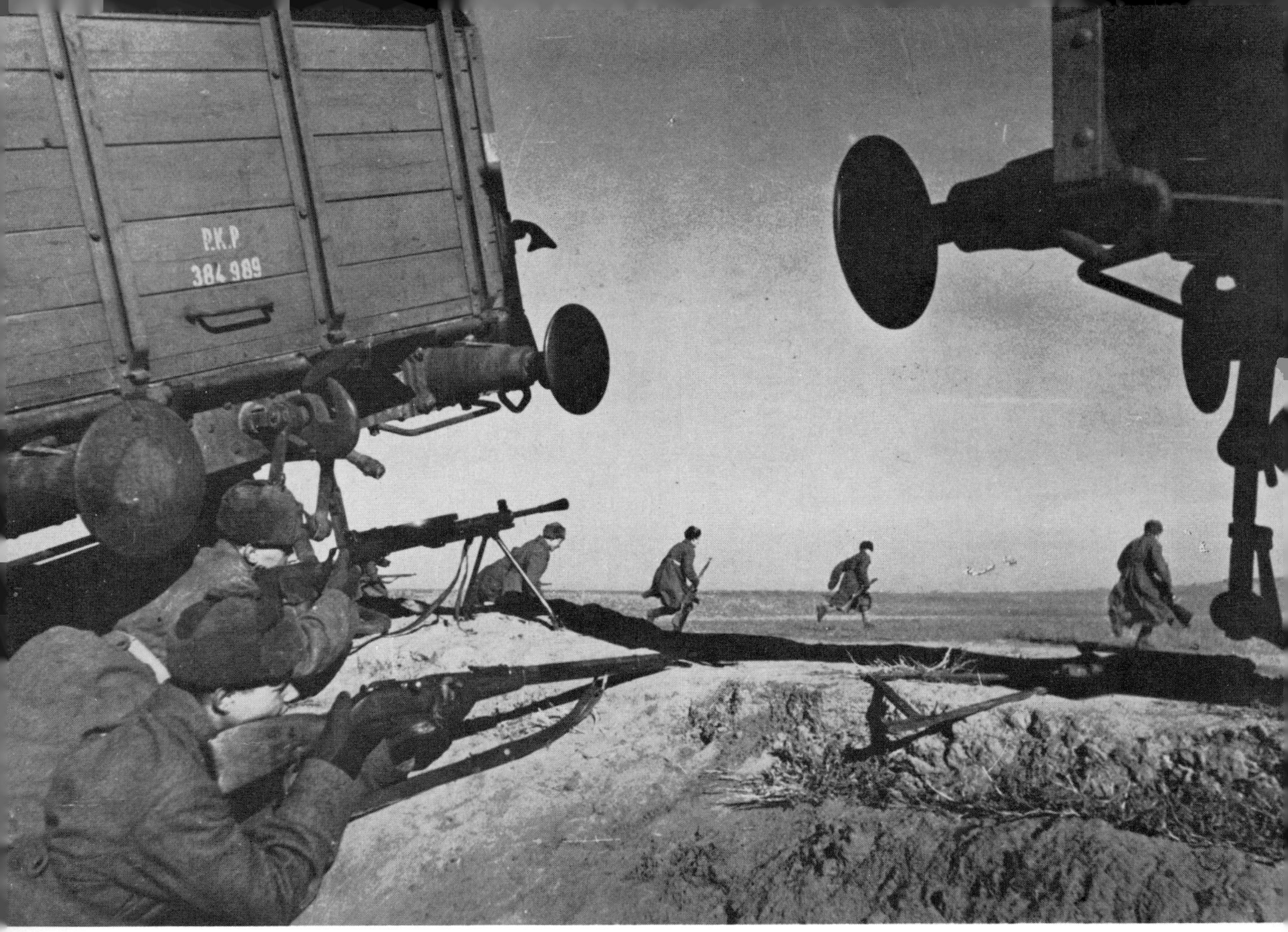
P.K.P
384 989

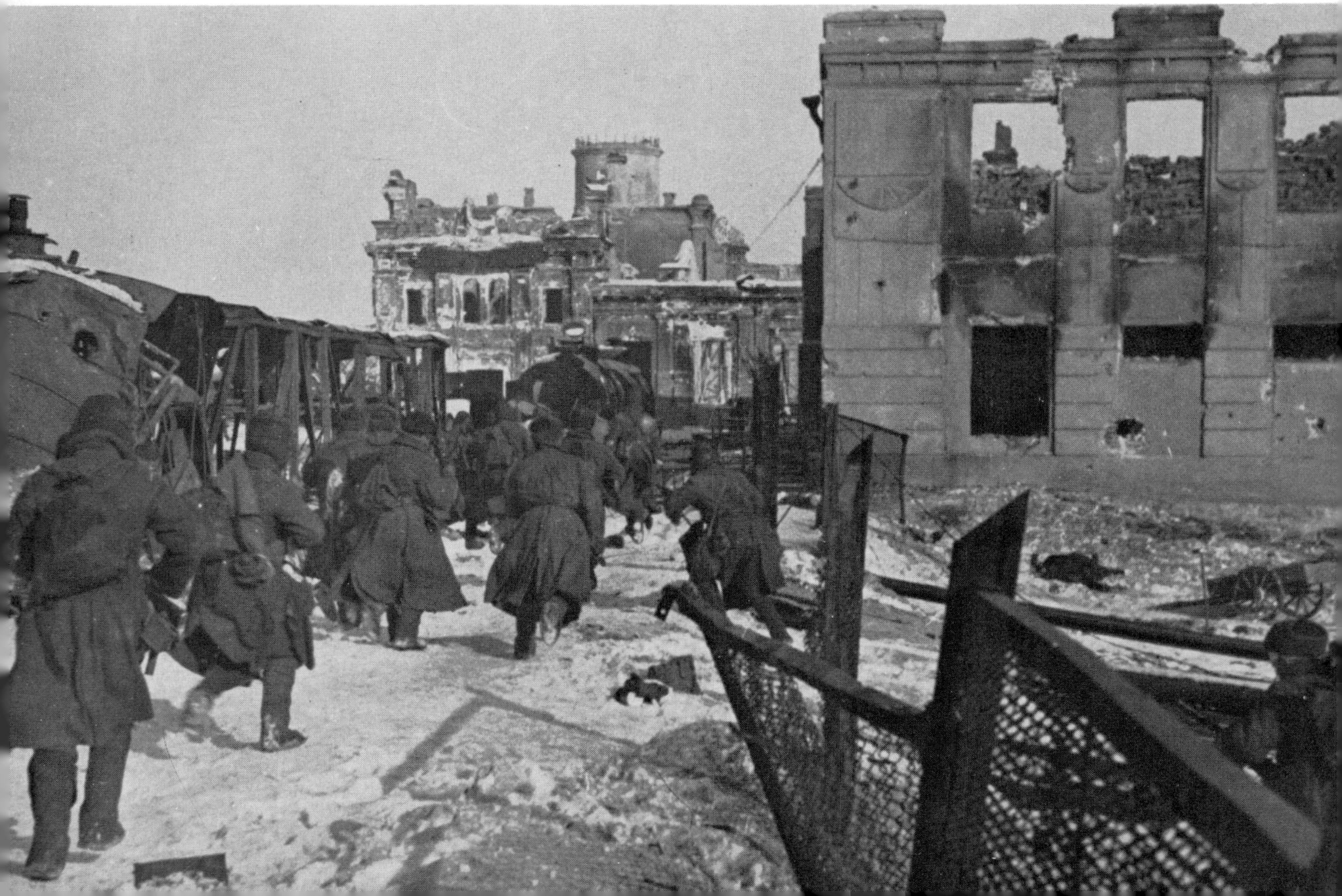

Die Vernichtung bei Stalingrad

Der gewaltige Kampf um das Industriezentrum von Stalingrad an der Wolga, mit dem weitesten Vorstoß der deutschen Streitkräfte in Rußland, der Ende August 1942 begann, wurde zur großen Niederlage. 5 Monate später wurde die gesamte 6. Armee, bestehend aus fast 300 000 Mann, eingekesselt, ausgehungert und zur Kapitulation gezwungen. Die Hälfte der Soldaten fielen im Kampf, von den Überlebenden starben die meisten in Gefangenenlagern. Nur diejenigen, die das Glück hatten, zu Beginn der Kämpfe schwer verwundet zu werden, wurden aus dem Kessel geflogen und kehrten nach Deutschland zurück.

Nach der Einkesselung waren die rückwärtigen Bahnverbindungen in russischer Hand. Das Sterben der 6. Armee begann. Solange die Möglichkeit dazu bestand, wurde der Durchbruch von Hitler verboten. Russische Soldaten greifen von einem Bahndamm an und schließen den Ring um Stalingrad enger (oben links). Alle Gleise, die in die Stadt liefen, wurden von den Deutschen zum Bau von Panzersperren verwendet. Rotarmisten stürmen einen Bahnsteig entlang zum Empfangsgebäude (unten links). Nach der deutschen Kapitulation wurden die erbeuteten Panzer auf Flachwagen geladen (oben). Die traurigen Reste der 6. Armee wurden beim Wiederaufbau der Eisenbahnen eingesetzt (unten).

(1 Foto: Photoworld, unten; 3 Fotos: Sovfoto)

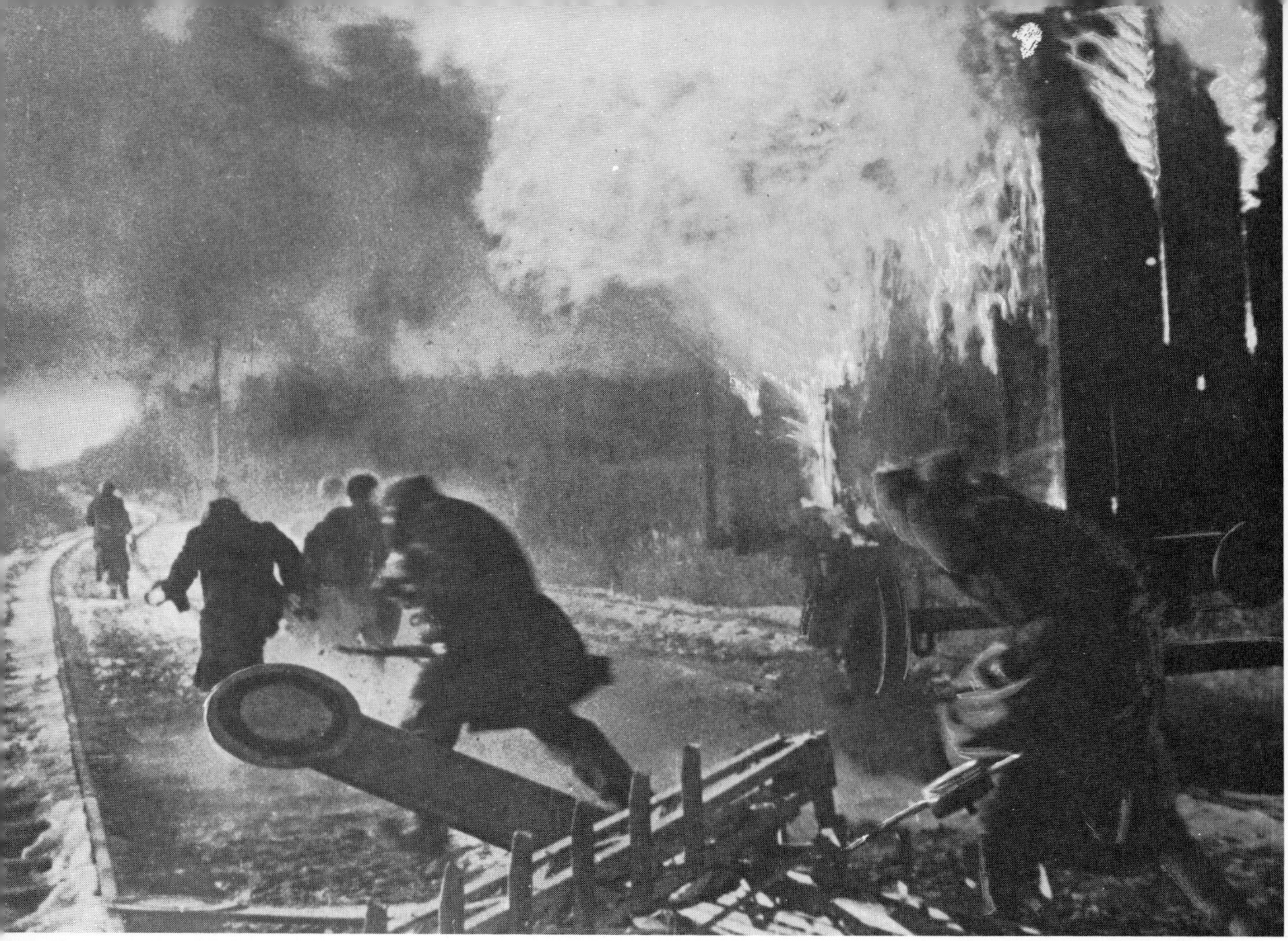

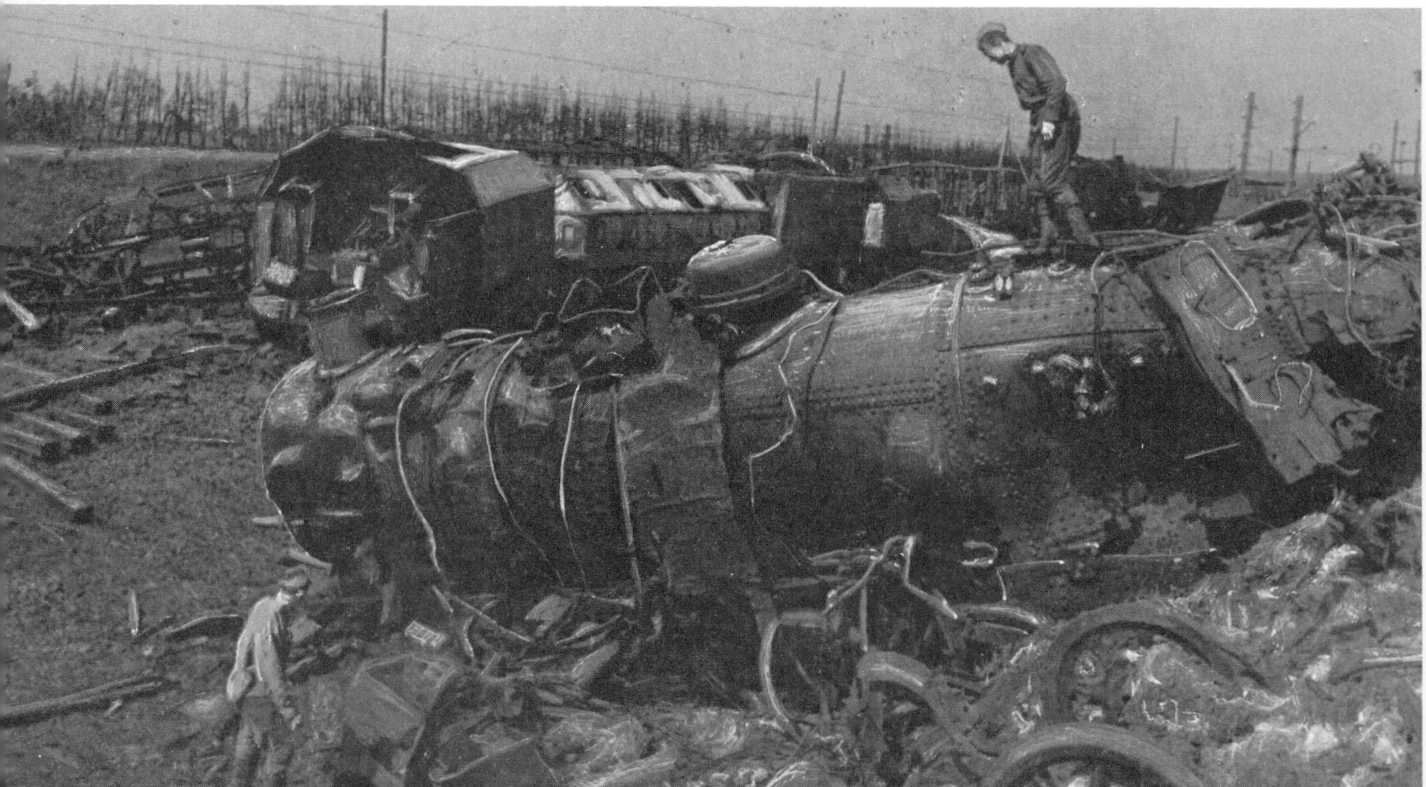

Der Angriff der „Rächer des Volkes"

Partisanen-Einheiten hinter der deutschen Front trafen oftmals die rückwärtigen Verbindungen, besonders die Eisenbahnen. Eine Einheit der „Rächer des Volkes", wie sie genannt wurden, verläßt nach einem Angriff die abgelegene Blockstelle, die fast völlig zerstört wurde (oben links). Ein wichtiges Ziel waren auch die Panzerzüge der deutschen Armee. Die Lokomotive eines solchen Zuges wurde durch eine Explosion fünfzehn Meter durch die Luft geschleudert (links). Eisenbahnsoldaten der Roten Armee der dritten Bjelorussischen Front untersuchen im Juli 1944 die Möglich-

keiten zur Aufräumung der Trümmer. Kosaken aus dem Kuban-Gebiet im Kaukasus stehen an den rauchenden Trümmern eines Panzerzuges, den sie zerstört haben (oben). Stacheldrahthindernisse, Blockhäuser, Patrouillen, nichts konnte die „Rächer des Volkes" davon abhalten, die deutschen Eisenbahnlinien anzugreifen, wobei sie den Zeitpunkt und den Ort selbst bestimmen konnten. Eine typische Methode war das Anbringen von Sprengladungen an den Schienenstößen. Der Verzögerungszünder konnte mehrere Ladungen gleichzeitig auslösen, nachdem ein Zug den verminten Abschnitt erreicht hatte (unten).

(4 Fotos: Sovfoto)

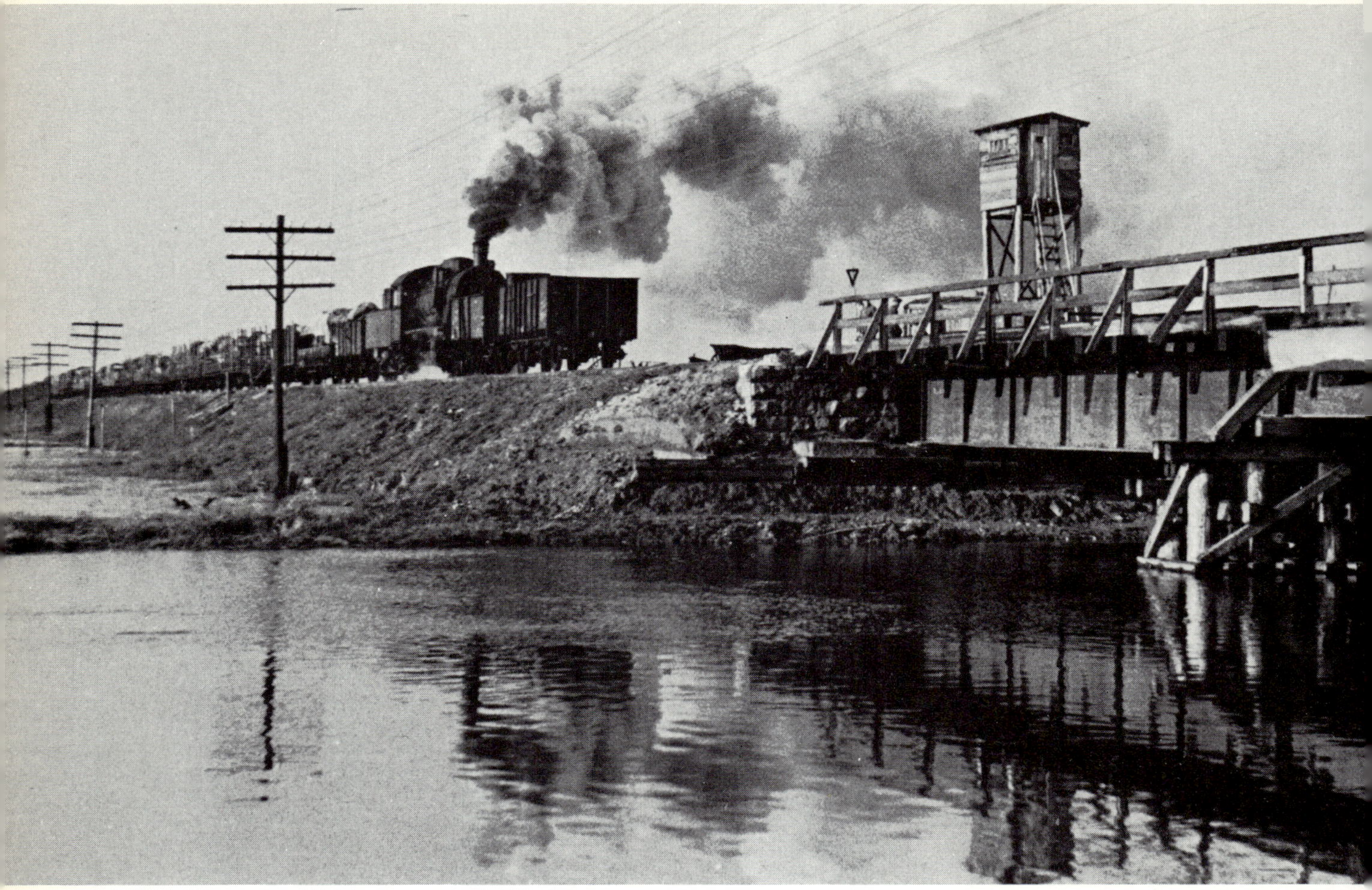

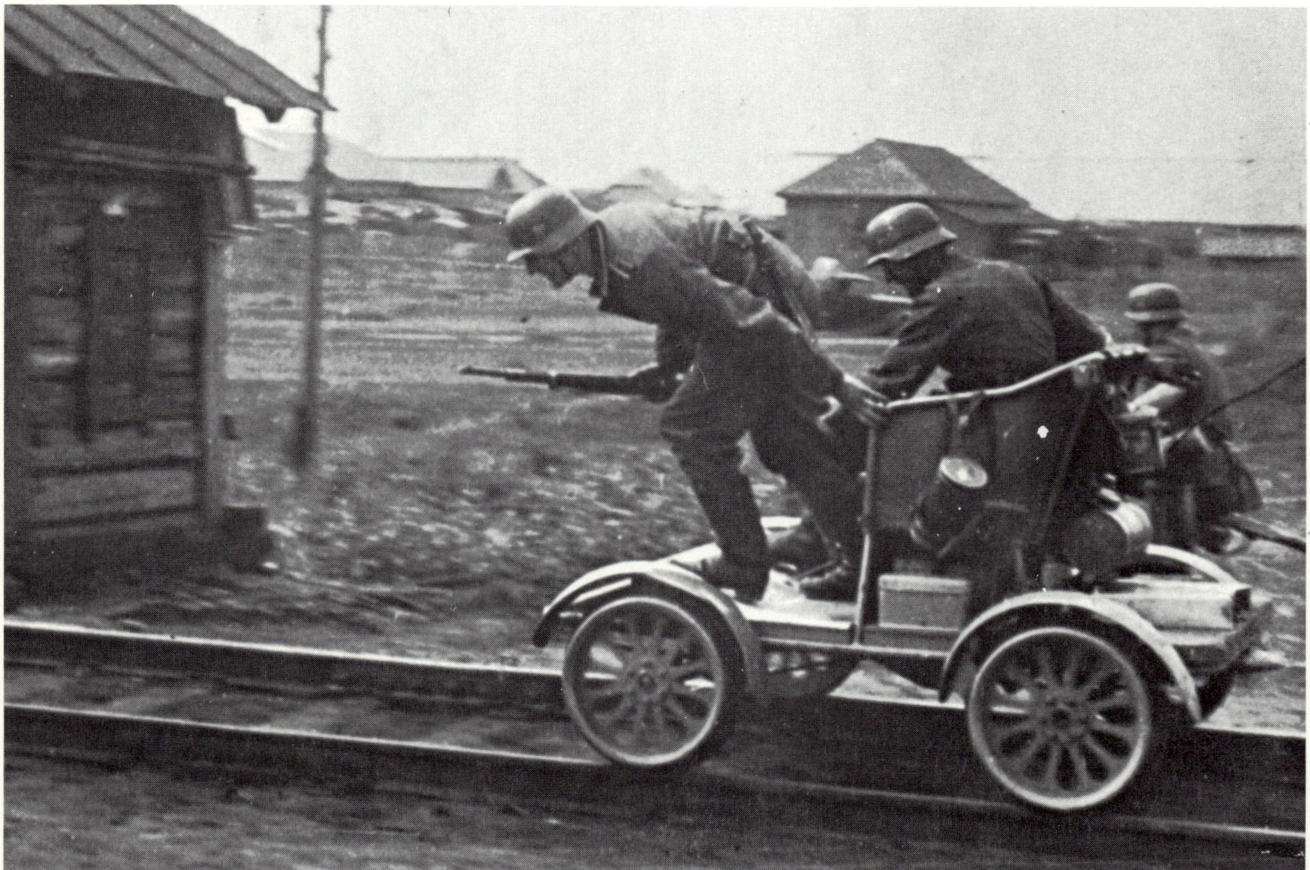

Unsichere Verbindungen

Große Kontingente an Sicherungstruppen waren in einem verlorenen Kampf um die Aufrechterhaltung der Nachschubversorgung eingesetzt. Motorisierte Patrouillen, wie diese hier, die unter Beschuß hinter einer Wärterbude in Deckung gehen, fuhren ständig die langen Eisenbahnstrecken in Rußland ab (links). Die Gleise und Brücken waren so häufig vermint, daß die Lokomotiven mehrere mit Sand beladene Schutzwagen vor sich herschoben, um die Explosion zu dämpfen und ein Anhalten vor der Sprengstelle zu ermöglichen (oben links). Während die Russen Sprengladungen einbauten (oben), waren tausende von Deutschen wie dieser Eisenbahnsoldat damit beschäftigt, die Ladungen zu suchen und auszubauen (unten). Ein Beispiel einer solchen Gleissprengung: Als ein russischer Soldat das Herannahen einer deutschen Patrouille hörte, floh er und versteckte sich, ohne die Mine richtig eingegraben zu haben. Bevor die Deutschen die Sprengladung ausbauen konnten, näherte sich ein Zug. Die Soldaten feuerten in die Luft, um den Lokführer zu warnen. Dieser glaubte, beschossen zu werden, und gab Volldampf. Die Begleitmannschaft des Zuges eröffnete das Feuer. Die Explosion zerstörte den Zug und hatte den Verlust von 30 Mann zur Folge.

(2 Fotos: Bundesarchiv, links oben und rechts unten; je 1 Foto: Photoworld, links; Sovfoto, oben)

Die Wiederherstellung der Gleisanlagen durch die Rote Armee

Sobald die Rote Armee die Deutschen aus einem Gebiet wieder vertrieben hatte, waren umfangreiche Wiederherstellungsarbeiten an den Eisenbahnanlagen nötig. Der Eisenbahnbetrieb konnte sofort wieder in zivile Hände übergehen, so daß sich die Soldaten auf die Wiederherstellung der Anlagen konzentrieren konnten. Der Organisationsplan der Roten Armee im Zweiten Weltkrieg zeigt mehrere Arten von Eisenbahnformationen. Es gab Eisenbahn-Aufbau-Bataillone, vergleichbar mit Pionier-Einheiten der US-Army, nur mit dem Unterschied nötig, daß sie sich ausschließlich mit Eisenbahnarbeiten befaßten und Straßenbau nur im Notfall durchführten. Eisenbahntruppen, in Formationen zusammengefaßt, waren für die Bewachung von Brücken, Tunneln, Bahnhöfen und strategisch wichtigen Streckenteilen verantwortlich. Vermutlich bedienten sie auch die Waffen in den Panzerzügen. Für rein militärische Eisenbahnen und zum Dienst in fremden Ländern wurden auch Eisenbahnbetriebseinheiten eingesetzt. Es muß in

diesem Zusammenhang daran erinnert werden, daß alle Eisenbahner in der Sowjetunion während des Krieges als Militärpersonen unter der Kontrolle der Armee standen. Soldaten eines Eisenbahn-Aufbau-Bataillons reparieren die Gleise am Ufer des Asowschen Meeres in der Nähe von Taganrog im September 1943. Dahinter ein getarnter Panzerzug, da das Gebiet immer noch umkämpft wurde (oben). Die Deutschen spurten die russischen Breitspurgleise auf Normalspur um, indem sie eine Schiene 9 cm nach innen setzten. Sie konnten auf diese Weise ihr Eisenbahnmaterial auf den Hauptvormarschstrecken verwenden. Meistens schnitten die Deutschen die Schienenlaschen beim Rückzug ab, so daß die Russen vor der Umspurung auf Breitspur neue Laschen einbauen mußten. Das Foto von den russischen Soldaten bei der Umspurung wurde unter deutschem Feuer gemacht (unten). Im Hinblick auf die Tatsache, daß die Explosion bereits abgeklungen ist und die Erdbrocken herunterfallen, läßt sich vermuten, daß das feindliche „Geschoß" für den Fotografen gezündet worden ist. Wäre es so nah eingeschlagen, hätten alle Männer auf Grund ihres Instinkts und ihrer Erfahrung Deckung genommen.

(3 Fotos: Sovfoto)

Schnelle Reparaturen

Nachdem deutsche Bomber fast einen Panzerzug getroffen hatten, reparierte die Besatzung des Zuges die beschädig- ten Gleise innerhalb einer Stunde. Die Flak-Geschütze und die Ankunft sowjetischer Jäger hatten die Flugzeuge der deutschen Luftwaffe vertrieben, bevor sie einen zweiten Angriff fliegen konnten.

Letzte deutsche Anstrengungen in Rußland

Für die angeschlagene, sich im geordneten Rückzug befindende Wehrmacht an der russischen Front war es im Jahre 1944 lebenswichtig, die Eisenbahnverbindungen offenzuhalten. Wegen der Gefahr großer russischer Offensiven verwendeten die Deutschen viel Sorgfalt darauf, die Eisenbahn — ihren wichtigsten Weg nach Westen — in gutem Zustand zu erhalten. Nur noch Erinnerung an die Zeiten des deutschen Vormarsches ist die Abbildung unten rechts, wo Eisenbahnpioniere zur Eröffnung einer wiederhergestellten Brücke angetreten sind. Das letzte bekannte deutsche Foto, das im Krieg von der Eisenbahn gemacht wurde, stammt vom 16. August 1944. Es zeigt Eisenbahnsoldaten, die mit einer russischen Lokomotive eine Belastungsprobe an einer Behelfsbrücke vornehmen (oben rechts). Panzerzüge mit Geschützen mittleren Kalibers deckten den Rückzug (oben links). Die Lokomotive an der Ostfront 1944 ist ein gutes Beispiel für eine deutsche gepanzerte Maschine (unten). Sie besitzt in der Panzerung Türen zur Wartung.

(2 Fotos: Bundesarchiv, links oben und rechts unten; Belgian Royal Army Museum, unten; Pionier-Schule, rechts oben)

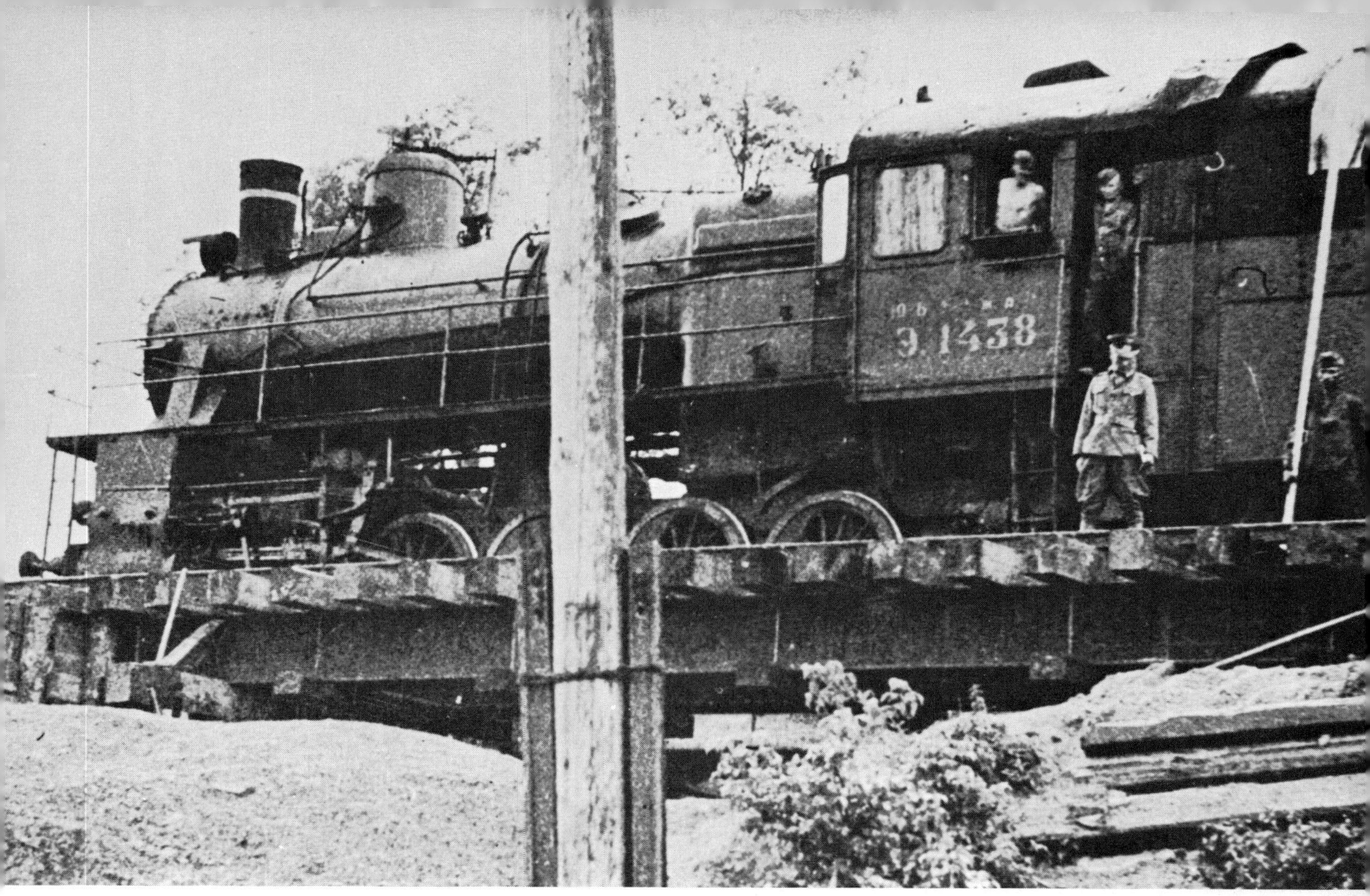
Э.1438

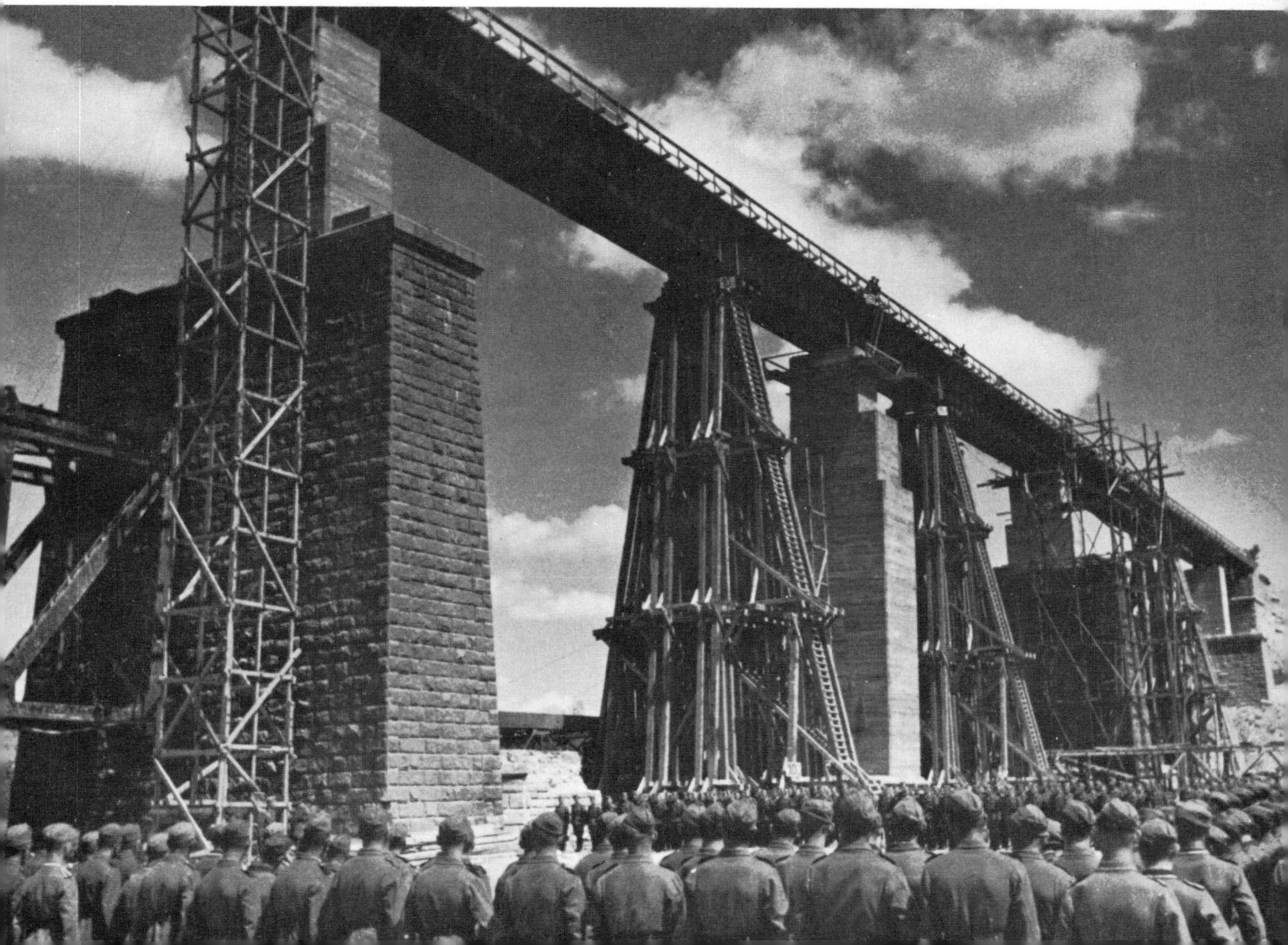

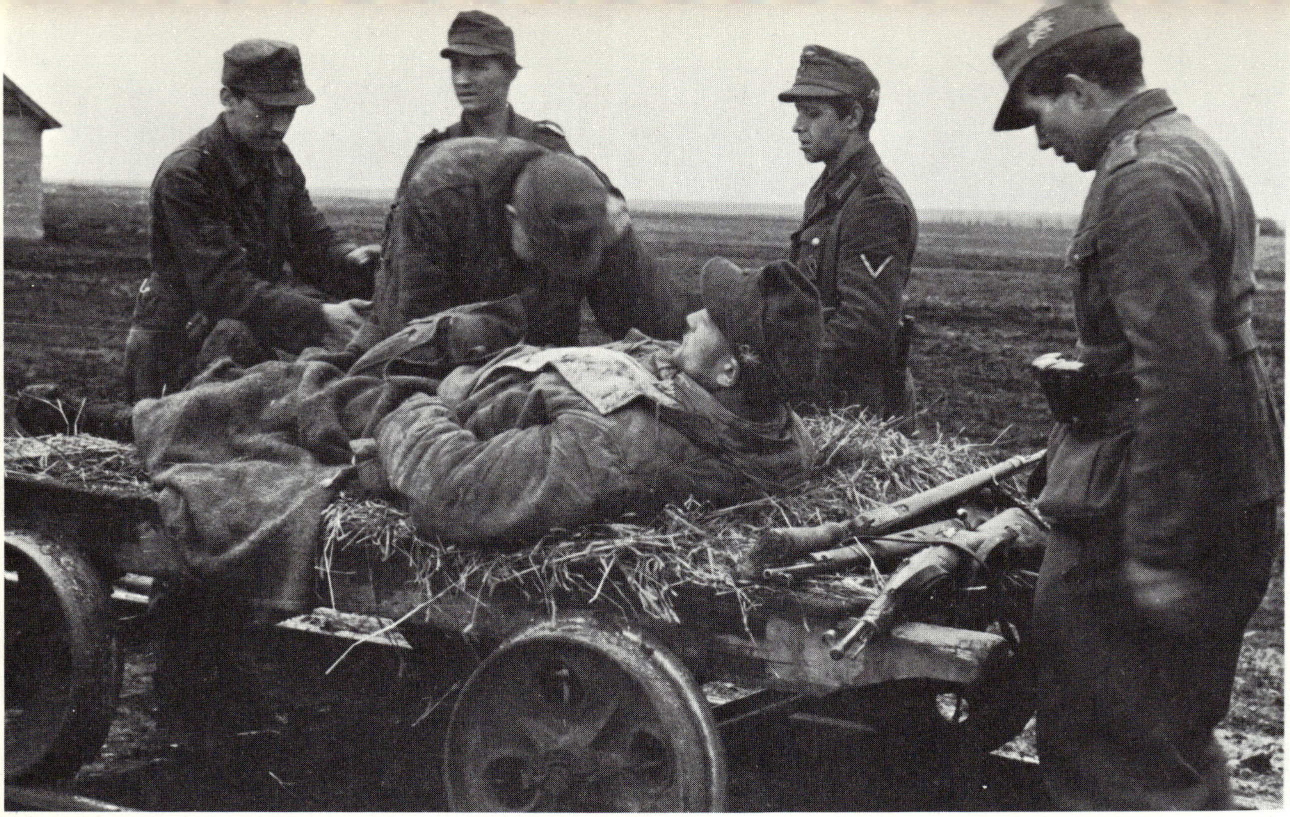

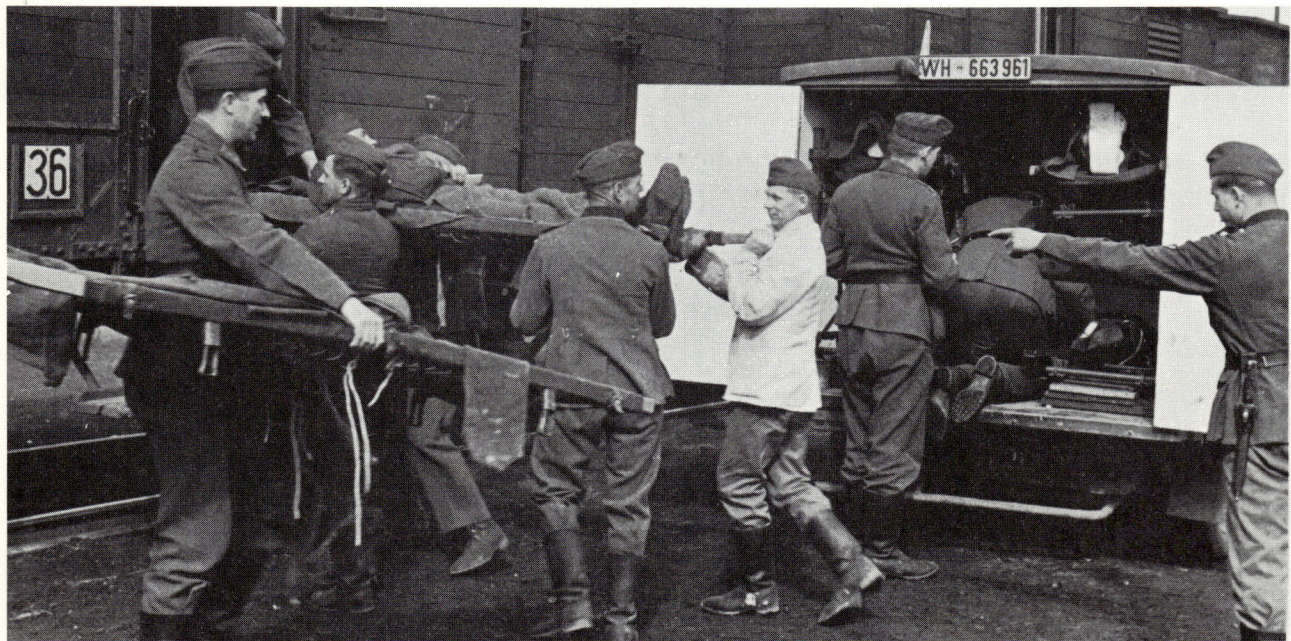

Die Evakuierung mit der Eisenbahn

Die drei Phasen des Verwundetentransports mit der Eisenbahn werden mit diesen Fotos von der Ostfront gezeigt (links, von oben nach unten). Lag ein Eisenbahngleis günstig in Frontnähe, so wurden die Verwundeten mit handbewegten Kleinwagen nach hinten gebracht. Hier liegt bereits ein Verwundeter auf einem strohbedeckten Wagen, die Sanitäter helfen einem zweiten hinauf. Von der Unbarmherzigkeit des Kampfes im Osten zeugt die Bewaffnung der Sanitäter mit Karabinern, die auch auf dem Wagen liegen. Eine andere Phase des Transports war das Umladen aus Sanitätskraftwagen in Güterwagen, obwohl im Hinterland häufig auch geräumige und helle Lazarettzüge benutzt wurden. Hier ist einer der berüchtigten „Schienenwölfe" beim Aufreißen russischer Breitspurgleise (rechts und unten). Nach der Zerstörung des einen Gleises einer zweigleisigen Strecke verschwindet der Schwellenreißer, gezogen von mehreren Lokomotiven, am Horizont (unten rechts). Bald kehrt er zurück, um auch das zweite Gleis unbrauchbar zu machen, dabei zerstören andere Soldaten die an der Strecke entlanglaufenden Telegrafenleitungen.

(1 Foto: Photoworld, links unten; 5 Fotos: Bundesarchiv)

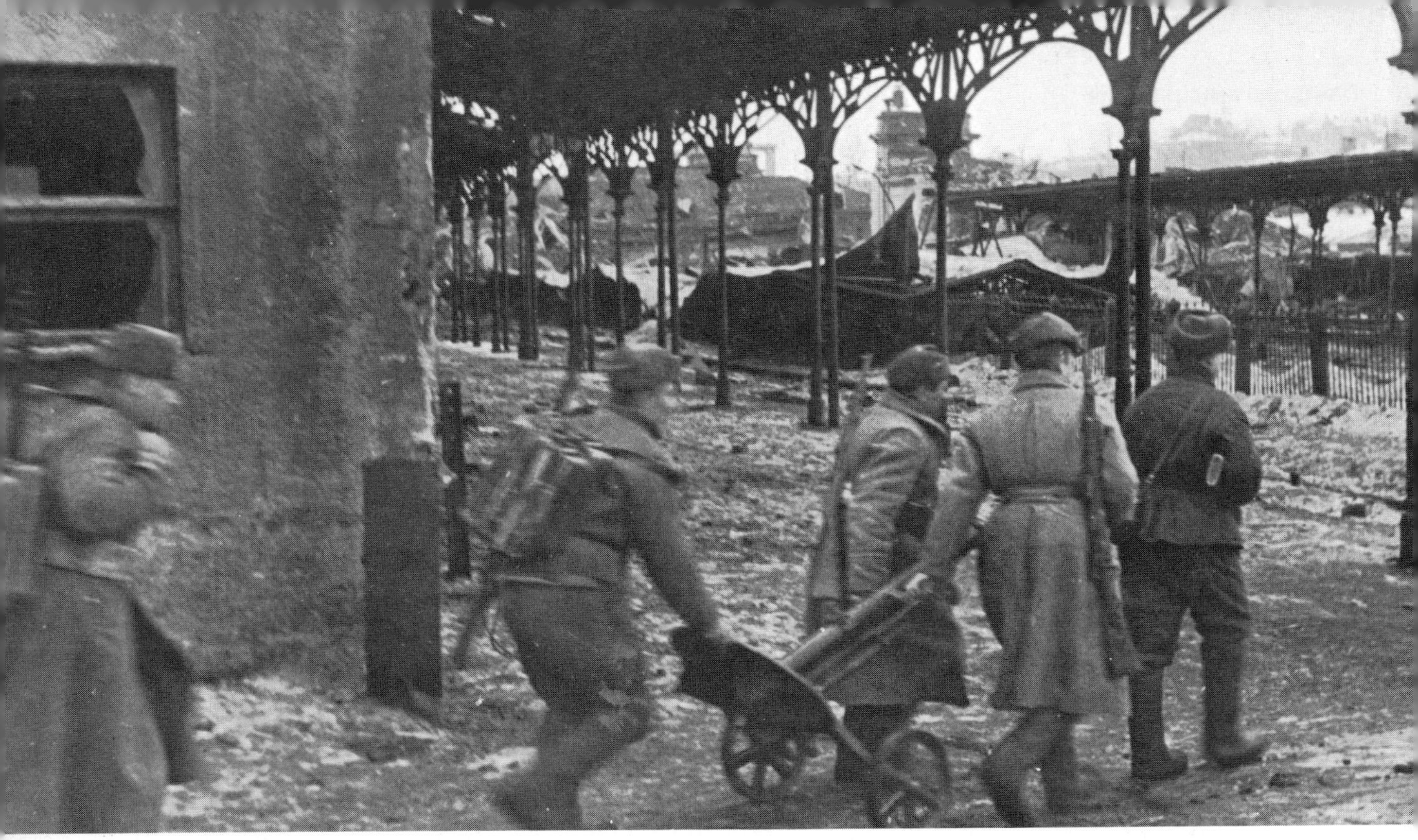

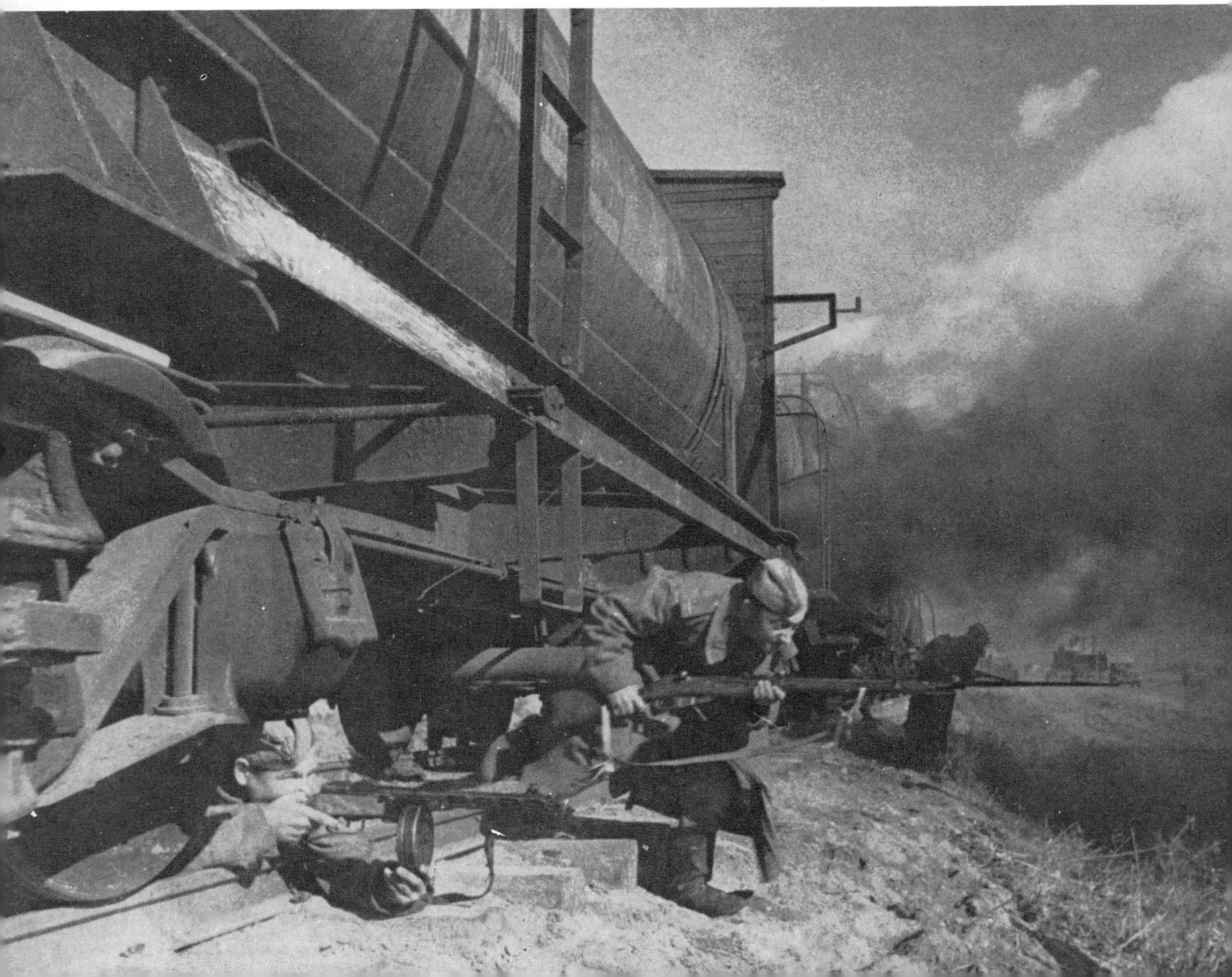

Die Wiedergewinnung der Eisenbahnen

Als die sowjetische Armee den russischen Westen, der
von den Deutschen besetzt war, zurückeroberte, begannen
die Eisenbahn-Reparatur-Battaillone sofort, die zerstörten
Strecken wiederherzustellen. Bald wurde der Zugbetrieb
mit Unterstützung der Pioniere, der Arbeits-Einheiten, der
deutschen Kriegsgefangenen und der Strafkompanien wieder aufgenommen. Eine Strafkompanie wurde eingesetzt,
wenn die schnelle Reparatur einer wichtigen Eisenbahnstrecke durch ein Minenfeld verhindert war. Die unglücklichen Sträflinge räumten das Minenfeld, indem sie hin-
durchmarschieren mußten! Granatwerfer-Einheiten der Roten Armee ziehen während des Gegenangriffs auf die Stadt
im Februar 1943 mit ihren Waffen durch den verwüsteten
Bahnhof von Charkow (oben). In Litauen, Oktober 1944, auf
dem Weg nach Königsberg, greifen sowjetische Truppen
an der baltischen Front unter einem Zug heraus an (links).
Eine deutsche Granate hat den Güterwagen getroffen und
in Flammen gesetzt. Andere russische Soldaten, die dort
Deckung genommen hatten, springen hervor. Dieses Foto
wurde am Bahnhof Siauliai an der Strecke nach Telsiai
und der Ostseeküste gemacht. Zum Schutz gegen Angriffe
der deutschen oder finnischen Luftwaffe an der kareli-
schen Front stehen sowjetische Bedienungsmannschaften
an Standard-MG mit 12,7-mm-Kaliber, die auf gepanzerten
Wagen aufgestellt sind (rechts).

(3 Fotos: Sovfoto)

Räder rollen ins Nichts

Auf den verzweifelt verteidigten Rückzugslinien bauten deutsche Pioniere Sprengladungen ein und legten Zündleitungen aus, um ihre Brücken hinter sich zu zerstören (oben). Im Juli 1944 räumten die Deutschen Bialystok, einen ihrer Ausgangspunkte für den Einmarsch in Rußland drei Jahre zuvor. Warschau lag nur wenige hundert Kilometer weiter. Die Fassade des Empfangsgebäudes des Hauptbahnhofs von Bialystok zeigt bereits Spuren des Beschusses, aber das Schlagwort der Deutschen Reichsbahn im Krieg hängt immer noch unter dem Stationsschild (links). Diese Parole war an Eisenbahneinrichtungen überall in Deutschland angebracht, wo die Alliierten sie oft zwischen den Trümmern fanden. Weiter draußen hinter dem Bahnhof dachte niemand mehr an Sieg oder rollende Räder, die Sprengkommandos bereiteten die Zerstörung einer Fußgängerbrücke vor, die dann auf die Streckengleise stürzen sollte (unten und rechts). *(Fotos: Photoworld; Bundesarchiv)*

BIALVSTOK Hbf.

Räder müssen rollen für den Sieg

Europas Eisenbahnen und die deutschen Kriegslokomotiven

Im Jahre 1937 lief der Betrieb der Deutschen Reichsbahn in friedensmäßigem Umfang, unter vollem Einsatz und guter Ausnutzung aller Einrichtungen. Obwohl der Betrieb 1939 bereits kriegsmäßig geführt wurde, hatte der Einmarsch in Polen ein dreifaches Problem zur Folge. Da mußten im August und September plötzlich tausende von Sonderzugbewegungen zur direkten Unterstützung des Polenfeldzuges und der gesteigerte militärische Verkehr nach der alliierten Kriegserklärung bewältigt werden. Gleichzeitig hatte die britische Marine eine gründliche und erfolgreiche Blokade begonnen, die praktisch den Ozeanverkehr aller Schiffe der Achsenmächte unterband und den Küstenverkehr einschränkte.

So mußte eine Million Tonnen Ruhrkohle monatlich für die italienische Industrie, die bisher mit dem Schiff befördert worden war, nun mit der Eisenbahn über die Alpen gebracht werden. Zusätzlich zu diesen ungeheuren Transportanforderungen kam eine strenge Einschränkung des Benzinverbrauchs für nichtmilitärische Zwecke, so daß auch noch der Straßenverkehr der Eisenbahn zufiel.

Der empfindliche Mangel an allen natürlichen Treibstoffen außer Kohle belastete die Eisenbahn zusätzlich. Glücklicherweise lag das Übergewicht bei den Traktionsmitteln in England und Deutschland damals bei der kohlegefeuerten Dampflokomotive. Wären die Eisenbahnen dieser beiden Länder stark verdieselt gewesen, wie dies heute der Fall ist, so ist es zweifelhaft, ob sie ihre Aufgabe überhaupt hätten erfüllen können. Der britische Eisenbahnschriftsteller E. F. Carter beschreibt in seinem Buch „Railways in Wartime" die strategische Aufgabe der britischen Eisenbahnen und beweist wieder einmal, daß schmerzliche Erfahrungen der Geschichte schnell vergessen werden. Die Worte, die für alle europäischen Eisenbahnen und bis zu einem gewissen Grade auch für Nordamerika und Asien gelten, stehen auf Seite 211: „Unser umfangreicher Übergang von der Dampftraktion zu Dieseltriebfahrzeugen kann im Falle einer zukünftigen Auseinandersetzung unser Land von der Gnade der Länder abhängig werden lassen, von denen wir den Treibstoff für unsere Lokomotiven importieren — Öl. Heute kann gesagt werden, daß England in dieser Hinsicht nur auf einem Bein steht, während die heimische Kohle, die nicht über das Meer gebracht werden muß, in Millionen Tonnen auf Halden gelagert werden muß".

Eine wenig bekannte Erfahrung der russischen Eisenbahnen ist ein weiterer Beweis: Vor dem Zweiten Weltkrieg wurden weniger als 1 Prozent der Lokomotiven mit Holz gefeuert. Nach dem Verlust der Kohlenfelder im Donezbecken stieg diese Zahl auf 11 Prozent. Von äußerster Wichtigkeit in

Kriegszeiten ist die Anpassungsfähigkeit der Eisenbahntriebfahrzeuge. Unter gewissen Ausnahmesituationen kann eine Dampflokomotive viele Stoffe verbrennen, und trotzdem sind inzwischen nahezu alle Dampflokomotiven verschrottet worden. In den sich schnell ausdehnenden Einsatzgebieten der deutschen Eisenbahnen wurden die Probleme der gesteigerten Transportleistungen und der immer größer werdenden Anforderungen an den Triebfahrzeug- und Wagenpark teilweise durch die Beschlagnahme von Material in den besetzten Gebieten gelöst. Ein Beispiel wurde von der niederländischen Regierung beim Nürnberger Prozeß angegeben: „Von 890 Dampflokomotiven wurden 490 beschlagnahmt, von 30 000 Güterwagen wurden 28 940 weggenommen, von 1750 Personenwagen geschah dies mit 1446, von 300 Dieseltriebwagenzügen wurden 215 requiriert, von 37 Dieseltriebwagen wurden 36 beschlagnahmt." Außerdem fügt der Bericht hinzu, sei der Rest, den die Deutschen zurückgelassen hatten, durchweg in schlechtem Zustand oder beschädigt gewesen. Auch ein großer Teil der festen Einrichtungen wurde entfernt.

Der Betrieb auf den europäischen Eisenbahnen des Kontinents hatte gegen Ende 1942 das Eisenbahnerpotential der Deutschen noch nicht sehr erschöpft, da die Verwaltung der Linien unter strenger deutscher Kontrolle auf allen niedrigeren Ebenen durch einheimische Büro- und Betriebskräfte durchgeführt wurde. Die große Ausnahme war Rußland, wo ein großer Teil der deutschen Hilfsquellen einschließlich der Eisenbahn gebunden war. Dann verringerte der deutsche Rückzug aus den eroberten Gebieten den Wirkungsbereich der Deutschen Reichsbahn beträchtlich, was schließlich auch eine Hilfe war. Gleichzeitig wurde damit aber auch das Zielgebiet der alliierten Bomber immer kleiner, was verheerende Folgen haben sollte.

Zur Vergrößerung des Triebfahrzeugparks der Deutschen Reichsbahn begann die deutsche Industrie 1942 ein gewaltiges Lokomotivbauprogramm. Während sich die USA und Großbritannien auf die Achsfolge 1'D für Standard-Maschinen stützten, bevorzugten die Deutschen die Achsfolge 1'E wegen der größeren Zugkraft. Während der drei Jahre bis 1945 wurden 7592 Kriegslokomotiven von den großen Firmen in Deutschland, der Tschechoslowakei und Polen produziert. Es waren alles 1'E-Lokomotiven der Baureihe 42 (17 t Achsdruck) und der Baureihe 52 (15 t Achsdruck). Ab 1943 wurden 840 Lokomotiven der schwereren Baureihe Baureihe 42 gebaut, die jedoch auf den Gleisen im Osten nicht eingesetzt werden durfte (oben links). Die 42 1486 auf dem Foto wurde von der 3. US-Armee in Darmstadt am 25. März 1945 erbeutet. Die Baureihe 52, von der die erste Maschine 1942 gebaut worden war, war nicht zu schwer, um praktisch auch auf allen Nebenstrecken in Osteuropa fahren zu können (unten links). Es wurden 6576 dieser Lokomotiven unter anderem von Henschel, Borsig, Krauß-Maffei und MBA in Deutschland, aber auch von Škoda in der Tschechoslowakei und von Chrzanow in Polen gebaut.

Auf dem Höhepunkt der Produktion der Baureihe 52, im August 1943, wurden 51 Lokomotiven, die Tagesproduktion, zur Ablieferung zusammengestellt (unten). Henschel stellte außerdem 176 Kondenslokomotiven der Baureihe 52 für den Einsatz in den wasserarmen Gebieten Rußlands her. Gekuppelt mit einem großen Tender, in dem der verbrauchte Dampf niedergeschlagen und als Wasser wieder zur Kesselspeisung verwendet wurde, konnte eine solche Lokomotive mit einer Tenderfüllung etwa 1000 km ohne Wasseraufnahme fahren, das entsprach etwa der siebenfachen Strecke einer normalen Lok der Baureihe 52 (oben).

(je 1 Foto: U.S. Army, links oben; Bundesarchiv, unten; 2 Fotos: Pionier-Schule, links unten und oben)

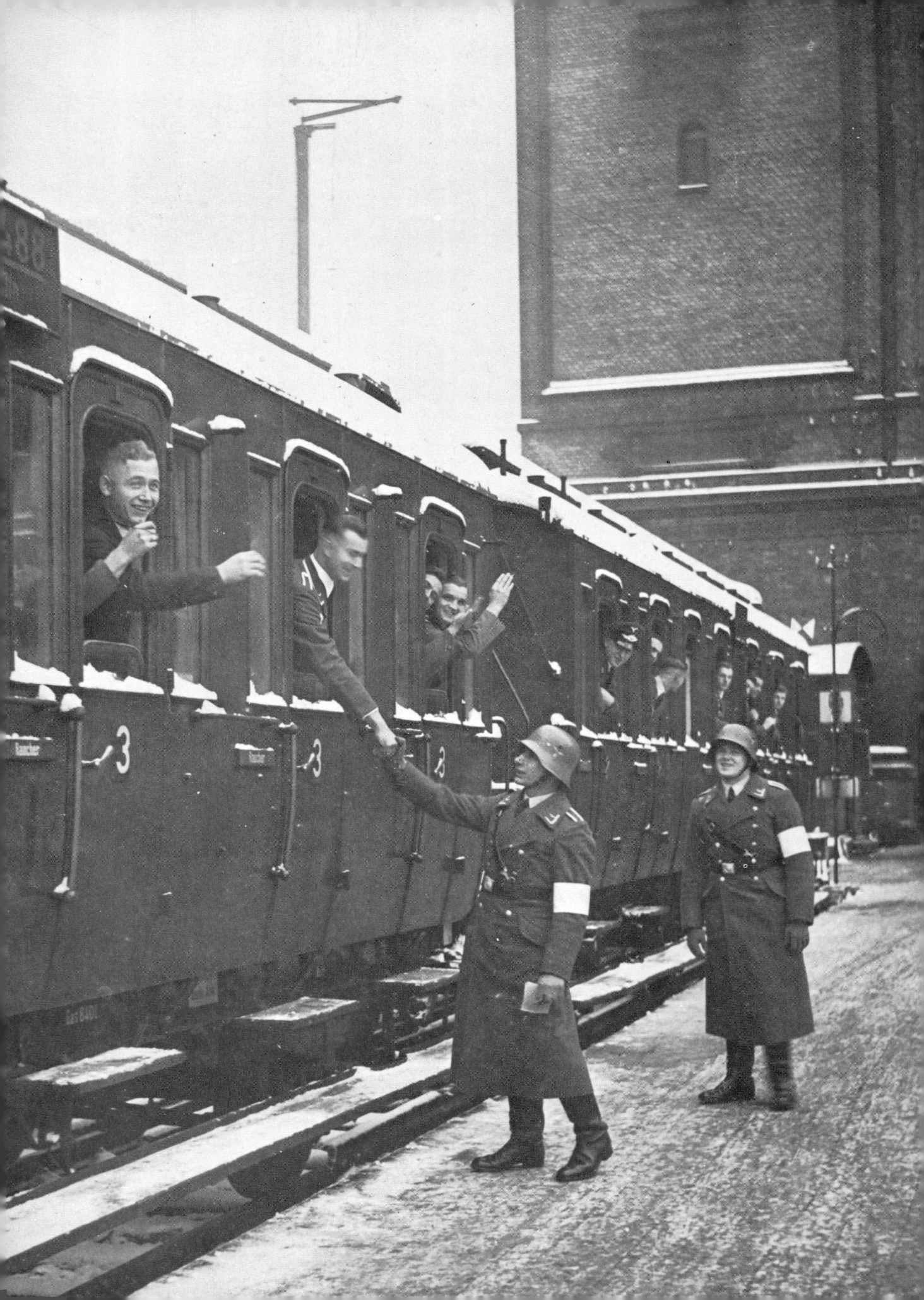

Kriegsmäßiger Zugverkehr in Berlin

In der Weihnachtszeit zu Anfang des Krieges verabschiedeten sich Soldaten im Anhalter Bahnhof in Berlin von den Wachposten auf dem Bahnsteig (links). Im Sommer 1943 gab es noch ein Lächeln auf den Gesichtern der wohlgenährten Zivilisten, als sie Reisenden zuwinken, die wegen der zunehmenden Luftangriffe der Alliierten auf das Land evakuiert werden (oben). Die Ungleichheit in den heftigen Kämpfen zwischen den viermotorigen Bombern und den Verteidigern illustriert das Foto einer Zweizentimeter-Vierlingsflak auf einem Eisenbahnwagen vor dem Himmel, von dem Millionen Tonnen Stahl und Sprengstoff auf die Städte des Reiches herabregneten (unten). Ganze Züge mit Flakgeschützen wurden hin- und herbewegt, als die alliierten Ziele während des Krieges immer wieder wechselten, um den Willen der Nation zum Krieg zu brechen.

(2 Fotos: Bundesarchiv)

„Fliegende Festungen" über der Festung Europa

Das wohl berühmteste Kampfflugzeug, das jeweils gebaut worden ist, war die B-17 „Fliegende Festung" der US-Luftwaffe, die ihren größten Ruhm als das Flugzeug der Luftangriffe erhielt, mit denen das Industriepotential Deutschlands zerschlagen wurde. Die Fliegenden Festungen flogen eng in Formation, die manchmal 160 km lang und 16 km breit war. Von den 12 731 Maschinen, die produziert wurden, waren 4750 Stück Kampfverluste. Die Besatzung betrug 10 Mann. Einzelne B-17 als Teile großer Formationen werden hier über Eisenbahnzielen gezeigt, und zwar bei Memmingen am 22. Februar 1945 (links) und bei Kitzingen am folgenden Tag während der Schlußphase der strategischen Bombenoffensive (rechts). Vom Schicksal ereilt, wie hunderte ihrer Schwestern, explodiert eine B-17 während des Bombenangriffs auf die Bahnanlagen von Nis in Jugoslawien im April 1944 (oben).

(3 Fotos: USAF)

Die „Liberator" unterbrechen wichtige Eisenbahnverbindungen

Die B-24 „Liberator" wurde an Berühmtheit nur von der B-17 übertroffen. Sie spielte ebenfalls eine große Rolle bei der Zerstörung der deutschen Wirtschaft und der Rüstungsindustrie. Obwohl die strategischen Luftoffensiven mit diesen Flugzeugen bei Tag und bei Nacht als „Terrorangriffe" auf die Städte und die Industrien des Reichs durchgeführt wurden, wurde nahezu die Hälfte der Bombenlast, besonders nach der Invasion in Frankreich, auf Eisenbahnziele abgeworfen. Es dauerte bis zu den Angriffen auf die Reichsbahn im Februar und März 1945, wenige Wochen vor Kriegsende, wobei bis zu 500 Flugzeuge 2000 Tonnen Bomben auf ein Eisenbahnzentrum abwarfen, daß die Eisenbahn dem Phänomen des zwanzigsten Jahrhunderts zu unterliegen begann — dem totalen, weltweiten Krieg. Eine B-24 der 15. US-Luftflotte wirft am 19. März ihre Bomben über Bahnanlagen ab, als die amerikanischen Armeen bereits am Rhein angelangt und in das industrielle Zentrum Deutschlands vorgestoßen waren (oben). Eine andere „Liberator" fliegt gerade an den Zielmarkierungen über den brennenden Anlagen des Rangierbahnhofs von Kreiensen (unten) vorbei.

Aus Tonnenkilometer werden Bombenkilometer

Drei „Liberator", Teil einer Armada von tausend Bombern und vierhundert Begleitjägern, werfen ihre Bomben auf den Rangierbahnhof von Rheine, eines der drei Ziele dieses Angriffs (oben). Unter der einen Flügelspitze einer B-24 der 15. US-Luftflotte ist deutlich ein Rundschuppen erkennbar, als sie die rauchenden Trümmer des Bahnhofs von Nyiregyhaza in Ungarn am 6. September 1944 verläßt (unten).

(4 Fotos: USAF)

Völlige Einschließung

Es kann gesagt werden, daß Deutschland durch seine anfänglichen Siege „Wind säte" und in den Jahren 1944 und 1945 dafür die Stürme der heftigen Angriffe erntete. Es gab innerhalb des großen Gebiets der deutschen Macht praktisch keinen Ort mehr, der nach der Jahreswende 1943/44 vor alliierten Erd- und Luftangriffen sicher war. Ein besonderes Problem waren die jammervollen Ströme menschlichen Elends, als Millionen von Flüchtlingen im Osten sich vor den Panzerspitzen und den Artillerieoffensiven der Roten Armee und der zerbrechenden deutschen Front in Sicherheit brachten. Halbverhungert, die wenigen Habseligkeiten mit Zeltbahnen und Zweigen getarnt, sitzen ungarische Zivilisten, Soldaten und ein Polizist erschöpft auf einem Flachwagen auf dem Weg nach Deutschland (oben). Ebenfalls in Ungarn steht ein deutscher Soldat übermüdet an einer leichten Flak, die das Zugende schützen soll (links). In der Zwischenzeit haben die Jabos und mittleren Bomber der 9. US-Luftflotte in die Angriffe der B-17 und B-24 auf die deutschen Eisenbahnlinien im Inneren eingegriffen. Die Bahnanlagen von Freiburg (Breisgau) waren für die Deutschen von besonderer Wichtigkeit, da hier der größte Bahnhof zur Abfertigung der Züge in Südwestdeutschland lag. Obwohl sie ständig getroffen wurden, wurden die Bahnanlagen von Arbeitern immer wieder hergestellt. Schließlich holte die 9. US-Luftflotte zum entscheidenden Schlag auf die Bahnanlagen von Freiburg aus, bevor Bodentruppen die Stadt wenig später einnahmen (oben rechts). Der Kölner Hauptbahnhof, einschließlich der Rheinbrücken, lag an einer der Hauptverkehrsadern, über die der Nachschub für einen Teil der Westfront lief (rechts). Die Gegend um den Hauptbahnhof war das Ziel von sechzehn Angriffen der 8. US-Luftflotte; dazu kamen Schäden durch Artillerie und Infanteriefeuer, als Erdtruppen die Stadt am Rhein überrannten.

(2 Fotos: Bundesarchiv; 2 Fotos USAF, rechte Seite)

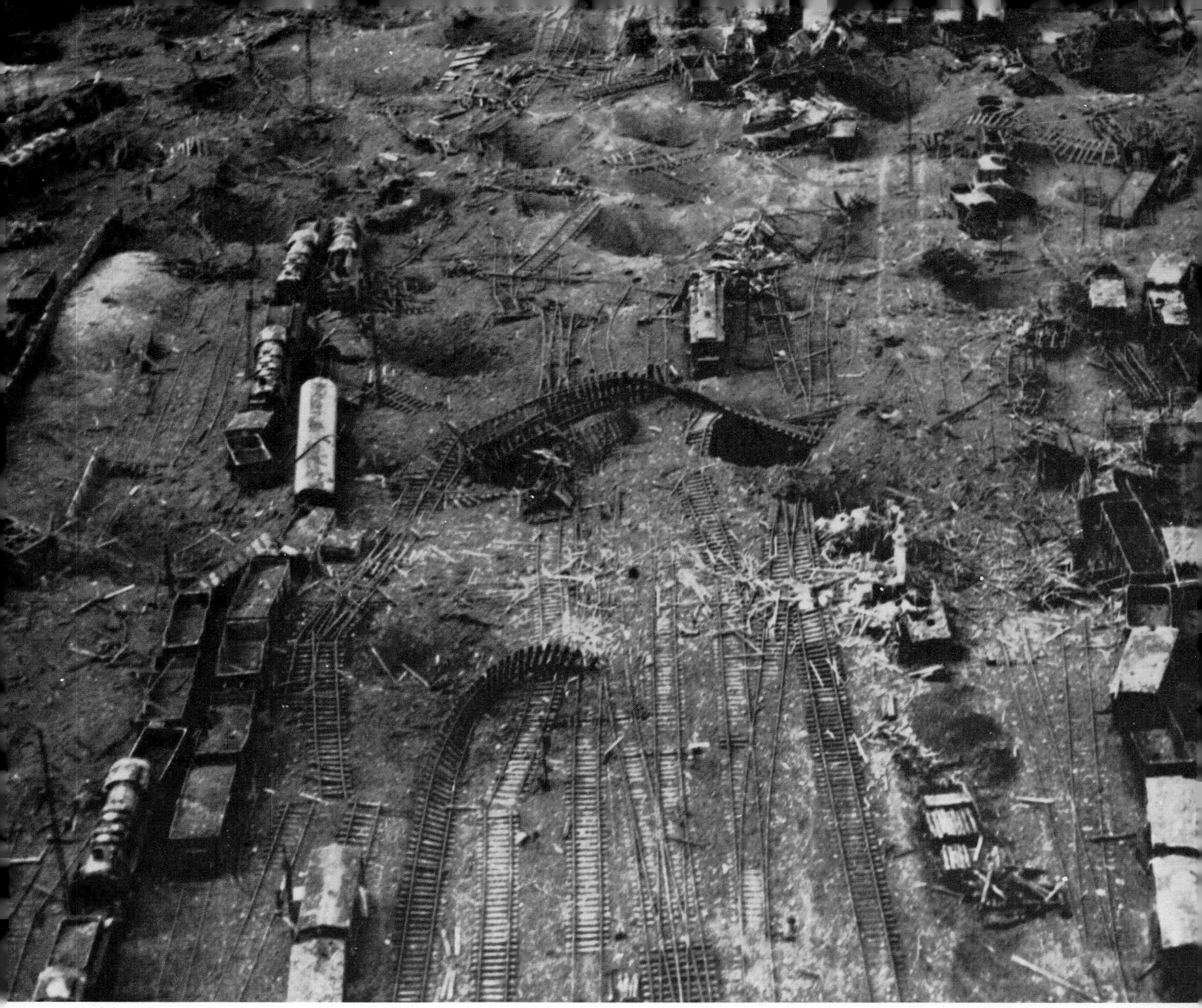
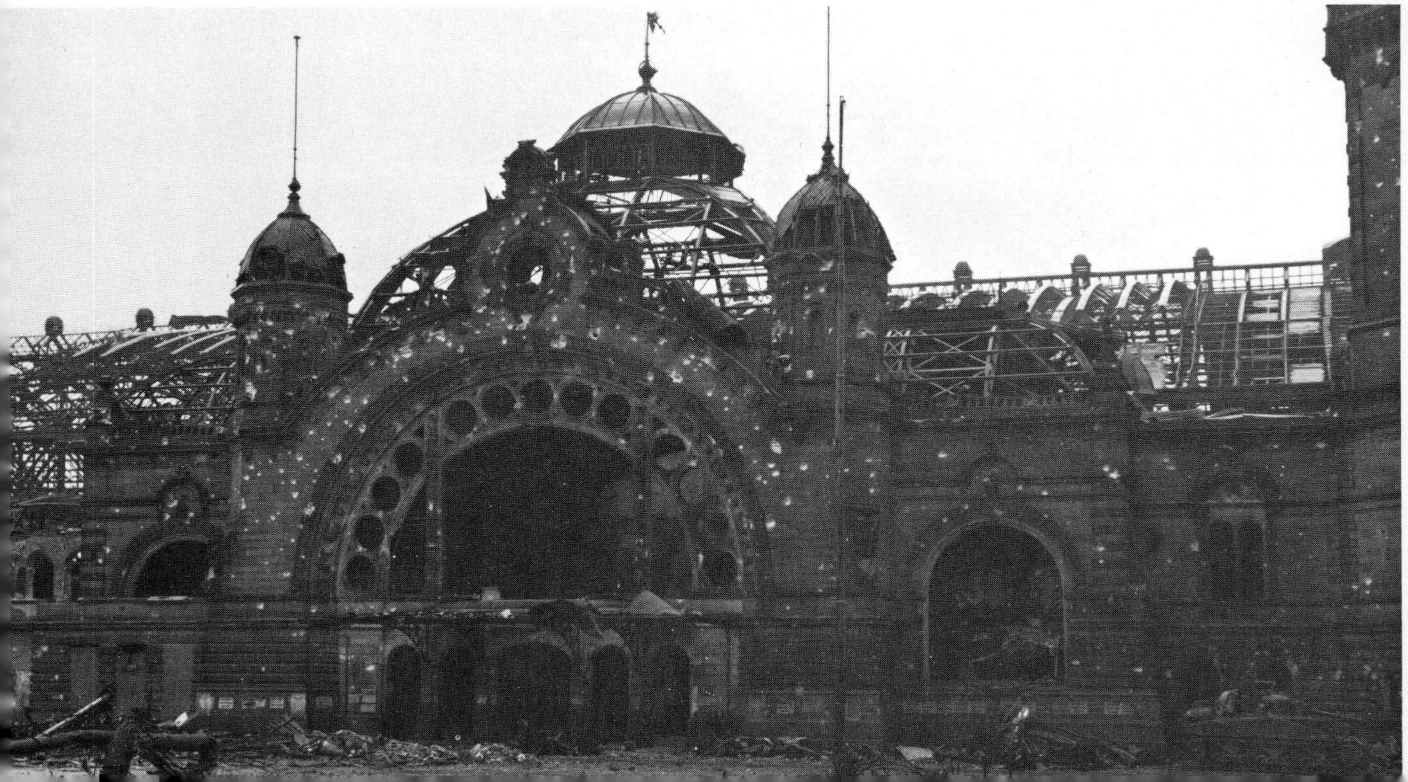

Die Befreiung Belgiens

Im Herst 1944 drangen die alliierten Streitkräfte in Belgien ein. Sie hatten das direkte Ziel, den großen Hafen von Antwerpen als Entlade- und Lagerplatz in Betrieb zu nehmen, von wo aus die Eisenbahnen den Nachschub an den Rhein bringen konnten. Der Vorstoß lief planmäßig ab, und bereits am 9. Oktober teilen amerikanische Eisenbahnsoldaten ihre Zigaretten mit dem belgischen Zugführer und zwei Gendarmen, als sie mit ihrer „GI"-Lokomotive auf dem Bahnhof von Lüttich im Dienst sind (oben). Am 17. November 1944 kommt ein amerikanischer Munitionszug in der Nähe von Eupen an, das noch im Schußbereich der deutschen Artillerie liegt (oben rechts). Einen Monat

später traf die letzte deutsche Offensive die Ardennen nur 20 km südlich von hier und warf die Amerikaner hundert Kilometer zurück. Viele Angehörige des MRS mußten plötzlich als Infanteristen kämpfen, während andere, besonders das 712., 732. und 718. ROB, den Zugbetrieb aufrechterhielten und so halfen, das Blatt der Ardennenoffensive zu wenden. Eine offizielle Anerkennung aus dem Hauptquartier von Pattons 3. Armee lautet: „Das 732. ROB betrieb praktisch die Endbahnhöfe bis in Frontnähe. In einigen Fällen wurde Artilleriemunition mit der Eisenbahn bis zu den Geschützen gebracht, ohne sie noch einmal auf Lastwagen umladen zu müssen." Das 718. ROB vollbrachte eine große Leistung mit dem Tranport von vier kompletten Divisionen der 3. Armee und einer Division der 7. Armee über die ganze Front hinweg, um die Südflanke des deutschen Vormarschs aufzuhalten. Die Züge fuhren 48 Stunden unter feindlichem Artilleriefeuer und Tieffliegerangriffen. Im Januar 1945 hatte das 743. ROB den gesamten Eisenbahnverkehr im Hafen von Antwerpen unter sich (rechts).

(3 Fotos: U.S. Army)

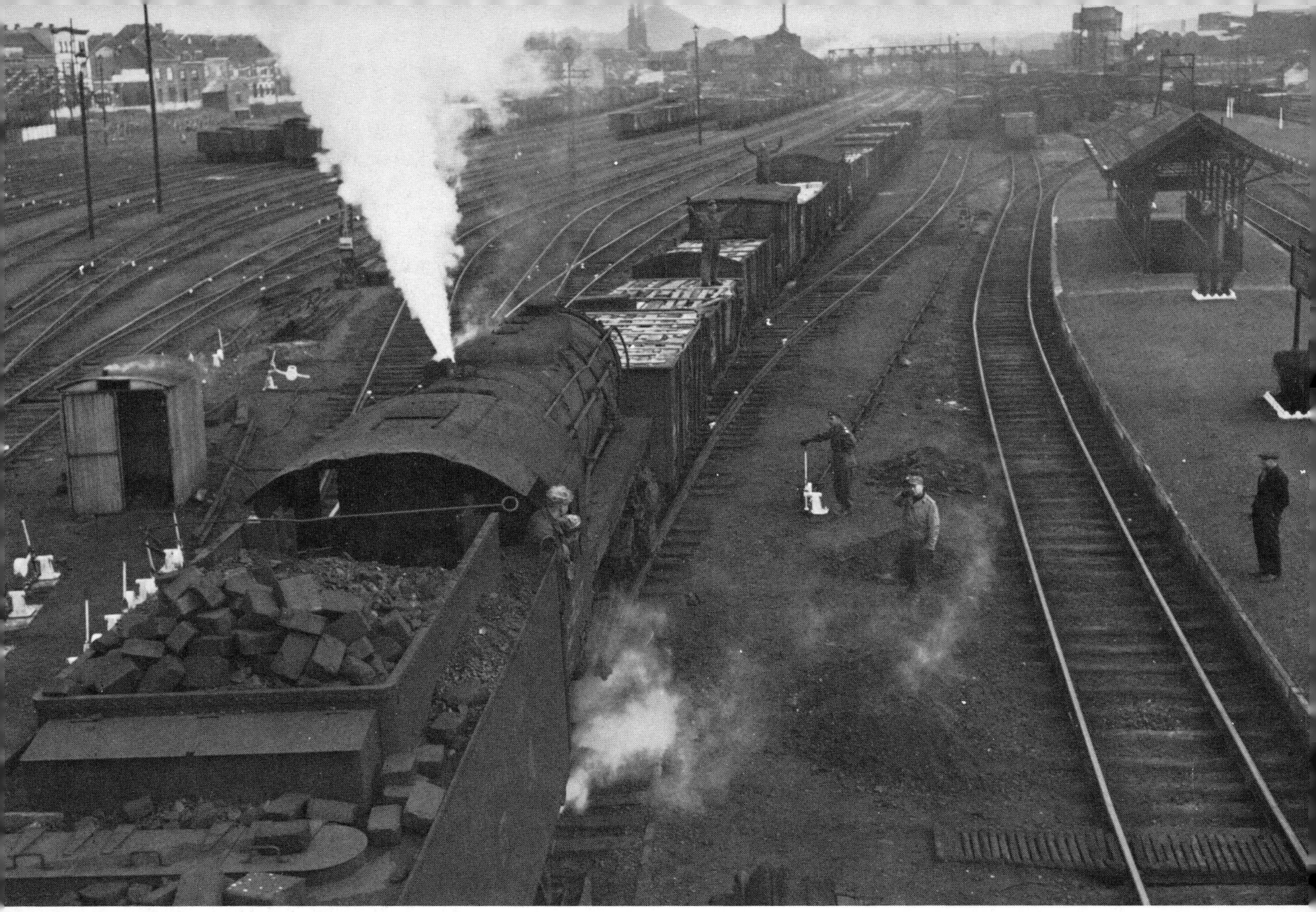

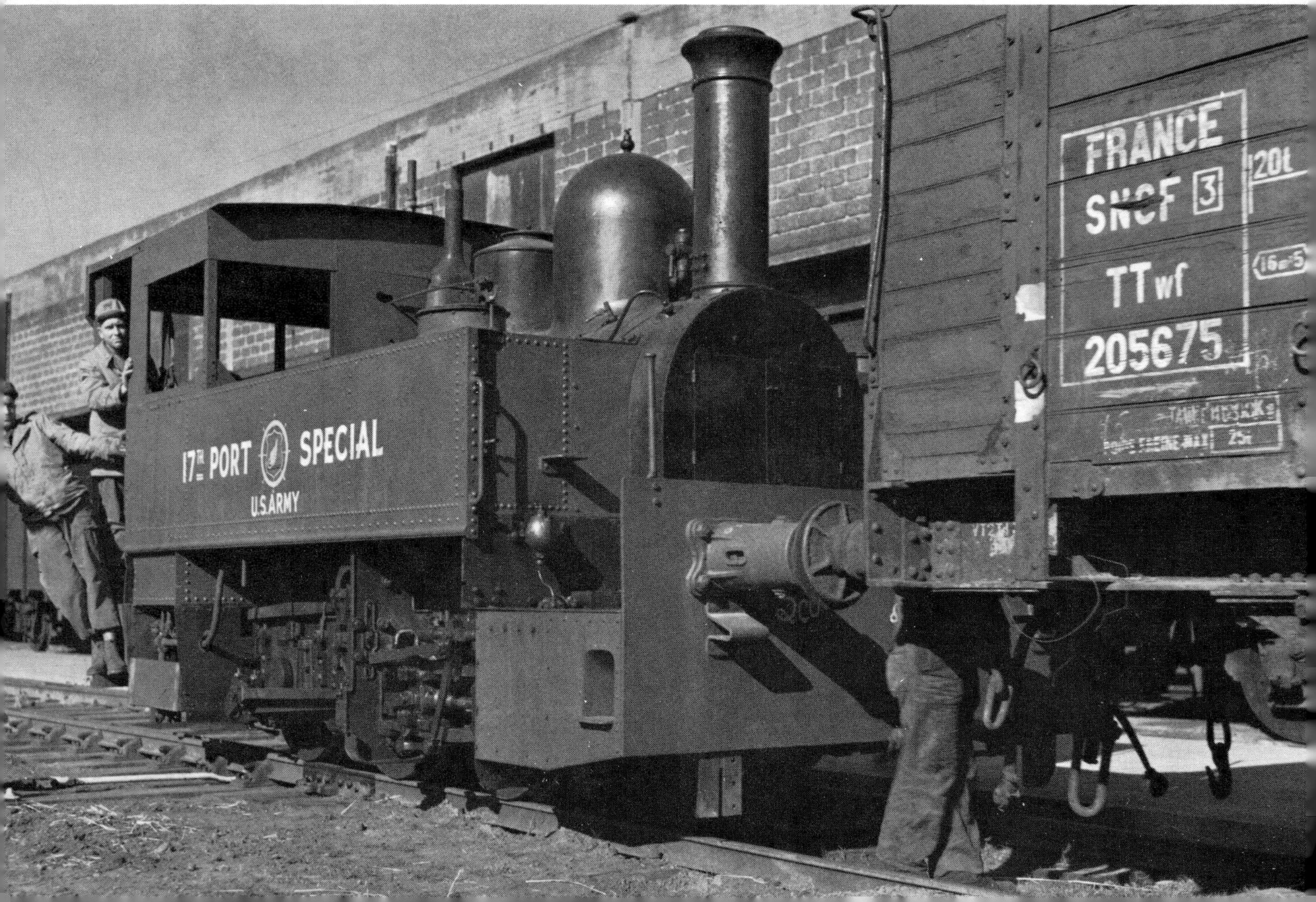
17TH PORT SPECIAL
U.S.ARMY
FRANCE
SNCF 3
20t
TTwf
205675

Explosive Kohle

Eine gefährliche Falle der sich zurückziehenden deutschen Truppen
entstand dadurch, daß sie Kohlebriketts, wie hier auf dem Tender
der 2317 im Bahnhof von Charleroi, der dem 744. ROB unterstand,
aushöhlten. Diese Briketts wurden dann mit Sprengstoff gefüllt, verschlossen und auf einen Haufen harmloser Lokomotivkohle geworfen.
Wenige Tage später, als die Alliierten den Eisenbahnbetrieb dort
übernahmen, riß eine Explosion die Feuerbüchse auseinander und
tötete das Führerstandspersonal. Die Männer des MRS lernten sehr
schnell, jedes Brikett auseinanderzubrechen, und einmal kam eine
Lokomotive mit zwei Sprengladungen auf dem Führerstand von einer
Fahrt zurück, die der Heizer ängstlich bewacht hatte! Eisenbahner der
US-Army erneuerten eine alte belgische Rangierlokomotive für den
Hafen von Gent (unten links). Siebzehn Angehörige des MRS, die
im Kampf gefallen waren, wurden in Feierlichkeiten geehrt, indem
in Lüttich am 27. Februar 1945 Lokomotiven zu ihrer Erinnerung mit
den Namen der Gefallenen versehen werden (oben). Brigadier General Carl R. Gray, der Generaldirektor des MRS, begrüßt zwei Eisenbahner aus seiner Heimatstadt (rechts). Das Antwerpener Hauptquartier der 707. Railway Grand Division, die von der Southern
Railway betreut wurde, war von einer V-1 schwer beschädigt worden
(unten).

(4 Fotos: U.S. Army; 1 Foto: Southern Railway, unten)

Die Überquerung des Rheins

Nachdem der Westwall von den Alliierten um die Jahreswende 1944/45 durchbrochen war, war das breite Flußtal des Rheins das letzte große Hindernis im Westen, das Deutschland schützte. Für die Bildung von Brückenköpfen für die Überquerung, die Mitte April stattfinden sollte, wurden ausführliche Pläne gemacht, als ein unglaubliches Ereignis den Krieg um sechs Wochen verkürzte. Am Nachmittag des 7. März erreichte eine amerikanische Aufklärungskompanie ein Dorf am westlichen Rheinufer, und zu ihrem Erstaunen fanden die Soldaten die Ludendorff-Eisenbahnbrücke bei Remagen noch intakt, auf der hunderte von deutschen Soldaten und Zivilisten den Fluß überquerten. Am gegenüberliegenden Ufer, auf der Nord-Süd-Hauptstrecke, standen mehrere Lokomotiven unter Dampf. Trotz der von den Deutschen eingebauten Sprengladungen und eines früheren Versuchs der Amerikaner, die Brücke zu zerstören, wurde sie wenige Stunden später nach heftigen Kämpfen eingenommen. Nachdem fünf Divisionen die Brücke als Übergang benutzt hatten, wurde viel Eisenbahnmaterial hinübergebracht. Die erste Armee hatte auf ihrem Vormarsch bereits 160 km zwischen sich und den Fluß gebracht, denn sie vertraute auf einen ständigen Strom der Versorgungsgüter, die mit der Bahn kamen. Am 17. März jedoch, gerade vier Stunden, nachdem dieses Foto gemacht worden war, stürzte die Ludendorff-Brücke ein. Inzwischen waren bereits fünfundfünfzig Rheinbrücken, davon sechs für die Eisenbahn, von den Pionieren der US-Army geplant. Einige wurden beschleunigt fertiggestellt, um diese strategisch wichtigste Brücke des Krieges zu ersetzen (oben). Eine Brücke wurde über den Rhein bei Wesel, 160 km nördlich von Remagen, gebaut. Genannt nach Major Robert Gouldin, einem Pionier-Offizier, der während des Baus getötet worden war, war diese über fünfhundert Meter lange Brücke innerhalb von zehn Tagen erbaut worden. Am 10. April fuhr der erste Zug

mit Nick Lutseck vom 720. ROB am Regler über die Brücke (rechts). Bis zur Kapitulation, 27 Tage später, hatten 700 000 Tonnen Versorgungsgüter diese zweifelhaft aussehende Konstruktion überquert. In Mainz traf die Nachricht vom Tod Präsident Roosevelts während der neuneinhalb Tage dauernden Bauarbeiten an einer Rheinbrücke ein; sie wurde zur Erinnerung mit seinem Namen benannt. Eine Reichsbahnlokomotive der Baureihe 42, die hastig mit „Allied Transportation Corps" beschriftet worden war, überquert die Franklin-Delano-Roosevelt Brücke (links). Sie gehörte zu den 3 000 Lokomotiven und 30 000 Wagen, die in Westdeutschland erbeutet wurden.

(2 Fotos: U.S. Army, oben und unten; 1 Foto: U.S. Army, von AAR, links oben; Donald P. Kane, links unten)

Wo die großen Geschwader flogen

Erst nachdem die alliierten Armeen Deutschland im Frühjahr 1945 überrannt hatten, wurde das Ausmaß der Zerstörungen der Einrichtungen der Deutschen Reichsbahn offenkundig. Obwohl die Deutschen bereits einen großen Teil der Trümmer weggeräumt hatten, konnten sie doch nicht mit der Heftigkeit der Luftangriffe Schritt halten. Lokomotiven in Bombenkratern waren ein alltäglicher Anblick; unten die 44 1269 ÜK. Der eingestürzte Schuppen von Neustadt (Weinstr.) hatte eine Anzahl Kriegslokomotiven beherbergt (oben rechts). Das ungewöhnlichste Bild einer Lokomotive während des Krieges entstand in Münster (Westfalen), als der Nahtreffer einer schweren Sprengbombe eine Maschine der Baureihe 50 in die Luft warf. Sie blieb mit ihrem Tender gekuppelt, und beide Teile bildeten diesen merkwürdigen Bogen. Ein britischer Panzersoldat steht an der Einschlagstelle und betrachtet sich die Zerstörung. Obwohl die Deutschen den Bombentrichter aufgefüllt und ein neues Gleis gelegt hatten, zogen sie es zunächst vor, dieses Denkmal stehenzulassen.

(2 Fotos: USAF; 1 Foto: UPI, rechts unten)

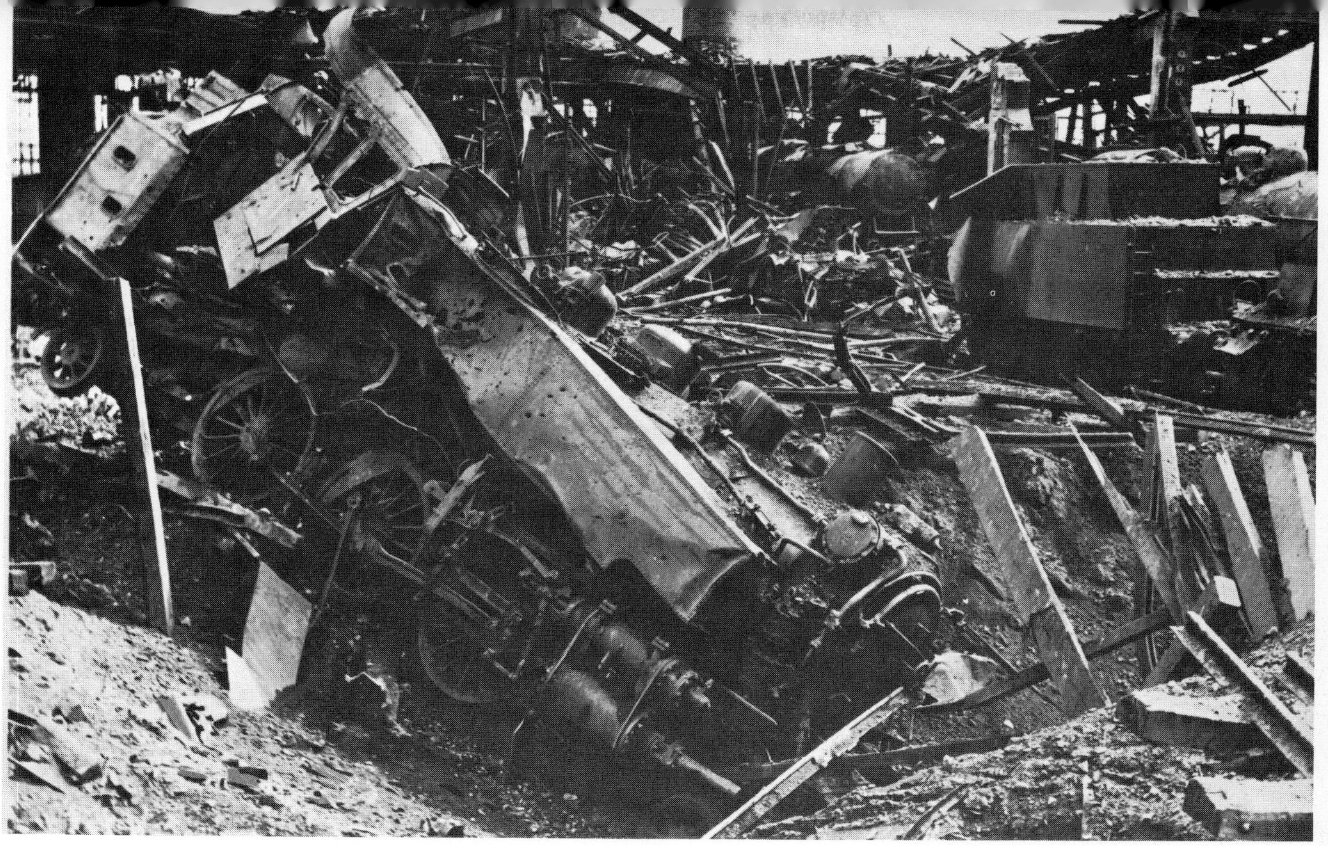

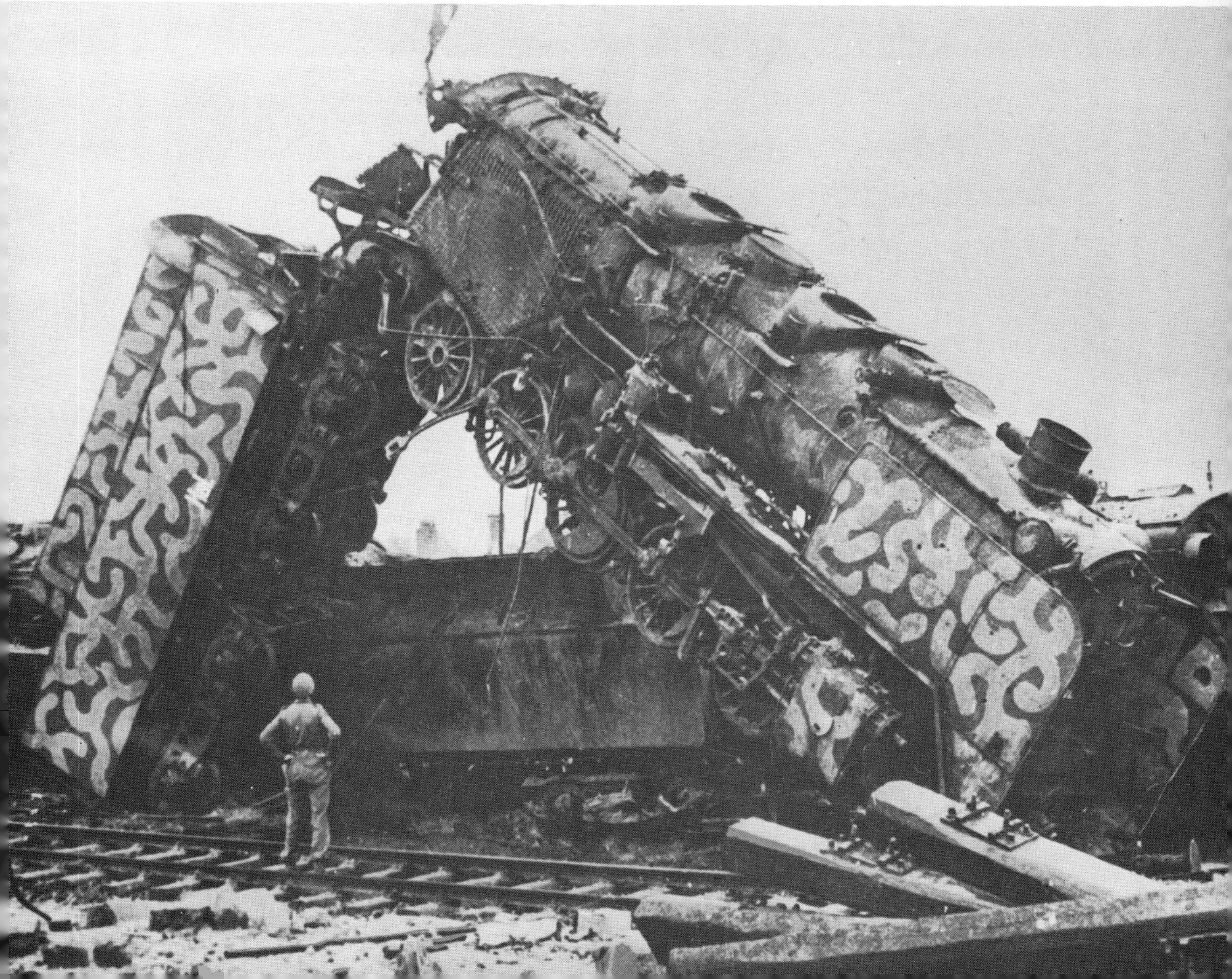

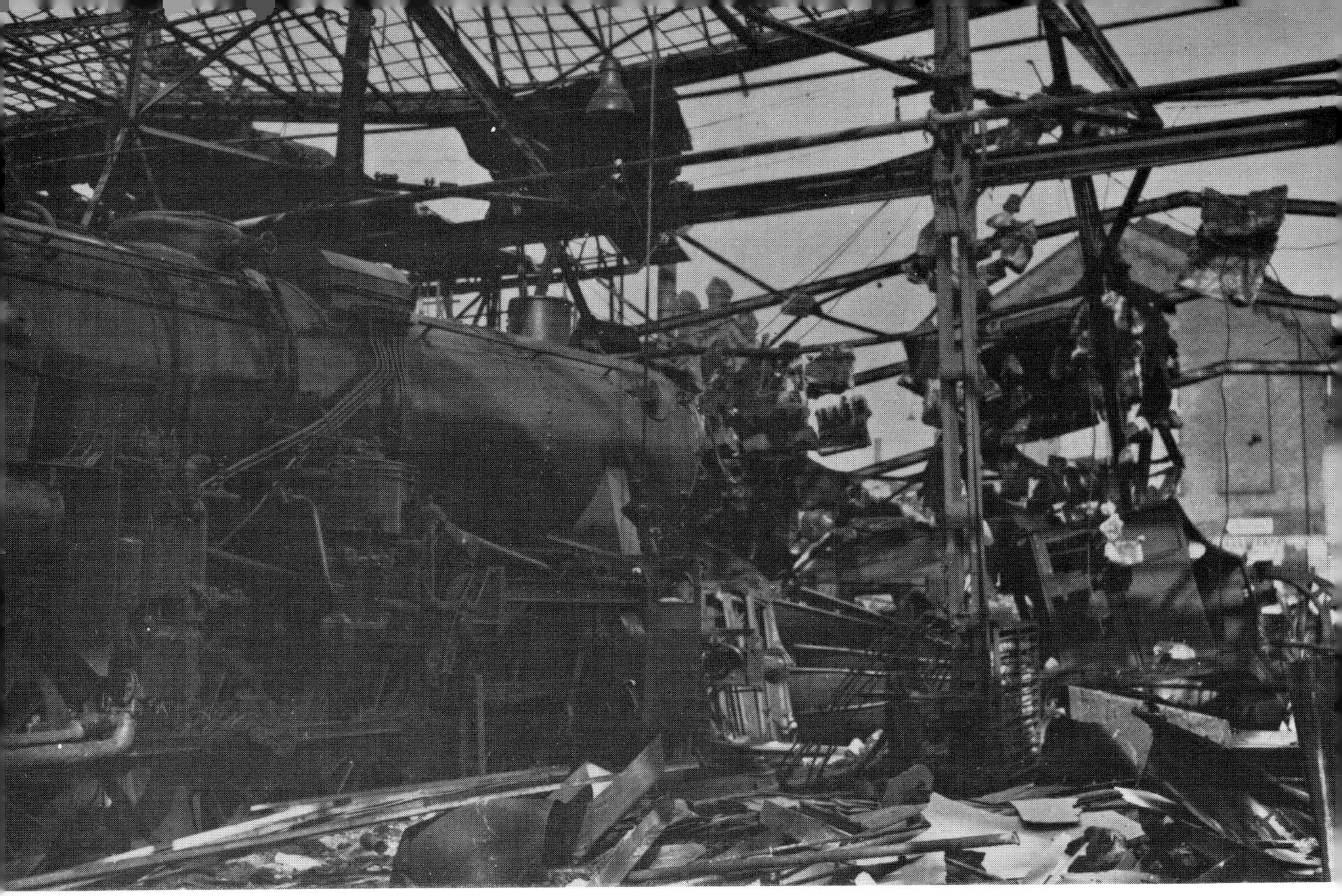

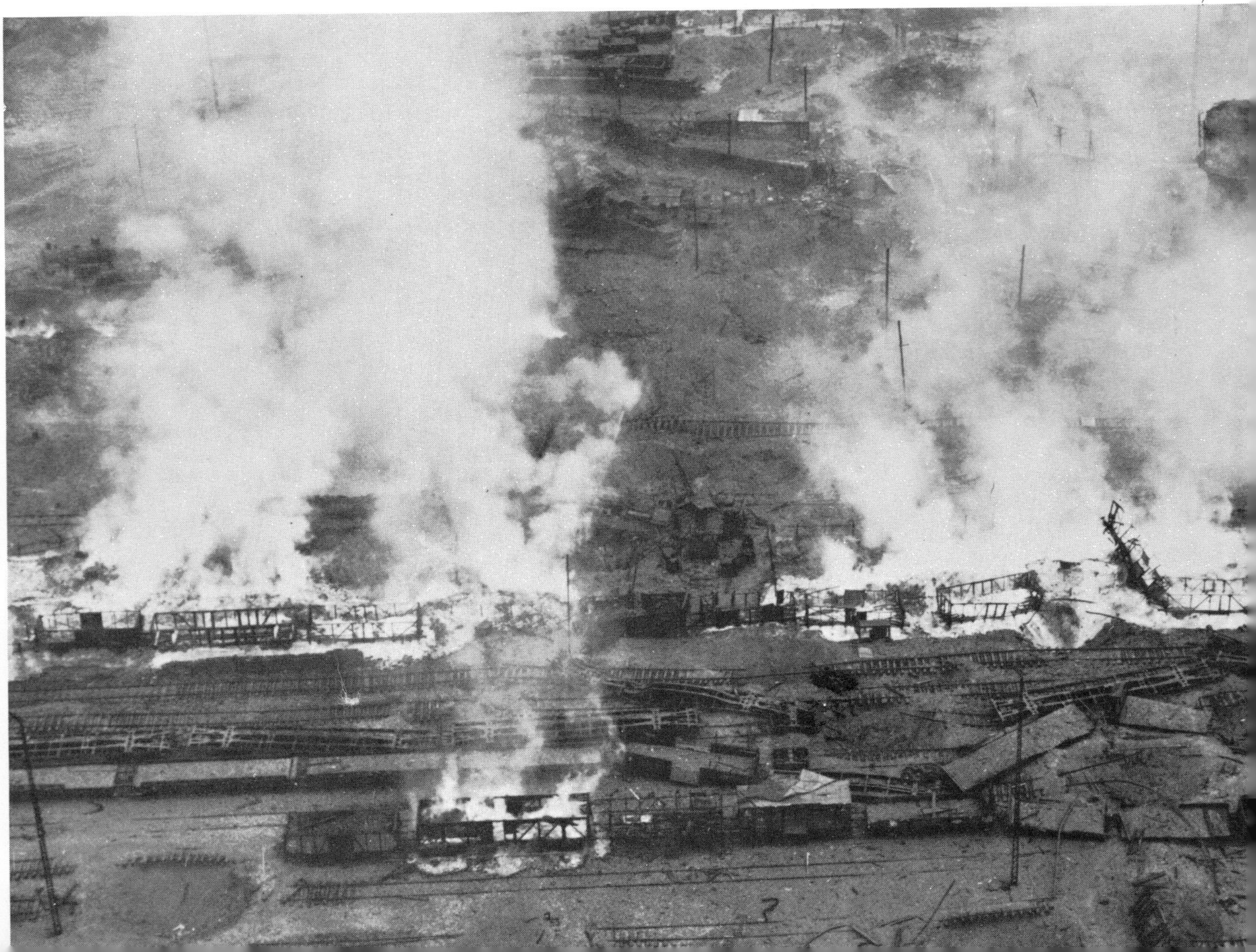

Erst zerstören — dann wiederaufbauen

Anfang Mai 1945, wenige Tage vor der Kapitulation, wurden die Bahnanlagen und zwei Rundschuppen in Leipzig bei einem der letzten Angriffe der 9. US-Luftflotte zerstört (links). Am 9. März suchten über tausend viermotorige Bomber die ausgedehnten Werksanlagen der Firma Henschel in Kassel heim, dadurch fiel die wichtigste Produktionsstätte für Geschütze, Panzer und Lokomotiven der Baureihe 52 aus, von denen eine unbeschädigt unter den Trümmern von amerikanischen Truppen entdeckt wurde (oben links). Das 757. Railway Shop Battalion der US-Army übernahm die Henschel-Werke und beschaffte genügend Ersatz-Maschinen, so daß wieder viertausend frühere Beschäftigte der Henschel-Werke in acht Fabrikationsstätten für Eisenbahnmaterial eingesetzt werden konnten. Zum Erstaunen des 757. RSB fanden sich in Kassel große Mengen vorgefertigter Baugruppen für Kondenslokomotiven der Baureihe 52, und gegen Ende Mai verließen einige Exemplare der deutschen Eisenbahnwaffe das Werk. Auf dem Vormarsch nach Salzburg in Österreich stieß die 20. US-Armored Division fast nur auf zerstörte Brücken. Am 4. Mai 1945 entfernten sie die Schienen, um die Panzer hinüberzubringen (oben). Die Lokomotive 86 855 ÜK auf der Brücke wurde von den fliehenden Truppen in einen Bombentrichter gefahren. Das Sprengen der Herzstücke von Weichen war ein typisch deutsches Verfahren, wenn nicht mehr genügend Zeit zum Herausreißen des gesamten Gleises war (unten).

(1 Foto: U.S. Army, oben; 2 Fotos: USAF)

Die Erbeutung der Eisenbahngeschütze

Als die britischen Truppen das Munitionslager von Münster (Westfalen) erreichten, fanden sie auf einem Abstellgleis unter Tarnung mehrere schwere italienische Eisenbahngeschütze vor, die eine beträchtliche Zeit nicht im Einsatz gewesen waren (oben). Mittlere Eisenbahngeschütze, ähnlich denjenigen, die zur Verstärkung des Westwalls eingesetzt waren (Seite 22), werden von einem kanadischen Soldaten untersucht (unten).

(2 Fotos: National Archives)

Erbeutete Frachten von großer Bedeutung

Die endgültige Niederlage der deutschen Armee kam so schnell und war so vollkommen, daß nicht einmal Zeit zur Vernichtung der geheimsten und im Hinblick auf die für die Zukunft bedeutendsten Waffen V-1 und V-2 blieb. Als das Werk, das die V-1 produzierte, eingenommen war, befand sich eine Zugladung mit teilweise zerstörten Flugkörpern in der Nähe (rechts). Zum Glück für die westlichen Alliierten erreichte die 1. US-Army am 3. März Bromskirchen und erbeutete eine Zugladung unbeschädigter V-2-Raketen, die eine Reichweite von 400 km hatten und seit September des letzten Jahres gegen England eingesetzt worden waren (unten). Es fanden sich genügend Teile in der Nähe des Zuges, um damit fast einhundert Raketen bauen zu können. Sie wurden sorgfältig zerlegt, verpackt und mit der Bahn nach Antwerpen gebracht, von wo sie dann nach den USA verschifft wurden. Auch Dr. Wernher von Braun, der erfolgreiche junge Wissenschaftler, und viele seiner Mitarbeiter, die an der Entwicklung der ersten strategischen Raketenwaffe mitgewirkt und sie zum Einsatz gebracht hatten, kamen in die USA. Unter Verwendung der in den letzten Tagen des Krieges in Europa erbeuteten V-2 begannen die USA ein eigenes Raketenprogramm.

(Fotos: Imperial War Museum, oben; UPI, unten)

Lokomotiven im Obstgarten

Ihr Vorgehen während des Rückzugs brachte den Deutschen den Ruf von besonders fähigen Fachleuten für Zerstörungsaufgaben ein. Wie bereits erwähnt, ging auch die typisch deutsche Gründlichkeit und Planung manchmal daneben. Eine der üblichen Methoden zur Beschädigung von Dampflokomotiven bestand darin, die Zylinder mit TNT zu sprengen. Meistens wurden die rechten Zylinder, falls die Zeit ausreichte, auch die linken Zylinder zerstört. Es gibt mindestens ein Beispiel, wo in Frankreich in einem Bahnbetriebswerk die rechten Zylinder von dreißig Lokomotiven gesprengt waren, während wenige Kilometer weiter die linken Zylinder von fünfundzwanzig Lokomotiven des gleichen Typs zerstört waren. Innerhalb weniger Tage hatten die amerikanischen Eisenbahntruppen die Zylinder ausgetauscht und besaßen somit fünfundzwanzig betriebsfähige Lokomotiven. Stand genug Sprengmaterial zur Verfügung, wurden die Lokomotiven in zwei Hälften gesprengt, die Feuerbüchsen oder die Vorderteile zerstört. Durch Anbringung einer relativ leichten Ladung auf dem Rahmen konnten die wichtigsten Teile — Kessel, Rahmen und Fahrwerk — unbrauchbar gemacht werden, wie hier bei der 58 1138 in Kassel (unten). Einige Deutsche kuppelten je eine kalte Lok der Baureihen 56^{2-8} und 38^{10-40} mit der 50 002, die unter Dampf stand, zusammen. Nachdem sie den Regler weit geöffnet hatten, sprangen sie von der 50er ab und ließen den Lokzug den vorstoßenden Alliierten entgegenfahren. Als die Ungetüme mit voller Fahrt eine besonders enge Kurve trafen, sprangen alle drei Lokomotiven aus den Schienen. Die Vorhuten erreichten die Unglücksstelle kurz darauf. Sie hatten einen Fotografen in dem zum Lokomotivbahnhof umgewandelten Obstgarten bei sich (links). Außer mit der explodierenden Kohle hatten sich die alliierten Eisenbahner auch mit Sabotageakten herumzuärgern. Gelegentlich wurden Lokomotiven entwendet und in Munitions- und Tankzüge gefahren. Einmal ließ ein Saboteur einen Personenzug mit Volldampf über eine beschädigte Brücke fahren, wodurch eine wichtige Versorgungsader zur Front blockiert wurde. Am 26. April 1945 gehen britische Infanteristen unter schwerem Feuer auf den Bahnanlagen von Bremen vor (unten links).

(Fotos: UPI, links; Imperial War Museum, links unten; J. W. Plant, unten)

Aufgegebenes Material

Eine gut getarnte Lokomotive der Baureihe 38$^{10-40}$ mit ausgebauten Treibstangen ist mit einem Baum im Schornstein verziert worden (oben). In der Nähe von Langenprozelten am Main erbeuteten die US-Truppen einen der Flakzüge, die die Luftoffensive auch nicht mehr aufhalten konnten. Eine Zugladung mit Stukas Ju-87 wurde nach ihrer Erbeutung in der Nähe der Rattenfängerstadt Hameln von einer leichten amerikanischen Flak bewacht (unten rechts). *(Fotos: UPI, oben; Imperial War Museum, unten)*

Menschliche Fracht

Während des Vormarsches durch Frankreich und die Niederlande bestanden die Züge, die von der Front zurückkamen, meistens aus leeren Wagen. In Deutschland wurden jedoch alle Arten menschlicher Fracht in den geschlossenen und offenen Güterwagen des MRS zurückgebracht: Die befreiten französischen, holländischen und belgischen Arbeiter aus den Industriegebieten, zehntausende alliierter Kriegsgefangener und die Insassen der Konzentrationslager bürdeten den Eisenbahntruppen eine ungeheure Last zusätzlich auf. Sobald hunderttausende „Displaced Persons" (Verschleppte) befreit waren, wollten sie so schnell wie möglich nach Hause. Dann gab es noch Züge mit deutschen Kriegsgefangenen, die nach Frankreich gebracht wurden. Hierbei handelte es sich bald um zehntausende, schließlich um hunderttausende von Gefangenen, die von den alliierten Armeen gesammelt wurden. Deutsche Kriegsgefangene waren meist in geschlossenen Güterwagen transportiert worden, aber bei diesem Menschenstrom nach Westen waren oft keine geschlossenen Güterwagen für Kriegsgefangene mehr verfügbar. In solchen Fällen wurden die Gefangenen in offenen Güterwagen zusammen mit einem bewaffneten Posten pro Waggon befördert. Einige dieser Züge waren kein Ruhmesblatt in der Geschichte der US-Army und des MRS. Es befanden sich keine sanitären Einrichtungen in den Güterwagen. Auch gegen Ende des Krieges hatten viele Deutsche noch nicht das Gefühl, besiegt zu sein. Deshalb war es für alliierte Soldaten ratsam, sich nicht zu nah an vorbeifahrenden Zügen mit Kriegsgefangenen aufzuhalten! An einem besonders heißen Tag hielt ein Zug mit Kriegsgefangenen in einem französischen Bahnhof zum Wasserfassen der Lokomotive. Die Deutschen in den offenen Güterwagen hatten den ganzen Tag noch nichts zu trinken bekommen und begannen, nach Wasser zu rufen. Als der Zug abfahrbereit war, riefen die Gefangenen in allen Wagen: „Wasser, Wasser". Als der Zug langsam abfuhr, ließ der Heizer den Wasserkran voll aufgedreht über den Gleisen stehen, so daß die Deutschen nun bis zum Bauch in Wasser und Schmutz standen. Einige Militärpolizisten, die die Gefangenen bewachten, begingen Grausamkeiten, wurden jedoch nie zur Rechenschaft gezogen. In direkter Verletzung der Genfer Konvention wurden Kriegsgefangene in geschlossenen Güterwagen mit gesperrter Lüftung nach Frankreich transportiert. Nachdem viele von ihnen in Tunnels erstickten, wurde diese Praxis aufgegeben. Es gab auch Akte von Brutalität, wie sich ein Veteran des MRS erinnert: Er war Blockwärter auf einem kleinen Bahnhof, als ein Kriegsgefangenenzug einfuhr. Ein Lastwagen der Armee wartete bereits mit Verpflegung für die Gefangenen, die von jeweils zwei Mann aus jedem Wagen für ihre mehr als fünfzig Kameraden, die in den kleinen französischen Güterwagen für 40 Mann oder 8 Pferde eingepfercht waren, in Empfang genommen werden sollte. Gewöhnlich befanden sich in jedem Wagen zwei oder drei, die englisch verstanden, doch als die Militärpolizei Befehle in einen Wagen brüllte, waren alle verwirrt, denn keiner verstand sie. Plötzlich ergriff die Militärpolizei einen besonders kleinen Gefangenen, riß ihn aus dem Wagen, schlug ihn, trat ihn und prügelte ihn mit dem Gewehrkolben. Als der MRS-Mann dazwischentreten wollte, richtete ein Polizist das Gewehr auf ihn. Danach trug der Eisenbahner immer eine Waffe, kam aber nicht mehr in eine solche Situation.

(Foto: USAF)

Die Todeslager werden befreit

Als amerikanische Soldaten des 157. Infantry Regiment am 30. April Dachau erreichten, lag die Stadt unter Feuer. Ihre erste Aufgabe war das Aufstöbern der SS-Wachmannschaften im Konzentrationslager (rechts). In dem Moment, als dieses Gefechtsfoto gemacht wurde, wußten die Soldaten noch nicht, was die hochbordigen offenen Güterwagen unter den Bäumen im Hintergrund enthielten. Sie hatten es bald herausgefunden: Hitlers Endlösung des Judenproblems. Die Konzentrationslager waren an verschiedenen abgelegenen Orten in Deutschland und den besetzten Gebieten eingerichtet worden. Dann wurden Juden, Zigeuner und andere erbarmungslos zusammengetrieben, in geschlossene Güterwagen gepreßt und in die Konzentrationslager geschafft, wo sie systematisch ausgerottet wurden. Unglücklicherweise wurde die Reichsbahn dazu benutzt, diese jammervollen Transporte durchzuführen. Es war die Arbeit Adolf Eichmanns, der später in Israel verurteilt und hingerichtet wurde. Die Rolle, die er bei der Durchführung dieser Politik spielte, brachte schätzungsweise sechs Millionen Zivilisten in die Lager. Der Zug, der in der Nähe der kämpfenden Soldaten stand, und weitere, die gefunden wurden, enthielten die Leichen von Opfern, die auf dem Weg nach Dachau verhungert waren. Diese Züge gehörten zu den ersten Entdeckungen, die die entsetzlichen Nachrichten bewiesen, die aus Hitlers Europa für Jahre nach außen drangen. Schnell erregten die Züge die Aufmerksamkeit der ganzen Welt. Bald wurde die Welt auch über die Massengräber, die Verbrennungsöfen und die Erlebnisse der bemitleidenswerten Überlebenden unterrichtet. Unter der Mitarbeit der auf Seiten der Achsenmächte stehenden Elemente wurde die Mehrheit der europäischen Juden von den Nazis erschossen, verhungert

und vergast. Wenige Stunden nach der Befreiung Dachaus trafen Fotografen des US-Army Signal Corps ein, um die jämmerlichen Überreste der Rassentheorie der Nazis auf den Eisenbahngleisen des Lagers festzuhalten (unten links). Mitglieder der Hitlerjugend, von denen einige als Heckenschützen gegen US-Soldaten gekämpft hatten, wurden gezwungen, sich den Inhalt der Güterwagen in Dachau anzusehen (unten Mitte). Drei überlebende jüdische Jugendliche aus Polen, Lettland und Ungarn zeigen in Buchenwald eine israelische Fahne, ehe sie Europa zum letztenmal mit der Bahn durchfahren, um in Palästina am Aufbau eines neuen Staates mitzuwirken (unten rechts). Obwohl Brutalitäten bei allen kriegführenden Nationen des Zweiten Weltkriegs vorkamen, waren sie im Falle der Achsenmächte und des kommunistischen Rußland gewöhnliche Maßnahmen des Staates. Solche Vorfälle auf Seiten der Alliierten, wie sie in diesem Buch an anderer Stelle erwähnt werden, waren Einzelfälle, die sich auf den örtlichen militärischen Befehlshaber oder Einzelpersonen beschränkten. Bedenken wir aber auch die zwangsweise Rückführung russischer Staatsbürger nach Beendigung der Feindseligkeiten, eine unbeschreiblich naive Entscheidung des Präsidenten der USA, der vermutlich keine Vorstellung von dem Los hatte, das diesen Opfern seiner unüberlegten Zugeständnisse an Stalin bevorstand.

(4 Fotos: U.S. Army)

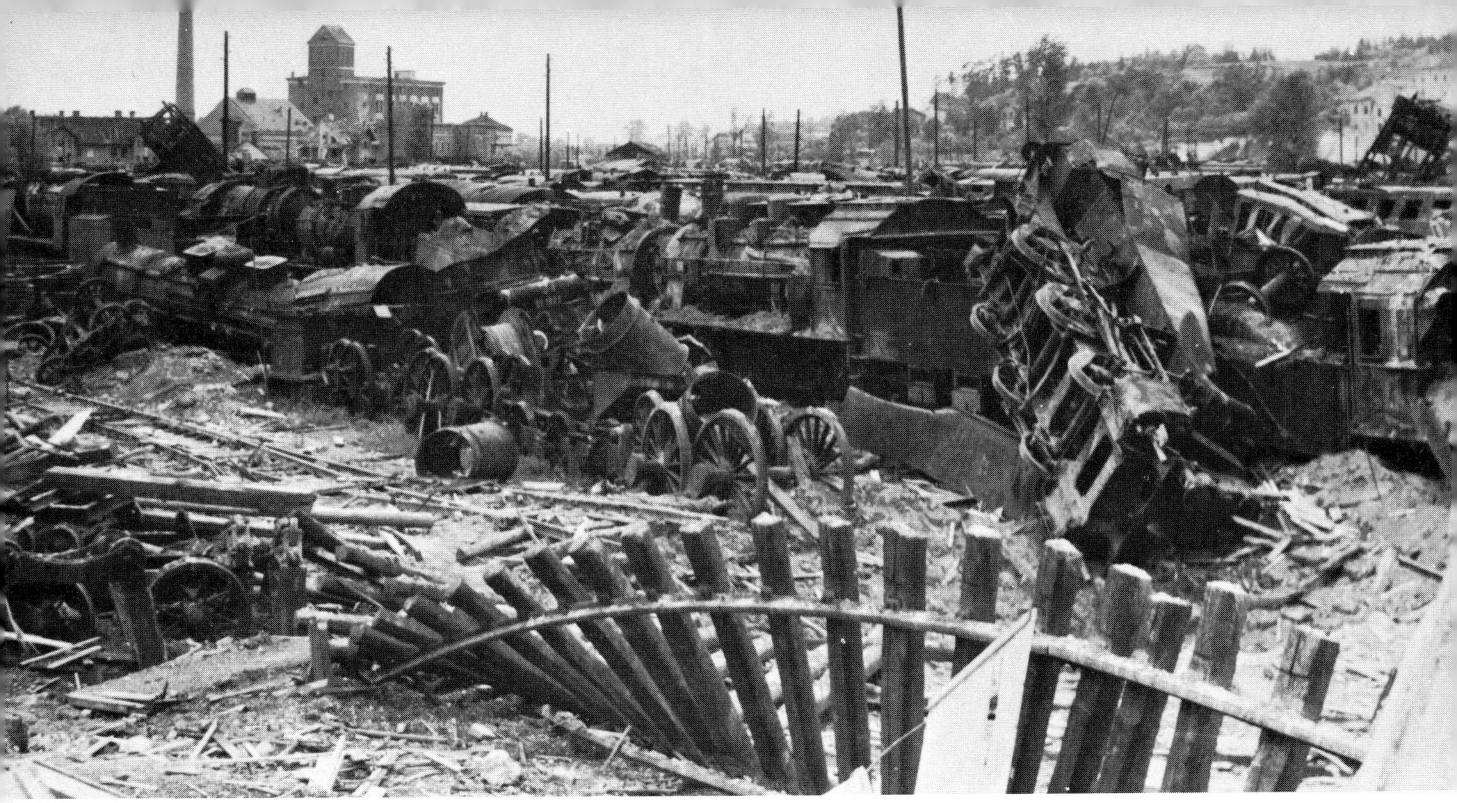

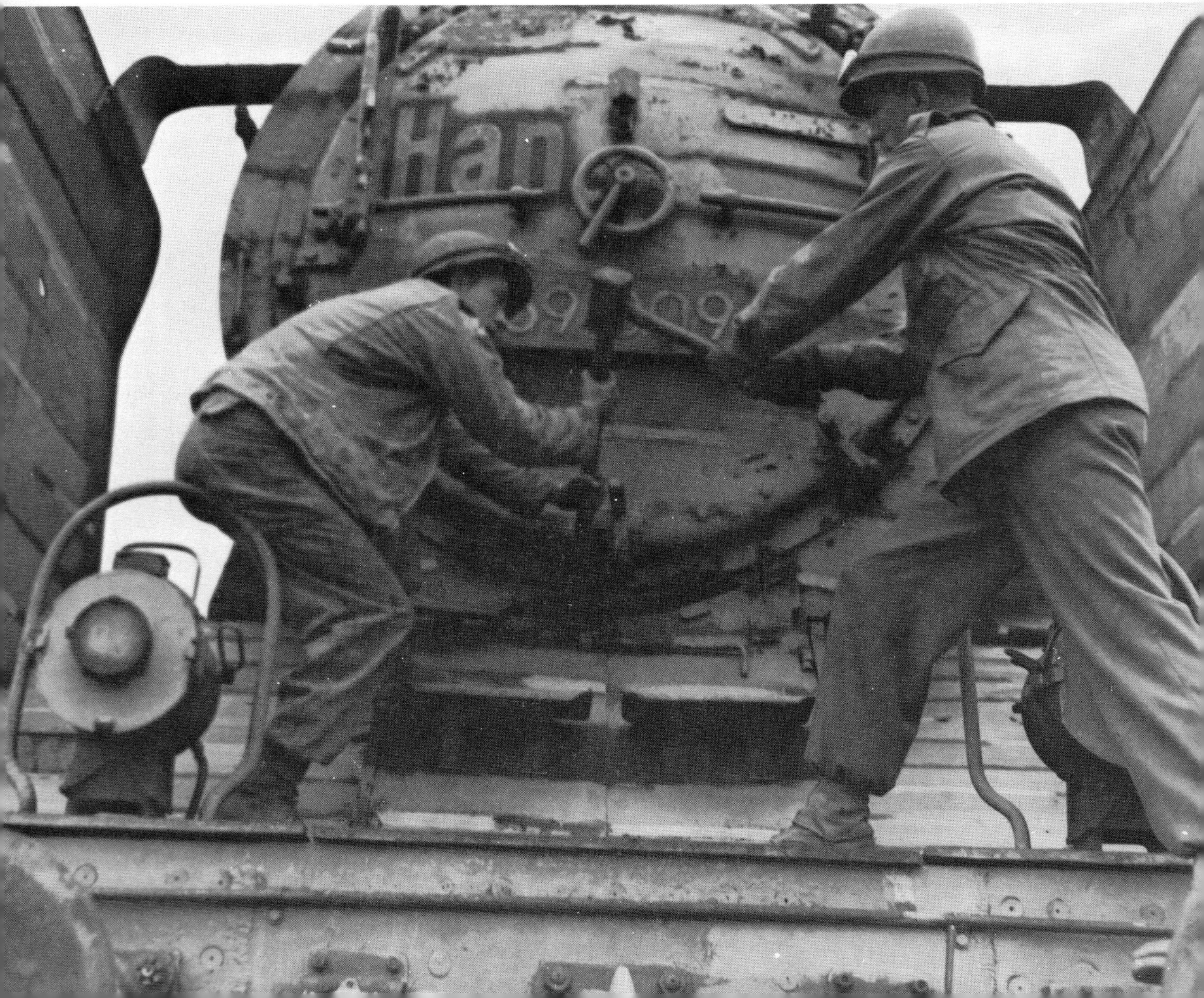

Warum Eisenbahn-Soldaten auf ihre eigene Luftwaffe schimpfen

Im April 1945 begann eine Gleisbaurotte des 746. ROB, das erste Gleis durch den zerbombten Personenbahnhof von Marburg (Lahn) zu legen, im Vordergrund die Lok 42 2738 (unten). Im nahen Rundschuppen arbeiteten Angehörige des 757. RSB am Überhitzer einer der siebzehn Lokomotiven, die sie innerhalb von vier Tagen nach Übernahme der Einrichtungen wieder betriebsfähig machten (oben). Die Bomben der 15. US-Luftflotte warfen im Bahnbetriebswerk von Linz (Österreich) Lokomotiven wie Spielzeug umher (oben links). Zwei Mann vom Fahrpersonal des 712. ROB stellen ein Ventil an der noch getarnten Lokomotive 39 009 ein (links).

(2 Fotos: U.S. Army, linke Seite; 2 Fotos: U.S. Army, aus dem Railroad Magazine)

Behelfsbrücken und neue Gefahren

Als letzten Versuch zur Verlangsamung des alliierten Vormarschs versuchten deutsche Sprengkommandos, jede Brücke zu zerstören, die aus der Luft noch nicht getroffen war, wie hier bei Torgau an der Elbe, wo sich amerikanische und russische Truppen am 25. April 1945 trafen (rechts). Behelfsbrücken wurden in Herzogenrath in der Nähe von Aachen (unten) und über den Main bei Aschaffenburg (rechts Mitte) errichtet. Die meisten dieser schnell errichteten Behelfsbrücken waren so zerbrechlich wie sie aussahen. Sie sollten auch nicht länger halten, als bis sie ihre militärische Aufgabe erfüllt hatten. Sobald es die militärische Lage erlaubte und genügend Arbeitskräfte und Material vorhanden war, wurden sie durch dauerhafte Bauten wieder ersetzt. In Nürnberg befand sich 1945 der Befehlsstand der „C"-Kompanie des 728. ROB in einem Güterzugbegleitwagen der US-Army (rechts unten). James R. Boerckel von der Long Island Rail Road, der fast den ganzen Krieg hindurch beim 733. ROB war, erinnert sich, daß der europäische Eisenbahnbetrieb für die amerikanischen Eisenbahnen auch deshalb fremd war, weil die Lokomotiven vorn keinen Scheinwerfer besaßen. Unter kriegsmäßigen Bedingungen bei Verdunkelung konnte eine Fahrt auf einer ungewohnten Strecke durch alle Arten von Einflüssen — wie Bomben- oder Granattrichter, beschädigte Brücken, Sabotage — zu einem nervenaufreibenden Erlebnis werden. Neben der Standardausrüstung an Signalmitteln, wie Laterne und roter Flagge, wurden oft auch noch Karabiner mitgenommen. Als Tagessignale benutzte das 733. ROB während des letzten Kriegswinters die deutschen Haltetafeln. Sie mußten schnell aufgestellt werden. War der Boden gefroren, so genügten ein paar Schüsse aus dem Karabiner, um die Erde zu lockern. In Hochspeyer hatte Boerckel eine dieser Tafeln, die an einer Eisenstange befestigt waren, auf dem Asphaltboden des Bahnsteigs zu befestigen. Er stellte sich mit einer Schmeisser-Maschinenpistole hinter eine Kiste und leerte ein Magazin in den Bahnsteig. So entstand ein genügend großes Loch für die Tafel. Auch nach Kriegsende drohten den Eisenbahntruppen weiterhin Gefahren. Es gab Blindgänger und intakte Sprengladungen, die noch sehr aktiv werden konnten, wenn sie bei Aufräumungsarbeiten berührt wurden. Auch lag viel unbenutzte Munition herum, von Gewehrpatronen bis zu V-1-Flugkörpern. Einige Männer des 733. ROB räumten Güterwagen aus, als sie Kisten mit Panzerfäusten entdeckten. Sie warfen sie aus dem Wagen, ein Geschoß zündete, flog das Gleis entlang und traf einen Güterwagen, der zu dieser Zeit glücklicherweise unbesetzt war.

(Fotos: U.S. Army, unten; USAF, rechts oben; Donald P. Kane, rechts Mitte; Railroad Magazine, rechts unten)

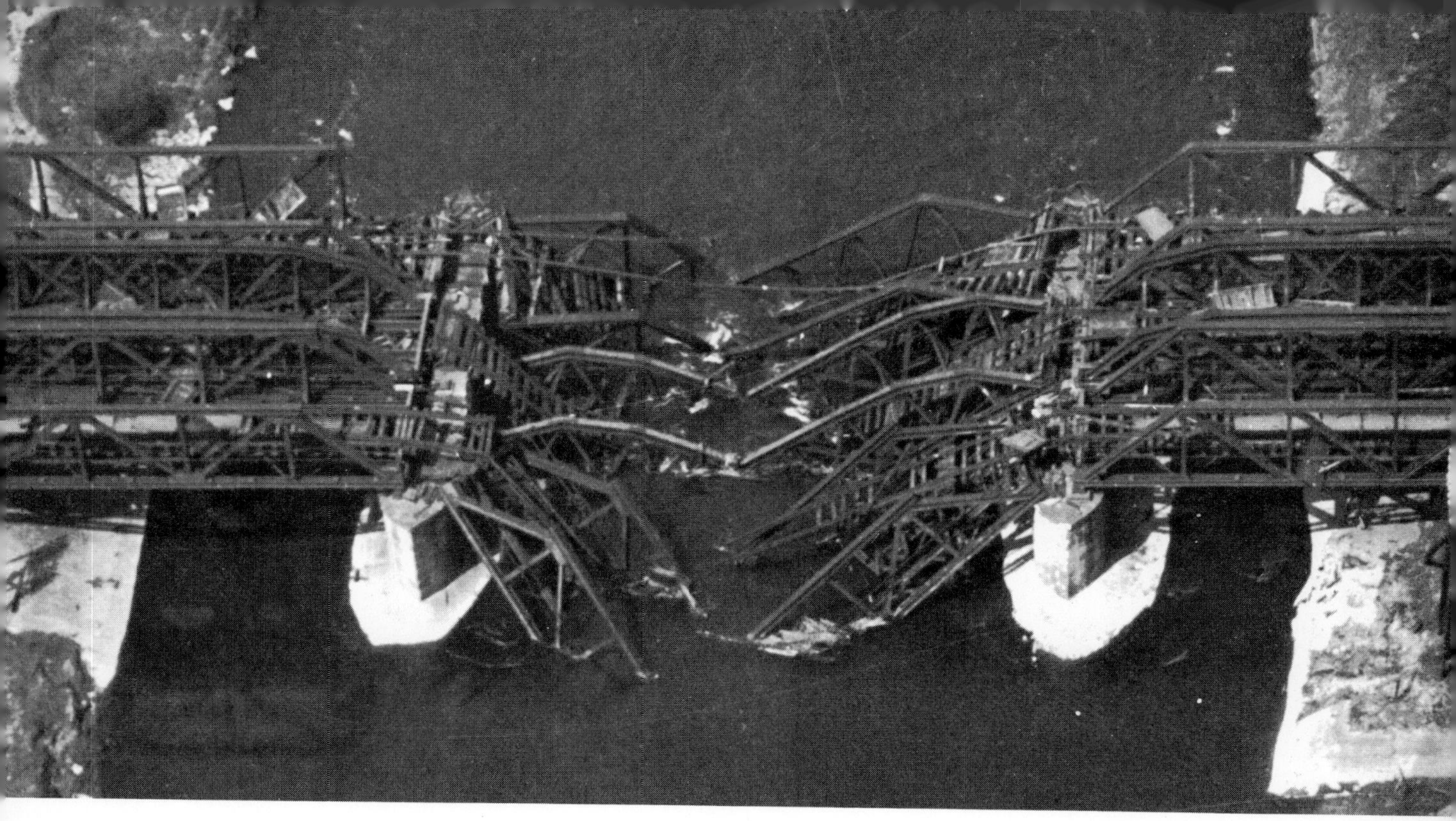

TRANSPORTATION
CORPS
U.S. ARMY
USA
90646
728
Railway Operating Battalion
England
France
Germany
USA
90646

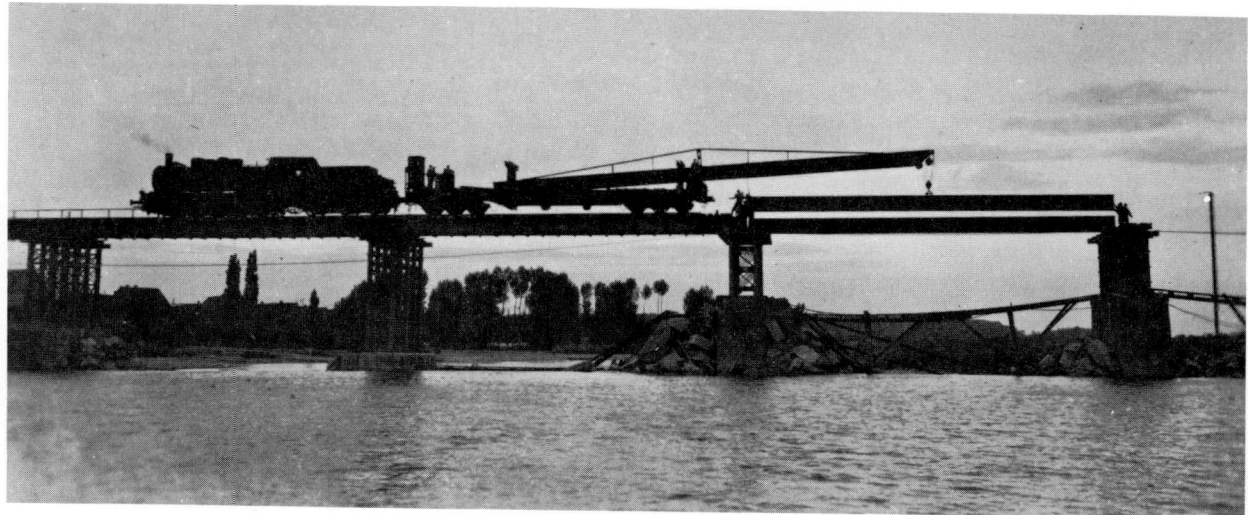

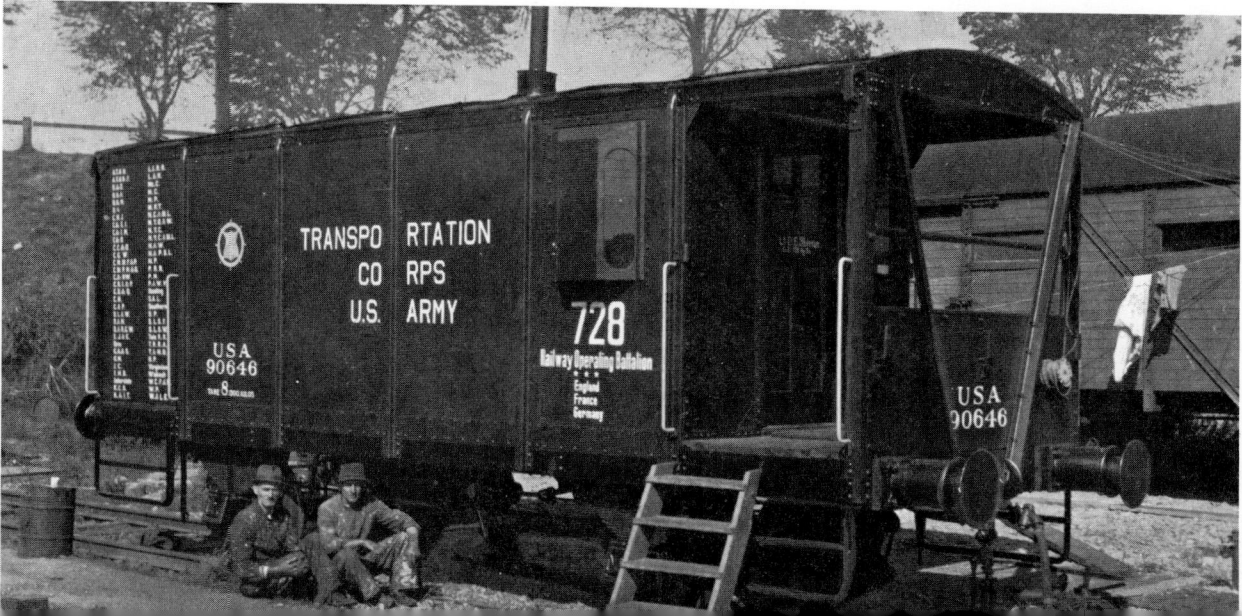

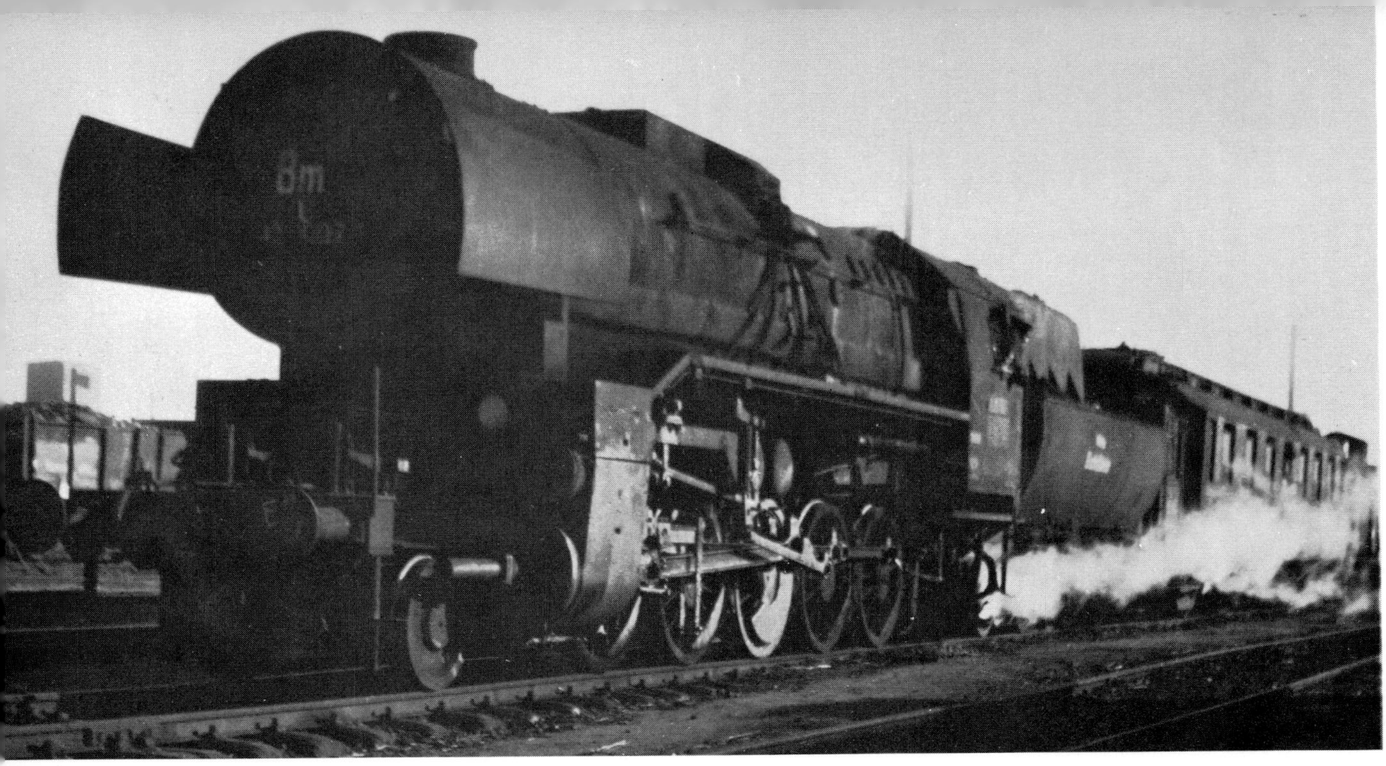

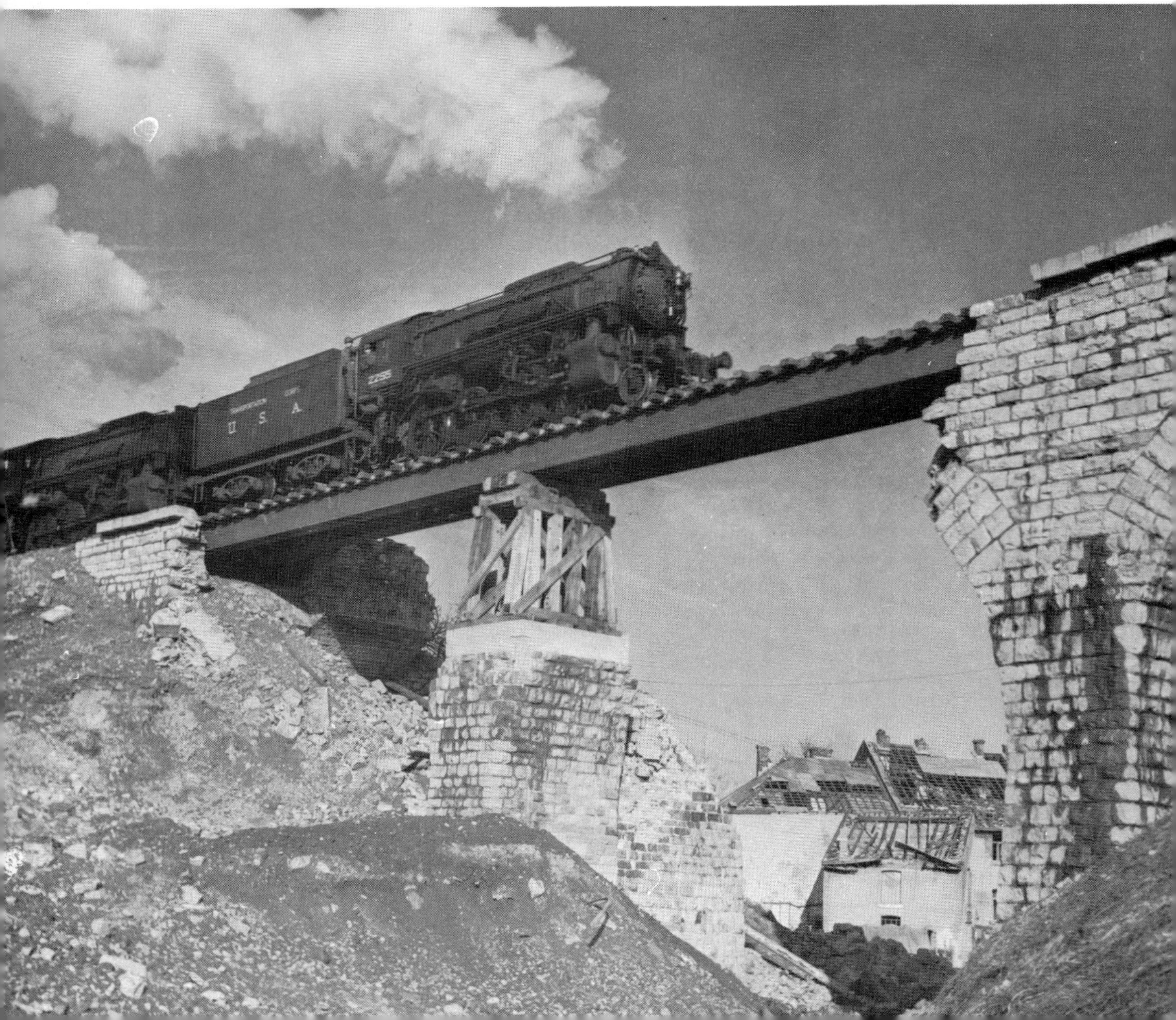
U. S. A.

Die bedingungslose Kapitulation

Die Zeichen der vollständigen Niederlage Deutschlands im Zweiten Weltkrieg waren überall im Dritten Reich sichtbar. Kriegslokomotiven, wie die 42 1007 in Hanau, wurden von Soldaten der Siegermächte bedient (links). Die Brücken, die von amerikanischen Bombern zerstört waren, wurden von amerikanischen Pionieren wieder hergestellt, und amerikanische Lokomotiven fuhren darüber, wie hier in Stolberg (unten links). Die USA trugen am meisten von allen Nationen zum endgültigen Sieg bei. Zusätzlich zu den Millionen Arten militärischer Güter lieferten die USA über 8000 Lokomotiven und 103 000 Güterwagen, von denen der größte Teil nach Europa ging. Am 11. Juni begann für die angeschlagene Reichsbahn etwa die Rückkehr zum normalen Betrieb, als der erste Zug nach Hannover unter deutschem Personal und Eisenbahnern des 722. ROB, das von der Seaboard Air Line-Eisenbahn betreut wurde, zur Abfahrt in Bremerhaven bereitstand, geführt von der Lok 38 1618 (rechts). Im Großen und Ganzen fanden die Amerikaner, daß mit den deutschen Eisenbahnern am leichtesten zusammenzuarbeiten sei. Im Gegensatz zu den Franzosen waren die Deutschen an die Befolgung von Befehlen gewöhnt und hatten sich auch mit der Niederlage abgefunden. Als höchster Ausdruck des totalen alliierten Sieges und der Kontrolle über die Eisenbahn wurde der Stolz der Deutschen Reichsbahn, eine Stromlinienlokomotive der Baureihe 03¹⁰, die oft mit Höchstgeschwindigkeit die Würdenträger zu ihren Treffen gebracht hatte, von früheren Angestellten der Atlantic Coast Line Railroad in Betrieb

genommen. Sie hatten das offizielle Emblem dieser Eisenbahngesellschaft an der Vorderseite der stolzesten Lokomotive eines besiegten Feindes angebracht.

(Fotos: Earl Weed, links oben und unten; U.S. Army, links unten; W. E. Lawhorne, oben)

Die aufsteigende Sonne im Pazifik

Obwohl der Zweite Weltkrieg im Fernen Osten mit massiven Luftangriffen der Japaner im mittleren Pazifik und Ostasien zwischen dem 7. und dem 10. Dezember 1941 begann, lagen die Feindseligkeiten, die zum Angriff auf Pearl Harbor führten, über ein Jahrzehnt, und die eigentlichen Ursachen fast vierzig Jahre zurück. Nachdem Japan im Krieg von 1904 Rußland besiegt hatte, verstärkte es seinen Griff nach Korea und Formosa, schuf sich Stützpunkte in China und breitete seinen Einfluß immer weiter nach Osten aus. Nach dem Ersten Weltkrieg erhielt es die ehemals deutschen Kolonien der Marshall- und Marianen-Inseln. Zur gleichen Zeit stießen die USA als neue beherrschende Macht im östlichen Pazifik nach Westen vor. Eine Kollision der Interessen war unvermeidlich. Ein kleiner Zwischenfall in Mukden in China am 8. September 1931 — genau zehn Jahre und drei Monate vor Pearl Harbor — löste die japanische Invasion der Mandschurei aus. Der Krieg in China wurde schließlich über Südostasien bis Indien und entlang eines zehntausend Kilometer langen Bogens fortgesetzt, der Burma, Thailand, Malaya, Indonesien, die Karolinen-, Marshall- und Marianen-Inselgruppen und beinahe auch Australien einschloß. Asien, Australien und die Philippinen besaßen große Eisenbahnnetze von strategischer Bedeutung. Plantagenbahnen, Hafenbahnen und Zuckerrohrbahnen halfen in einigen taktischen Situationen auf den kleineren, aber blutig umkämpften Inseln.

Der japanische Vormarsch in China

Im Jahre 1937 waren japanische Truppen, von ihren Stützpunkten in Formosa kommend, im mittleren Teil Chinas gelandet, um auf die bombardierten Bahnanlagen von Hankou vorzustoßen (oben) und an der Hauptstrecke nach Shanghai Stellung zu beziehen (links). Auf dem Bahnhof Chapei in Shanghai rissen chinesische Flakbedienungsmannschaften mit deutschen Stahlhelmen ihre Seitenwaffen heraus, um vergeblich auf japanische Flugzeuge zu schießen, die ihre Flak-Geschütze zerstört hatten (unten).

(2 Fotos: National Archives, unten und links; Black Star, oben)

„Banzai" ertönt auf den Schienen

Ein japanischer Panzerspähwagen, zum Schienenfahrzeug umgebaut, ist hier in China am 28. Mai 1938 zu sehen (oben links). Ein seltenes Exemplar eines gepanzerten Kleinfahrzeuges mit einem japanischen Soldaten, der hinter seinem Maschinengewehr hervorschaut, schützt einen Zug in der Nähe von Chingchow (links). Ein schwerer gepanzerter Eisenbahnwagen der chinesischen Armee, ausgerüstet mit zwei Geschützen in Panzertürmen, wird hier nach seiner Erbeutung durch japanische Truppen gezeigt (unten). Als die Japaner 1944 auf Kweiling vorstießen, — es war der wichtigste vorgeschobene Stützpunkt der 14. US-Luftflotte, — flohen 100 000 Zivilisten aus der Stadt. 20 000 von ihnen nutzten jeden Platz auf den Zügen aus, die sie in Sicherheit brachten (unten rechts). Auf ihrem Sturm durch die Provinzen von Shansi und Hopei im Norden Chinas erhoben japanische Soldaten in der Nähe von Niengtsekwang am 11. November 1937 ihre Waffen und Fahnen zu einem anfeuernden „Banzai"-Ruf (oben).

(1 Foto: Photoworld, unten rechts; 4 Fotos: National Archives)

„Die Dampfmaschine veränderte die Dimensionen der Erde . . . Schiffe kamen . . . und klopften an die sorgfältig verschlossenen Tore Japans mit Waffen und Ideen"
(Winston Churchill)

Die schnelle Entwicklung im kaiserlichen Japan von einer feudalen Gesellschaft ohne Vorstellungen von Industrialisierung, Machtpolitik und modernen Waffen zum unbestrittenen Herrscher über den gesamten westlichen Pazifik beeindruckte Hitler, Roosevelt und Churchill gleichermaßen. Aber dieser Aufstieg war nicht ohne Rückwirkungen vor sich gegangen, die sich für die strahlende Nation noch als katastrophal erweisen sollten. Als das fünfte Jahrzehnt des zwanzigsten Jahrhunderts herankam, sah Japan wie seine zukünftigen Verbündeten der Achse in Europa in jedem militärischen Unternehmen nur noch den Sieg. In dem langen chinesischen Feldzug waren die Eisenbahnen für die Japaner von entscheidender Bedeutung, weil sie sie im Zuge ihres Vormarsch wieder reparierten. Nachdem die chinesischen Händler herausgefunden hatten, daß die japanischen Soldaten ihre Waren bar bezahlten, kamen sie an alle Truppentransportzüge, die zur Front fuhren (oben links). In Pukou schmückten japanische Eisenbahnsoldaten 1938 eine chinesische Lokomotive mit ihren Fahnen (links). Ein japanischer Fotograf machte dieses Bild von japanischen Soldaten, die mit ihrer Kriegsfahne auf einer in den USA gebauten Shay-Lokomotiven stehen (oben). Ein Soldat Tschiang Kai-Tscheks sitzt auf einer Lokomotive, die in Ho-keou Wasser nimmt (oben rechts). Zwei japanische Wachen patrouillieren an der Strecke nach Shanghai, die an ihrem Bunker vorbeiführt (rechts).

(1 Foto: U.S. Army, rechts oben; 2 Fotos: Black Star, oben links und unten rechts; 2 Fotos: National Archives)

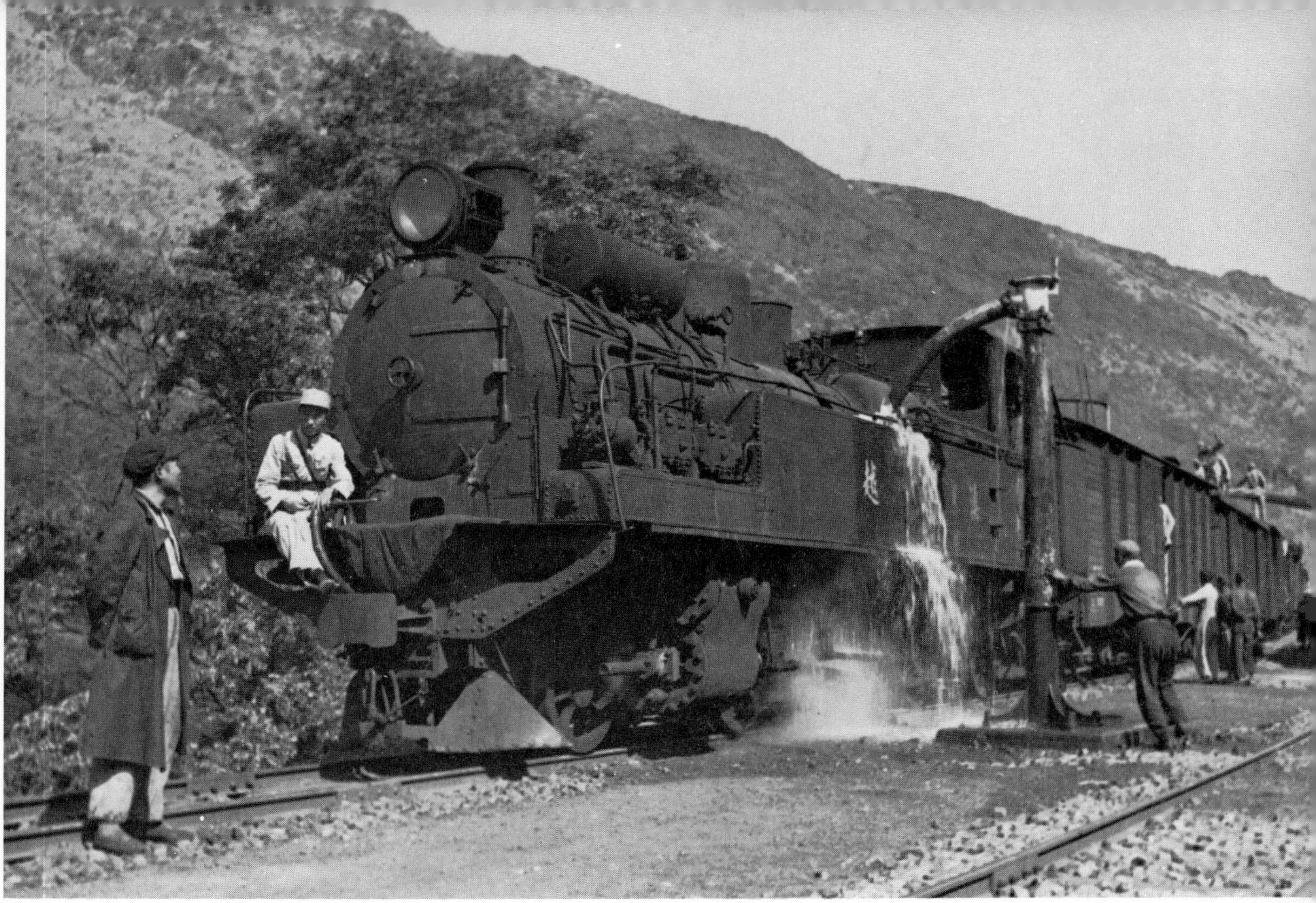

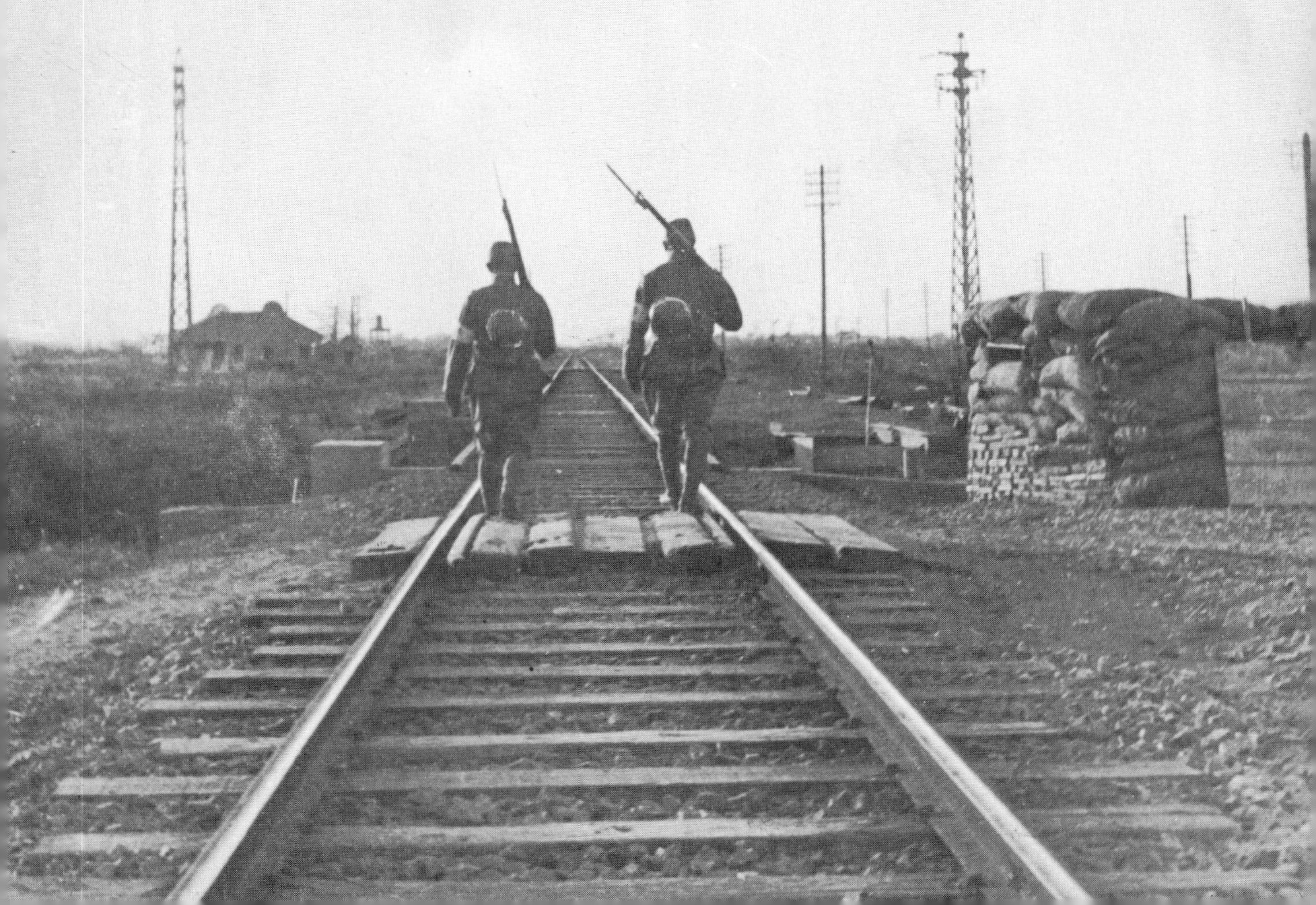

MADE BY N.W.R

Indien hält die Grenze

Als Großbritannien am 3. September 1939 Deutschland den Krieg erklärte, brachte es alle Hilfsquellen seines riesigen Reiches in den Kampf. Einer seiner größten Schätze war

Indien, das den Kern der Verteidigungslinie im südlichen Pazifik gegen die Japaner bildete und harte, kampferprobte Truppen stellte, die an der Seite der „Tommies" auf jedem Kriegsschauplatz fochten. Indien stellte auch Eisenbahnbau- und Betriebs-Einheiten, die etwa im China-Burma-Indien-Sektor und im Mittleren Osten, in Afrika und Italien zum Einsatz kamen. Aus Besorgnis vor einem japanischen Einfall aus Französisch-Indochina durch Burma und Thailand verstärkte Indien schnell seine östlichen Grenzen. Im März 1941 erhielten die Truppen in den Keren-Bergen an der burmesischen Grenze ihren Nachschub direkt mit der Bahn. In der Morgendämmerung wurde der Vormittagszug mit Proviant, Wasser, Munition und Sandsäcken beladen (rechts). Eine Wagenladung mit zerlegbaren Stacheldrahthindernissen, Schmierstoffen und Wasser wird von britischen Soldaten im Versorgungslager in den Keren-Bergen überprüft (unten rechts). Die Streitkräfte von Indien stellten eine Zugladung mit Geräten zusammen, die im Lande umherfuhr und die Bevölkerung über die verschiedenen Arten der Verteidigung informierte. Der Ausstellungszug der Verteidigungsstreitkräfte wurde mit der Attrappe eines Jagdflugzeugs, dem Geschützturm und Mast eines Zerstörers und der Bemannung mit indischen Marineangehörigen in Lahore im Oktober 1941 fotografiert (unten). Als die Japaner 1944 eine groß angelegte Invasion in Indien unternahmen, wurden die Verwundeten in klimatisierten Lazarettzügen in das Hinterland gebracht. Fast wiederhergestellte indische Soldaten blicken aus einem Wagen, der auf der Strecke Comilla — Kalkutta steht. Sie sind auf dem Weg zu den hinten liegenden Lazaretten der burmesischen Front (links). *(4 Fotos: Indian Ministry of Defence)*

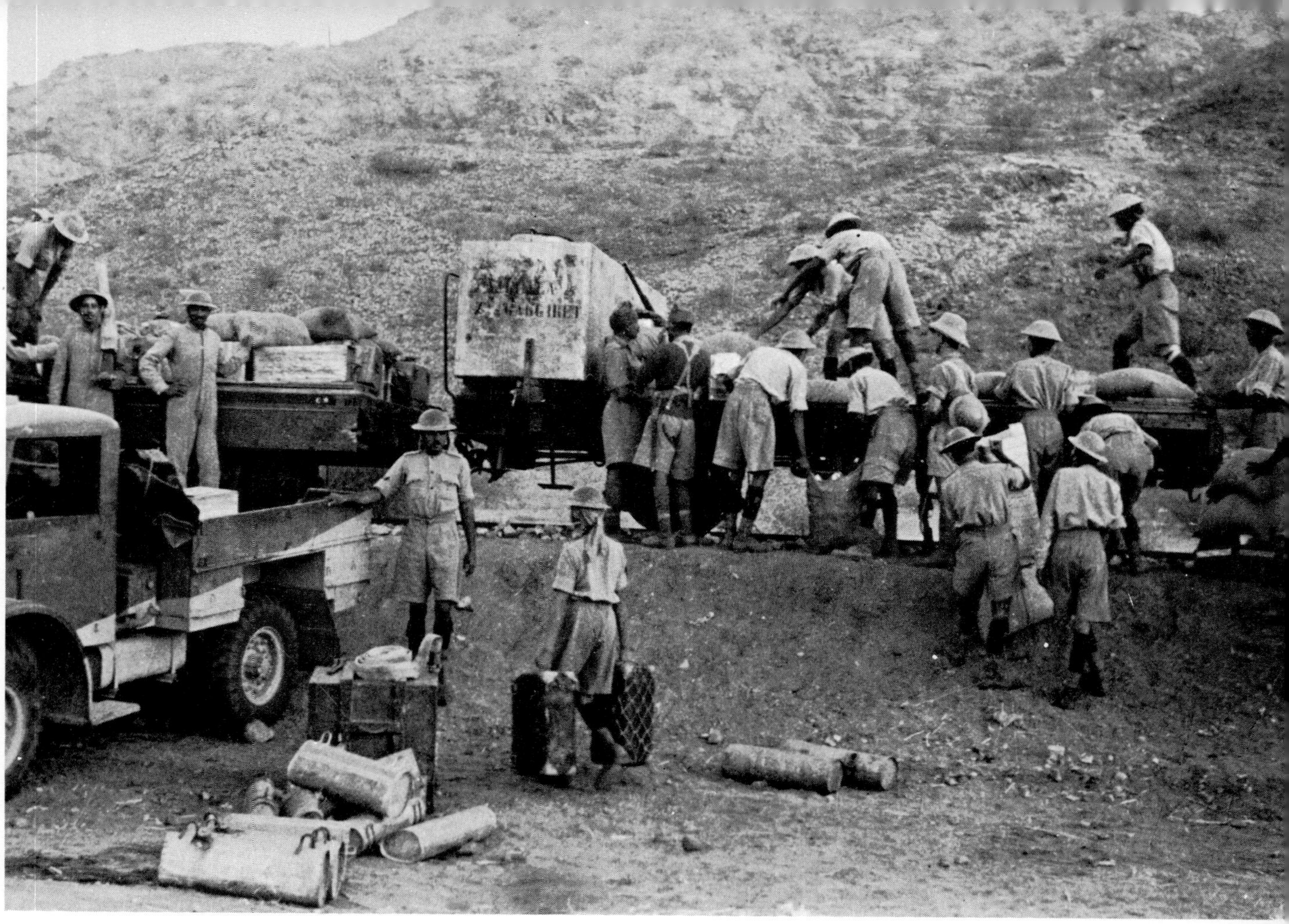

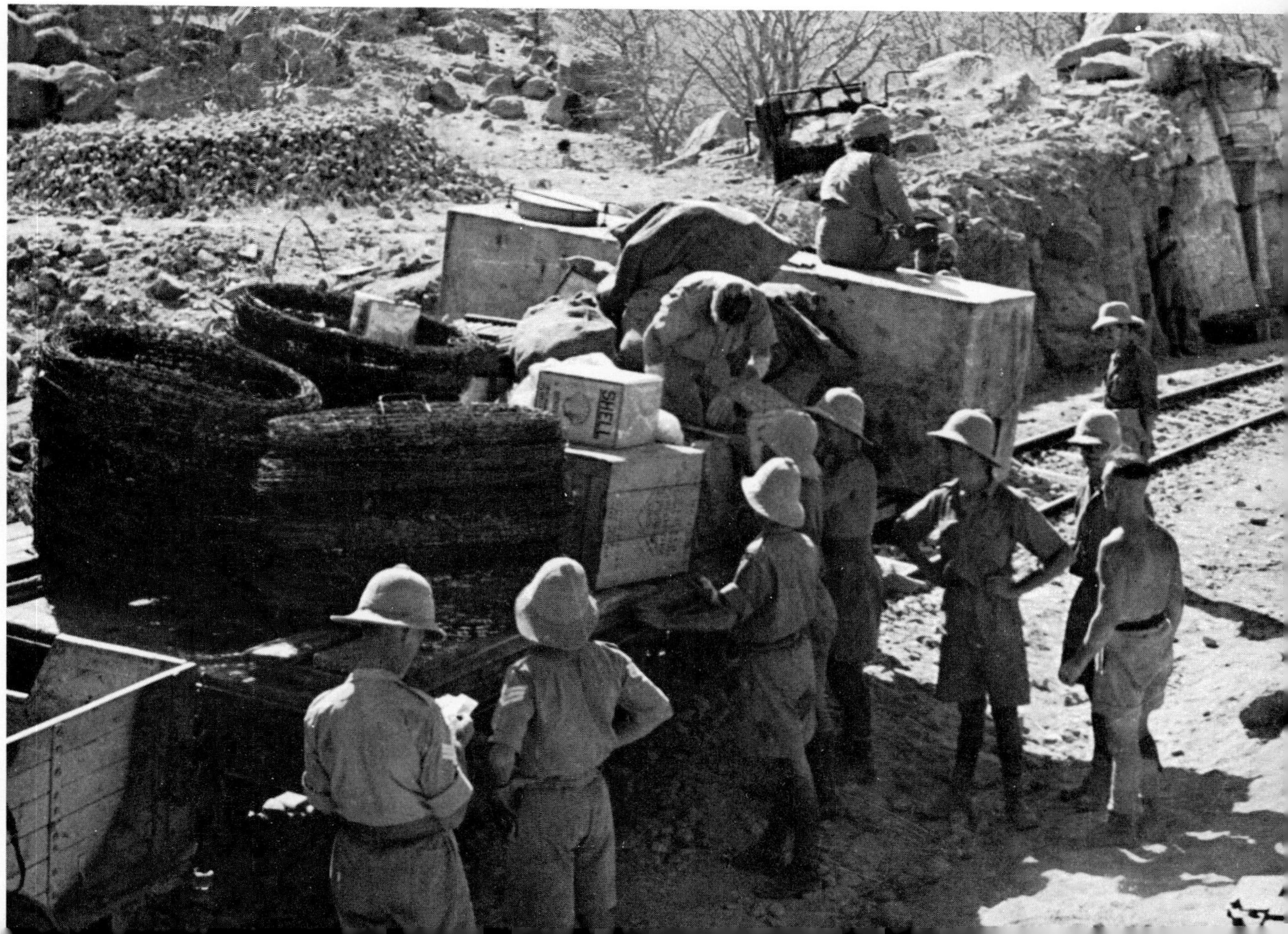
SHELL

Die Bengal & Assam-Railway unter amerikanischer Leitung

Was die transiranische Eisenbahn bei der Versorgung der russischen Truppen im Kaukasus vollbrachte, besorgte die Bengal & Assam-Railway im östlichen Teil Indiens bei der Versorgung der chinesischen Truppen, die die Japaner zurückzuwerfen versuchten. Später diente sie alliierten Kräften bei der Invasion Burmas. Die B & A war jedoch lange nicht so sicher, und während des Angriffs auf Indien im Frühjahr 1944 fiel die Lebensader zur Front in Burma fast in japanische Hand. Im Dezember 1943 kamen die Vorausabteilungen eines großen MRS-Kontingents an, das zum Schluß aus der 705. Railway Grand Division, den 721., 725., 726., 745. und 748. ROB und dem 758. RSB bestand. Sie sollten Dienststellen zur Vorbereitung der Betriebsübernahme der 1000 km langen Versorgungsstrecke einrichten, die von Kalkutta zur Ledo Road an der nördlichen Grenze Burmas lief. In diesem Gebiet der oberen Assamprovinz wurden Flugplätze gebaut, von wo Versorgungsgüter über den Himalaja zu den schnell entstehenden Absprungbasen für die B-29-Bomber geflogen wurden, die bald Japan schwer zusetzten. Die Ledo Road wandt sich nach Süden durch das Gelände bis zur Burma Road. Über diese Straße wurden riesige Mengen Nachschubgüter nach China gebracht, nachdem sie wieder den Japanern entrissen worden war. Die Bengal & Assam-Railway war eine der wichtigsten Eisenbahnverbindungen während des Krieges. Ein besonderer Engpaß war der Fährbetrieb über den Brahmaputra. Als der MRS die Strecke übernahm, schaffte die Fähre zweihundert Wagen in jeder Richtung. Schon bald hatte sich diese Zahl vervierfacht, teilweise durch die Schaffung von Flutlichtanlagen für den Nachtverkehr an den Fährstationen Amingoan und Pandau (links). Sergeant Charles E. Roth versuchte, beim Schmieren einer Lokomotive eine verängstigte Kuh zu ignorieren (unten links). Eine der 262 Leih- und Pacht-Lokomotiven, die zur Vergrößerung des Maschinenparks der B & A kamen, ist hier 1944 zu sehen (unten).

(3 Fotos: U.S. Army)

Indische Verbündete und Einsätze der US-Army

Als die amerikanischen Militäreisenbahner nach Indien kamen, stellten sie fest, daß die Engländer bereits alle erfahrenen Eisenbahner zum Militärdienst eingezogen hatten, wie dies in ähnlicher Weise beim MRS der Fall war. Im ganzen gab es achtundneunzig Kompanien der indischen Eisenbahntruppen, dazu verschiedene Stäbe und Abteilungen an der Front in Burma. In den meisten Fällen setzte der MRS zivile Eisenbahner ein. Der Endbahnhof Ledo war Punkt 0,0 der Ledo Road (oben). Von hier fuhren die Lastwagen 1700 km durch Gebirge, Dschungel und durch von Japanern gefährdete Gebiete bis nach Kunming in China. In Gauhati waren indische Frauen zum Ausschlacken der Lokomotiven des 726. ROB eingesetzt (links). Die Maschinen wurden auf primitivste Art im Bahnbetriebswerk Tinsukia des 748. ROB bekohlt (oben rechts). In Mariani, wo die Bereiche des 745. und des 748. ROB zusammentrafen, sieht die einheimische Bevölkerung bei Filmaufnahmen zu. Hier waren wenige Monate vorher die japanischen Truppen bis auf acht Kilometer herangekommen (rechts Mitte). Elefanten waren als Rangierlokomotiven brauchbar, wie dies hier von einem achtzigjährigen Tier mit dem Namen „Moonbeam" (Mondlicht) auf dem Bahnhof von Bogopani gezeigt wird (rechts unten). Da Elefanten für das örtliche Wirtschaftsleben sehr wichtig waren und sie auch im Krieg brauchbare Arbeiten verrichteten, wurden sie häufig in eigenen Elefantenwagen transportiert. Eines Tages stellte ein verdutzter amerikanischer Lokführer fest, daß der Wasserstand im Kessel seiner Maschine gefährlich niedrig war, obwohl der Tender gerade erst gefüllt worden war. Er ging zum Tender und stellte verblüfft fest, daß ein Elefant im ersten Wagen den Wasserkastendeckel geöffnet und sich begeistert geduscht hatte! Trotz der Schwierigkeiten im Betrieb der Bengal & Assam-Eisenbahn — Wiederaufbau eines großen Teils der Strecke, Bekämpfen japanischer Störtrupps, Verständigungsschwierigkeiten mit den Eingeborenen und drei verschiedene Spurweiten — gelang es dem MRS, von Februar 1944 bis September 1945 6,2 Millionen Tonnen Fracht und 5559 Personenzüge zu befördern, ehe die Strecke wieder in zivile Verwaltung überging.

(5 Fotos: U.S. Army)

Taktik in Baumhöhe

Wegen des Fehlens guter Straßen mußten sich die japanischen Streitkräfte in Südostasien zur Durchführung ihres Nachschubverkehrs auf die Eisenbahnen stützen. Die anglo-amerikanischen Fliegerverbände, die in diesem Gebiet stationiert waren, entwickelten für Besatzung und Feind gleichermaßen nervenzermürbende Taktiken, bei denen sie in Baumhöhe heranjagten und die Eisenbahnlinien beschossen oder mit Bomben bewarfen. Zuerst wendeten die Jäger diese Art des Angriffs mit Erfolg an, dann kamen auch die mittleren und sogar die schweren Bomber hinzu, wobei sie manchmal mit Palmenzweigen, Vogelnestern, und sogar mit Teilen feindlicher Ausrüstung in den Lufteinlässen und Bordwaffen zurückkehrten. Amerikanische B-24 der 7. Bombergruppe treffen eine Brücke über den Mae-Khlong-Fluß in der Nähe der Einmündung des River Kwai in Thailand (links). Als man herausgefunden hatte, daß die Bomben meistens vom Gleiskörper abprallten, entwickelte die 10. US-Luftflotte sogenannte Spike-Bomben, die im Bahnkörper steckenblieben (unten). „Hurricanes" und „Beaufigther" der Royal Air Force trafen japanische Züge in Sakantra (unten links) und an einer Stelle der Strecke Mandalay — Rangun (unten rechts), ferner an einer Strecke im Flachland Burmas (rechts). Bei den zwei letzten Aufnahmen wurde jeweils auch der Tender von den Bordwaffen getroffen, wodurch das Wasser auslief.

(2 Fotos: USAF, links und Mitte; Indian Ministry of Defence, unten links; Imperial War Museum, rechts oben; Photoworld, rechts unten)

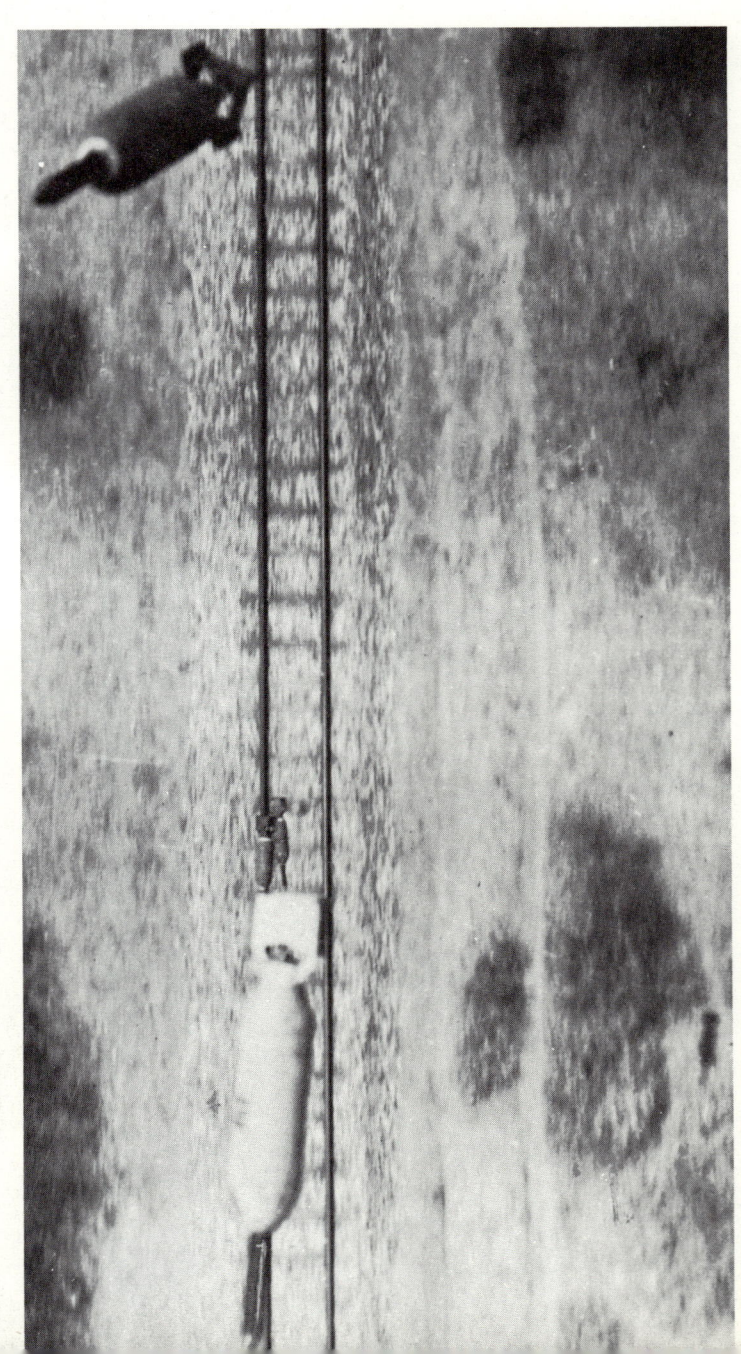

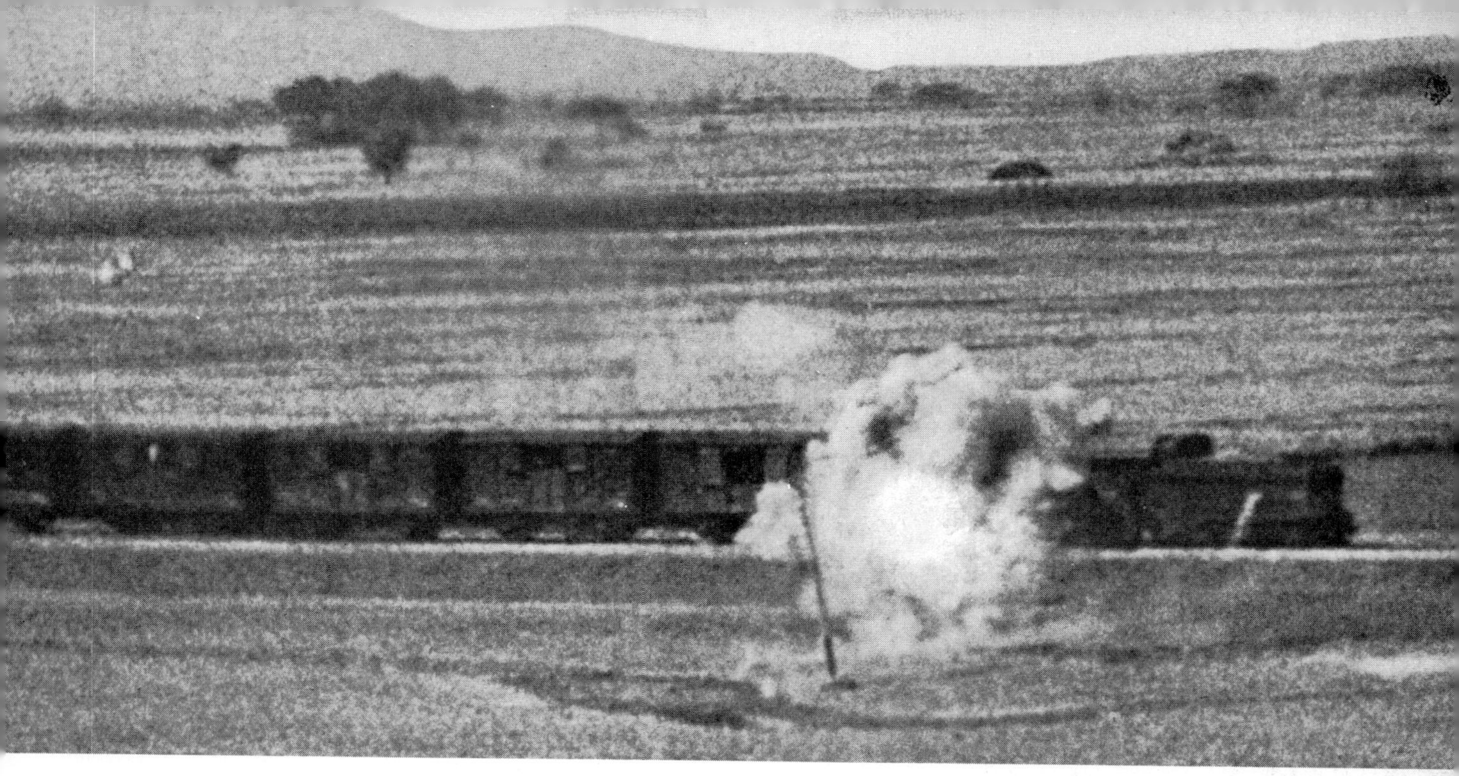

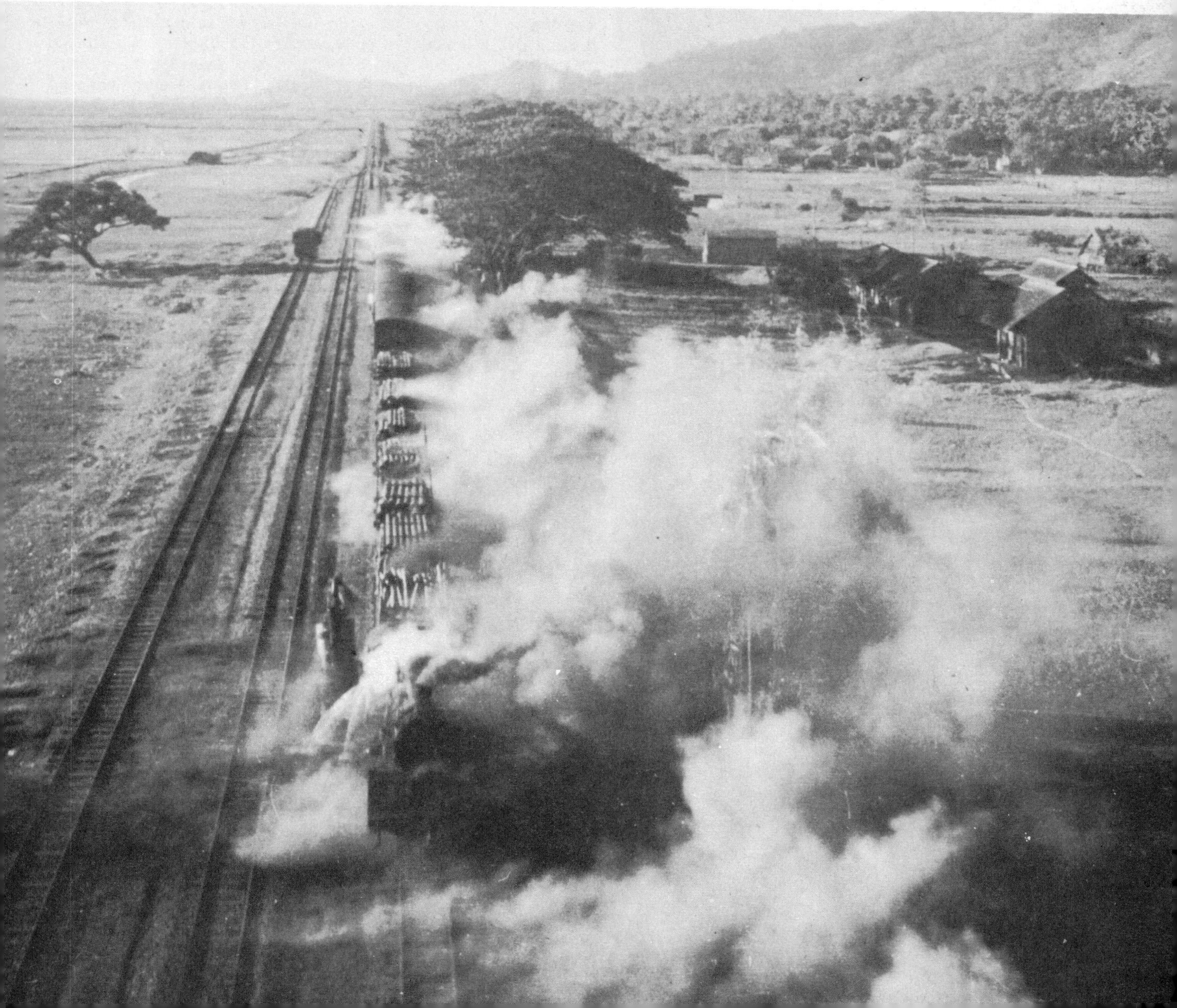

Die Eisenbahnlinie des Todes

Von allen Eisenbahnunternehmungen des Zweiten Weltkriegs tritt eines besonders hervor: Es war vielleicht das teuerste in Bezug auf menschliche Leiden, es ist fast vergessen und war doch die Idee zu einem der berühmtesten Dramen dieser Zeit. Als die Japaner ihren Griff nach Südostasien 1942 verstärkten, begannen sie den Bau einer Eisenbahnlinie von Bangkok in Thailand in nordwestlicher Richtung am Kwai-Fluß entlang, über das fast unbewohnte Bilauktaung-Gebirge an der Küste von Andaman entlang, bis hinauf nach Moulmein in Burma, mit einer Verbindungsstrecke nach Rangun. Alliierte Schätzungen über die Anzahl der Opfer unter den Zwangsarbeitern, die durch Krankheit, Brutalität und Hunger umkamen, liegen bei 300 000 Zivilisten und 11 000 alliierten Kriegsgefangenen. Große Steigungen, tiefe Einschnitte (links) und hölzerne Behelfsbrücken, wie die Hintok-Tampie-Brücke (rechts), die der Prototyp der Brücke über den River Kwai hätten sein können, waren typische Beispiele für die baulichen Leistungen innerhalb eines Jahres. Dazu kamen Wiederaufbauarbeiten an einem großen Teil der 500 km langen Strecke, die unter ständigen alliierten Luftangriffen lag. Unmittelbar nach der japanischen Kapitulation, als diese Fotos entstanden, wurden über fünftausend japanische Kriegsgefangene bei Arbeiten zur Verbesserung der Streckenführung eingesetzt. Eine Gruppe von ihnen ist mit Gleisarbeiten in der Nähe von Kanchanaburi beschäftigt, über einhundert Kilometer westlich von Bangkok (unten rechts), nahe der zusammengestürzten Brücke auf einer der vorhergehenden Seiten. Einige der glücklichen Kulis, die drei Jahre furchtbarer Umweltbedingungen überlebten, sind auf der Rückreise in ihre Heimatdörfer im November 1945 (unten). Die Strecke ist noch bis Ban Sai Yok in Thailand und Ye in Burma vorhanden. Über 150 km Strecke durch das zerklüftete Grenzgebiet sind bereits lange in Vergessenheit geraten, ebenso tausende von Opfern, deren Gebeine in flachen Gräbern verscharrt entlang der langsam einstürzenden Bahndämme liegen.

(Fotos: Australian War Memorial, oben links und rechts;
Indian Ministry of Defence, unten links und rechts)

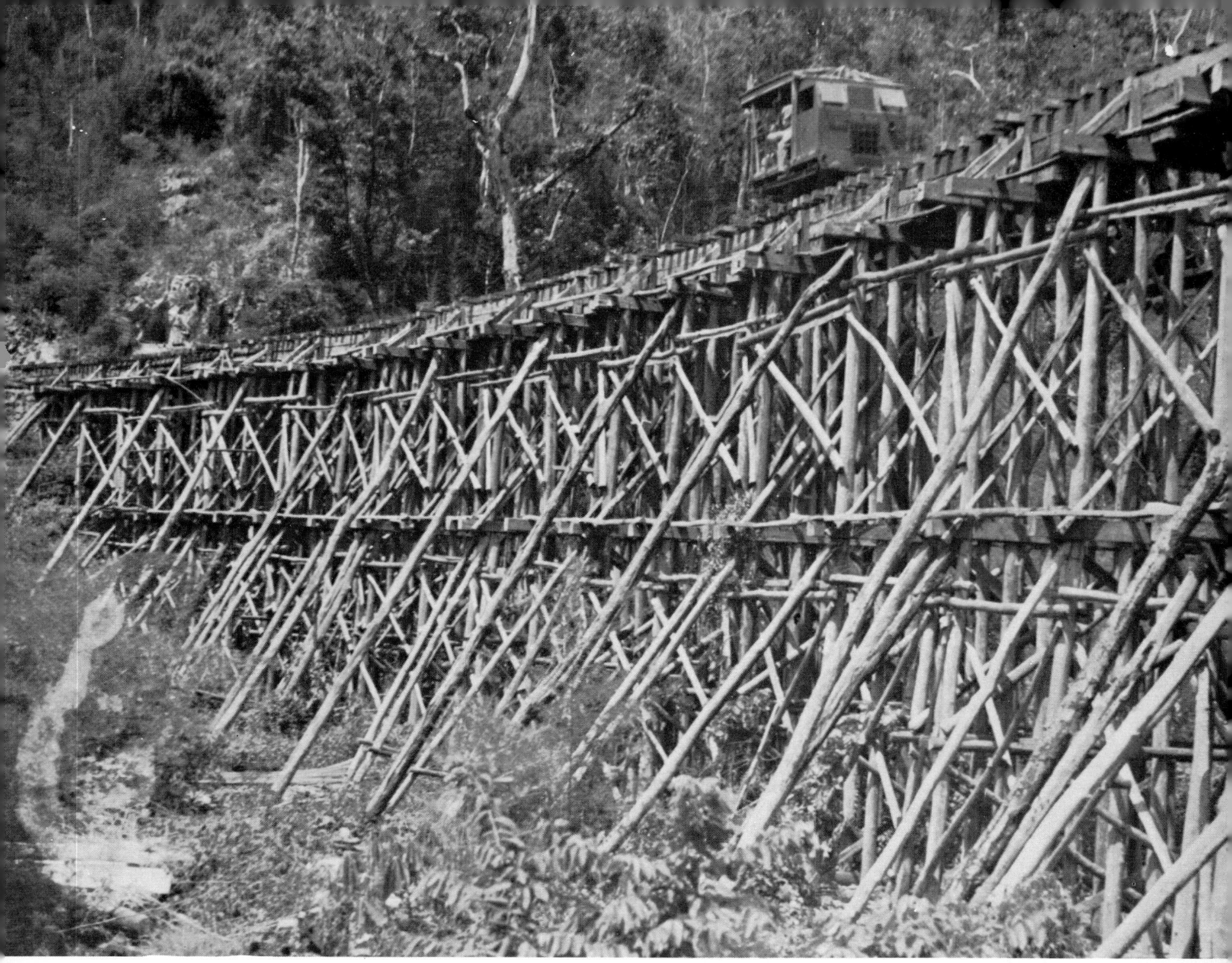

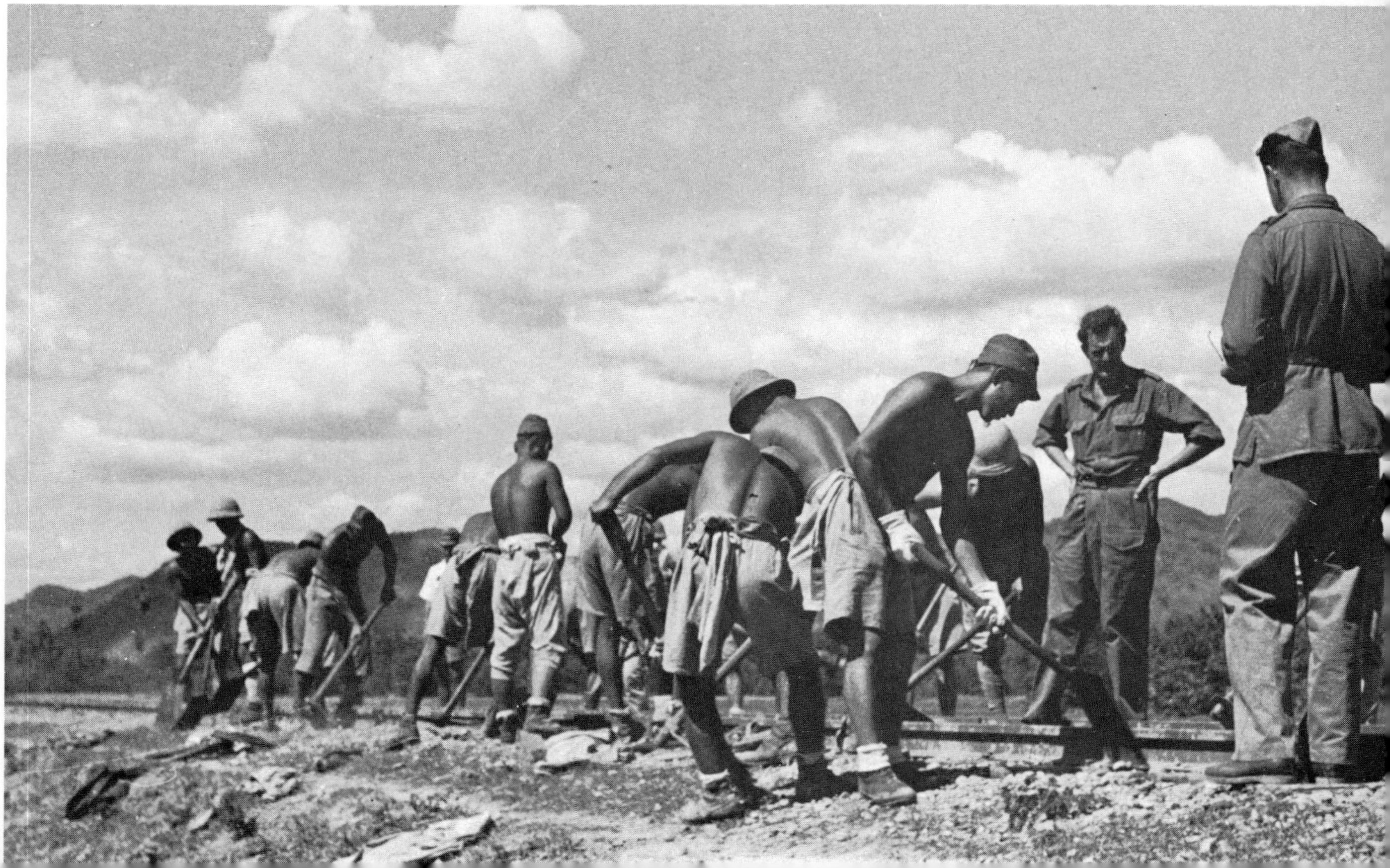

Burmas Eisenbahnen werden zurückerobert

Es dauerte bis zum Frühjahr 1945, ehe der eiserne Griff Japans von Burma genommen werden konnte. Am 3. Mai liegen zwei Angehörige der Grenztruppen in den Bahnanlagen von Prome in Deckung. Sie feuern auf japanische Nachhuten, die den Vormarsch der britischen Truppen aufzuhalten versuchen (oben links). Im Juni wurden leichte Geschütze auf offenen Güterwagen montiert (oben rechts) und durch Jeeps von ihrem Stützpunkt im Bahnhof Nyaunglebin zur Unterstützung der britischen Truppen beim Kampf entlang der Eisenbahn befördert (unten). Diese Züge wurden gemeinsam von indischen Rajput-Artilleristen und britischen West-York-Infanteristen bemannt. Die Jeeps erwiesen sich als praktisches, vielseitiges und brauchbares Traktionsmittel in den Dschungeln Burmas. Die britischen Kolonialtruppen und die Armee benutzten sie im großen Umfang. In der Nähe von Pinwe verwendet eine englische Patrouille ein hölzernes Gerüst als Drehvorrichtung, um ihr Fahrzeug zu wenden, oder um es auf einem Gleis abseits der Hauptstrecke abzustellen (oben rechts). Bewaffnet mit einem ganzen Sortiment von Handfeuerwaffen, stoßen indische Truppen der 17. Division im April von Meiktila nach Rangun vor (unten rechts). Die Jeep-Lokomotive war stark genug, zwei Güterwagen mit Versorgungsgütern zu ziehen. Diese Eisenbahnstrecke war besonders wichtig für den Vormarsch der 14. Armee bei ihrem Stoß nach Rangun und bei der Wiedergewinnung der malaiischen Halbinsel.

(je 1 Foto: Imperial War Museum, oben links; U.S. Army, aus dem Railroad Magazine, oben rechte Seite; 3 Fotos, Indian Ministry of Defence)

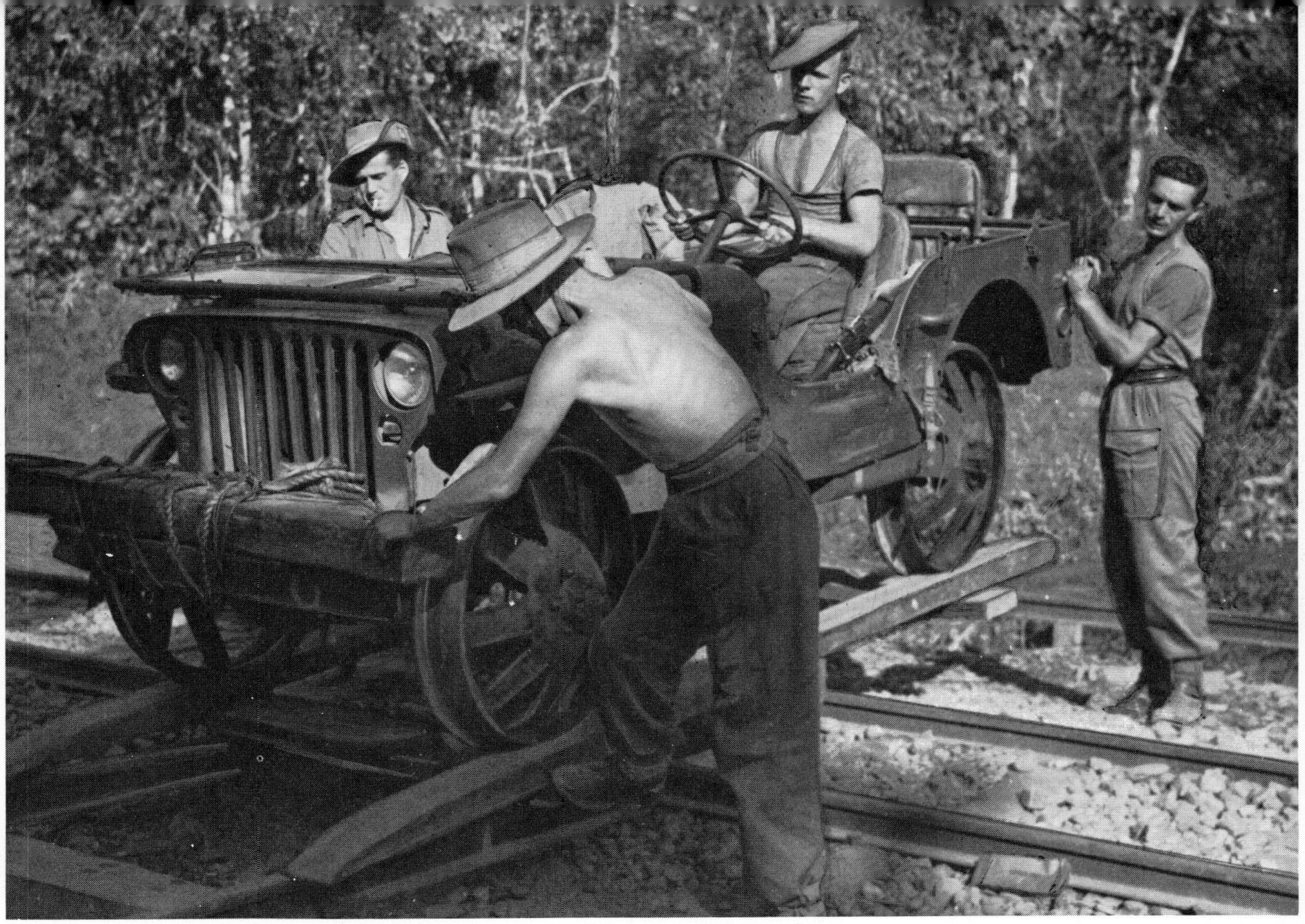

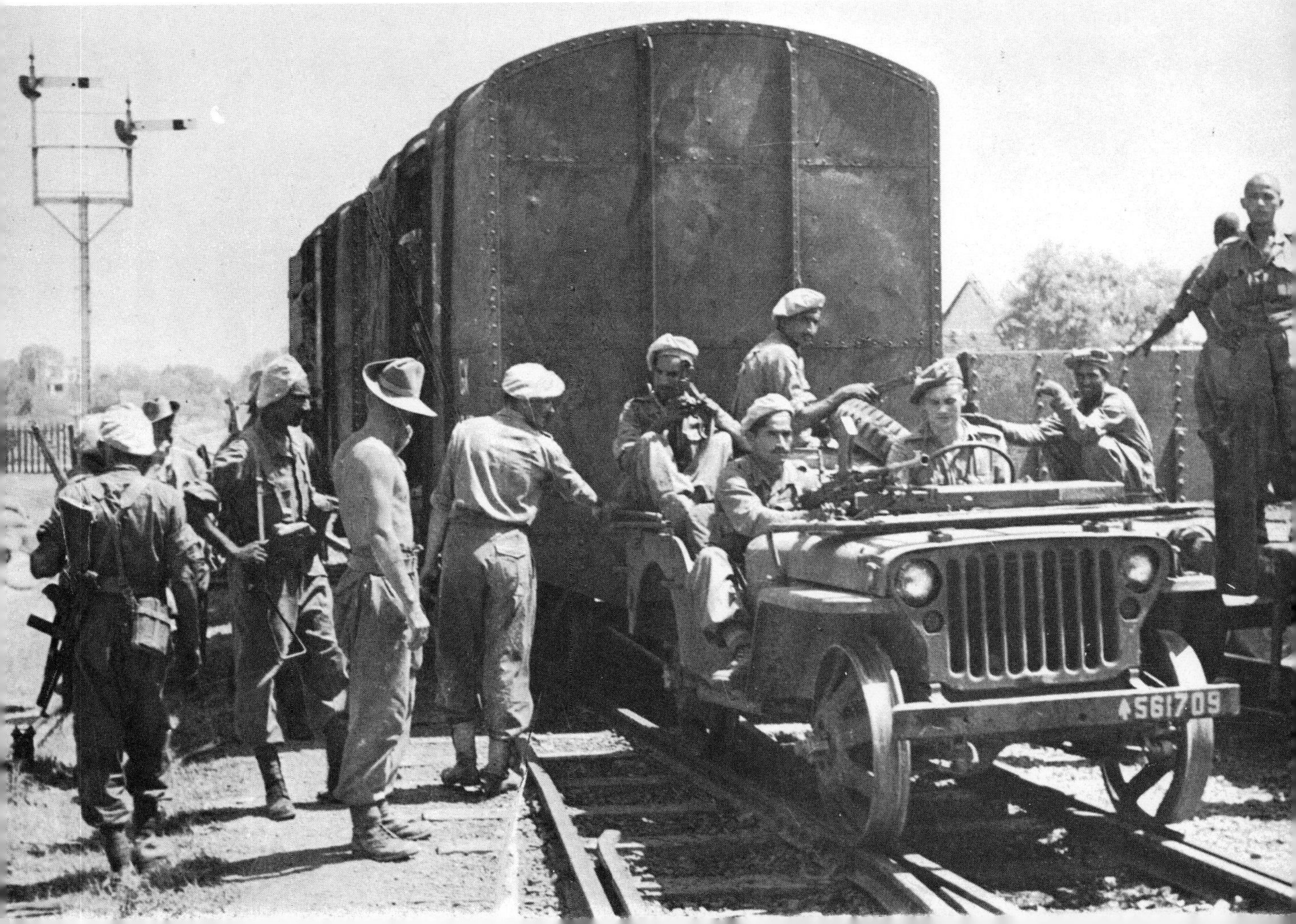
S61709

Wiederherstellung der Eisenbahnstrecken

Als amerikanische und chinesische Truppen unter General Stilwell von Norden herunterkamen, stießen britische und indische Truppen unter dem Befehl von Admiral Mountbatten aus Indien vom Irrawaddy-Fluß und an der Strecke Mandalay — Rangun entlang vor. Eine Landung von See her in Rangun brachte britische Truppen nach Norden, wo sie sich mit den nach Süden vorrückenden Truppen in Prome und Pegu trafen. Dieser Feldzug hatte die Befreiung eines großen Teils von Burma zur Folge und ermöglichte die Wiedereröffnung der Burma Road, der wichtigen Nachschubstraße nach China. Als das anglo-amerikanische Heer Myitkyina im August 1944 erreichte, waren viel Brücken zerstört (rechts) ein Werk der alliierten Luftangriffe und der sich zurückziehenden Japaner. Pionier-Einheiten, wie hier die Inder bei der Arbeit südlich von Pinwe (unten), wurden sofort zur Wiederherstellung der Eisenbahnverbindungen eingesetzt. Das 330. Engineer Battalion der US-Army vollendete die Loilaw Brücke sechs Kilometer südlich von Moaung am 22. Oktober 1944.

(3 Fotos: U.S. Army aus dem Railroad Magazine)

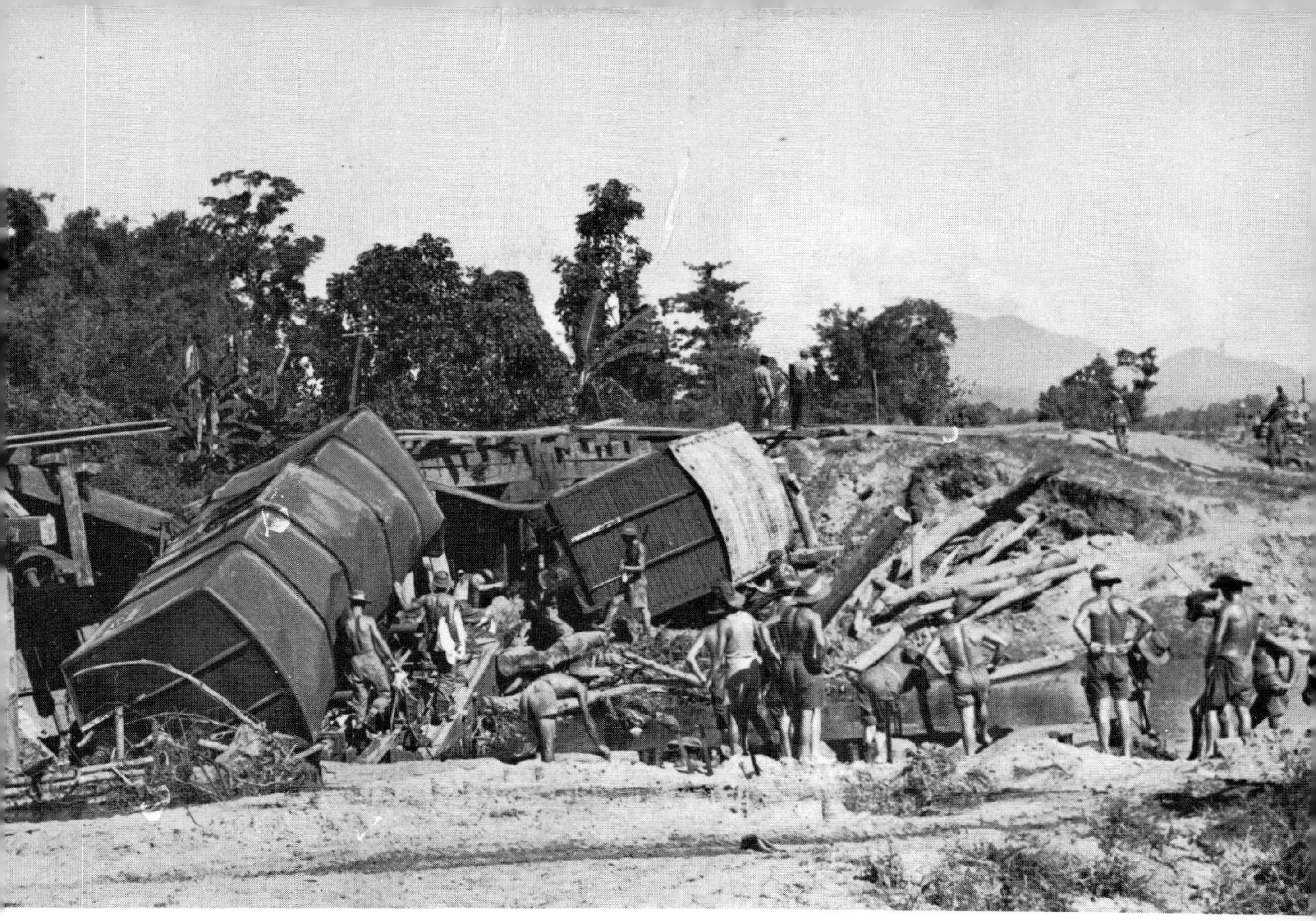

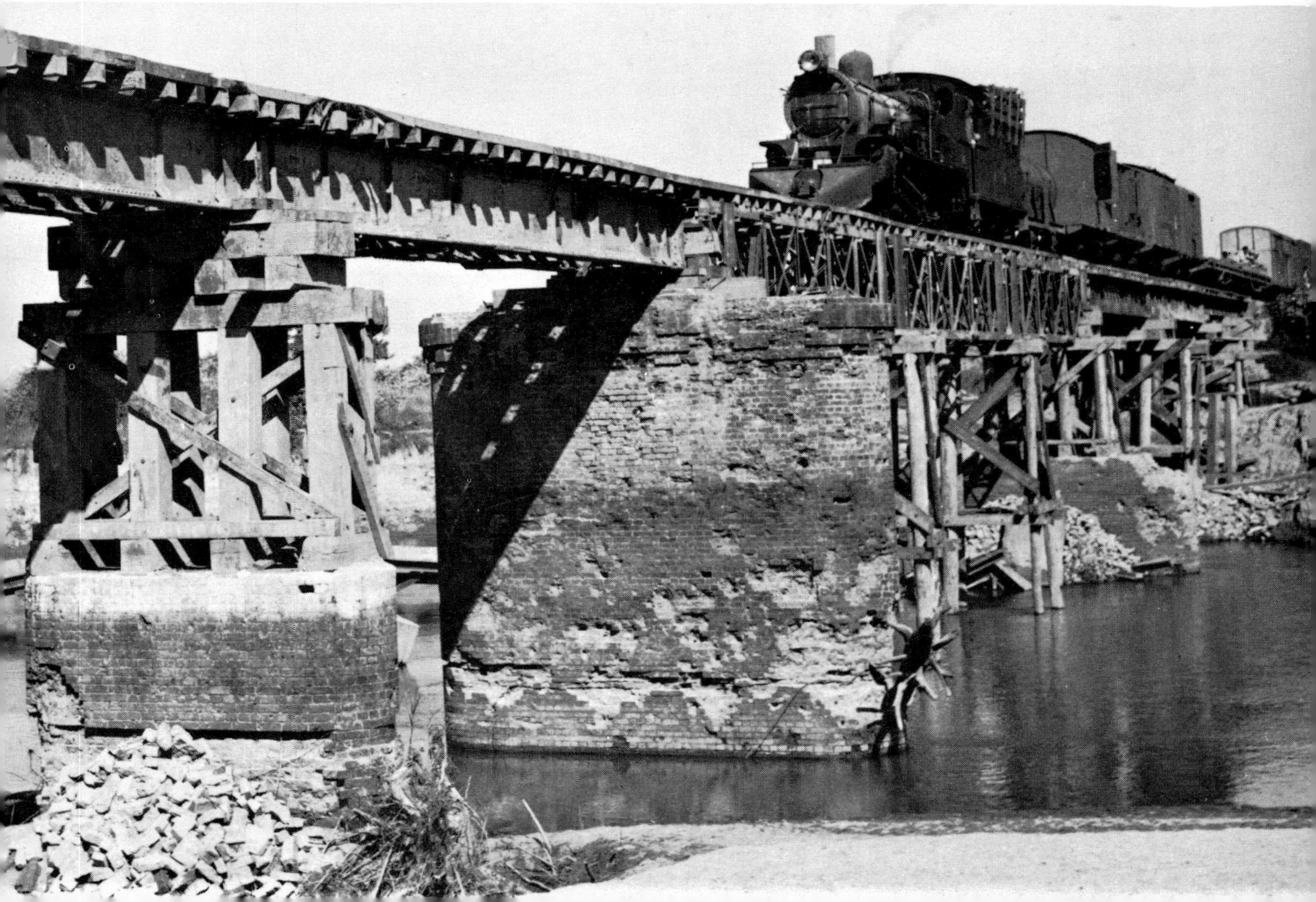

Eisenbahnleistungen im südlichen Pazifik

Als die Alliierten die Eisenbahnen von Burma zurückeroberten, schritt die Wiederherstellung zügig voran, da wegen des Fehlens von Straßen die Eisenbahn das einzige Mittel zum Landtransport großer Gütermengen war. Im Januar 1945 arbeiteten die Werkstätten von Myitkyina wieder, und eine kleine Lokomotive mit der Achsfolge 2'C (oben) wurde zu Ehren des Erbauers der Ledo Road, Brigadier General Lewis A. Pick, nach ihm genannt, der hier auf dem Führerstand steht (links). Als General Mac Arthur vor dem schnellen japanischen Vormarsch von den Philippinen nach Australien zurückbeordert wurde, kam dort ein Stab hoher Offiziere der Eisenbahntruppen fast zur gleichen Zeit an, um die Grundlagen für die Übernahme des Betriebs der australischen Eisenbahnen im Falle einer japanischen Invasion auszuarbeiten. Als der japanische Vormarsch zum Stehen gebracht worden war, sah man, daß eine Übernahme des Betriebes durch die Amerikaner nicht mehr nötig war. Die Eisenbahnen Australiens leisteten einen großen Beitrag zum Krieg, besonders nachdem der Kontinent zum Lagerplatz für den Nachschub der Streitkräfte wurde, die die Japaner aus dem südlichen Pazifik zurückgedrängt hatten. Ein australisches Regiment der 7. Division befindet sich im Oktober 1941 auf dem Transport zur Verstärkung der 6. Division im Mittleren Osten auf dem Transport (rechts oben). Die Werkstätten der australischen Eisenbahnen produzierten neben neuen Lokomotiven auch alle Arten von Kriegsfahrzeugen (rechts).

(Je 2 Fotos: U.S. Army, oben und unten; Australian War Memorial)

ADOLF
SINGLE ROOM TO L
LOOK OUT HITLER
AUSSIES ARE COMING
VICTORIA
VICTOR
BERLIN-WA
ROME EXPRESS

Die US-Army betreibt die Eisenbahn am Klondike

Noch vor der japanischen Invasion des östlichen Endes der Aleuten wurde der strategische Wert Alaskas von den militärischen Stellen erkannt. Im Jahre 1942 mietete die US-Regierung die White Pass & Yukon Route-Schmalspurbahn, die von Skagway nach Whitehorse in der kanadischen Provinz Yukon läuft. Gebrauchte Lokomotiven wurden von der Denver & Rio Grande Western-Eisenbahngesellschaft gekauft. Neue Loks, von Baldwin 1943 gebaut, kamen hinzu, da sich die Gütermenge, die die WP & Y beförderte, von 1941 bis 1943 verelffachte. Sie besorgte die Beförderung von Baumaterial für die Straße von Alaska nach Kanada und für Flugplätze der Luftwaffe. Schon bald wurde die Betriebsführung der Eisenbahn vom 714. ROB übernommen, das für lange Zeit die Bahn lenkte und dann nach Fort Eustis, Virginia, zurückkehrte, wo es bis in diese Tage als letzte aktive Eisenbahn-Einheit der

US-Army bestehen blieb. Die legendären Stürme Alaskas ließen während der Kriegswinter ihren Zorn an den Eisenbahnen aus. Bei der WP & Y (oben, gegenüberliegend oben und Mitte rechts) kämpften erfahrene Schmalspureisenbahner aus Colorado mit den Schneestürmen. Die Lokomotive Nr. 254 mit den Schneeschuhen des Fotografen im Schornstein kam von der D & RGW. Drei ihrer Schwestern fahren heute noch den berühmten Silverton-Zug, eine Touristenattraktion in Colorado. Die Schneeschleuder der Alaska-Eisenbahn blieb im Winter 1943/44 stecken (unten). Nicht alle Natureinwirkungen kamen im Winter. Die Mannschaft der Lokomotive Nr. 702 der Alaska-Eisenbahn entkam nur knapp dem Tode, als im Sommer 1944 die Brücke bei Healy unter ihrem Tender zusammenbrach (unten links). Zu Weihnachten des gleichen Jahres wurde ein Salonwagen des Marketenderzuges von Männern des 714. ROB belegt, die an alle Eskimokinder entlang der Strecke Geschenke verteilten (links außen).

(1 Foto: U.S. Army, links oben; 5 Fotos: Joseph Burgess)

Der Untergang des Japanischen Reiches

Wegen der Weiten des Ozeans und der praktisch unpassierbaren Dschungel- und Gebirgszonen hing der Nachschub während der Inselkämpfe in erster Linie von der Schiffahrt und dem Lufttransport ab. Bei den Erdkämpfen jedoch wurden die Eisenbahnen, ganz gleich, ob sie primitiv oder gut ausgebaut waren, so weit wie möglich ausgenutzt. Hier wurden alle Mittel eingesetzt, die gerade vorhanden waren, weil alles wichtige Material der Alliierten auf den europäischen Kriegsschauplatz kam. Schmalspurgleise, über die einst das Zuckerrohr zu den Raffinerien gebracht wurde, dienten nun zur Versorgung der US-Marines und der japanischen Truppen auf den Inseln Guadalcanal, Neu Guinea, Tinian und Saipan. Die Eisenbahnen in Australien, Neu-Kaledonien und anderen Gebieten, die als Versorgungsplätze für den Kampf gegen die Japaner dienten, beförderten ein Vielfaches der Vorkriegstonnage. Auf Borneo und der Insel Angaur wurden kleine Industriebahnen bis zu ihrer Einnahme von alliierten Flugzeugen bombardiert. Von höchster Wichtigkeit während der Befreiung der Philippinen war die Inbetriebnahme der Eisenbahnen. General MacArthur kam mit der Bahn wieder nach Manila zurück. Trotz starker Angriffe hielten die chinesischen Eisenbahnen durch, das gleiche traf für die japanischen Bahnen zu. Sogar in Hiroshima wurde der Eisenbahnbetrieb innerhalb sechsunddreißig Stunden nach dem Atombombenangriff vom 6. August 1945 wieder aufgenommen.

(Foto: Railroad Magazine, unten)

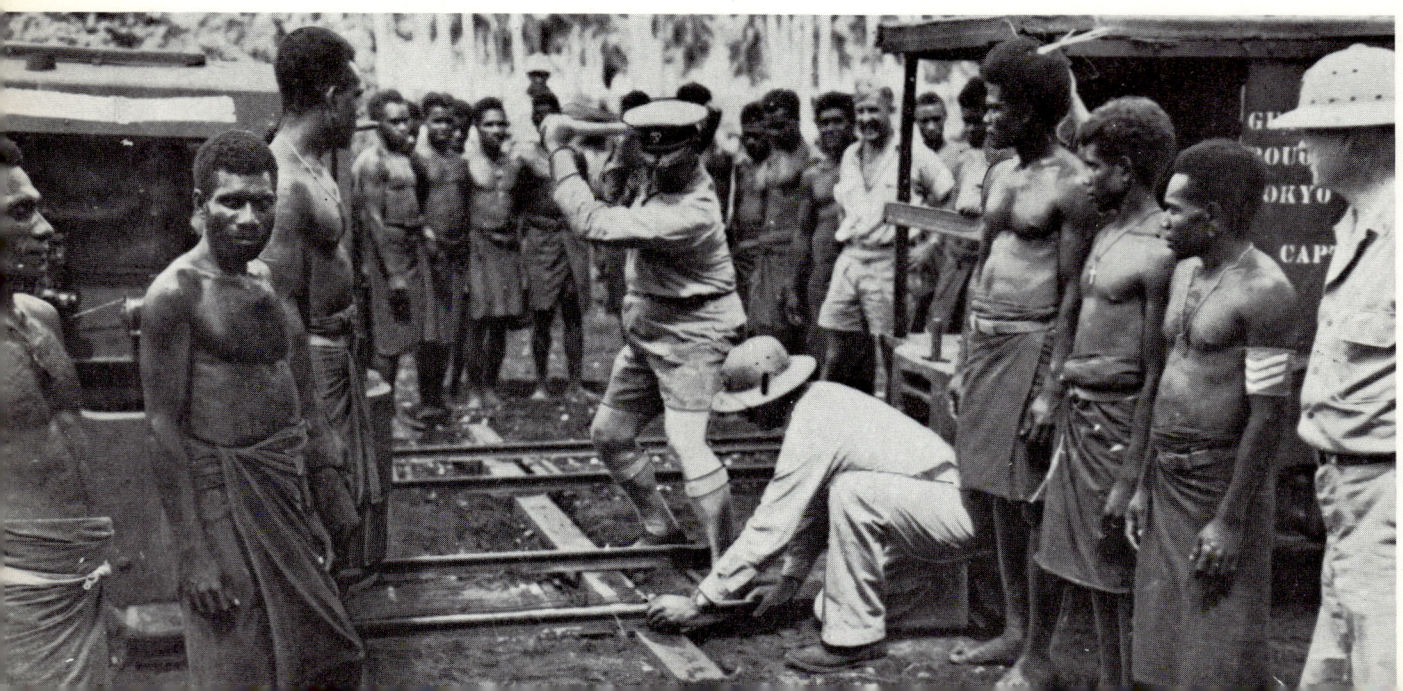

Eisenbahnbetrieb überall

Im Jahre 1943 schlug ein Offizier der US-Marine den letzten Schienennagel der Guadalcanal, Bougainville & Tokio-Eisenbahn ein. Einige Eingeborene, darunter paramilitärische Widerstandskämpfer, sehen dabei zu (links). Der Krieg dauerte noch zwei Jahre, und während dieser Zeit sollten noch 4000 km bis zum letzten Ort der Strecke hinzukommen. Dieselbe Szene wie auf Seite 1, nur aus einem anderen Blickwinkel, zeigt, was ein Volltreffer bei einer Lokomotive anrichten kann. Das Bild entstand 1945 im Südosten Chinas (oben). Amerikanische Luftwaffeneinheiten, die in Karachi an der indischen Küste ausgeladen wurden, hatten eine Eisenbahnreise von zwei Wochen bis zu den vorgeschobenen Stützpunkten in Assam vor sich. Ein Soldat des 13. Ferrying Command ließ sich gerade von einem indischen Barbier rasieren, als der Zug anfuhr (rechts). Er zog vorsichtshalber den Kopf zurück, als der Barbier mit seiner Arbeit fortfuhr, die er noch im Laufen beenden wollte.

(Fotos: U.S. Army, oben; Bill Hounsell, rechts)

Was die Japaner zurückließen

Als die Alliierten durch Holländisch-Ostindien und die Marianen-Inselketten vorstießen, fanden sie viele Feldeisenbahnen vor, darunter Lokomotiven deutscher Herstellung. Auf den größten Bahnanlagen aller Inseln im Pazifik entdeckten Soldaten der 81. US-Division bei der Besetzung der Insel Angaur zurückgelassene japanische Lokomotiven, die in Berlin gebaut worden waren, als Deutschland eine bedeutende Kolonialmacht im Pazifik war (oben). Weitere Lokomotiven deutschen Ursprungs wurden auf den Ladeanlagen im Hafen von Balikpapan auf Borneo gefunden, nachdem die von den Japanern zum Öltransport eingesetzte Eisenbahn von der 13. US-Luftflotte zerstört worden war (rechts). Während des schweren Kampfes um die Insel Tinian ruhen sich einige amerikanische Marinesoldaten auf einem Zuckerrohrwagen aus (oben rechts). Als ein japanischer Angriff auf Neu-Kaledonien befürchtet wurde, inspizierte Major General Alexander M. Patch am 4. April 1942 eine Lokomotive (links). Diese Lokomotive war eine von drei, die in Nouméa fuhren.

(2 Fotos: U.S. Army, oben und unten; USMC Foto aus dem Railroad Magazine, rechts oben; USAF, rechts unten)

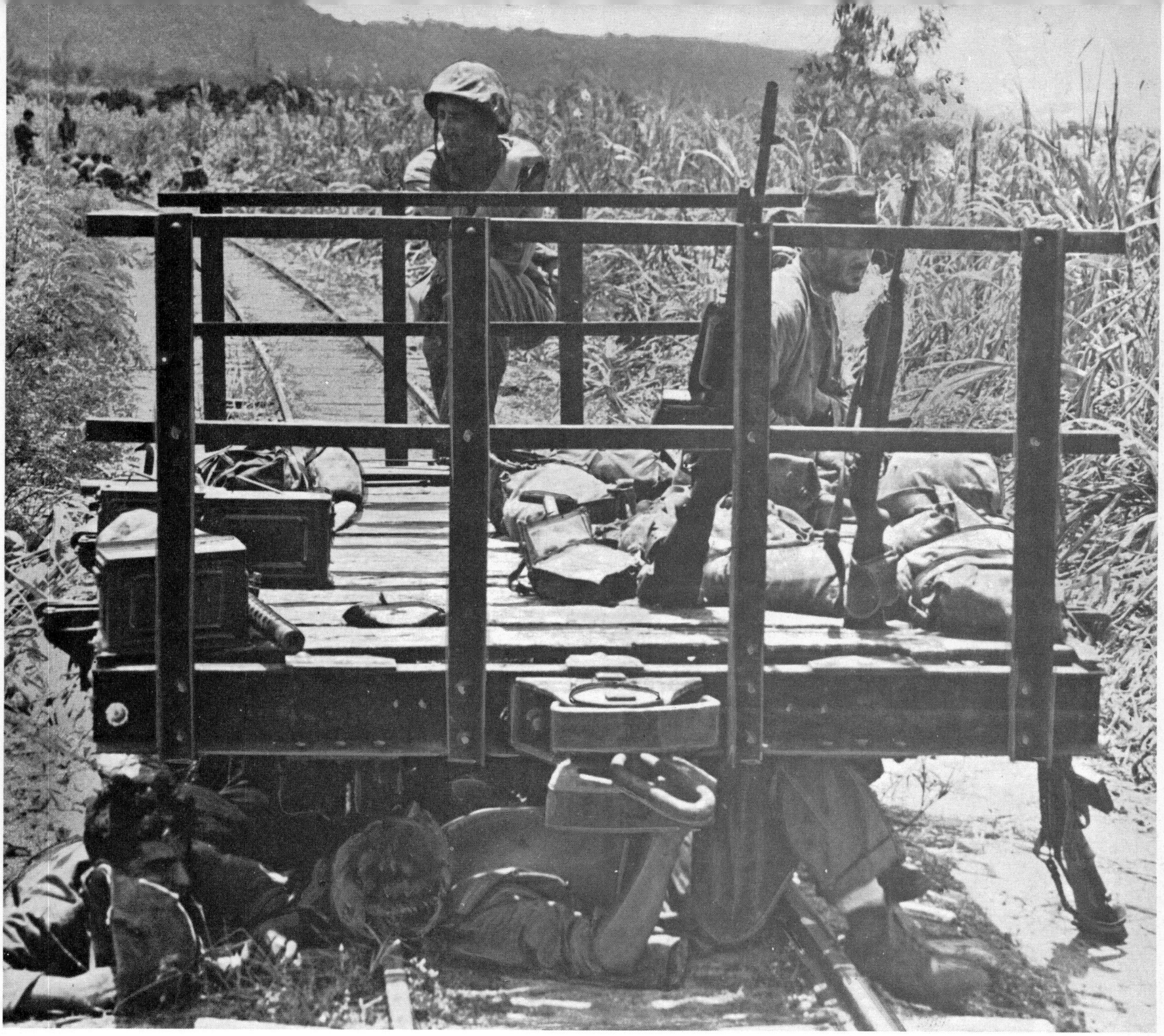

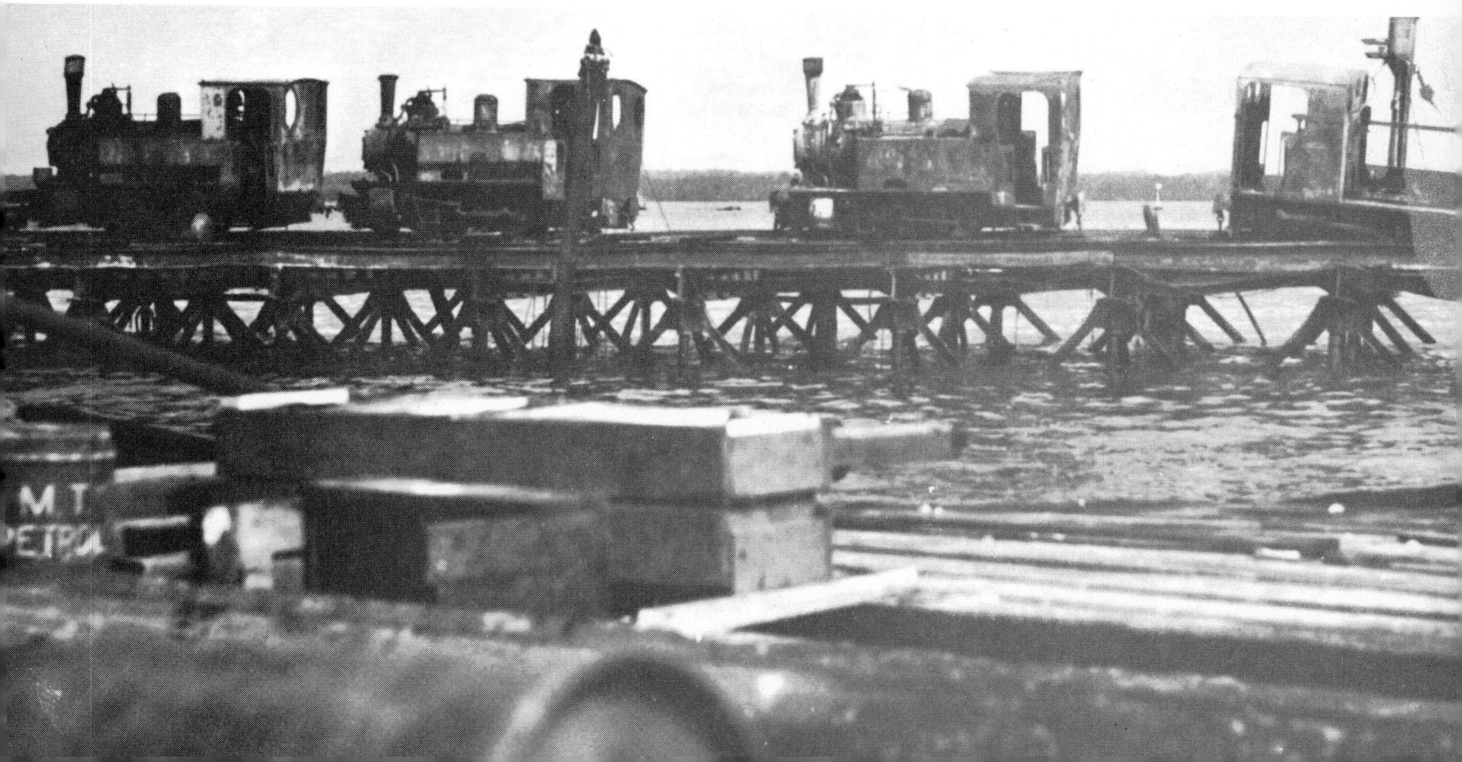

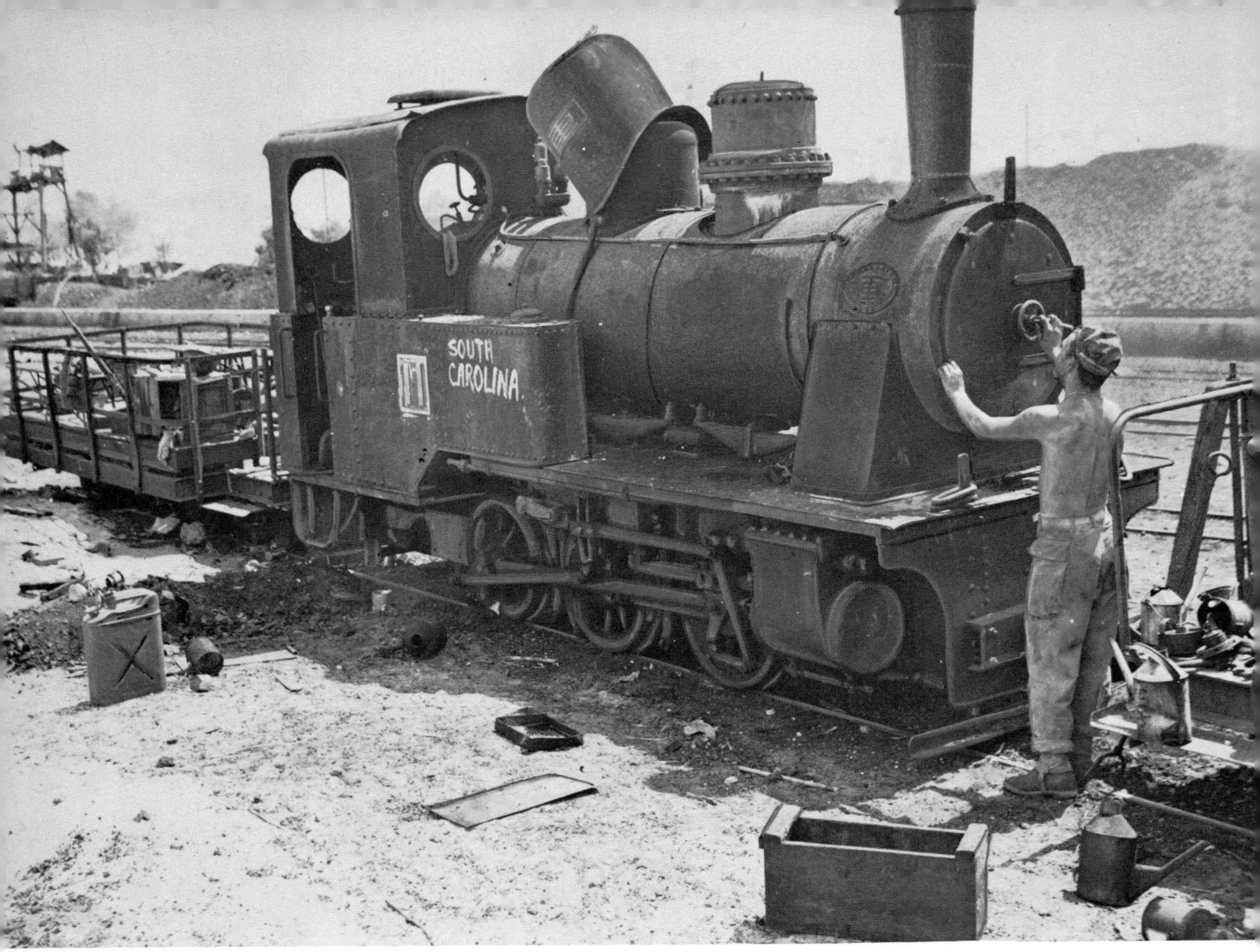
SOUTH
CAROLINA.

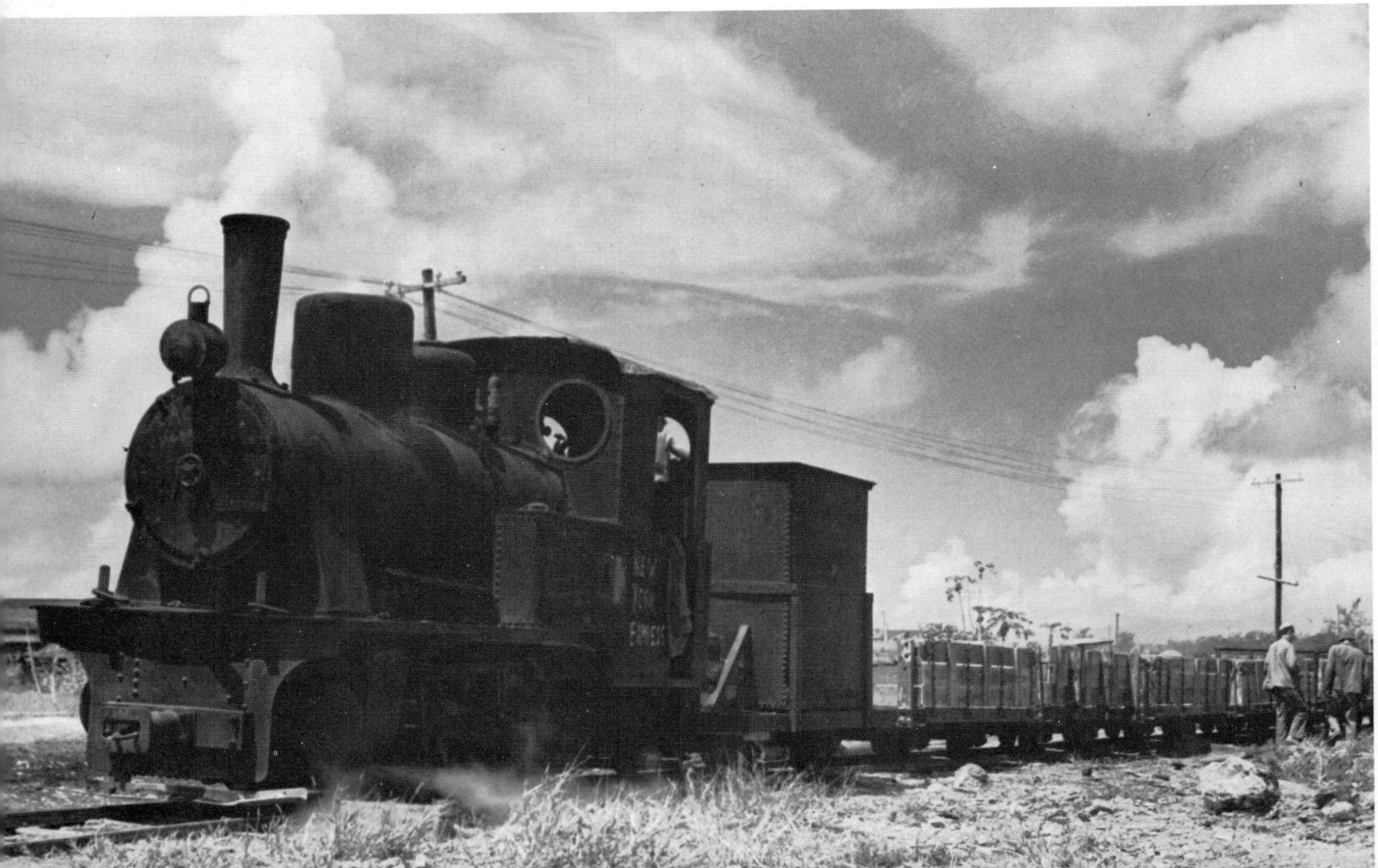

Saipan — ein wichtiger Zwischenhalt auf dem Wege nach Tokio

Im Juni 1944 brachte Admiral Nimitz eine riesige Flotte und Landungstruppen in die Marianen und besetzte Guam, Tinian und Saipan mit dem Hauptziel, Luftwaffenstützpunkte für die stärkste Waffe im Angriff auf das japanische Mutterland einzurichten — für die Boeing B-29 „Superfortress". Nach der Landung auf Saipan besetzten die Marinetruppen schnell die Feldeisenbahn, die zwischen einer Zuckerraffinerie und dem Flugplatz Isely Field fuhr, der bald zur Aufnahme der B-29 vergrößert werden sollte. Noch ehe der letzte Japaner die Gegend verlassen hatte, fuhren die ersten Züge mit Baumaterial. Ein toter japanischer Soldat liegt neben der Lokomotive Nr. 8, auf deren Fabrikschild steht: „Orenstein & Koppel A. G. Berlin, Sole Agents: Otto Reimers & Co. Tokio" (rechts). Bis zum 26. Juni hatten die Soldaten die kleine Lokomotive mit eigenen Beschriftungen versehen und das Fabrikschild entfernt (unten). Die Soldaten schrieben in der Erinnerung an die Heimat Namen wie „New York Central", „L. A. Bound", „Kansas Cannon Ball" „The Susie-Q" und „The Toonerville Trolley" auf Lokomotive und Wasserwagen. Die andere betriebsfähige Lok fährt gerade zum Flugplatz (links unten). Als ein Soldat aus den Südstaaten „South Carolina" auf die rechte Seite der kleinen Lok schrieb, konterte ein anderer mit „New York Express" auf der anderen Seite der Lok. Die kleine Zuckerrohrbahn transportierte Treibstoff, Munition, Bomben und Ersatzteile für die große „Superfortress"-Armada, die von Saipan nach Japan flog und dort die Städte, die Wirtschaft und die Eisenbahnen zerschlug.

(Fotos: USMC Foto aus dem Railroad Magazine, links; USAF, links unten; National Archives (USCG), rechts; U.S. Army, unten)

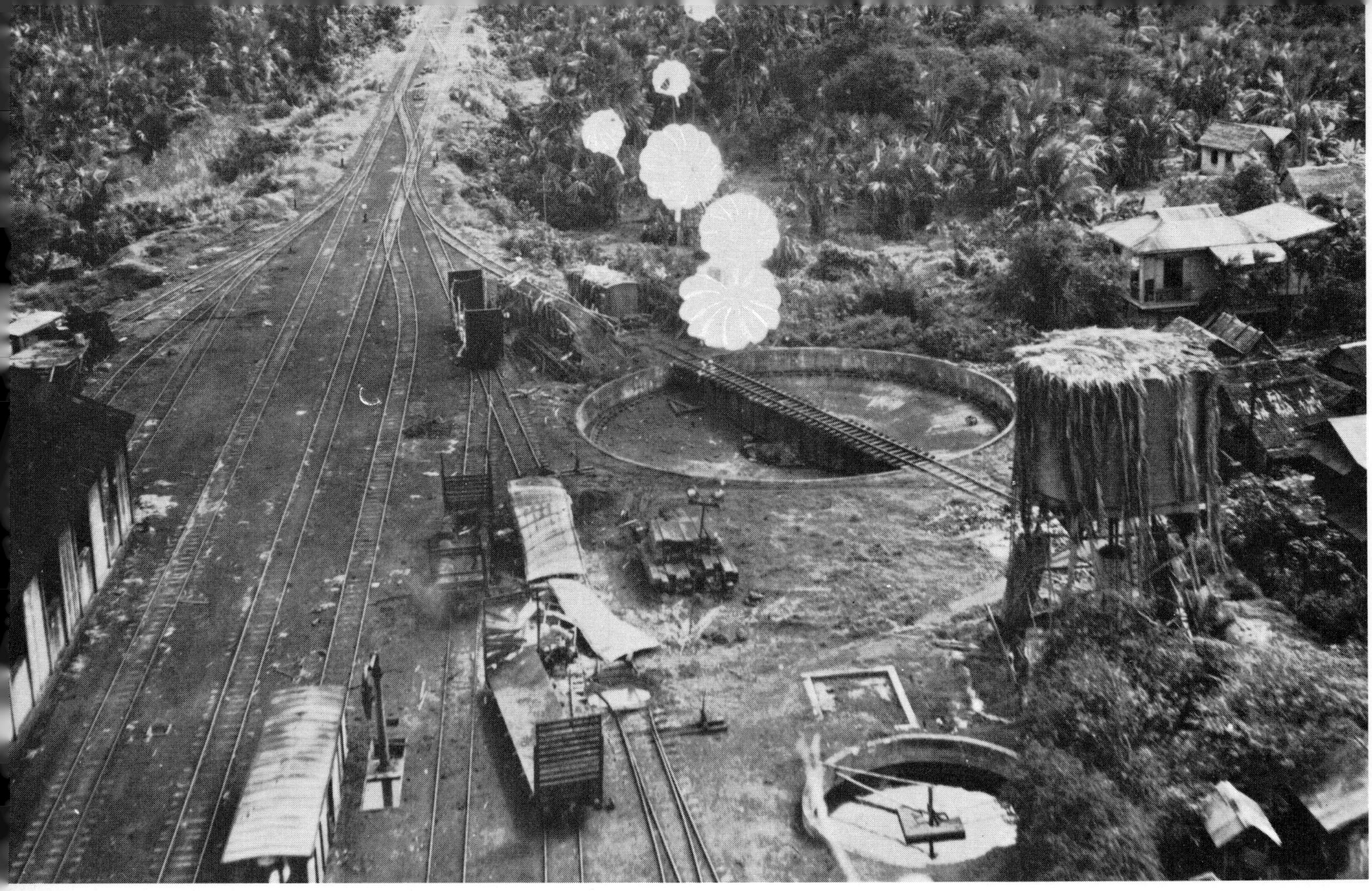

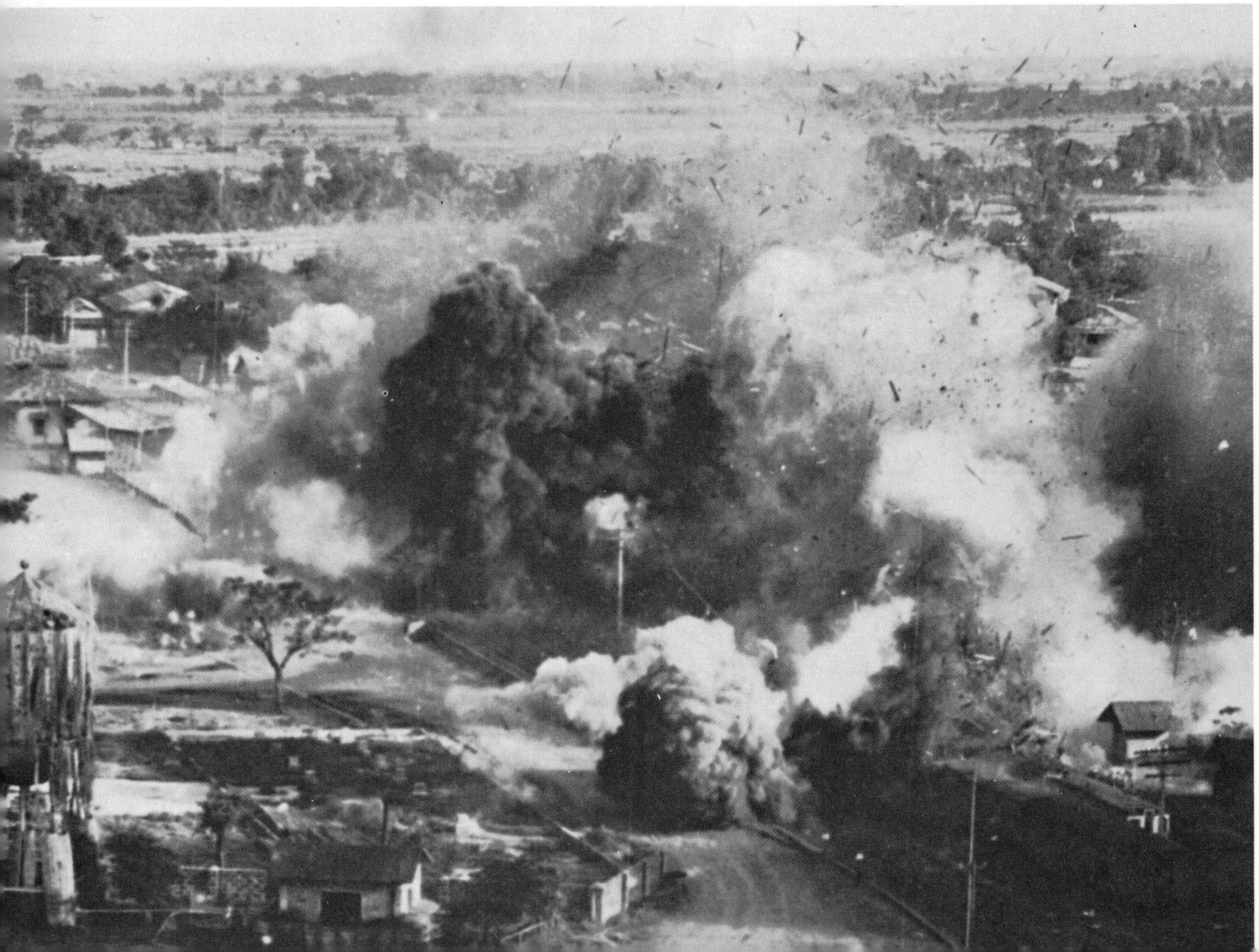

MacArthur kommt zurück — mit der Eisenbahn

Monate vor der alliierten Invasion der Philippinen unternahmen Maschinen der Luftwaffe und der Marine heftige Tiefangriffe auf die von den Japanern betriebenen Eisenbahnen auf Luzon. Durch die Verwendung von Parafrag-Bomben (Fallschirm-Splitterbomben) konnten die Flugzeuge der 5. und 13. US-Luftflotten ihre Angriffe in Baumwipfelhöhe fliegen und wurden nicht durch die Detonationen ih-

rer eigenen Bomben, die an Fallschirmen herniederschwebten, gefährdet (oben links). Manchmal entkamen sie nur knapp (links). Am 20. Januar 1945, nur elf Tage nach dem Einmarsch der US-Truppen in Luzon, schützten schwer bewaffnete Amerikaner eine Lokomotive gegen ständige japanische Angriffe (oben). Kurz nach der Befreiung Manilas sprach General MacArthur zu den versammelten Truppen, die seinen von einer Diesellok gezogenen Sonderzug „General Mac Arthur Special" begrüßt hatten (unten).

(2 Fotos: USAF, linke Seite; je 1 Foto: U.S. Army, oben; Railroad Magazine, unten)

Nach Dagupan, nach San Fabian, nach San Agustin

Die alliierten Truppen landeten in Leyte auf den Philippinen im Oktober 1944. Es war der erste blutige Schritt auf den Inseln zur Befreiung Luzons und der Hauptstadt Manila. Drei Monate später dampfte eine riesige amerikanische Flotte in den Golf von Lingayen, und die amerikanischen Landungstruppen gingen bei Dagupan an Land. Kaum zwei Wochen später liefen Zugladungen von Munition, Verpflegung, Sanitätsmaterial und Ausrüstungen von Dagupan nach Süden zur Front, die sich entlang der Manila-Eisenbahn immer weiter der Hauptstadt näherte (rechts). Hunderte von bewaffneten japanischen Soldaten führten einen Guerillakrieg, so daß alle Züge schwer bewacht werden mußten. San Fabian, nördlich von Dagupan gelegen, war während der Landungen mit Schiffsartillerie beschossen worden. Am 20. Januar reparieren eingeborene Arbeiter im Bahnhof die Gleise, die durch den Beschuß zerstört worden waren (unten rechts). Wenige Tage nach der Errichtung des Brückenkopfes landete die erste MRS-Einheit, die 790. Railway Operating Company, und nahm den Betrieb über die Strecke nach Manila auf. Sie fanden die Eisenbahn in einem jämmerlichen Zustand vor, denn die alliierten Luftangriffe, das Fehlen jeglicher Wartung während der drei letzten Jahre und die Sabotage durch die abrückenden Japaner waren nicht ohne Folgen geblieben. Wieder rettete die unglaubliche Anpassungsfähigkeit nicht nur der Eisenbahn, sondern auch die der Dampflokomotive die Situation. Da der 790. Kompanie keine Kohlen zur Verfügung standen, benutzten die Männer Bauholz, alte Schwellen, Treibholz und sogar Kokosnüsse zum Feuern. Die Eisenbahnlinie von San José nach San Agustin auf der Insel Mindoro wurde im Dezember 1944 vom 866. Aviation Engineer Battalion wiederhergestellt, um die Flugplätze zu versorgen, von denen die Japaner auf Luzon angegriffen wurden (unten).

(3 Fotos: U.S. Army)

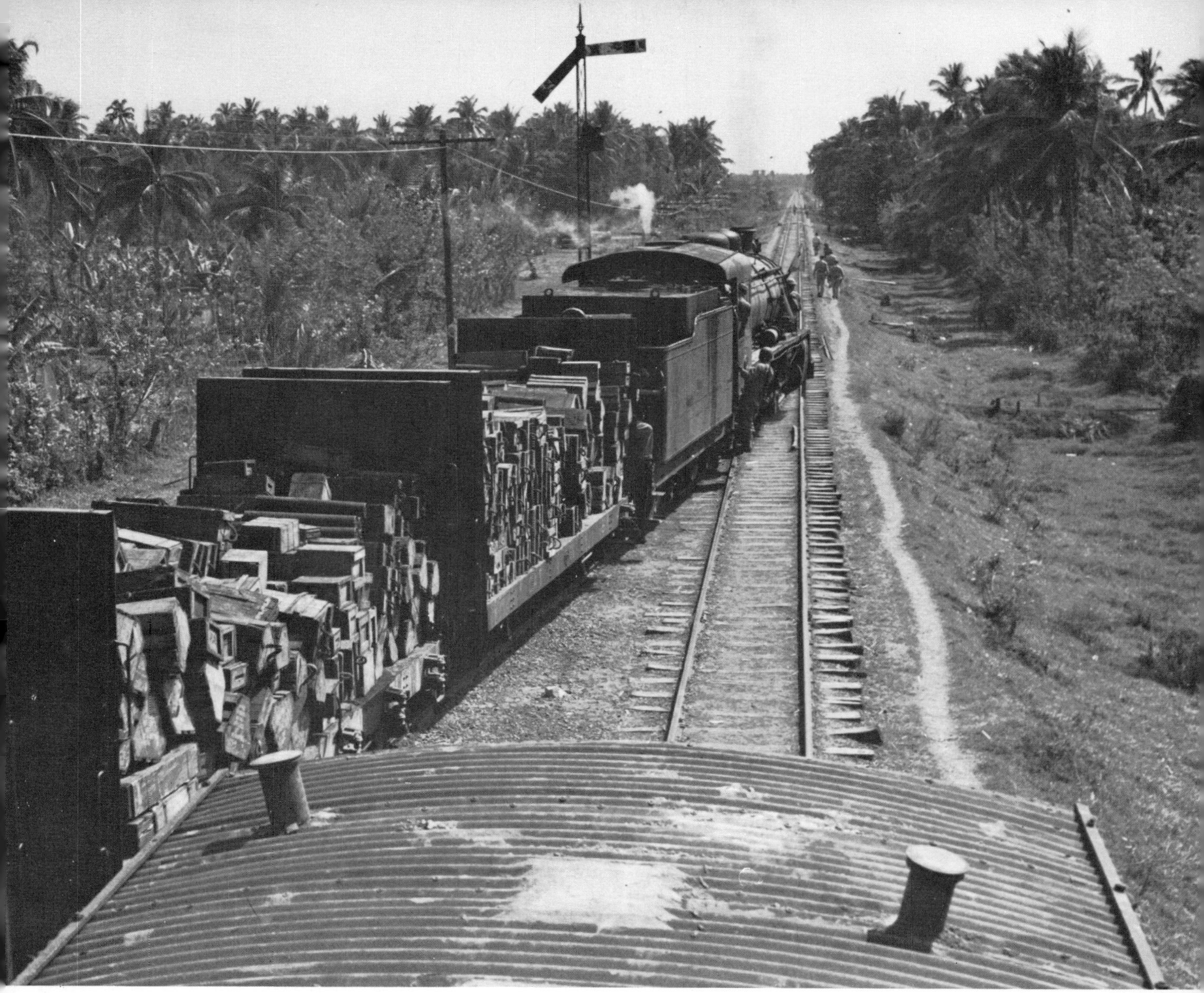

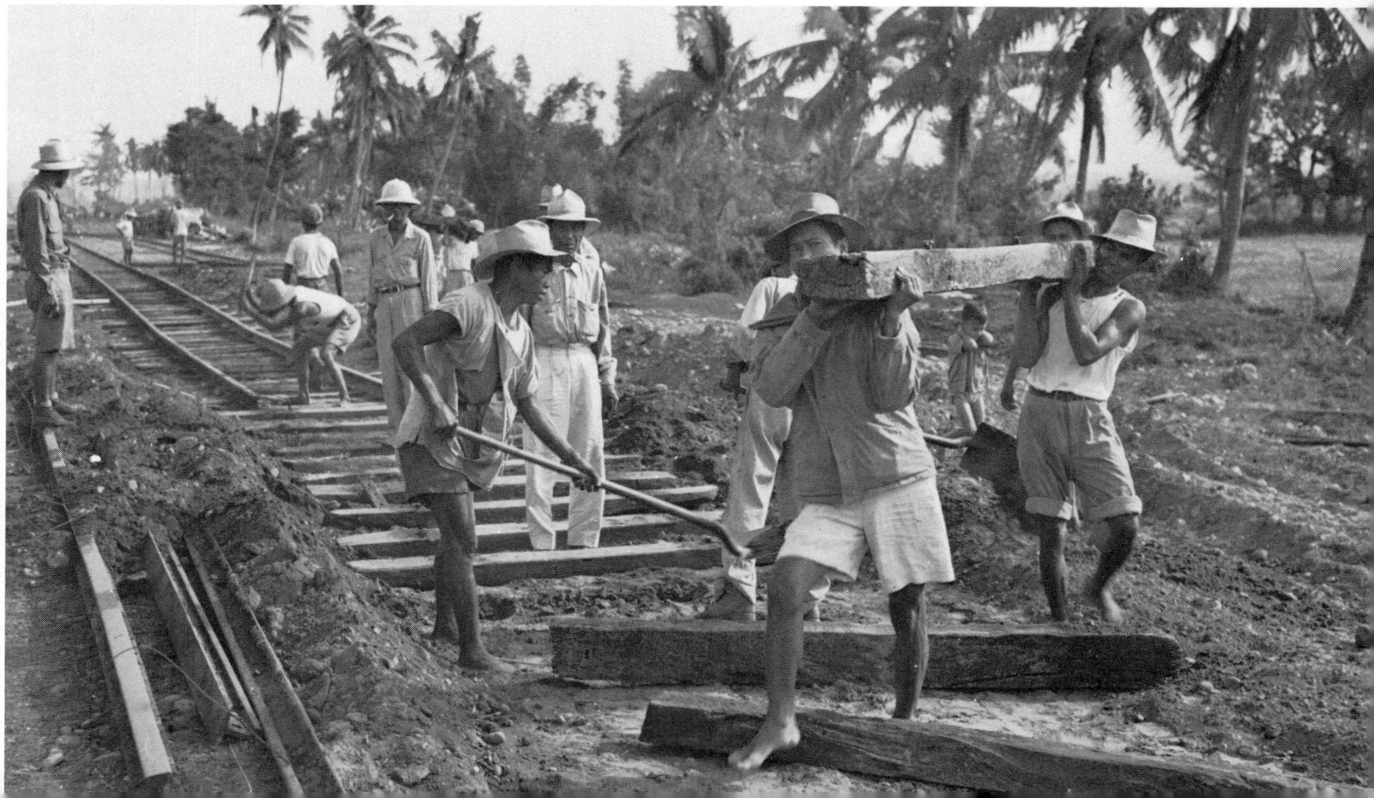

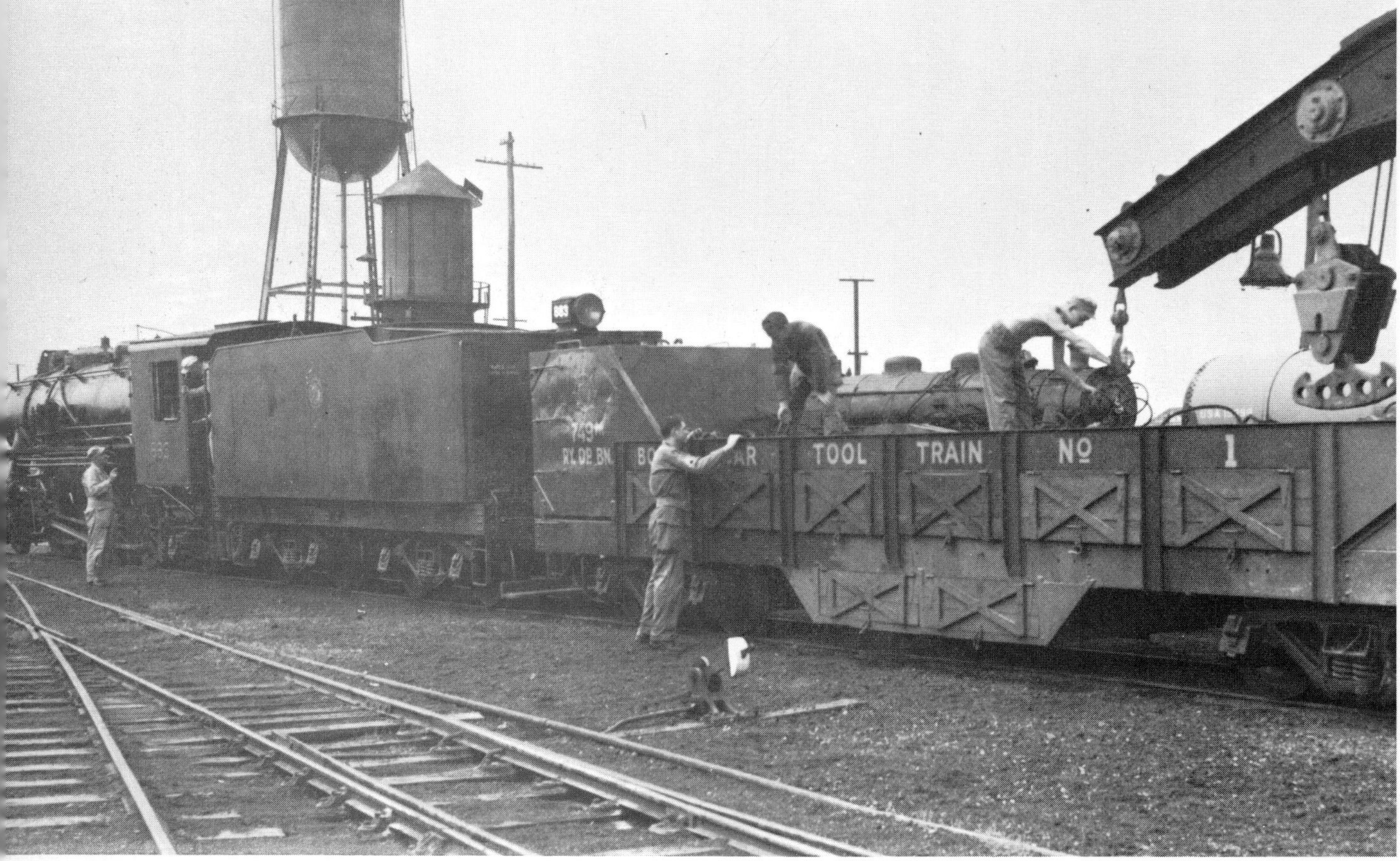
TOOL TRAIN No 1

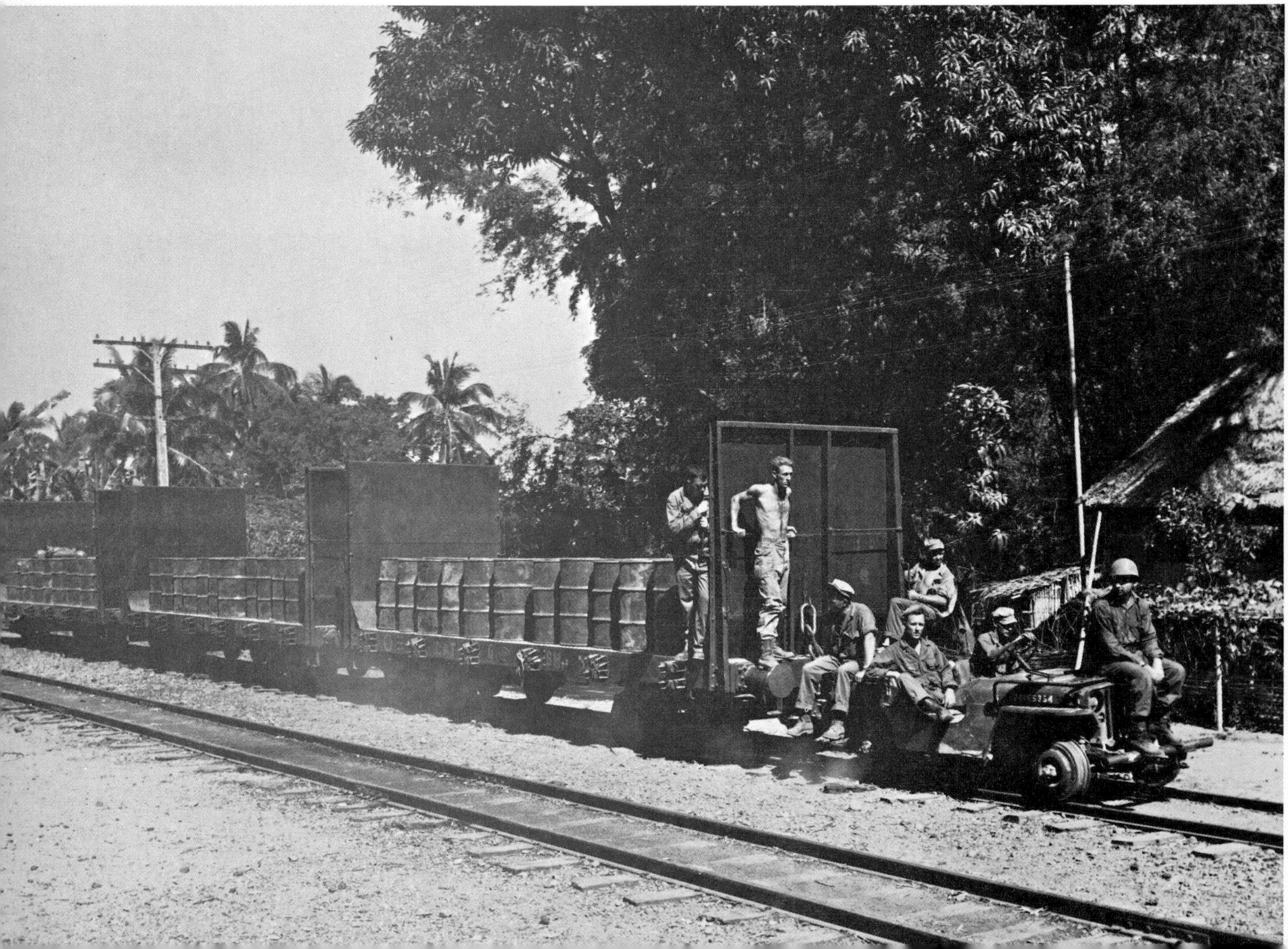

Verwüstungen des Krieges werden repariert

Am 1. April 1945 kamen das 737. und 749. ROB nach Luzon, um den Betrieb und die Wiederherstellungsarbeiten der 375 km langen Hauptstrecke von San Fernando (La Union) nach Calamba, einem wichtigen Kreuzungsbahnhof fünfzig Kilometer südlich von Manila, zu übernehmen. Der Rest der Eisenbahn wurde von Zivilisten betrieben. Das 790. ROB übernahm die Nebenstrecke von Tarlac nach San José, während Pioniere weiterhin die Brücken aufbauten. Die 131., 132. und 133. Railway Workshops Mobile kamen Ende März, und das 753. Railway Shop Battalion kam nach Kriegsende im September von Italien, zur Übernahme der Hauptwerkstatt nach Caloocan, einen Vorort Manilas. Eine vergrößerte Railway Grand Division mit der Nummer 775 wurde schnell gebildet, um die Betriebsleitung der Luzon-Militäreisenbahn, wie die Hauptlinie genannt wurde, zu übernehmen. Ein Hilfszug der „B"-Kompanie des 749. ROB in Caloocan wird von einer 1'D 1'-Lokomotive der Armee für 1067 mm Spurweite gezogen. Sie war als eine von 53 Lokomotiven und 990 Wagen mit den Invasionstruppen gekommen (links). Wie in Burma, leisteten auch hier Jeeps wertvolle Hilfe auf den Schienen (unten links). Dieser schleppt drei Wagenladungen Treibstoff an die Front. Vorgefertigte geschlossene Güterwagen, die direkt aus den USA kamen, wurden in den Werkstätten von Caloocan von Angehörigen des 131. Railway Workshop Mobile am 17. Mai 1945 zusammengebaut (unten). Im Oktober setzte sich das Personal des MRS aus 126 Offizieren, 3074 Mannschaften und über 6000 Zivilisten zusammen. Zusätzlich kam noch das 770. ROB auf der Durchreise von Alaska nach Korea zu Besatzungsaufgaben hinzu. Die Manila-Eisenbahn wurde der zivilen Verwaltung am 1. Januar 1946 wieder übergeben. Am 4. Juli 1946 erhielten die Philippinen die Unabhängigkeit von den USA.

(3 Fotos: U.S. Army)

Beim Wiederaufbau der Eisenbahnen in China

Als der japanische Vormarsch in China zum Stillstand gebracht, die Truppen zurückgedrängt und die Luftmacht zerstört waren, schritt der Wiederaufbau des zerstörten chinesischen Eisenbahnnetzes zügig voran. Obwohl keine Einheiten des MRS nach China geschickt wurden, unternahmen die amerikanischen Pioniere einen großen Teil der Reparaturarbeiten an Brücken, Bauten, Signalanlagen und Maschinen, meistens als beratende oder überwachende Tätigkeiten. Der Brückenbau bei der Kwangsi-Kweichow-Eisenbahn im Südosten Chinas ging schnell vor sich. Bei einer Straßenüberführung fünf Kilometer nördlich von Nantan in der Provinz Kwangsi überprüfen amerikanische Pioniere die Lage (oben), während andere Amerikaner die chinesischen Eisenbahner auf einer Holzbrücke bei Kilometer 291 der K-K-Eisenbahn am 14. April 1945 unterstützen. Ein anderer amerikanischer Pionier ist mit Schlosserarbeiten an einer von Splittern durchlöcherten Lokomotive irgendwo in China, Burma oder Indien beschäftigt (oben rechts). Während über 700 000 Kulis beim Bau der Luftstützpunkte für die B-29 eingesetzt waren, unterstützten Tausende die Anstrengungen bei der Bahn, die das Baumaterial dorthin brachte. Chinas größtes Potential, die menschliche Kraft, führte alle Arbeiten aus, die im Westen normalerweise von schweren Maschinen geleistet werden, wie das Bekohlen von Lokomotiven im Bahnbetriebswerk von Shiao Tsing Kai (rechts).

(4 Fotos: U.S. Army)

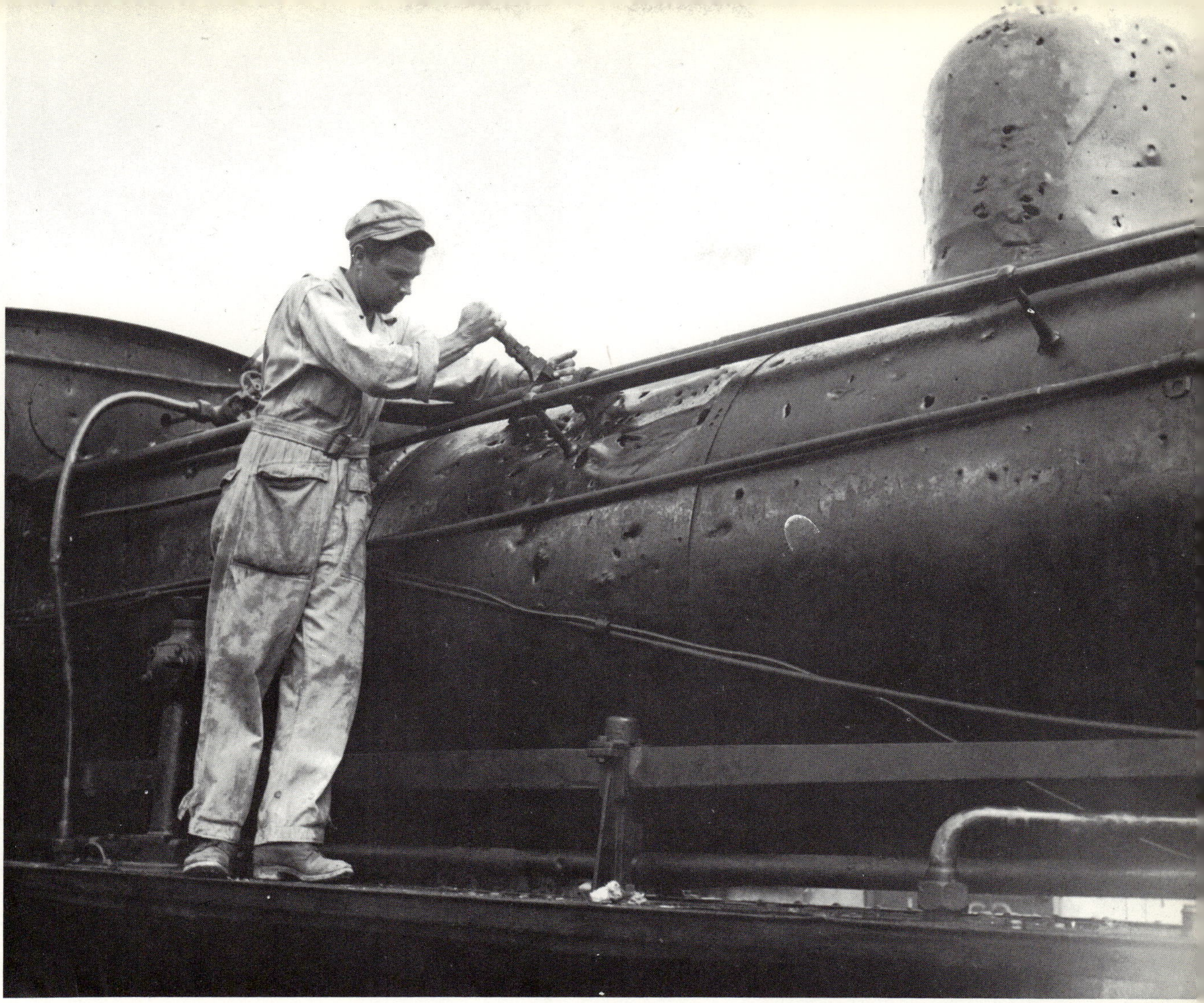

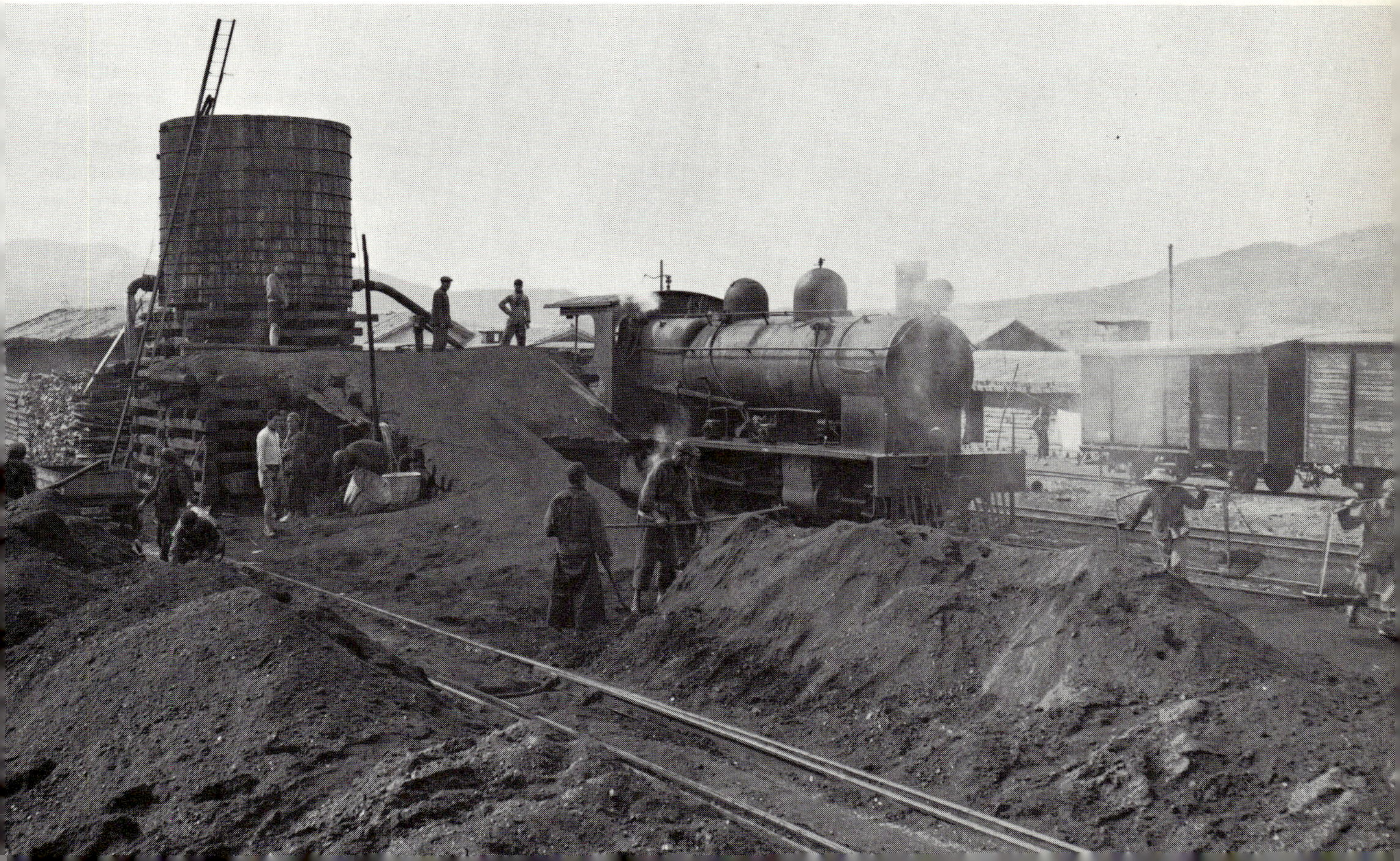

Luftangriffe vor der Haustür

Die beiden ältesten japanischen
Überseeprovinzen, Formosa und Korea, wurden immer stärker von Luftangriffen heimgesucht, je näher die
Alliierten von drei Seiten auf das
Inselreich vorstießen. Durch einen
Volltreffer auf dem Führerstand der
Lokomotive eines japanischen Zuges
an der Westküste von Formosa
wurde sie abgekuppelt und raste auf
den Schienen hinter dem Bomber
her (links). Die Explosion riß die
Rauchkammertür auf, die Leiber des
Führerstandspersonals liegen auf
beiden Seiten des Gleises, direkt
vor dem Tender oben im Bild. Auf
den Philippinen stationierte B-25
warfen Parafrag-Bomben auf die
Bahnanlagen von Chikunan, ebenfalls auf Formosa (rechts). Das Flugzeug flog so niedrig, daß die Fall-
schirme der beiden Bomben im Vordergrund kaum geöffnet sind. Links
ist eine dritte Bombe kurz vor dem
Einschlag in einen Güterwagen zu
sehen. Die Amerikaner warfen dazu
noch hunderte von Flugblättern ab,
die zwischen den Bombentreffern
auf die Bahnsteige herunterflattern.
Am 4. Juli 1945 fuhr ein Zug in den
Bahnhof von Ri Ri in Korea, als er
von Jagdflugzeugen der US-Marine
getroffen wurde (oben). Wenige Sekunden später explodierte der Lo-
komotivkessel.

(2 Fotos: USAF, links und rechts;
1 Foto: U.S. Navy von UPI, oben)

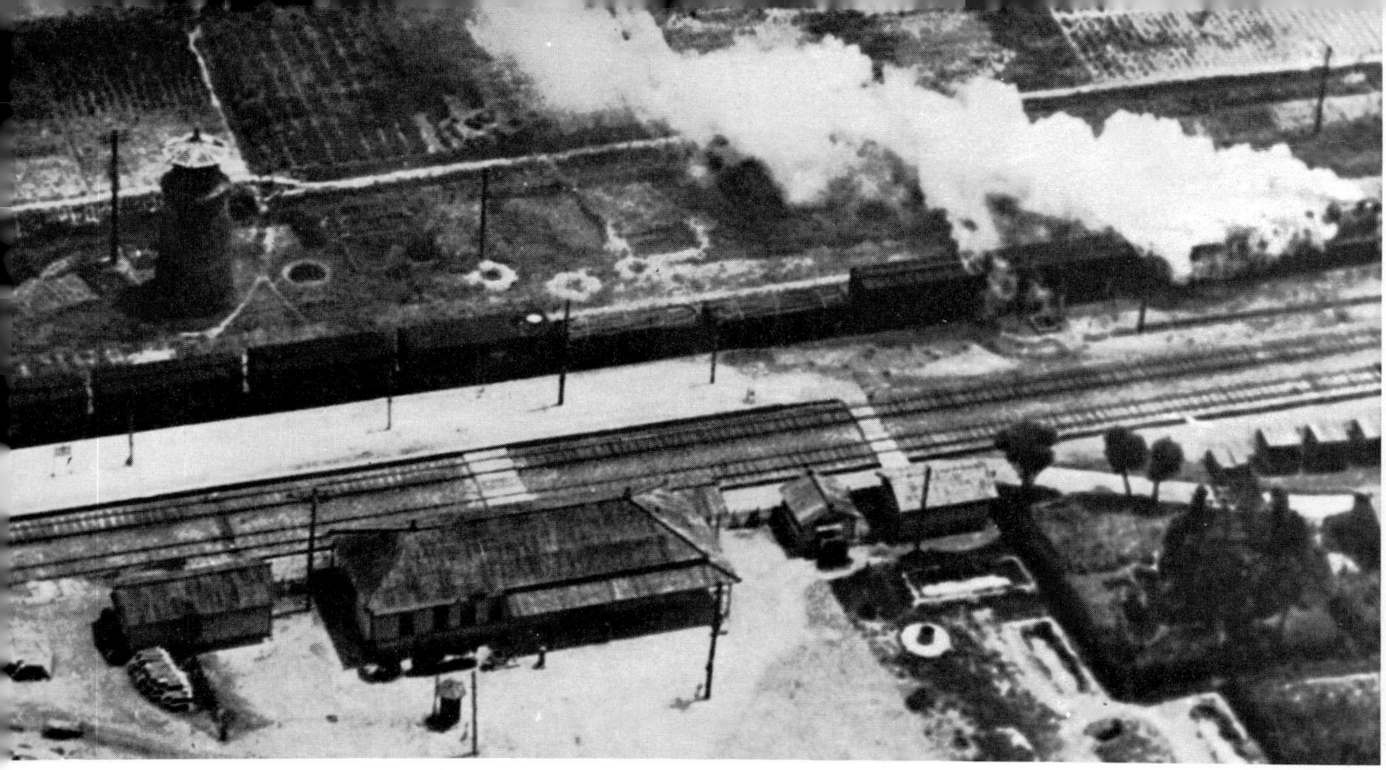

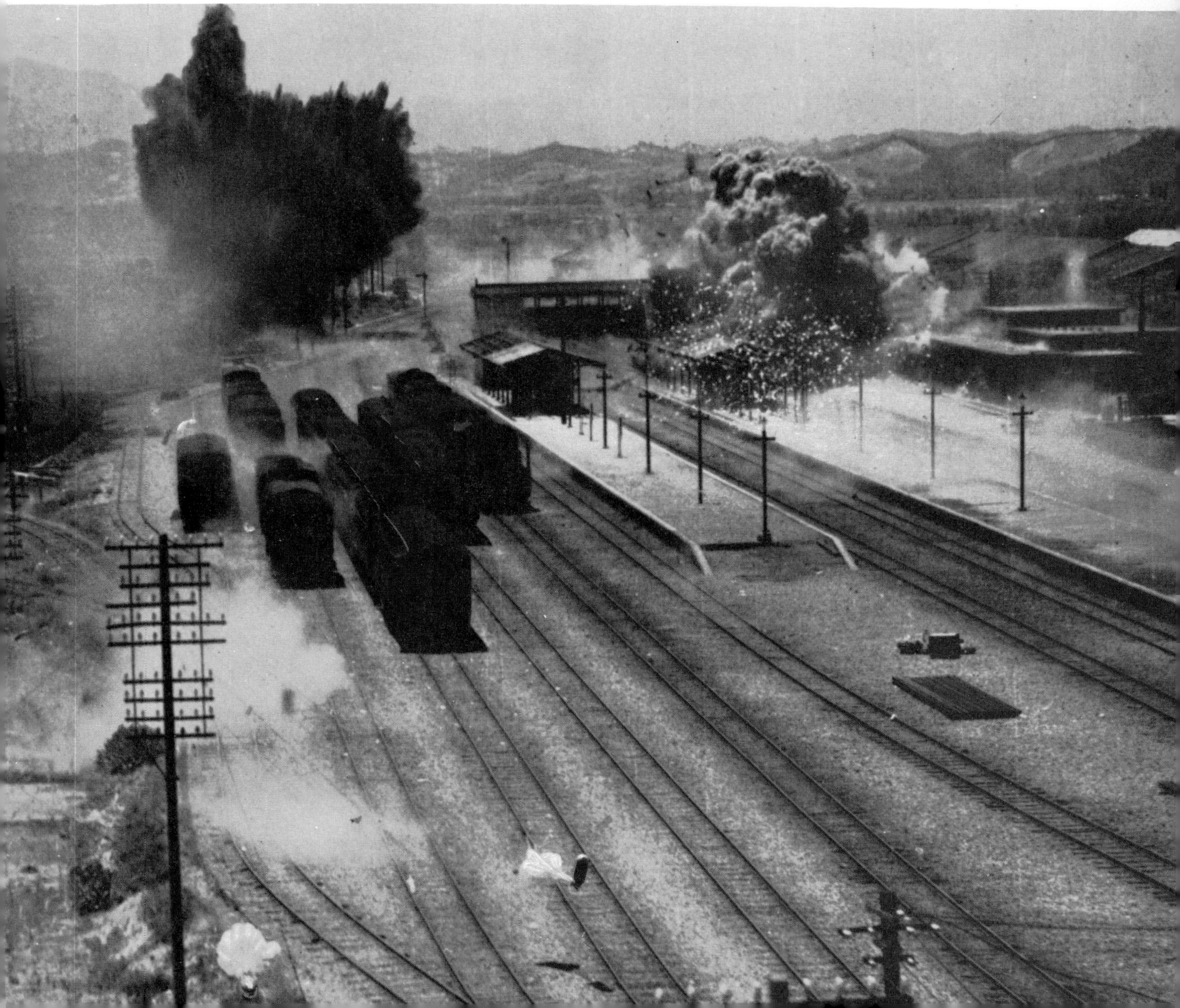

Die letzten Stunden des Japanischen Reiches

Obwohl die japanische Regierung sich den Forderungen der Alliierten zur bedingungslosen Kapitulation am 15. August 1945 unterwarf und die Unterzeichnung der Urkunde am 2. September stattfand, dauerte es weitere zwei Wochen, bis alle isolierten Einheiten der Japaner erreicht worden waren. Längere Zeit wurde für die schwierige Arbeit der Einstellung aller Feindseligkeiten und der Entwaffnung der besiegten Truppen benötigt. Erst im September 1945 ergaben sich praktisch alle drei Millionen Überlebenden der japanischen Streitkräfte. In Mokpalin am Sittang-Fluß in Burma wurden voll bewaffnete Soldaten der japanischen 53. Infanteriedivision auf Flachwagen geladen und unter Bewachung durch indische Gurkha-Soldaten der 17. Division zur Entwaffnung in ein Lager gebracht (oben). Dieser Ort war für die 17. Division besonders wich-

tig, da in Mokpalin die Reste dieser Einheit sich 1942 den scheinbar allmächtigen Japanern ergeben hatten. Zur gleichen Zeit traten die Truppen des japanischen Expeditionsheeres in Bangkok in Thailand vor ihren Offizieren an, um die Waffen zu übergeben und mit der Eisenbahn in ein Internierungslager zu fahren (unten). Am 13. September wartet eine voll bewaffnete und ausgerüstete Infanterie-Einheit auf den Abtransport in Kanton, China (oben rechts). Nur sechs Tage nach der Kapitulation begann die 7. US-Division mit der Besetzung Südkoreas. Der Funker Corporal Jack Adkins macht seinen Dienst, während drei japanische Offiziere, immer noch ihre Kartentaschen und Samurai-Schwerter tragend, vor dem Bahnhofsgebäude von Kyongsong vergnügt zusehen (rechts). Einen Monat früher wäre der bewunderte Korporal hier in einer gefährlichen Lage gewesen!

(3 Fotos: Indian Ministry of Defence; 2 Fotos: U.S. Army, rechte Seite)

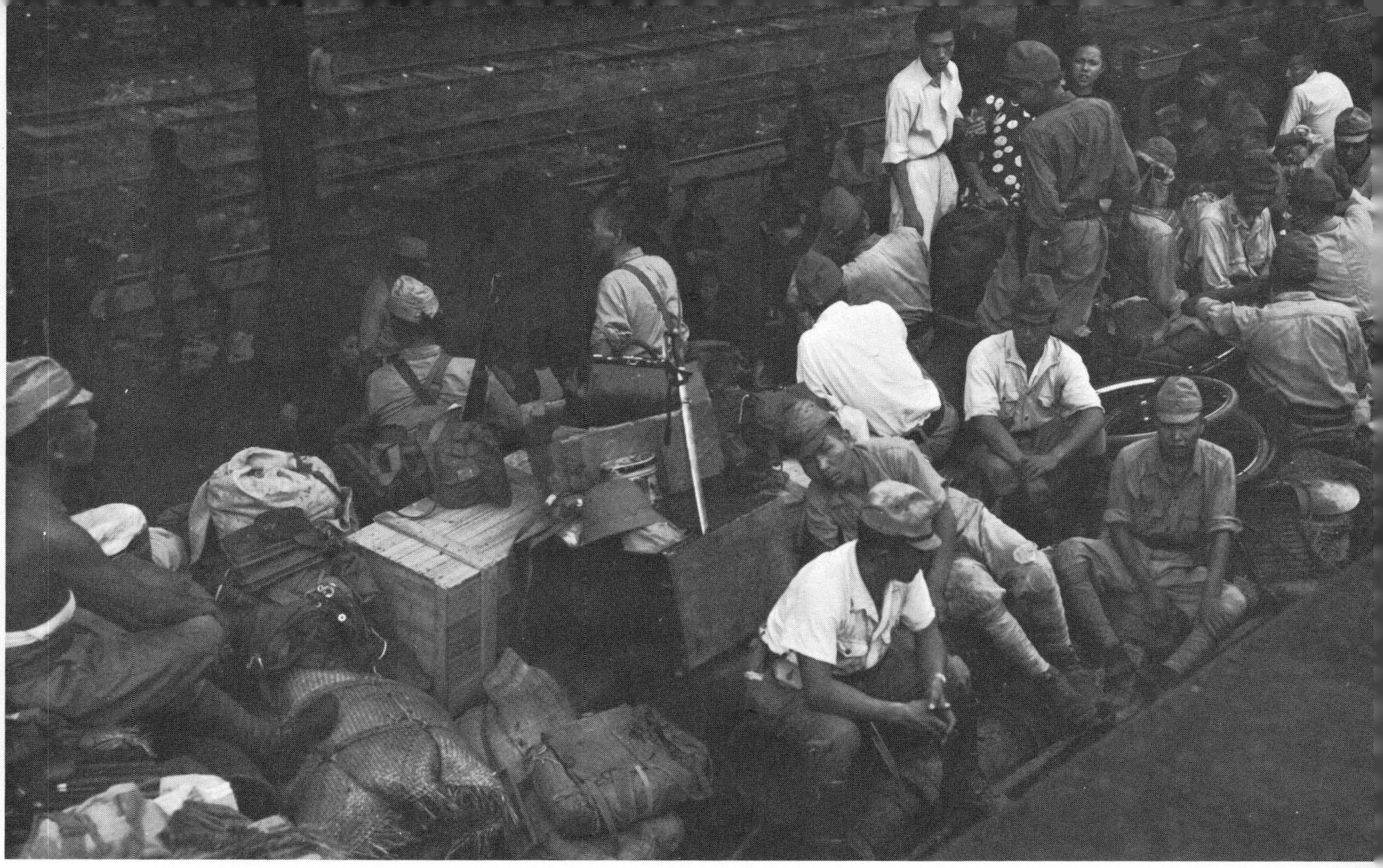

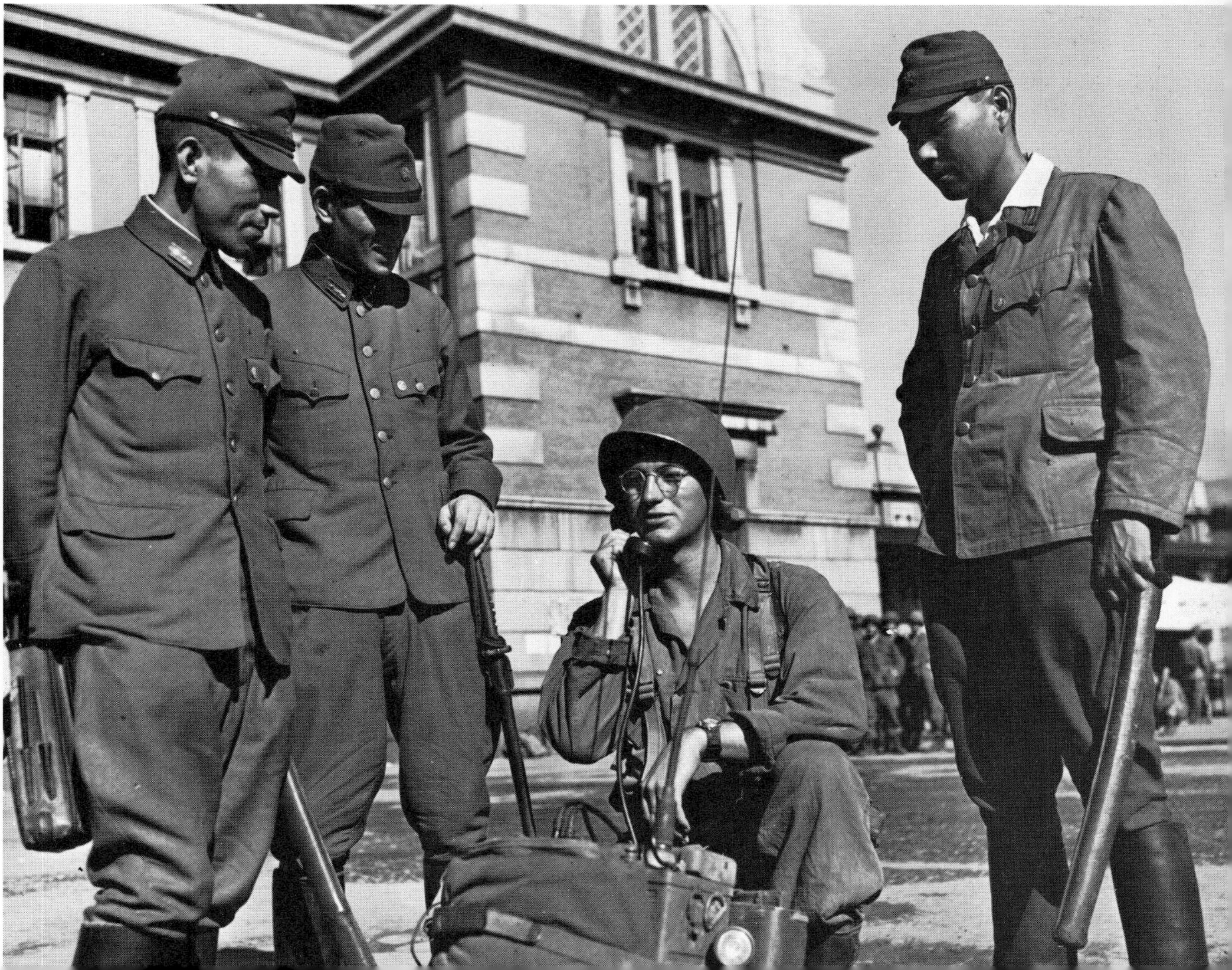

Die B-29 vollendet ihr Werk

Für über ein Jahr, vom Frühjahr 1944 bis zum August 1945, flogen die gigantischen „Super-fortress"-Bomber über die japanischen Inseln und zerstörten die Industrie- und Eisenbahn-zentren, durch die die Streitkräfte versorgt wurden. Die furchtbarsten Ladungen der B-29 waren aber nicht die Atombomben, die Hiro-shima und Nagasaki und schließlich den Wil-len Japans zu weiterem Widerstand auslösch-ten, es waren die Brandbomben, die die Her-zen von neunundsechzig Städten ausbrann-ten. Am 29. Mai 1945 warfen fünfhundert B-29 zehntausende von Brandbomben auf Yoko-hama (links). Am 16. Juli suchten die großen Bomber ein unbekanntes Ziel auf (oben). Die Atombomben, so schrecklich sie auch waren, fügten nur 3 Prozent der Zerstörungen der B-29 hinzu. In einer Nacht töteten die Brand-bomben der „Superfortress"-Bomber in Tokio mehr Menschen, als bei den zwei Atomangrif-fen umgekommen waren.

(2 Fotos: USAF)

Eine kampflose Besetzung

Ein wichtiges Resultat dieser strategischen Bombardierungen während des Zweiten Weltkriegs lag darin, daß im Gegensatz zu Europa die letzten großen Schlachten des Pazifiks nicht bei der Einnahme des japanischen Mutterlandes geschlagen wurden. Ohne die verheerenden Luftangriffe der B-29, bei denen hunderttausende von Japanern in wilden Feuerstürmen getötet wurden, wäre eine Landinvasion Japans notwendig gewesen, die den Tod von vermutlich mehr als 2 Millionen der eng zusammenlebenden Menschen zur Folge gehabt hätte. Am 2. September 1945 wurde die Kapitulation an Bord des Schlachtschiffes „Missouri" in der Bucht von Tokio formell unterzeichnet. Japan erlebte nun den Einmarsch der Besatzungstruppen und der

Fotografen. Am 2. September machte der Fotograf Stanley Troutman ein Foto des verwüsteten Bahnhofsgebäudes von Tokio (oben). Eine ebensogroße Tragödie wie die Zerstörung des Gebäudes war der Verlust aller Fotos der Japanischen Staatsbahnen, die während des Kriegs aufgenommen und hier gelagert worden waren. Das wenige, das übrigblieb, wurde von verängstigten Beamten vernichtet, als die Besatzungstruppen kamen. Am 20. September untersuchen US-Soldaten den zerstörten Bahnhof von Yokohama (unten links). George W. Wickersham, ein protestantischer Pfarrer des Marinekorps, trägt beim Inspizieren einer winzigen Lokomotive noch seine Pistole. In Erwartung der Invasion, die nie stattfand, war die Lokomotive mit einem Tarnanstrich versehen worden (unten rechts).

(2 Fotos: UPI, oben und unten links; 1 Foto: Railroad Magazine)

Repatriierung und Wiederaufbau

In Europa endete der Zweite Weltkrieg, als die deutschen Streitkräfte, die noch kleine Gebiete Deutschlands, der Tschechoslowakei, Österreichs und Italiens, einen Teil von Holland und ganz Norwegen und Dänemark besetzt hielten, bedingungslos vor den Alliierten am 7. Mai 1945 kapitulierten. Die Eisenbahnen Europas lagen darnieder, und die Hauptstrecken, die wieder in Betrieb genommen worden waren, mußten unbedingt wieder richtig aufgebaut werden. Das Werk erforderte auch unter hoher Dringlichkeit und mit der anscheinend grenzenlosen Großzügigkeit der USA im Marshall-Plan fast ein Jahrzehnt zur Vollendung. Diese Unterstützung, die früheren Feinden und Freunden gleichermaßen zuteilwurde, war für die Eisenbahnen Deutschlands und Italiens und auch für die ehemals besetzten Gebiete eine große Hilfe. Außerdem erhielten die USA kaum Zahlungen für die Leih-und-Pacht-Unterstützungen, in der auch 1900 Dampf- und 50 Diesellokomotiven sowie viele tausend Güterwagen für die Sowjetunion enthalten waren.

In Deutschland wurden Millionen von Verschleppten und Kriegsgefangenen gesammelt und mit der Bahn nach Hause oder in Länder gebracht, wo sie ein neues Leben beginnen konnten. Auch andere Dinge wurden zurückgebracht, darunter Millionenwerte an gestohlenen Kunstschätzen, die sich in Görings Befehlszug befanden. Russische Pioniere spurten die Strecke nach Berlin auf Breitspur um, und Stalin kam zur Potsdamer Konferenz im Juli 1945 mit einem Zug, der von einer mit dem roten Stern geschmückten Lokomotive der Achsfolge E gezogen wurde.

Das genaue Ausmaß der militärischen Eisenbahnunternehmungen während des Zweiten Weltkrieges wird wohl nie bekannt werden. Einige Statistiken enthalten Zahlen, die beweisen, daß die Anstrengungen der US-Army überwältigend waren: Es wurde soviel Gleismaterial verlegt, wie für eine zweispurige Strecke zwischen New York und Tokio; über sechshundert Behelfsbrücken wurden mit dreißig Millionen Mann-Stunden von den Pionieren erbaut. In diesen Arbeiten sind Eisenbahn-Bataillone nicht berücksichtigt, die direkt mit dem Betrieb der Eisenbahnen in achtzehn Ländern betraut waren.

Eine Ironie des Krieges

Der letzte Befehl, der von einer deutschen Eisenbahnpionier-Einheit ausgeführt wurde, bestand in der Zerstörung einer Eisenbahnbrücke hinter Endersbach (Württ.) an der Strecke Stuttgart – Schorndorf. Wenige Stunden später geriet die Einheit in amerikanische Gefangenschaft, die Soldaten mußten sofort an die zerstörte Brücke zurückkehren und unter der Leitung der „A"-Kompanie des 370. US-Army Engineer Battalion mit den Wiederherstellungsarbeiten beginnen. Am 6. Juli 1945 fuhr der deutsche Kompaniechef zusammen mit dem Befehlshaber und einem Sergeanten der amerikanischen Einheit mit der ersten Lokomotive, der 44 961 ÜK, über die Behelfsbrücke (links). Die wahren Gedanken des deutschen Offiziers bei diesem ironischen Anlaß werden durch den lakonischen Gesichtsausdruck nicht offenbart.

(Foto: U.S. Army)

Ausdruck von Niederlage und Befreiung

Auf der Flucht vor der Roten Armee überqueren deutsche Soldaten, darunter einige Verwundete, die Elbe auf der beschädigten Eisenbahnbrücke von Tangermünde, um sich der 9. US-Army zu ergeben. Es war vier Tage vor Kriegsende in Europa (links oben). Wenige Wochen zuvor warteten hunderte von deutschen Kriegsgefangenen vor dem Bahnhof von Naumburg (Saale) auf den Abtransport nach Frankreich (links Mitte). Am 13. Mai, in der ersten Friedenswoche, machten deutsche Soldaten bei den Wiederaufbauarbeiten des Bahnhofs von Bozen in Italien eine Pause, die Fahrgäste verlassen gerade den Zug (links unten). In Weimar erhielten polnische Verschleppte, die sich anscheinend von den Wechselfällen der vergangenen sechs Jahre erholt haben, ihre Brotration durch eine Hilfsorganisation der Vereinten Na-

tionen vor der Abfahrt nach Bayern (oben). Sie zogen es vor, in Deutschland zu bleiben, statt in ihre Heimat zurückzukehren, die von den Kommunisten überrannt worden war. Die UNRRA führte nach dem Krieg viele Wohltätigkeitsprogramme durch, von der Ernährung Verschleppter bis zur Lieferung neuer Dampflokomotiven amerikanischer Fertigung nach China. Oft waren die Deportierten genau so undiszipliniert und lästig wie die Gefangenen, was den alliierten Eisenbahntruppen unangenehm war, da sie die Zivilisten so entgegenkommend wie möglich behandeln wollten. Als ein überladener Zug mit französischen Verschleppten auf einer Steigung steckenblieb, beschloß das amerikanische Zugpersonal, auf eine Hilfslokomotive zu warten. Die ärgerlichen Franzosen, die nach Hause und nicht warten wollten, stiegen bis auf den letzten Mann aus und schoben den Zug den Berg hinauf!

(3 Fotos: U.S. Army, linke Seite; 1 Foto: UPI, oben)

Unbedachte Grausamkeit der Amerikaner

Es war wohl bekannt, daß ein Teil der Bevölkerung innerhalb der Grenzen der Sowjetunion anfänglich den deutschen Einmarsch von 1941 als große Befreiung begrüßt hatte. Es hätte nun die westlichen Alliierten nicht verwundern dürfen, daß Tausende dieser unglücklichen Menschen die Gelegenheit wahrgenommen hatten, die Waffen gegen ihre kommunistischen Unterdrücker zu erheben, und daß auch dann, als sich die „Befreiung" durch Deutschland als Phantasie entpuppte, das Haßgefühl gegen Moskau weiter in ihnen bestand. Eine weniger bekannt gewordene Vereinbarung bei den Zusammenkünften der „Großen Drei" bestand darin, daß alle Staatsbürger der drei Großmächte, die sich in deutscher Gewalt befanden, in ihr Heimatland zurückzuschicken waren. Für viele Russen bedeutete dies

möglicherweise die Todesstrafe. Jeder gewöhnliche Soldat der sowjetischen Armee, der treu für Moskau gekämpft hatte, war in Gefahr, da es ein schweres Vergehen war, in Gefangenschaft zu geraten. Diese Russen waren sich des drohenden Schicksals bewußt. Hunderte von Amerikanern hörten ihre Bitten und kannten die Absicht der Russen, sie waren jedoch machtlos. Falls ihre dringenden Botschaften überhaupt Washington erreichten, so wurden sie Präsident Truman vorenthalten, der gerade Nachfolger von Präsident Roosevelt geworden war. Unter den Zwischenfällen, die berichtet werden, befand sich der Bericht eines amerikanischen Fluglotsen, der für die Rückführung von Ukrainern per Flugzeug nach Polen verantwortlich war, wo sie den sowjetischen Behörden übergeben wurden. Ein russischer Verbindungsoffizier, der über die gute Behandlung der befreiten Arbeitssklaven durch die Amerikaner erstaunt war, soll erklärt haben, daß alle von ihnen nach der Rückkehr „ausgeschaltet" werden würden! Stalin könnte nicht so viele Menschen übernehmen, die den industrialisierten Westen gesehen hätten und ihn nun mit ihrem Land verglichen, das gerade den Feudalismus abgeschafft hatte. Im Gegensatz zu den glücklichen Gesichtern der befreiten Gefangenen westlicher Demokratien erschienen die Russen bei Antritt der Heimreise sehr mürrisch (oben). Ukrainer, die den Selbstmord der Heimfahrt vorzogen, wurden in Güterwagen in Verschläge gezwängt und von bewaffneter amerikanischer Militärpolizei bewacht (links). Tausende nahmen sich trotzdem das Leben, und mehrere hundert sprangen von einem Zug, als dieser eine tiefe Schlucht in Polen überquerte. Alle entsetzlichen Einzelheiten dieser vermutlich ungewollten Grausamkeit der amerikanischen Regierung sind in einer dicken Akte im Bestand Nr. 387.7-14.4 „Zwangsweise Rückführung der verschleppten sowjetischen Staatsbürger" in der Zweigstelle der historischen Dokumentensammlung der US-Army in Alexandria, Virginia, enthalten. Trotz eines Gesetzes von 1967, kraft dessen Informationen dieser Art der Öffentlichkeit zugänglich gemacht werden sollen, verweigert die Armee auf geheimen Befehl die Freigabe.

(2 Fotos: U. S. Army)

Räumung der Trümmer

Die Ruine des Potsdamer Bahnhofs in Berlin mit der eingestürzten Bahnsteighalle auf den Gleisen, umgeben von ausgebrannten Gebäuden, war typisch für das Schicksal der Reichshauptstadt, das durch die schweren Bomber der USA und Englands vollzogen worden war (oben). Aufnahmen wie diese wurden von Fotografen der US-Luftwaffe gemacht, die von keinen weiteren Einsätzen mehr zu berichten hatten. Sie reisten durch Deutschland und hielten auf ihren Filmen die Ergebnisse des strategischen Bombenfeldzuges fest. Den Gegnern der Bombardierungen kann zugestanden werden, daß das Dritte Reich nicht durch die Bomben allein niedergeworfen wurde — für die alliierten Eisenbahner jedoch, die dafür zu sorgen hatten, daß die Züge wieder fuhren, waren die Luftangriffe ein entscheidender Faktor. Wenn man die Tatsache bedenkt, daß der größte Teil der Luftwaffe, die Soldaten in den Flakeinheiten, tausende von Flakgeschützen und Millionen Granaten, sowie hunderttausende von Arbeitern bei Beseitigung der Bombenschäden, durch den Luftkrieg gebunden waren, so wird die hierdurch bewirkte Zersplitterung besonders deutlich. Angehörige der „B"-Kompanie des 265. Engineer Battalion der US-Army benutzten am 22. Juni 1945 Schmalspur-Baulokomotiven und provisorische Gleise zur Trümmerbeseitigung in Linz am Rhein (unten).

(Fotos: USAF, oben; U.S. Army, unten)

Präsident Roosevelts Tod

Als Franklin D. Roosevelt, der Präsident der USA bis zum letzten Monat des Krieges, am 12. April 1945 in Hot Springs, Georgia, starb, wurde seine Leiche mit der Bahn nach Washington gebracht. In der Nähe von Clemson, South Carolina, fuhr der Zug auf der Strecke der Southern Railway mit zwei der schönen und berühmten „Pazifik"-Loks der Klasse PS-4 in Doppeltraktion. Die zweite Lokomotive war die Nr. 1401, die jetzt in der Smithsonian Institution, einem naturwissenschaftlich-technischen Museum in Washington, steht (unten). Nach der Ankunft der sterblichen Überreste wurde der von Flaggen eingehüllte Sarg auf eine Lafette gebracht und von Schimmeln zum Weißen Haus gezogen, wo die letzten Feierlichkeiten stattfanden (links). Der frühere Vizepräsident Harry S. Truman wurde nächster Präsident, der der Nation zur Beendigung des Krieges und zu einem fragwürdigen Frieden verhalf. Der verstorbene Präsident hatte Truman so schlecht unterrichtet, daß das neue Staatsoberhaupt noch nicht einmal von den Atombomben ahnte, die gerade im Bau waren, und die auf seinen Befehl weniger als vier Monate später auf Japan abgeworfen werden sollten! Zweifellos wußte er auch nichts von den Millionen unglücklicher Russen, die damals gerade die letzte Fahrt mit der Bahn zu den sibirischen Arbeitslagern antraten.

(Fotos: UPI, links; USAF von Southern Railway, unten)

„Liberation"-Lokomotiven für Frankreich

Mit nur dreitausend betriebsfähigen Dampflokomotiven — weniger als ein Fünftel des Vorkriegsbestandes — zum Zeitpunkt der Befreiung benötigte die Französische Staatsbahn eine erhebliche Verstärkung des Triebfahrzeugparks, um ihre Aufgaben wieder voll erfüllen zu können. Obwohl hunderte von französischen Maschinen aus Deutschland zurückgeholt wurden und viele nicht betriebsfähige Loks in den Werkstätten der SNCF wiederhergestellt wurden, so waren doch alle in Frankreich vorhandenen Loks durch den harten Kriegsbetrieb stark abgenutzt. Die Franzosen hatten festgestellt, daß die zuverlässigen „GI"-Lokomotiven mit der Achsfolge 1'D zu stark auf eine militärische Verwendung zugeschnitten waren, um das Rückgrat des Maschinenparks zu bilden. So wandten sie sich im März 1945 an die großen Lokomotivhersteller in Nordamerika mit der Bitte, eine Lokomotive der „Liberation"-Klasse in großen Stückzahlen und sehr schnell zu bauen. Die drei größten der Branche, nämlich Baldwin, American und Lima, und die beiden größten Werke in Kanada — Montreal und

Canadian — lieferten ab Juli 1945 1340 Maschinen der Klasse 141 R mit der Achsfolge 1'D 1' als Universallokomotiven. Bis auf siebzehn Maschinen, die im Nordatlantik untergingen, waren sie lange Jahre im Dienst und leisteten zum Aufbau Frankreichs einen großen Beitrag. Ein Vierteljahrhundert später sind immer noch einige Lokomotiven der Klasse 141 R bei den SNCF im Betrieb, sie sind aber bereits für die Ausmusterung zugunsten der Diesel- oder Elektrotraktion vorgesehen. Obwohl die nordamerikanischen Fabriken weiterhin tausende von Dampflokomotiven für den Inlandsbedarf und den Export herstellten, hörte die gesamte Produktion schon 1949 auf. Ein knappes Jahrzehnt später hatten die Eisenbahnen der USA vierzigtausend Dampflokomotiven, die dem Land zum Sieg verholfen hatten, und hunderte, die noch Ende der vierziger Jahre gebaut worden waren, auf die Schrottplätze geschickt. Der Nachkriegsboom der nordamerikanischen Lokomotivindustrie bestand nur noch in der „Liberation"-Klasse 141 R weiter, hier von Lima (oben) und auf dem Prüfstand bei der Firma American (unten).

(Fotos: Sammlung von James A. Corwin, oben; National Archives, unten)

Die Sieger kehren heim

Der Weg der Eisenbahner nach Berlin und Tokio war lang, schwer umkämpft und wurde mit äußerster Ausdauer und Tatkraft zurückgelegt. Nachdem sie das Kriegshandwerk hinter sich hatten, bereiteten sich fünfzig Millionen Soldaten aus allen Nationen auf die Rückkehr in die Heimat vor. Von Siegern und Besiegten wurde ein großer Teil der Reise mit der Bahn zurückgelegt. Einige fuhren im Viehwagen, andere im Schlafwagen des „Twentieth Century Limited", aber alle waren auf der Heimreise. Den Krieg hatten sie hinter sich, das allein zählte. Merkwürdigerweise erlitt das amerikanische Eisenbahnsystem im Dezember 1945 eine große Krise. Das Zusammentreffen des Weihnachtsfestes mit den nach vier Jahren wieder gelockerten Verkehrsbeschränkungen,

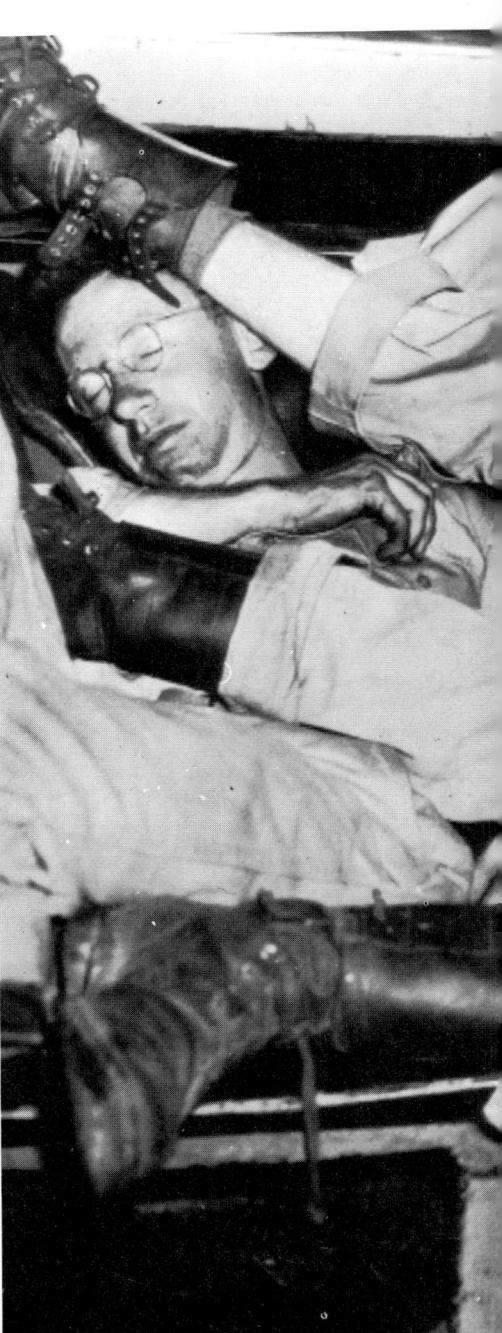

die Entlassung von über einer Million Soldaten im Monat Dezember und der Urlaub für die halbe Armee schufen einen Bedarf an Personenwagen, der den Bestand weit übertraf — und die Amerikaner reisen nun einmal nicht in Güterwagen! So sah man müde Veteranen, die Tage in den Wagen unbequem verbringen mußten (unten). Trotzdem gab es keinen Zusammenbruch des Betriebes, nur Verspätungen. Militäreisenbahner wie James R. Boerckel und seine biertrinkenden Kameraden vom 733. ROB feierten die Abfahrt aus Deutschland (rechts). Auch viele Russen nahmen den Zug, wie dieser Artillerie-Offizier, der mit seinem Gepäck in einem zerbombten Bahnhof des zerstörten, geteilten und besetzten Berlin wartet (links).

(Je 1 Foto: Black Star, links;
Sammlung von James R. Boerckel, rechts;
Railroad Magazine, unten)

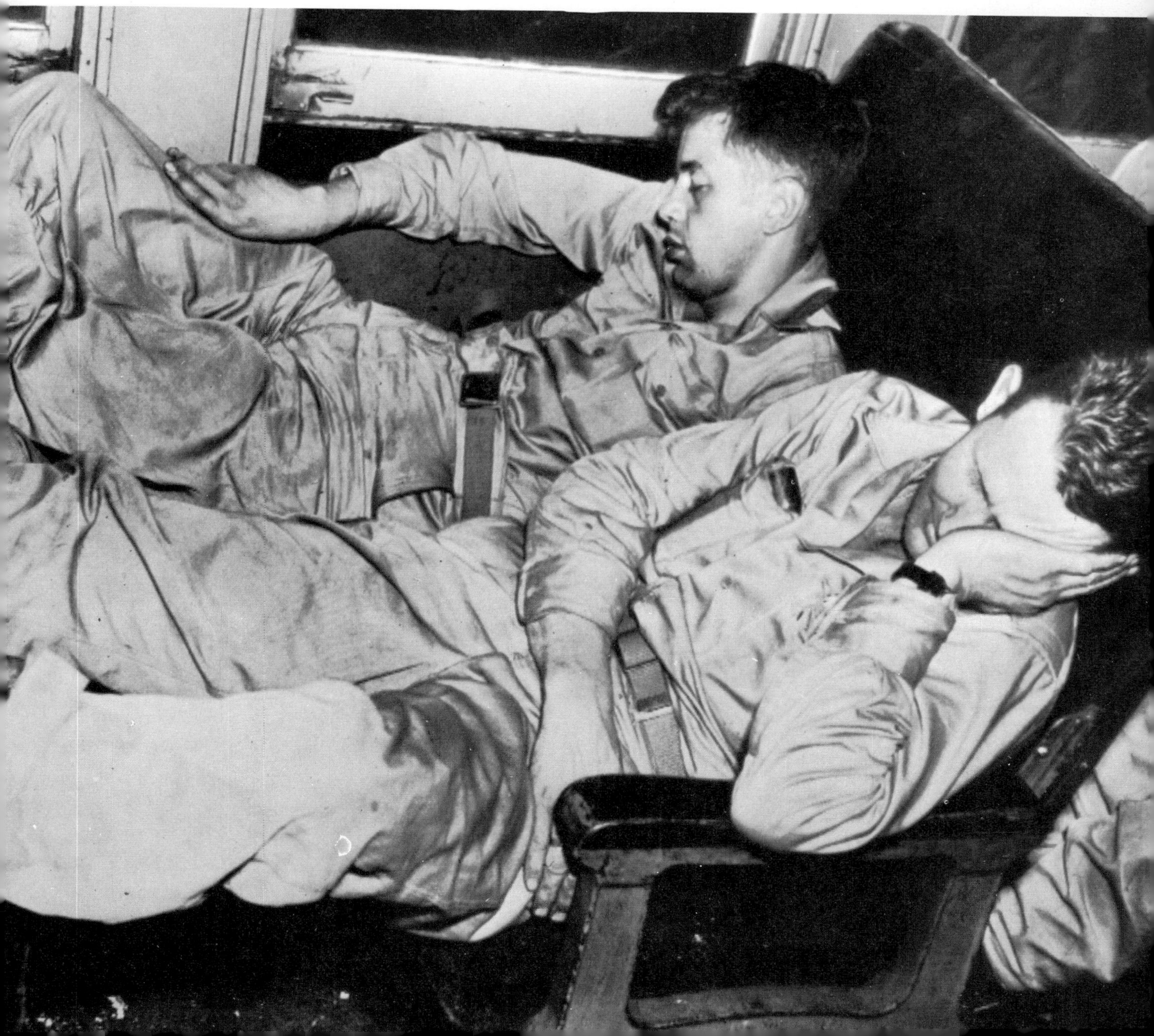

Militäreisenbahn-Einheiten der US-Army

Railway Grand Divisions

Einheit	Betreuer	Tag der Aufstellung
701.	New York Central Railroad	11. Januar 1943
702.	Union Pacific Railroad	15. Oktober 1942
703.	Atlantik Coast Line Railroad	1. August 1942
704.	Great Northern Railway	30. November 1942
705.	Southern Pacific Lines	19. Mai 1943
706.	Pennsylvania Railroad	6. Okober 1943
707.	Southern Railway	10. Juni 1943
708.	Baltimore & Ohio Railroad	6. April 1943
709.	Vereinigung der amerik. Eisenbahnen	15. März 1944
710.	Atchison, Topeka & Santa Fé Railway	14. Dezember 1943
774.	(kein Betreuer: in Italien gebildet)	1944

Railway Operating Battalions

Einheit	Betreuer	Tag der Aufstellung
711.	Ausbildungsbattaillon – ohne Betreuer	1. Mai 1942
712.	Central Railroad of New Jersey	25. Oktober 1942
713.	Atchison, Topeka & Santa Fé Railroad	15. April 1942
714.	Chicago, St. Paul, Minneapolis & Omaha	31. Oktober 1942
715.	Illinois Central Railroad	31. Oktober 1942
716.	Southern Pacific Lines	21. Dezember 1943
717.	Pennsylvania Railroad	1. Dezember 1943
718.	Cleveland, Cincinnati, Chicago & St. Louis	14. Dezember 1943
719.	Texas & New Orleans Railroad	1. September 1943
720.	Chicago & Northwestern	26. August 1943
721.	New York Central Railroad	14. April 1943
722.	Seabord Air Line Railroad	14. Dezember 1943
723.	Union Pacific Railroad	28. Dezember 1943
724.	Pennsylvania Railroad	28. Dezember 1943
725.	Chicago, Rock Island & Pacific	17. Februar 1943
726.	Wabash Railroad	26. Juni 1943
727.	Southern Railway	15. März 1942
728.	Louisville & Nashville Railroad	11. Januar 1943
729.	New York, New Haven & Hartford Railroad	11. Januar 1943
730.	Pennsylvania Railroad	15. Mai 1942
731.	Union Pacific Railroad	nicht aufgestellt
732.	Great Northern Railroad	12. Januar 1944
733.	Central of Georgia Railway	23. November 1943
734.	Texas & New Orleans Railroad	23. Februar 1944
735.	Vereinigung der amerik. Eisenbahnen	10. Februar 1944
736.	New York Central Railroad	nicht aufgestellt
737.	New York Central Railroad	30. September 1944
738.	Chicago Great Western Railway	nicht aufgestellt
739.	Lehigh Valley Railroad	nicht aufgestellt
740.	Chesapeake & Ohio Railway	14. Dezember 1943
741.	Gulf, Mobile & Ohio Railroad	12. Januar 1944
742.	Pennsylvania Railroad	nicht aufgestellt
743.	Illinois Central Railroad	12. Januar 1944
744.	Chicago, Milwaukee, St. Paul & Pacific	21. Dezember 1943

Einheit	Betreuer	Tag der Aufstellung
745.	Chicago, Burlington & Quincy	19. Mai 1943
746.	Missouri-Kansas-Texas Railroad	4. Mai 1944
747.	Atchison, Topeka & Santa Fé	nicht aufgestellt
748.	Texas & Pacific Railway	12. Mai 1943
749.	New York, New Haven & Hartford Railroad	23. Februar 1944
750.	St. Louis-San Francisco Railway	21. März 1944
751.	Denver & Rio Grande Western	nicht aufgestellt
752.	Boston & Maine Railroad	4. Mai 1944
759.	Missouri Pacific Railroad	1. September 1942
770.	keine Betreuung	9. August 1942
790.	keine Betreuung	8. Juli 1943
761.	Railway Transportation Company*)	22. Juli 1942

Railway Shop Battalions

Einheit	Betreuer	Tag der Aufstellung
753.	Cleveland, Cincinnati, Chicago & St. Louis	15. April 1942
754.	Southern Pacific Lines	15. Oktober 1942
755.	Norfolk & Western Railway	30. November 1943
756.	Pennsylvania Railroad	11. Januar 1943
757.	Chicago, Milwaukee, St. Paul & Pacific	11. Juni 1943
758.	Atchison, Topeka & Santa Fé	6. April 1943
760.	keine Betreuung**)	15. Juni 1942
762.	keine Betreuung**)	15. Okober 1942
763.	Delaware, Lackawanna & Western Lehigh Valley Railroad	27. Juli 1943
764.	Boston & Maine Railroad	25. Oktober 1943
765.	Erie Railroad	1. Mai 1944
766.	Vereinigung der amerik. Eisenbahnen	17. Juli 1944

*) Die 761. RTC war eine Vorausabteilung in England. Später hatte sie Rangieraufgaben in großen Bahnhöfen; sie bekam nie Battalionsrang.

**) Diese Railway Shop Battalions waren für Diesellokomotiven zuständig. Aus Mangel an Erfahrung mit Diesellokse gab es keine Betreuer. Das Personal bestand aus Spezialisten auf vielen Gebieten der Verbrennungsmaschinen. Alle übrigen Railway Shop Battalions waren für Dampflokomotiven zuständig.

Die meisten der oben aufgeführten Einheiten wurden aufgelöst, sobald ihr Bereich nach Beendigung der Feindseligkeiten der zivilen Betriebsleitung wieder übergeben werden konnte, die letzte im April 1946. Das 712., 714., 724. und 765. Battalion wurde im Koreakrieg (1950–53) wieder eingezogen. Im Jahre 1969 war das 714. in verkleinerter Form die einzige Eisenbahneinheit, die unter den Streitkräften der USA übriggeblieben war. Sie war in Fort Eustis, Virginia, stationiert.

Die Führung des 727. ROB

Der Direktor des MRS, General Colonel (später Major General) Carl R. Gray, fünfter von links; Lieutenant Colonel Fred Okie, der Kommandeur des von der Southern Railway betreuten 727. ROB, dritter von links; und Generaldirektor Hungerford von der Southern Railway (in Zivil) mit dem Stab Colonel Okies in Fort Northeastern während der Ausbildung des 727. ROB.

(Foto: Southern Railway)

Fracht für Hiroshima und Nagasaki

Die außergewöhnlich schöne, wenn auch dahinsiechende Rio Grande Southern Railroad, eine entlegene Schmalspurbahn im Südwesten Colorados, hatte in den letzten Jahren des Zweiten Weltkriegs plötzlich ein Ansteigen des Frachtaufkommens zu verzeichnen. Die Bergarbeiter in dieser Gegend, die einen Blick auf die Wagenladungen mit Erz warfen, die von der RGS mit gemieteten Lokomotiven der Denver & Rio Grande Western befördert wurden, waren erstaunt, daß jemand an diesem wertlos aussehenden Material Interesse haben könnte. Erst nach den Atomangriffen auf Hiroshima und Nagasaki wurde bekannt, daß Uranerz die mysteriöse Fracht gewesen war, deren Transport die letzte große Aufgabe der Schmalspureisenbahnen in Colorado gebildet hatte.

(Foto: Lucius Beebe von Charles Clegg)

Register

Quellen und amerikanische Literatur
Railways in Wartime, by E. F. Carter; London: Frederick Muller, Ltd., 1964. Railroading in Eighteen Countries by Major General Carl R. Gray, Jr.; New York: Charles Scribner's Sons, 1955. Rail Transport and the Winning of Wars, by General James A. Van Fleet; Washington, D.C.: Association of American Railroads, 1956. Facts about British Railways in Wartime, by The British Railways Press Office; London: 1943. Survey of International Affairs, 1939—1946, Hitler's Europe, edited by Arnold and Veronica M. Toynbee; London: Oxford University Press, 1954. U.S. Army in World War II, The Technical Services, The Transportation Corps, by Chester Wardlow; Washington, D.C.: Office of the Chief of Military History, United States Army, 1951.